travessia

# travessia
## a vida de Milton Nascimento

## Maria Dolores

7ª edição

EDITORA RECORD
RIO DE JANEIRO • SÃO PAULO
2025

CIP-BRASIL. CATALOGAÇÃO NA PUBLICAÇÃO
SINDICATO NACIONAL DOS EDITORES DE LIVROS, RJ

D694t  Dolores, Maria
7. ed.   Travessia: a vida de Milton Nascimento / Maria Dolores. – 7. ed. – Rio de Janeiro: Record, 2025.

   Inclui bibliografia e índice
   ISBN 978-65-5587-556-0

   1. Nascimento, Milton, 1942-. 2. Compositores - Brasil - Biografia. I. Título.

22-78130          CDD: 927.92
                  CDU: 929:781.5

Gabriela Faray Ferreira Lopes - Bibliotecária - CRB-7/6643

Copyright © Maria Dolores, 2006

Todos os direitos reservados. Proibida a reprodução, armazenamento ou transmissão de partes deste livro, através de quaisquer meios, sem prévia autorização por escrito.

Texto revisado segundo o novo Acordo Ortográfico da Língua Portuguesa.

Direitos exclusivos desta edição reservados pela
EDITORA RECORD LTDA.
Rua Argentina, 171 – Rio de Janeiro, RJ – 20921-380 – Tel.: (21) 2585-2000.

Impresso no Brasil

ISBN 978-65-5587-556-0

Seja um leitor preferencial Record.
Cadastre-se em www.record.com.br
e receba informações sobre nossos
lançamentos e nossas promoções.

Atendimento e venda direta ao leitor:
sac@record.com.br

A Felipe, Daniel, Antônio, Francisco e Vitória, meus amores.
A Cíntia, minha mãe, por tudo.
A Três Pontas.

# Sumário

Prefácio
Duas travessias mineiras ........................................ 11

A grande estreia .................................................... 15

Capítulo 1
1939 a 1945: De Minas ao Rio ................................. 17

Capítulo 2
1945 a 1953: Do Rio a Minas .................................. 35

Capítulo 3
1954 a 1961: Nos bailes da vida .............................. 53

Capítulo 4
1962 a 1965: Novo Horizonte .................................. 77

Capítulo 5
1965 a 1967: Vinte anos em dois ............................ 107

Capítulo 6
1967: O primeiro passo ......................................... 125

Capítulo 7
1968 a 1970: De Três Pontas para o mundo ............. 137

Capítulo 8
1970 a 1972: Do mundo para a esquina (e vice-versa) ... 161

Capítulo 9
1973 a 1975: Milagre? 179

Capítulo 10
1976 a 1977: Minas Geraes 193

Capítulo 11
1978 a 1980: O Clube se expande 221

Capítulo 12
1981 a 1984: Velho Horizonte 239

Capítulo 13
1985 a 1987: O grande salto 257

Capítulo 14
1988 a 1992: Mais que amigo, mais que irmão 273

Capítulo 15
1992 a 1993: A hora do Angelus 293

Capítulo 16
1994 a 1996: Últimos passos? 309

Capítulo 17
1997 a 1998: (Re)Nascimento 335

Capítulo 18
1998 a 2001: De volta aos bailes 349

Capítulo 19
2002 a 2004: Acerto de contas 363

Capítulo 20
2003 a 2004: Onde tudo começou 375

Fim
E a vida continua... 391

| | |
|---|---|
| Posfácio | 393 |
| Agradecimentos | 397 |
| Discografia | 403 |
| Bibliografia | 405 |
| Índice onomástico | 409 |

# Prefácio | Duas travessias mineiras

Da cidadezinha mineira de Três Pontas, Milton Nascimento saiu para o mundo. De Três Pontas para o Brasil, sai agora a jornalista e escritora Maria Dolores. Quase tão jovem hoje quanto ele era quando saiu para enfrentar primeiro Belo Horizonte, depois Rio e São Paulo, o Brasil e o mundo Este é o primeiro livro da jovem tres-pontana que, aos 28 anos de idade experimentou comida japonesa pela primeira vez, quando se mudou para São Paulo em 2006.

Já criança, Maria Dolores era uma pessoa diferenciada. Sempre estudou em escola pública, foi presidente da turma, rainha da primavera quatro vezes, baliza. Gostava de se vestir de Cinderela, ou de dama antiga, porque tinha mania de ser avó ou bisavó. Ia ao colégio, passeava assim. Até pouco tempo atrás, saía pelas ruas de Três Pontas dançando, dando piruetas, indo descalça ao supermercado. Tudo para aparecer? "Não, era tudo que eu tinha vontade. Sou assim até hoje, gosto de fazer o que tenho vontade", diz ela sorrindo com os olhos azuis arregalados.

Foi assim que se casou com o namorado de quem tinha tido um filho sete anos antes. Entrou na igreja principal de Três Pontas com dois pais, 68 padrinhos, a mãe fotografando, tias e primos cantando e tocando vários instrumentos, com o programa musical escolhido por ela, claro. Foi assim que ela quis, uai.

Uma das coisas de que tinha vontade em criança era ler. O primeiro livro foi *Emília no País da Gramática*, de Monteiro Lobato. Nada mais emblemático. Depois leu toda a coleção do escritor paulista, que tinha nas estantes da casa de uma avó. Mergulhava também no *Tesouro da juventude*. Nas mesmas estantes, descobriu José de Alencar: "Tinha dez anos quando descobri *Iracema*. Não entendi nada, mas li até o fim de teimosia..." E Machado de Assis, José Lins do Rego, Eça de Queiroz. Bem-fadada vó.

Porque foi se iniciando na literatura que apareceu em Maria Dolores uma outra vontade: sabia que queria escrever. Não gostava de poesia, mas tinha dez anos quando fez um caderno de versos. Escrevia peças para a escola, queria ser diretora de teatro. E escritora. Vivia anotando histórias e pensamentos em cadernos e pedaços esparsos de papel. Gostava de ouvir as histórias da família, porque já intuía que se misturasse ficção com realidade poderia se tornar uma escritora. O conteúdo de caixas e caixas guardadas ainda em Três Pontas já começou a se insinuar no que talvez venha a ser o primeiro romance. Talvez se chame "Piano e pistom", os instrumentos que os bisavós tocavam no cinema mudo de Três Pontas, e que os uniu para sempre.

Um ano de Direito em Varginha bastou para mostrar que, se quisesse se sustentar com o que gostava de fazer, só havia um rumo: o jornalismo. E lá foi Maria Dolores para Belo Horizonte, fazer o curso na Universidade Federal de Minas Gerais. Não se lembra de ter feito algum trabalho especial, mas tirava As e Bs. E descobriu a biblioteca da escola: de cara, paixão por García Márquez, o que a levou a ganhar um concurso para fazer um curso de crônica em Cartagena, no Instituto de Jornalismo dirigido pelo irmão de Gabo.

A biblioteca fez a lista de clássicos aumentar em volume e importância: Dostoievski, Kafka, Borges, Clarice Lispector. Inflamada por uma professora portuguesa, fez um texto rebelde contra a privatização da Vale do Rio Doce e mandou para o único jornal a que tinha acesso: o *Correio Três-pontano*, óbvio. Virou colunista periódica, escrevendo — como sempre — o que tinha vontade de escrever: crônicas, contos, artigos sobre política. Mas muitas crônicas, com sabor local e interesse geral. Pode ser mais mineira e mais universal a história do velhinho que afinava acordeões?

A biografia de Milton Nascimento nasceu da necessidade de fazer o trabalho de conclusão do curso. A premissa principal era a de que o tema tinha de ser relacionado com Três Pontas, porque assim ela poderia trabalhar sem sair de casa. Pensou num vídeo, mas vídeo é trabalho de grupo. Não queria ser escritora? Então tinha que ser um livro, um livro-reportagem. Três Pontas tinha dois temas principais: o café e Milton Nascimento. A dúvida foi resolvida com facilidade: o tema escolhido era o filho ilustre da cidade — quem Maria Dolores sabia ser filho do seu Zino e da dona Lília — e o compositor, cantor e músico mito da música popular brasileira.

Começa então a nossa escritora a revelar a ousadia que configura a matéria-prima de qualquer jornalista de valor. Podia fazer o trabalho sem sequer falar com o Milton, mas um dia — em Três Pontas —, quando vagou uma cadeira ao lado dele numa festa, ela se sentou e contou que ia fazer um trabalho sobre ele. "Você me dá uma entrevista?", arriscou. "Dou", respondeu ele. A coisa não parou por aí: na primeira entrevista, contou que tinha pesquisado e que não havia encontrado nenhuma biografia dele. "Então, eu vou escrever a sua biografia. Você continua me dando entrevistas?" E ele, lacônico como sempre: "Continuo."

Foi só isso. Aliás, não foi preciso mais nada, porque Milton não só continuou dando entrevistas para a Maria Dolores, como também abriu todas as portas: as de sua casa, as dos estúdios, as dos amigos, as dos teatros e bares onde cantava. Não pediu nada, não perguntou nada. Foi ela quem não aguentou, uma vez: "Por que você resolveu me dar essas entrevistas?" A resposta veio no mesmo estilo de sempre: "Porque há pessoas e pessoas." Falando em pessoas, foram quase 70 entrevistas para este livro: as esperadas, de Chico Buarque, Caetano Veloso, Gilberto Gil; e a turma do Clube da Esquina, Nana e Danilo Caymmi, Ruy Guerra, Wayne Shorter, Herbie Hancock; e as de dezenas de três-pontanos e belo-horizontinos que conviveram com o Milton desde o começo de sua história, que acrescentaram o sal e o açúcar à biografia, as cores e as emoções, os sons e as palavras. Pessoas que contam a história inédita de um herói brasileiro. Os fãs vão se encher de mais admiração. Os outros terão a satisfação de ler uma saga de tenacidade, de muito, muito talento e criatividade, traços que moldaram a personalidade do grande artista.

Foi irresistível, quando entrevistei a autora para este prefácio, pensar que ela estava começando a própria travessia ao decidir contar a emocionante travessia do conterrâneo famoso. Conterrâneos de coração, porque nenhum dos dois nasceu em Três Pontas, mas ambos se criaram lá e a consideram cidade do coração. Milton nasceu no Rio, Maria Dolores, em Belo Horizonte, e a vida os levou para lá. Cidade interessante, essa. Tem a alma dos lugares que se tornam imortais nos grandes livros. Esse é um. Da mesma autora virão os outros.

*Thomaz Souto Corrêa*

# A grande estreia

*Sexta-feira, 12 de novembro de 2004. O relógio da Igreja Matriz marca 19:30. Já não há lugares vazios no auditório. O show está marcado para começar em meia hora e basta abrirem as portas do teatro para lotá-lo em poucos minutos. Do lado de fora, uma centena de pessoas tenta comprar um ingresso, mas o guichê está fechado. "Eu fico em pé, ou no chão mesmo", diz uma mulher de cabelos vermelhos, voz trêmula. "O chão também está lotado", tenta explicar o porteiro. E é verdade. Na peleja entre os 450 assentos e a procura insistente, perdeu-se o controle e foram vendidos mais ingressos que o número de cadeiras. Nada imprevisível. O público espalhado pelo chão coberto de veludo, no entanto, parece não se importar. Nem os que estão em pé, atrás. É difícil controlar as pessoas e muitas conseguem passar pela cortina lateral, ligada ao corredor que dá para o camarim minúsculo. Lá no fundo, sentado em uma cadeira confortável disposta especialmente para a ocasião, está Bituca.*

*Calado, tenso. Mal consegue retribuir os tantos cumprimentos que recebe. Quieto diante do tumulto, acompanhado por um copo de Coca-Cola light com três pedras de gelo. Ao redor o calor, pessoas indo, vindo, se espremendo. Mas a tensão não é por isso. É pelo show. Décadas de carreira, centenas de vezes sobre um palco, milhares de pessoas à sua frente, nada disso parece contar. É como se aquela fosse a sua primeira vez, a grande estreia. Não importa que o teatro hoje tenha o seu nome e que as pessoas ali ficarão felizes por ouvi-lo cantar apenas uma frase. O show, que está por acontecer, é sua prova de fogo. De que adianta ser Milton Nascimento em todo o mundo se não o for na sua própria terra? O tumulto cresce. A campainha toca pela terceira vez e a plateia se acomoda. Começa o espetáculo e a tensão aumenta. Élder Costa se apresenta, Toninho Horta, os Borges. Do camarim, agora mais vazio, é possível ouvir os aplausos. Tudo está correndo bem, e isso o conforta. Mais aplausos e alguém sussurra, da cortina atrás do palco: "Bituca, está na hora."*

# Capítulo 1
# 1939 a 1945 | De Minas ao Rio

Josino fez as malas e seguiu para a capital federal com a única pretensão de conseguir emprego para poder cursar Contabilidade na Academia de Comércio do Rio de Janeiro. Na manhã em que embarcou no trem de ferro e deixou para trás sua terra natal, não pretendia voltar. Não imaginava que, seis anos depois, faria o caminho inverso, recém-casado e pai de um menino de 2 anos, numa viagem que mudaria para sempre a história das suas vidas e daquela pequena cidade ao sul de Minas Gerais, Três Pontas, cercada por montanhas e pés de café.

Se hoje não é difícil ir de Minas ao Rio, o mesmo não se podia dizer em 1939. Só havia duas maneiras de um três-pontano chegar à Cidade Maravilhosa: de carro ou de trem. A primeira opção era para poucos. Além dos veículos não serem lá muito potentes e de grande parte das estradas ser de terra, raras pessoas possuíam automóvel. As ferrovias eram o caminho mais viável, a ponte entre elas e o resto do mundo. É fato que havia certo charme, e o percurso acabava se tornando um passeio em si, mas a viagem era longa e cansativa. Um dia inteiro de esperas e baldeações até se poder respirar a brisa vinda do mar carioca. Os passageiros embarcavam na maria-fumaça na cidade vizinha de Varginha e seguiam até a estação de Cruzeiro, no estado de São Paulo, perto das divisas com Rio de Janeiro e

Minas Gerais. Para ir até Varginha, pegava-se outro trem em Três Pontas ou ia-se de automóvel e jardineira. De qualquer forma, os vinte e oito quilômetros entre as duas cidades nunca eram percorridos em menos de hora e meia.

Toda essa primeira etapa da viagem era feita em marias-fumaças pela RMV (Rede Mineira de Viação), apelidada pelos usuários de "Ruim, mas vai". Ao chegar em Cruzeiro, os passageiros com destino ao Rio desembarcavam na estação para ocupar seus lugares no trem de aço. Quando o dia mostrava o último ar de sua graça, o Rio de Janeiro surgia diante das janelas dos vagões. A primeira impressão ia contra toda a expectativa sobre a Cidade Maravilhosa, pois o trem chegava pela Zona Norte, acompanhando a Avenida Suburbana, num trajeto que não tinha nada de brilho. Mas bastava saltar na Central do Brasil e passar pelo Centro, pela praia, que o detalhe da chegada era ofuscado pelo glamour carioca. Foi depois de enfrentar essa longa maratona, já com as primeiras luzes da noite despertas, que Josino chegou de mala e cuia na então capital federal do Brasil. Sabia do Rio apenas o que uma pessoa poderia saber pelos livros e relatos de conhecidos que um dia estiveram por aquelas bandas: histórias de cartões-postais. Entretanto, tinha a seu favor a disposição dos 22 anos e o espírito aventureiro, seu eterno companheiro, até mesmo quando a memória e a lógica deixassem de servi-lo com tanta precisão.

Por mais que imaginasse o que esperar das terras fluminenses, apesar de todo o anseio e admiração pelo mundo novo, foi impossível não se surpreender. Toda a vida até então, Josino de Brito Campos havia passado entre as ruas de terra da pequena Três Pontas. Elevada à condição de cidade em 1857, traduzia-se na típica cidade do sul de Minas Gerais: pequena, conservadora, agrícola. Despontava, na década de 1930, como uma das grandes regiões cafeeiras do país, alcançando mais tarde o título de maior município produtor de café do mundo. Tudo girava em torno da cafeicultura. Nem mesmo os que não tiravam dela o seu sustento podiam negar a presença imponente dos cafezais. Não havia um três-pontano que não conhecesse bem um pé de café, que não tivesse sentido o aroma da florada nem deixasse de saber que, após uma noite de inverno limpa e cheia de estrelas, há o perigo de uma forte geada. E aí, todos rezam para ela não vir, porque, se vier, a produção será reduzida, os fazendeiros terão prejuízo e o dinheiro a circular na cidade será menor.

A história recente de Três Pontas se confundia com as histórias dos seus habitantes. Josino pertencia à família Brito Campos, descendente do coronel Azarias de Brito, figura importante na formação do município. Era o filho número três dos onze que tiveram o coletor fiscal Francisco Vieira Campos e Purcina de Paula Brito, mais conhecida como dona Pichu. Chamado por todos de Zino, recebeu a mesma educação de seus irmãos, católica e disciplinada, mas se mostrou diferente desde cedo. Tinha gênio forte e, apesar da rigidez da criação, fazia valer a sua vontade mesmo quando ia contra as regras e os bons costumes. Divertia-se em Três Pontas e gostava de viver na cidade, mas os limites dos seus sonhos dificilmente coincidiam com as fronteiras da rotina local. Ainda criança, montou um rádio de galena, com fios, um receptor fixo, outro móvel e fones de ouvido. Para sintonizar a frequência, subia até o alto de uma das mangueiras do quintal da sua casa, enquanto os meninos da sua idade brincavam de roda-pião.

Ao contrário da maioria dos seus contemporâneos, Zino cresceu com a clara noção de ser ele o dono do seu caminho e soube, como nenhum outro legítimo rapaz três-pontano, diferenciar respeito de vontade própria e razão. Era destemido. Não hesitou em abandonar a escola quando se sentiu injustiçado por um professor. Havia cometido o mesmo erro de um colega numa prova e recebera nota inferior à do amigo. Dirigiu-se ao diretor do Ginásio São Luís, Potiguar Carvalho Veiga, explicou sua decisão e não voltou às aulas naquele ano, mesmo após a insistência da família e dos professores. Antipático? Petulante? De modo algum. De estatura mediana, magro, lábios e nariz finos, a figura de Zino não causa qualquer constrangimento ou incômodo. Era — e é — a simpatia em pessoa. Não economiza gracejos e está sempre disponível, o que, muitas vezes, custou-lhe horas de sono e reclamações da mulher e dos filhos. Não é difícil imaginar, então, como em pouco tempo fez tantos amigos no Rio de Janeiro, a ponto de as pessoas se espantarem por sua estada na cidade ser fato recente.

Ao desembarcar no Rio, Zino tratou de arrumar um lugar para se instalar. Sabia de uns conhecidos distantes de Três Pontas que viviam no Flamengo. Não teve dúvida. Melhor seria estar perto deles, no caso de alguma urgência. Afinal, conterrâneos são conterrâneos, mesmo não tendo muita afinidade. Juntou suas duas malas pequenas e pegou o bonde para o Flamengo. Precisava achar um lugar decente e barato, porque ainda teria de ganhar o dinheiro necessário para pagar por ele. Depois de uma curta caminhada, encontrou um local do seu agrado. Não era bem o que se podia chamar de pensão. Na verdade, tratava-se de uma família de italianos que alugava quartos para rapazes no número 21 da Rua Carvalho de Monteiro. Na entrada do sobrado funcionava a sapataria do senhor Guillermo, o chefe da família, um sujeito de poucas palavras, que passava a maior parte do dia entre os pares de sapatos feitos ou por fazer. Era a esposa, dona Maria, quem preenchia e comandava a vida diária. Foi ela a primeira amiga de Zino no Rio. Tornou-se uma espécie de segunda mãe para o estudante longe de casa. O rapaz apegou-se rapidamente a ela e não hesitou em atender-lhe um pedido que quase lhe custou a liberdade.

Na casa vizinha viviam muitos gatos, que insistiam em fazer cocô no quintal de dona Maria. Ela havia reclamado com os vizinhos em várias ocasiões, mas nada fora feito. Uma peleja que se arrastava havia mais de um ano. Como sabia que não seria atendida pelo marido nem pelo genro, que era policial, perguntou a Zino se ele poderia dar fim à gataiada. "Por mim, tudo bem, mas eu não tenho aqui a minha espingarda", disse. Em poucos dias dona Maria conseguiu uma arma emprestada com o genro sem dizer exatamente para quê, e Zino liquidou os gatos. Quando os vizinhos o acusaram, ele assumiu a culpa. "Fui eu, sim; vocês não estavam atendendo

## DE MINAS AO RIO

aos pedidos da dona Maria, sabiam que incomodavam e não fizeram nada, então eu tive que fazer", proclamou aos quatro ventos. Poderia ter virado caso de polícia, não fosse a intervenção do genro que, no fim das contas, era o dono da arma.

Tirando este episódio conturbado, a passagem de Zino pelo Rio de Janeiro foi tranquila e feliz. Como sempre gostara de eletrônica, procurou o tio José de Paula Brito assim que ficou sabendo que ele havia se mudado para a cidade com sua esposa, Delia Maria Daguerre. Engenheiro conceituadíssimo no Brasil e no exterior, o tio conseguiu-lhe um emprego na General Electric que caiu para ele como uma luva. Menos de um mês após sua chegada, Zino havia estabelecido uma rotina capaz de ocupar as vinte e quatro horas do seu dia e mais, se houvesse. Pegava o bonde de manhã para a cidade, onde se concentrava toda a dinâmica comercial. É o que hoje conhecemos como centro histórico do Rio de Janeiro. Passava toda a manhã no trabalho, montando e testando aparelhos elétricos. Na hora do almoço, juntava-se aos amigos e ia comer em um restaurante, a poucos metros da empresa, que ficava em cima de uma farmácia. Quando sobrava algum tempo antes de voltar ao trabalho, aproveitava para caminhar pelas ruas. Depois de um dia inteiro de serviço, fazia um lanche rápido e seguia a pé para a escola. Só ao terminar a última aula é que pegava o bonde de volta para o Flamengo.

Quebrava a rotina apenas aos domingos, seu dia de folga. Costumava alterná-los entre as viagens para Niterói, onde se tornou sócio do Grupo Fluminense de Ping-Pong, e os almoços com o tio José Brito. O engenheiro morava em uma bela casa na Rua do Catete. Zino adorava ir ali. Além da possibilidade de ver de perto o presidente da República, Getúlio Vargas, a quem admirava, a rua era frequentada pela alta sociedade do Rio. As pessoas importantes entravam e saíam do Palácio do Catete durante todo o dia. Eram políticos, empresários, militares. As mulheres praticavam o *footing* pela calçada, com seus vestidos rodados abaixo dos joelhos, chapéus e laçarotes. Era uma excelente oportunidade para ver as mais refinadas damas da capital. Zino chegava no meio da manhã, almoçava e passava o resto da tarde na companhia de José Brito e sua esposa, Delia. Nascida na Argentina, Delia era descendente do francês Louis-Jacques Mandé Daguerre, considerado o inventor da fotografia. As histórias contadas por ela fascinavam o espírito inventivo de Zino, que aproveitava ainda para aprender lições de engenharia com o tio. Foi num desses domingos que surgiu o convite. José Brito faria a eletrificação da Escola Militar das Agulhas Negras, em Resende, que passaria a se chamar Academia Militar das Agulhas Negras em 1951. Queria o sobrinho lá, trabalhando com ele durante as férias da faculdade. A resposta não poderia ter sido outra.

*

Zino passou as férias do curso de Contabilidade em Resende, a duas horas do Rio de Janeiro, trabalhando com José Brito na Escola Militar das Agulhas Negras, e aproveitou para passear e fazer novas amizades. Ficou hospedado com os tios, num hotel no centro da cidade. Quando não estava acompanhando José Brito ou trabalhando em alguma tarefa designada por ele, caminhava pelas ruas. Como nos seus primeiros momentos na Cidade Maravilhosa, em pouco tempo fez uma turma de amigos. Em 1941, Resende era pequena e tranquila, com ares de campo. Muita gente do Rio ia passar as férias lá ou apenas espairecer. Nas tardes quentes de janeiro, as ruas centrais eram tomadas pelos jovens, cuja principal preocupação naquele momento era o flerte. Quantas paixões não se acenderam nessas temporadas? Os pais e parentes dos jovens se empenhavam em alavancar um romance. Zino demorou a descobrir os planos secretos para ele, mais precisamente da tia Delia, que vivia arrumando programas para o rapaz se encontrar com a filha de uma grande amiga dela. Apesar de toda a força das famílias, o namoro não aconteceu. Talvez por não ter mesmo surgido a química entre os dois, talvez por não terem tido tempo suficiente. Quando a fagulha do amor estava prestes a estalar, surgiu um outro fogo, sem dar chance para qualquer chama menor.

DE MINAS AO RIO

Chamava-se Lília. Uma jovem de 20 anos, cabelos castanho-escuros ondulados, cortados na altura da orelha, olhos em formato de amêndoas, de um marrom alegre, sobrancelhas fortes e lábios sempre sorridentes. Era baixinha, mas isso não chegava a impedir sua personalidade de ocupar bem o seu espaço. Zino a conheceu na escadaria da igreja principal, próxima ao hotel onde se hospedara. Lília estava em Resende visitando uma prima. Não era a sua primeira vez ali. Havia passado outros dias descansando na cidade. Mas aquela viagem teve ar de estreia, porque lhe aconteceu o que nunca havia ocorrido: apaixonou-se. Não foi, no entanto, amor imediato; pelo contrário. O que aproximou o casal, de início, foram as opiniões divergentes a respeito da Igreja Católica. Lília era praticante, devota. Respeitava e seguia as sagradas e inflexíveis leis da religião. Já Zino, apesar de católico, tinha seus questionamentos, muitas vezes no sentido contrário da doutrina da fé. Como nos romances de novela, as divergências foram superadas pelo amor. Um amor possível, ao contrário de muitos outros que brotavam nas férias de verão e terminavam com a volta à realidade dos estudos em cidades distantes. Findos os dias em Resende, os dois voltariam para o Rio. A jovem morava na capital federal com os pais e a irmã caçula, Dulce. E assim foi. De volta ao dia a dia carioca, Zino passou a visitar Lília. Quando o tempo dava folga, aparecia a qualquer momento. Se não desse de modo algum, os finais de semana eram certos, e os almoços dominicais com José Brito e Delia tornaram-se menos frequentes.

Lília morava no sobrado de número 472 da Rua Conde de Bonfim, na Tijuca. Mesma rua onde, em 1927, a poucos metros dali, no número 634, havia nascido o futuro ícone da bossa nova, Antônio Carlos Jobim. A casa de dois andares ficava do lado direito da Igreja dos Sagrados Corações, quase em frente ao Tijuca Tênis Clube. A igreja, o clube e o comércio local tornavam a rua movimentada. Por ela passava também o bonde, com pessoas subindo e descendo o tempo todo, ampliando o burburinho. Se alguém podia achar ruim a agitação do bairro, definitivamente esse alguém não pertencia à família de Lília. Enquanto o pai, Edgard Silva de Carvalho, passava o dia na rua, trabalhando como bancário, a mãe, Augusta de Jesus Pitta, cuidava das inúmeras funções da casa e das refeições que servia para completar o orçamento da família. Isto com a ajuda da cozinheira Maria do Carmo do Nascimento, que havia deixado a cidade de Juiz de Fora, em Minas Gerais, para tentar a vida no Rio de Janeiro. O sobrado funcionava como uma espécie de restaurante, servindo apenas almoço. A clientela era formada, sobretudo, por caixeiros-viajantes, com eterna pressa de ir e vir.

Lília e Dulce participavam pouco da agitação da cozinha. Dulce chegava em casa no fim do dia, depois de assistir às aulas em regime de semi-internato. Lília concluíra pouco antes o curso normal e dividia seu tempo entre as inúmeras obrigações exigidas pela vida religiosa e a organização da casa. Era justamente no fim da peleja doméstica, quando a vida voltava ao seu lugar, que Zino costumava aparecer. Falante e brincalhão, conquistou sem demora a família Silva. Por essa época, havia mudado de emprego. Depois do período em Resende, trabalhou alguns meses na General Electric, até receber uma proposta para exercer praticamente a mesma função na concorrente Service Engineer, com salário um pouco melhor. Havia se mudado para outra pensão, ainda na Carvalho de Monteiro, na casa ao lado, número 17. Com muito pesar, diga-se de passagem, porque a família italiana, que tanto prezava, partira de volta para a Itália. No mais, tudo seguia bem. O namoro se firmava a cada dia. O negócio de refeições de dona Augusta não chegava a se multiplicar, mas permanecia estável. Todos com a vida tranquila. Menos a cozinheira Maria do Carmo. Engravidou sem ter se casado. O namorado chegou a assumir a situação e os dois moraram juntos por um tempo. Mas Maria do Carmo adoeceu quando o filho tinha pouco mais de um ano. Começou a ficar fraca, debilitada, com muita tosse. Do catarro, passou a escarrar sangue. O diagnóstico confirmou o que eles suspeitavam: tuberculose. O companheiro aguentou a barra por um tempo, mas não teve estrutura para cuidar da mulher doente e do filho pequeno. Foi embora e nunca mais voltou. Maria do Carmo já passava o dia todo na casa de Augusta, onde só deixou de dormir ao engravidar.

## DE MINAS AO RIO

Acabou voltando de vez para lá. Estava longe da família, não tinha dinheiro, contraíra tuberculose numa época em que a doença não tinha cura e era alvo de muita discriminação, e, ainda por cima, era negra, num país onde ser negro significava um zilhão de obstáculos. Pensou em voltar para sua terra, para junto dos seus. Mas não o fez. Acabou encontrando ali o amparo que talvez não tivesse, da mesma maneira, na sua própria casa. Se o mundo lhe virava as costas, o mesmo não acontecia com as pessoas com as quais convivia. Teve o apoio de todos da casa, que a receberam, e ao seu filho, de braços e coração abertos. Cuidaram dos dois como membros da família.

*

Eram seis horas da tarde do dia 26 de outubro de 1942 quando a "Ave-Maria" de Gounod soou no rádio do sobrado da Rua Conde de Bonfim, ultrapassou os umbrais das suas janelas e ganhou os ares das calçadas. No mesmo e exato instante, no bairro de Laranjeiras, o choro de um bebê venceu os corredores da casa de saúde, saltou pelas suas portas e jogou-se ao vento, formando com a música um dueto dissonante, marcado pelo compasso das badaladas do relógio. Foi assim, preenchendo o vazio com a força da sua voz, que nasceu o pequeno Milton do Nascimento. Nasceu de parto normal, como nasciam as crianças naqueles anos, saudável, olhos grandes e despertos, prontos para ver o mundo. No dia seguinte, deixou a Casa de Saúde de Laranjeiras nos braços da mãe, e os dois seguiram para aquele que seria o seu lar nos primeiros anos. A família Silva esperava por eles. No momento em que entrou pela porta da sala, o bebê se tornou, sem concorrentes, o senhor da casa, tão desacostumada com toda a vida em torno de uma criança. Maria do Carmo convidou Augusta e Edgard para padrinhos do filho, e eles aceitaram de prontidão. Logo todos se apegaram a ele. E ninguém mais do que Lília. Mesmo durante os meses que morou com Maria do Carmo e o pai, Bituca passava a maior parte do tempo no sobrado.

Quando não estava atrelada às tarefas das quais não podia fugir, Lília passava o tempo na companhia de Milton. Como Maria do Carmo estava

25

sempre ocupada com o trabalho, e depois com a doença, a jovem assumiu a responsabilidade pelo novo habitante da casa. Era Lília quem dava o banho, a comida, brincava, contava histórias e fazia dormir o pequeno. Milton era um menino tranquilo, obediente, chorava pouco, não dava mais trabalho do que qualquer criança poderia dar. Entretanto, tinha momentos de rebeldia, quando ficava emburrado. Fechava a cara, armava o bico, e era preciso ter paciência até que voltasse ao normal. Não era criança de se deixar enrolar por um doce ou por palavras meigas. Achando graça nesses beiços, Lília apelidou o garoto de Bituca. Um apelido que representava mais o dono do que o próprio nome. Durante anos e anos, até ganhar fama, Milton foi Bituca. Continua até hoje para os mais chegados — e não são poucos.

Por volta dos 7 meses, trocou os braços pelo chão, e não houve canto do sobrado que não sofresse a exploração da sua curiosidade aguçada. Começou a definir seus próprios caminhos e a mostrar seus gostos. Foi nesse período de descoberta do mundo com as mãos e os joelhos que Bituca deu os primeiros sinais da sua afinidade com a música. Sempre que Lília se sentava ao piano para treinar as peças aprendidas nos anos de escola, ensinadas por ninguém menos que o maestro Heitor Villa-Lobos — que durante o governo de Getúlio Vargas dava aulas nas escolas do Rio de Janeiro —, o pequeno ia engatinhando até o piano, erguia-se na banqueta e sacudia o corpo, tentando acompanhar o ritmo da música. Lília se divertia com a apresentação do artista mirim e o colocava no colo, para que ele se esbaldasse nas teclas brancas e pretas. No início era só folia, mas logo a folia foi se organizando, e o garoto que mal sabia andar repetia em notas soltas a melodia executada durante horas e horas pela amiga, tia, segunda mãe — bem, ainda não dava muito para definir a relação entre os dois. Sabia-se apenas, e isso não era difícil de concluir, haver ali um laço forte, desses que não se desfazem.

Zino não era alheio a essa realidade. Do mesmo modo que Bituca entrou na vida de Lília, caiu de paraquedas na dele, fato que nunca chegou a ser um problema para Zino. Como todos os demais, ele também se afeiçoou ao

## DE MINAS AO RIO

menino, e mesmo sem ter a menor noção disso, começou a fazer as vezes de pai. A primeira vez que Zino assumiu uma autêntica postura paterna foi no dia do sumiço de Bituca. Depois de procurá-lo durante um dia inteiro, acionar a polícia e tentar acalmar as mulheres da casa, encontrou-o na Muda, ponto final dos bondes com destino à Tijuca. Avisou a família, e todos seguiram para lá. Tudo por causa do fascínio exercido pelo bonde sobre o garoto. Quando aprendeu a andar, não resistiu à tentação de ficar sozinho na calçada e ver o bonde passar. Aquele vagão em movimento sacudia a sua imaginação e era irresistível. Não teve dúvidas: pegou carona. Instalou-se um legítimo deus-nos-acuda na família. Todos saíram em busca de Bituca, percorrendo o Rio atrás de notícias, até Zino localizá-lo. Ao chegarem na Muda, ele estava sentado em cima da mesa do condutor, rodeado de balas e chocolates, sem qualquer sinal de preocupação por estar ali. Pelo contrário: vendo as pessoas da casa, abriu os braços e, antes de mais nada, gritou por Lília, do modo como só ele a chamava: "Olha, a Iazinha!" O alívio da família foi tamanho que acabaram sobrando abraços e faltando repreensões.

*

Na época do episódio do bonde, Zino já havia concluído o curso de Contabilidade na Academia de Comércio do Rio de Janeiro. Nessa ocasião, se houvesse diploma por conhecimentos práticos, também teria recebido o de engenharia, com ênfase em eletrônica. Estava tão apto a exercer a profissão que José Brito, ciente da capacidade do sobrinho, recrutou-o para trabalhar nas bases militares do litoral baiano. A Segunda Guerra Mundial acontecia desde 1939, mas a participação do Brasil no conflito tornou-se efetiva a partir de 1943, com a formação da Força Naval do Nordeste e a instalação de unidades da Força Aérea Brasileira na região. Tudo sob o patrocínio e o comando dos Estados Unidos, na pessoa do vice-almirante Jonas Howard Ingram, comandante da Quarta Esquadra da Marinha dos Estados Unidos. Zino participou da eletrificação e da manutenção da Base

Naval de Baker, em Salvador, e da Base Aeronaval de Aratu, que forneciam apoio logístico aos destroieres norte-americanos.

Se Três Pontas era longe do Rio de Janeiro, imagine de Salvador! Não havia como dar uma escapadinha para visitar a família ou a namorada. Foram quatro meses de trabalho intenso longe de casa. Apesar da saudade, não foi um período de más lembranças. Zino fez amigos, aprendeu coisas novas sobre eletrônica e se divertiu. Sabia se deliciar com a vida e não seria a distância um pouco mais prolongada motivo de sofrimento para o coração, ainda mais por saber certo o seu fim. Entretanto, os meses na Bahia mostraram-lhe o que estava cansado de saber, mas não com tamanha intensidade: precisava de Lília. Não um dia ou outro, no fim da tarde, ou nos almoços de fim de semana. Queria estar perto dela todos os dias, sempre. Decidiu pedi-la em casamento ao regressar. Tinha tudo planejado: iriam se casar, ele arrumaria uma casa para alugar no Rio, talvez perto dos sogros, teriam filhos e seriam felizes por toda a eternidade. Os planos deram certo, mas a vida tratou de fazer-lhes alguns reparos.

Ao retornar da Bahia, Zino achou melhor ir a Três Pontas antes de fazer o pedido a Edgard e Augusta. Saudades da terra natal, dos amigos, da família, atrás do apoio dos pais... Muitos podem ter sido os motivos que o levaram à cidade justo naquele momento. O fato é que nunca mais morou em outro lugar. O pároco local, padre João, aliado a Joaquim do Zote, um dos fazendeiros mais poderosos da região, e o médico César Alvarenga Gouvêa o convidaram — com jeito de intimação — a ficar em Três Pontas e fundar com eles uma escola de comércio. As possibilidades de estudos na cidade se resumiam ao ginasial para os rapazes e ao normal para as moças. Como não havia a menor possibilidade de instalação de cursos de ensino superior, a ideia de se abrir um curso técnico de comércio, com valor de segundo grau, parecia fascinante. Zino se empolgou.

Não dava para ir ao Rio discutir a questão com a futura noiva. Estavam no fim de dezembro, e as aulas, caso a escola virasse realidade, começariam em fevereiro. O assunto pedia urgência. Telefone ainda era artigo de

## DE MINAS AO RIO

luxo em Três Pontas. A solução, então, foi apelar para a velha e eficiente comunicação escrita. Zino escreveu duas cartas: a primeira para saber se Lília concordava em se casar com ele e a segunda, destinada aos pais da pretendida, fazendo o pedido formal, com a promessa de ratificá-lo pessoalmente assim que se encontrassem. Foram dias de angústia até chegarem as cartas com as respectivas respostas, por mais que ele não tivesse dúvidas quanto ao conteúdo. Lília, por sua vez, estava pronta para casar, e queria. Parecia disposta a transferir a sua vida e os seus sonhos para a cidade da qual não sabia nada além das anedotas contadas pelo namorado. Marcaram a data para 24 de maio do ano seguinte, 1945. Lília teria 24 anos, e Zino, 28.

Edgard achou prudente que as famílias dos noivos se conhecessem melhor. Também queria ver com seus próprios olhos a cidade onde a filha viveria dali em diante. Ele, Augusta, Lília e Dulce arrumaram as malas e tomaram o rumo de Três Pontas. Ficaram poucos dias, o suficiente para não terem dúvidas quanto à provável vida feliz que a filha levaria ali. Foram recebidos com muita hospitalidade pela família de Zino e, sem mais delongas, estavam todos entrosados. Passado o período de confraternização, os Silva voltaram para o Rio. Zino ficou. Enquanto o noivo organizava a sua vida e a da futura esposa em Três Pontas, Lília cuidava dos preparativos para o casório. Terminar o enxoval, marcar a data na igreja, conversar com o padre sobre a cerimônia, confeccionar o vestido, providenciar um bolo para depois da celebração, enviar os convites. Havia muito a fazer. Tanto que ela não teve tempo de assimilar direito os acontecimentos à sua volta.

Maria do Carmo piorou. Naqueles quase dois anos, desde que ela e o filho se mudaram de vez para a casa de Augusta, ela dividiu o seu tempo entre o pouco que conseguia ajudar no trabalho doméstico e as agruras da doença. Pouco antes do casamento de Lília, a tuberculose já havia tomado seus dois pulmões. Não resistiu por muito tempo; morreu com pouco mais de 20 anos, deixando o pequeno Bituca órfão de mãe e pai, já que este nunca mais apareceu. Décadas depois, quando já era Milton Nascimento, sem o "do", iria atrás do pai. Não queria falar com ele, pedir explicação, despejar-lhe injúrias, nada. Tinha apenas a necessidade de vê-lo, de saber quem era. Por intermédio de sua prima biológica Vilma, conseguiu descobrir o paradeiro daquele sujeito que ele preferia não chamar de pai. Trabalhava como porteiro no prédio construído exatamente no terreno onde existira o sobrado da família Silva, na Rua Conde de Bonfim. Foi até lá e perguntou por ele. Fora demitido no dia anterior. Milton tomou aquilo como um sinal e enterrou de uma vez por todas o pai que havia enterrado a si próprio tantos anos antes.

Além do pesar pela morte de Maria do Carmo, o futuro da relação com Bituca assustava Lília. Mais que nunca se apegou a ele. Se antes fazia o papel de mãe, então o assumiu por completo. E mesmo com toda a felicidade pelo casamento, sentia-se angustiada, porque não queria se separar dele. Infelizmente, esta não era uma escolha que dependia apenas da sua vontade. Havia o marido, a mudança para outra cidade e a família de Maria do Carmo. Mas coube a sua mãe, Augusta, decidir o futuro da criança. Mulher de razão e bons princípios, Augusta achou por bem, e justo, levá-lo para a casa da avó natural, em Juiz de Fora. E assim o fez, pouco antes do casamento da filha. Sem saber o que fazer e atarefada com as bodas que se aproximavam, Lília se conformou. Bituca, não; de uma hora para outra, perdera a todos que amava. Com 2 anos e meio, partiu para a nova vida, na casa da família que jamais imaginara existir. Seu mundo havia desabado.

*

O casamento foi realizado no dia 24 de maio, na Igreja dos Capuchinhos. Os pais de Zino, Francisco e Pichu, alguns irmãos, tios e conhecidos enfrentaram a maratona de trens e foram ao Rio de Janeiro assistir à cerimônia. Foi um belo e tradicional ritual católico, prolongado pela grande afinidade entre Lília e a Igreja. O padre não poupou, no sermão, conselhos e votos de felicidade, que certamente surtiram efeito, pois o casal foi bastante feliz nos 53 anos de união. Depois do casamento e do bolo no sobrado da Conde de Bonfim, os recém-casados partiram para a lua de mel em Paraty, no litoral do Rio. Dias depois, seguiram para Três Pontas — era tempo de dar início à vida a dois.

Zino alugara uma casa, na Rua Sete de Setembro, de um amigo seu chamado Porenga. O valor do aluguel era pelo ano todo, e ficou combinado que o inquilino pagaria metade adiantado e o restante depois de seis meses. A rua, comprida, ia dar no centro da cidade. A casa era pequena mas confortável, com quintal espaçoso e uma meia-água nos fundos. Lília gostou do novo lar e pôs as coisas no lugar a seu modo. Estava acostumada a organizar, limpar, mas era uma verdadeira negação na cozinha. No Rio, ajudava nos afazeres da casa, nunca no preparo das refeições. Não sabia fritar um ovo. Está certo que aprender a cozinhar de uma hora para outra não é fácil, mas também não seria um motivo de tristeza para uma esposa recente e apaixonada. Entretanto, Lília andava tristonha. A causa não estava na nova vida, mas no que faltava a ela: Bituca.

Depois de ter passado dois anos e meio dedicando seu tempo e seu amor ao menino, sentia o coração apertado. Se Maria do Carmo estivesse viva, não haveria o que fazer, mas ela não estava. No fundo sentia também que havia algo errado com Bituca. Não encontrou outra solução a não ser conversar com o marido. Zino concordou sem qualquer objeção, e os dois, depois de terem passado tão pouco tempo em Três Pontas, entre dois e três meses, fizeram o caminho de volta para o Rio de Janeiro. A família Silva se assustou com o regresso repentino, mas logo compreendeu e ajudou a conseguir um carro para o casal, que pegou a estrada rumo a Juiz de Fora. Depois de ter ido para a casa dos avós, Bituca nunca mais teve notícias da sua antiga família e não conseguia se adaptar à nova realidade. Passava grande parte do dia sentado na calçada, na esperança de que alguém fosse buscá-lo. A espera não foi em vão, mas esses dias tão dolorosos ficaram marcados para sempre na memória e no coração do garoto, tanto que ainda se lembra com sofrimento daquele período, uma eternidade aos olhos de uma criança.

Bituca estava no meio-fio quando o automóvel apontou no fim da rua. Logo reconheceu o motorista e a passageira. Lília saltou, pegou-o no colo e deu-lhe um longo abraço. "Para mim foi como a 'Pietá', quando Maria pega nos seus braços o filho crucificado", disse Milton sessenta anos depois, quando fez um disco em homenagem à mãe. Zino e a esposa conversaram com a mãe de Maria do Carmo, explicaram suas intenções. Ela não fez objeções e deixou o casal levar o neto para criá-lo como filho. Foi exatamente o que fizeram. Porque naquela época era muito comum famílias criarem filhos de empregados, parentes distantes, mas havia o limite intransponível entre eles e os filhos legítimos. Essas crianças recebiam casa, comida, estudo, roupas e até carinho, mas eram sempre agregadas, precisavam fazer algo em troca, trabalhar na casa, ajudar a cuidar das outras crianças. Não foi o que aconteceu com Bituca. Lília e Zino o educaram como verdadeiros pais, deram-lhe o amor de pais e exigiram dele o que exigiram dos outros filhos. No entanto, eles tinham consciência de que não seria fácil. Se no Rio de Janeiro o preconceito era grande, quanto mais em uma pequena e conservadora cidade como Três Pontas. O caso era complexo: um casal recém-casado, branco, de famílias tradicionais, com um filho de 2 anos, adotivo e negro? Não era pouca coisa. Sabiam dos obstáculos a serem enfrentados, mas isto não se tornou um problema. Lília estava decidida e Zino nunca havia sido homem de ter medo de enfrentar o que quer que fosse quando a razão estava do seu lado. E eles tinham a razão, o direito de fazer o que bem entendessem das suas vidas. Só não efetuaram a adoção legal. Lília não achava justo com Maria do Carmo.

Voltaram para o Rio naquele mesmo dia, e na manhã seguinte partiram para Três Pontas. Além da passagem pela casa dos avós em Juiz de Fora, o mundo de Bituca se resumia ao sobrado e à Rua Conde de Bonfim, na Tijuca. Qual não foi a surpresa — e o encanto — ao descobrir na viagem para Minas um maravilhoso mundo apresentado pelos trilhos das estradas de ferro?! O fascínio que sentia pelos bondes se transferiu de imediato para os trens. Ao subir no trem de aço e depois na maria-fumaça, Bituca empreendeu a primeira grande travessia da sua vida. Entre as montanhas e os cafezais, a igreja e as lendas, a ladainha e o rádio, a disciplina da escola e o amor de sua mãe, a magia do cinema e as invenções de Zino, aceito e querido por muitos, afastado pelo preconceito de outros, assim cresceria o pequeno Milton do Nascimento, assim se faria homem, levando aquela cidadezinha para os quatro cantos do mundo e para sempre no seu coração.

# Capítulo 2
# 1945 a 1953 | Do Rio a Minas

Os primeiros meses na nova cidade foram de adaptação para a família Silva Campos, sobretudo para Lília e Bituca. Nada muito complicado, apenas o tempo e as mudanças necessários para se encaixarem na rotina local. Tarefas que não exigiam esforço sobre-humano. Três Pontas era pacata e a vida por lá não apresentava grandes problemas. A participação do Brasil na Segunda Guerra não chegou a atrapalhar o dia a dia da cidade. Sustentada pela monocultura do café, a economia local recuperara o fôlego desde a crise de 1929, quando a cotação do café despencou com a quebra da Bolsa de Valores de Nova York. A recuperação foi escorada pela interferência direta do governo federal, que tomou várias medidas para tentar salvar o preço da saca do grão, como a grande queima dos estoques realizada na primeira fase da era Vargas. No entanto, as sequelas mais graves deixadas pela guerra não estavam relacionadas ao bolso, mas ao coração das poucas famílias que tiveram seus filhos convocados pela Força Expedicionária Brasileira, a fim de atravessar o oceano para lutar em uma guerra da qual mal sabiam o porquê. Considerando que a grande maioria dos convocados não chegou a pisar em solo europeu, pois sequer saiu da Escola dos Sargentos das Armas, na cidade vizinha de Três Corações, fica a conclusão de que a guerra não foi um grande problema para a população três-pontana.

A cidade estava mais preocupada com os rumos do Estado Novo. Com o término da guerra, a burguesia e a classe média brasileiras, ainda incipientes, encantaram-se com as maravilhas e conquistas da democracia. Enxergavam no governo de Getúlio Vargas um regime ultrapassado. Em 29 de outubro daquele ano de 1945, três dias após o primeiro aniversário de Bituca na cidade mineira, um golpe militar derrubou do poder o presidente, que se preparava para concorrer às eleições com o apoio do PTB e do PCB. Ainda naquele ano, houve eleições para presidente, deputado e senador. O então interventor de Minas Gerais, Benedito Valadares, esteve em Três Pontas em campanha para a candidatura do general Eurico Gaspar Dutra, que, com o apoio de Vargas, se elegeu presidente da República, apesar da aparente saturação do seu antecessor. Contudo, não foi em 1945 que as pessoas puderam eleger seus representantes municipais. Nomeado pelo interventor, Joel de Sá substituiu Pedro Meinberg na prefeitura de Três Pontas, e somente em 1947 foram realizadas as eleições diretas no município, quando foi eleito o candidato da coligação de direita PSD-UDN, Azarias de Azevedo.

Naqueles anos, para não dizer desde sempre, política e economia caminhavam no mesmo passeio, perseguiam o mesmo horizonte. Assim, os rumos políticos da cidade variavam de acordo com os rumos da cultura do café, dependendo, muitas vezes, da boa ou má vontade da natureza, que andava mais para boa que para má. A agricultura comandava a economia, mas havia espaço para quem não dependia da terra para viver. Entre essa minoria de não fazendeiros estavam os comerciantes, os funcionários públicos e os profissionais liberais, basicamente médicos, dentistas, advogados, farmacêuticos e professores, minoria sem a qual a cidade não teria meios de existir. Josino de Brito Campos se encaixava nesta última categoria. Embora tivesse se formado como contador e chegasse a exercer a atividade em alguns momentos, dedicou a maior parte da sua vida ao ensino, como professor de Matemática, Física e Química, e à oficina de eletrônica instalada ao lado da casa, batizada primeiro de Chrysos,

## DO RIO A MINAS

ouro em latim, e depois de Eletrônica Zino, como os clientes sempre a chamaram. Além de professor da Escola de Comércio Nossa Senhora d'Ajuda, da qual fora um dos fundadores, lecionava no Ginásio São Luís, transferido de Silvestre Ferraz para Três Pontas em 1931. Dezesseis anos depois, ele seria comprado pela paróquia, passando para a Congregação dos Irmãos do Sagrado Coração, onde Bituca e todos os homens daquela geração concluiriam o curso ginasial. Entusiasta do conhecimento, o professor Zino se aventurava também pelas áreas da História, Geografia e Saúde. Na sua biblioteca podia-se encontrar todo tipo de livros, dos técnicos aos romances, atlas e enciclopédias, sem falar na coleção, com os primeiros volumes em inglês, da revista *Reader's Digest*. Quando não estava entre livros ou em sala de aula, exercia a profissão aprendida no Rio entre a prática no trabalho e os almoços com José Brito. Instalava antenas de rádio, transmissores de sinal de televisão, construía amplificadores, captadores de som, além de ser um dos responsáveis pela iluminação e pela sonorização das festas da igreja. Certa vez, fez um monomotor pousar no ponto mais alto de uma serra, a fim de instalar uma antena de TV, numa manobra considerada arriscada, que ganhou páginas de vários jornais da região e passou a integrar o repertório local de "causos".

Lília também fazia parte dessa minoria. Por ter nascido e crescido no Rio de Janeiro, um grande centro, habituara-se a uma vida bastante diferente de tudo o que se podia esperar em Três Pontas. O tempo no Rio era outro, o mundo era outro, bem mais dinâmico do que os dias na cidade para a qual havia transferido o seu destino. A ex-aluna de Villa-Lobos trocara as lições de piano pelo cuidado com a casa e a família. Não foi fácil para Lília o início daquela nova vida. A inexperiência nos assuntos culinários transformou os primeiros dias em um verdadeiro aprendizado, cuja principal professora foi a sogra, dona Pichu. Do cafezinho ao arroz com feijão, Lília aprendeu os segredos, um de cada vez e todos ao mesmo tempo. Logo as mãos dominavam os temperos com a mesma habilidade com que, pouco antes, dedilhavam as teclas do piano. Apesar das diferenças entre

Três Pontas e o Rio, ela se adaptou com tranquilidade e foi feliz durante todos os anos ali. Bituca também.

*

A casa alugada por Zino na Sete de Setembro ficava abaixo do nível do passeio, por causa da inclinação do terreno. As lembranças mais fortes de Bituca daquela primeira morada são os degraus pelos quais era preciso descer a fim de alcançar a porta de entrada e o quintal, onde passava horas. O fascínio pelos trens após a travessia do Rio para Minas tornou-o capaz de transformar tudo ao seu alcance em vagões e trilhos. Pedras, gravetos, folhas, latinhas, tudo servia para alguma parte da estrada de ferro ou dos vagões. Quão infinito pode ser o limite de um quintal para a imaginação de uma criança! Além dos trens, divertia-se com a dupla de vira-latas adquirida por Zino: Boy e Maraty. Na verdade, eram mãe e filho, mas como no mundo animal os laços de parentesco não são tão definidos, em algumas ocasiões os cachorros se portavam como marido e mulher, confundindo a cabecinha do menino. Para ele, além de cadela, Maraty era uma senhora muito brava, motivo pelo qual rendia a ela o posto de maior respeito na hierarquia animal da casa, sobretudo nos períodos de cria, porque ficava realmente perigosa.

A família Silva Campos morou por pouco tempo nessa casa. Por problemas de divisão de herança, Porenga precisou do imóvel e desfez o negócio com o amigo. Zino, a mulher e o filho se mudaram então para um sobrado ao lado da Igreja Matriz Nossa Senhora d'Ajuda, onde ficaram por menos tempo ainda. Em seguida, foram para outra casa na mesma Sete de Setembro, porém na extremidade oposta à do antigo lar, número 71, dessa vez sim, bem no centro de Três Pontas, perto da Praça Teodósio Bandeira, ou Praça da Fonte, que ainda não era praça e muito menos possuía uma fonte, mas um enorme descampado de terra onde as crianças soltavam pipa, jogavam futebol e o circo armava sua tenda nas passagens pela cidade. A casa não era grande nem pequena, tinha um tamanho ideal para a família

## DO RIO A MINAS

de três (em breve quatro) pessoas. Ao contrário da primeira, ficava acima do nível da rua, e era preciso subir uma pequena escada para se chegar à porta principal. Tinha as paredes pintadas de vinho e o alpendre na cor amarela. Lília decorou as janelas com jardineiras, nas quais plantava amores-perfeitos no inverno e margaridas nos meses quentes. Também tinha quintal, mas com a chegada de Fernando, as brincadeiras sofreram mudanças e ampliaram seu território para toda a casa.

Como reza a cartilha da ordem tradicional das coisas, Lília engravidou pouco tempo depois da noite de núpcias. Passou o final da gravidez na casa dos pais, no Rio de Janeiro. Queria ter o bebê perto de Augusta. Mas, entre tantas histórias felizes, esta não teve a mesma sorte. A criança morreu ao nascer. A dor da jovem mãe só não foi maior porque tinha o amparo da presença de Bituca e, agora, de Fernando. Luís Fernando Pitta era filho de Cacilda, irmã de Augusta. Ao ficar viúva, Cacilda se deparou com as mesmas dificuldades enfrentadas por tantas mulheres: sem marido ou pais para sustentá-la, saiu em busca de emprego. Conseguiu, mas não tinha com quem deixar o filho de 3 anos. Lília se ofereceu para cuidar dele. Fernando passaria o período letivo do ano em Três Pontas e as férias no Rio, com a mãe. Assim foi, e Bituca ganhou seu primeiro irmão.

Embora os olhares não fossem mais exclusivamente para ele, deu-se muito bem com Fernando; aliás, durante todo o tempo que estiveram juntos, e esse tempo vai até a juventude, jamais houve uma briga séria entre os dois. Talvez tivesse acontecido um aborrecimento ou outro, mas coisa de criança, que desaparece antes mesmo de se saber o porquê da pendenga. Os amigos de um viravam amigos do outro. Antes de cada um ter a sua turma, quando o seu convívio se restringia aos pais e a eles mesmos, a dupla compartilhava brincadeiras e tarefas. Uma das brincadeiras favoritas era rezar a missa. Iam à missa todos os domingos, sem falta, quando não iam em dias de semana, e, ao regressarem, tratavam de repeti-la em casa, com altares montados no quarto, sob a supervisão carinhosa de Lília. Mas nem só de missas viviam os dois meninos. Participavam de todo tipo de brincadeira, desde o futebol (embora Bituca preferisse apitar o jogo a correr atrás da bola) até empinar pipas, rodar piões e comer bundinha de tanajuras, travessura indispensável a qualquer três-pontano daqueles anos. A aventura ficava ainda mais divertida depois de uma chuva, quando formigueiros inteiros boiavam nas poças de água. Certa vez estavam na casa de Havany, uma das irmãs de Zino, com filhos da idade de Bituca e Fernando, quando resolveram fazer uma sopa de tanajuras. Havia um terraço de cimento nos fundos do sobrado, local escolhido para prepararem o prato. Os meninos apanharam panelas, tijolos, improvisaram um fogãozinho de lenha e puseram fogo. A travessura só não obteve êxito completo porque Havany sentiu o cheiro de queimado e resolveu dar uma espiada na garotada. Apesar de uma ou outra arte com os primos, filhos dos irmãos e irmãs de Zino — se é que a sopa de tanajuras pode ser considerada uma arte —, Bituca e Fernando eram crianças comportadas. Ajudavam Lília nas tarefas domésticas, principalmente na cozinha. Bituca era o secador de louça oficial. Gostava de ficar ali, ao lado da mãe, vendo-a manobrar as panelas, os temperos, a lenha no fogão. Também gostava de ver o que Lília preparava para as refeições. Adorava a comida feita por ela, prova de que assimilara bem os ensinamentos de dona Pichu. Alguns dos seus pratos favoritos feitos pela mãe eram as rabanadas, as broas de fubá e as folhas de tomate fritas à milanesa, além de ovo estrelado.

Bituca era tímido, falava pouco, escutava muito. Seria estudioso, o primeiro aluno da classe em todos os anos de escola. Fernando era mais falante, extrovertido, e não seria tão fã dos estudos quanto o irmão. Mas os dois tinham muito em comum. Amavam o cinema e, acima de tudo, eram filhos obedientes. Todos os fins de semana Zino e Lília iam à sessão das seis da tarde no Cine Teatro Ideal. Antes, passavam na casa de Francisco e Pichu, na mesma rua, e deixavam os meninos com eles. Bituca e Fernando não se moviam. Ficavam sentados no lugar onde Lília os colocava, e por mais que os avós insistissem para que saíssem, comessem alguma coisa, ficavam quietos, esperando o filme terminar e os pais irem buscá-los. O

## DO RIO A MINAS

cinema era a grande e constante diversão em Três Pontas. Só perdia público por ocasião dos bailes, do carnaval, das apresentações de algum circo e das festas da igreja. Até 1949, havia apenas o Cine Teatro Ideal. Em meados dos anos 1950 foi construído o Cine Ouro Verde, transformado em igreja evangélica nos anos 1990, quando Três Pontas passou a fazer parte do triste grupo das cidadezinhas que viveram o auge das telas e hoje se contentam com locadoras de vídeo. As sessões eram diárias, anunciadas na lousa colocada na porta do cinema. Nos fins de semana, os filmes e seriados eram reprisados ao longo do dia. Começavam com a exibição do episódio de uma série. Como televisão na cidade era artigo raro, acompanhar os seriados era um programa divertido para os casais e, quando a censura permitia, para as crianças. O Cine Teatro Ideal exibia filmes estrangeiros, mas também muitos filmes nacionais. Podia-se pagar uma mensalidade por cadeiras cativas, com direito a frequentar o cinema todos os dias do mês, e havia ainda os ingressos avulsos. Alguns dos seriados que atraíam público diariamente eram *O fantasma voador*, *Vigilantes da lei* e *Flash Gordon*. Se o filme fazia sucesso, as pessoas não se cansavam de vê-lo quantas vezes fosse exibido. Eram filmes como *Consciências mortas*, com Henry Fonda e Dana Andrews, *Aconteceu assim*, em tecnicolor, com Frank Sinatra, *Mercador de ilusões*, com Clark Gable, e *Quando os deuses amam*, estrelado por Rita Hayworth. As comédias de Mazzaropi lotavam o auditório escuro, cuja tela exibia as chanchadas da Atlântida e os filmes "sério-burgueses" da paulista Vera Cruz. Mas os três-pontanos gostavam mesmo era de chorar. Quanto mais triste e trágica a história, mais as pessoas iam rever o filme.

Quando era permitido, Bituca e Fernando iam às sessões junto com os pais. Fora tais ocasiões, não muito raras, frequentavam as matinês. Adoravam as aventuras de Mazzaropi e os episódios de *Flash Gordon*. O cinema era comandado pela figura carismática de Rojão, menos conhecido como Antônio Silvério Ferreira, responsável pela projeção, o cuidado com os filmes e outras empreitadas, como o cargo de diretor-chefe do jornal *Correio Três-pontano*, lançado em 1956. Se a película arrebentava,

41

todo mundo gritava: "Eh, Rojão!" Tamanha era a fama dele que durante muito tempo, mesmo após a sua morte, quando ocorria algum problema na projeção do Cine Pathé, em Belo Horizonte — a maior colônia de três-pontanos —, uma voz cortava o escuro: "Eh, Rojão!" Antônio Silvério morava com a mãe, Amélia, em um apartamento no segundo andar do cinema, de onde eram realizadas as projeções. As máquinas e as latas com os rolos ficavam bem no meio da sala de entrada. Para as crianças, era uma aventura ir ali. Foi exatamente daquela sala de visitas que muitas crianças e adolescentes da cidade viram filmes proibidos, como *Juventude transviada*, com James Dean. Bituca e Fernando foram alguns desses felizardos que fizeram amizade com Rojão. Uma amizade terna, cheia de magia, que fez lembrar a cada um deles a sua própria infância ao assistirem, depois de marmanjos, ao comovente *Cinema Paradiso*. Os irmãos passavam muitas tardes na sala de projeção, ajudando a organizar as latas, cortar as películas e emendá-las. Sempre que uma arrebentava, ao fazer a emenda perdia-se um ou dois quadros, o que explicava o fato de que a exibição de um mesmo filme nunca era milimetricamente igual à anterior. Bituca se divertia ao ver na contraluz os pedaços descartados, tentando adivinhar de que filme era cada fragmento de cena.

*

Antes de entrar para o Grupo Escolar Cônego Victor, Milton do Nascimento ganhou seu primeiro instrumento musical: uma gaita de uma escala só. Tinha 5 anos de idade e, apesar da limitação da gaitinha, arriscava sons simples, nada que chamasse a atenção além do que poderia chamar uma criança se aventurando com um instrumento de brinquedo. Foi com o presente seguinte, uma gaita dotada de sustenidos e bemóis, que pôde experimentar melodias mais trabalhadas e compor suas primeiras frases musicais. A sanfona, responsável por sua fama na infância, chegou mais tarde, pouco antes de completar 7 anos. Primeiro uma sanfona de dois baixos e depois a sanfoninha Hering de quatro baixos, hoje guardada ao lado dos prêmios Grammy, na casa do pai, em Três Pontas. Não tinha bemóis nem sustenidos. O mecanismo musical consistia em produzir uma nota quando a sanfona se abria e outra ao fechá-la. Compensou os poucos recursos do instrumento com a voz. Vocalizava o som que achasse necessário para o bem daquela música. Em pouco tempo tinha o domínio completo da sanfona. Passou então a acompanhar Lília, primeiro em casa e depois nas quermesses da Igreja Matriz. A sanfona não ocupou o lugar da gaita; ao contrário, os dois instrumentos e o garoto formaram um trio original. Sentado na escada da varanda de sua casa, Bituca colocava a gaita entre os joelhos e segurava a sanfona por baixo dela, sob as pernas. Tocava, cantava, experimentava sons, tudo ao mesmo tempo. Passava horas e horas assim. Aquilo despertava a curiosidade de quem passava por ali, como aconteceu com o menino Wagner, morador da mesma rua. Filho de uma conceituada professora de piano e acordeão chamada Walda Tiso, estava acostumado a conviver com música o tempo todo. Quando ele próprio não estava estudando, ouvia os alunos de sua mãe. Wagner era três anos mais novo que Bituca. O fato de ser pequeno não o impediu de se encantar com as maravilhas feitas com a sanfona e a gaita, e ficava escondido na serraria do Zé Americano, em frente à casa de Zino, para ouvi-lo tocar. Não seria nessa ocasião que se tornariam amigos e parceiros, mas havia ali a primeira semente.

Por essa época, Bituca estava totalmente adaptado à cidade e à família de Zino. Como no episódio das tanajuras, ele e Fernando viviam entre amigos, brincando no quintal ou na rua de terra, pois a pavimentação só viria a se completar na cidade a partir de 1955. Também foi nesse período que começou a assistir aos desenhos de Walt Disney no cinema, uma grande descoberta e fonte de inspiração. Assistindo aos musicais da turma do Mickey, percebeu que a música acompanhava a história e que os personagens tinham vozes diferentes. Com a gaita e a sanfona a tiracolo, passou a inventar e musicar suas próprias histórias. E se a casa de Lília e Zino já vivia cheia de crianças, o movimento aumentou bastante. Amigos, primos e vizinhos iam ver e ouvir as suas histórias. Quando chegava alguma criança em casa, antes de qualquer coisa, ele pegava a gaita, a sanfona e começava a apresentação. Mesmo sendo criança também, gostava de alegrar as outras, preocupava-se com elas, coisa que continuou a fazer e a sentir por toda a vida. As histórias eram improvisadas. Sem sequer imaginar, porque o repente não era tradição na cidade, saía-se um perfeito repentista. Entre todas as histórias criadas e cantadas por ele nos tempos de menino, a mais famosa se chamava "Porcolitro", que durou nada menos que oito anos.

A ideia surgiu na casa da avó Pichu, ou melhor, na cozinha dela. Toda vez que ia lá, Bituca gostava de ver o movimento das brasas no fogão a lenha, das panelas, da vida quente da cozinha. Vários litros e latas de leite ficavam em cima do fogão. Ele ficava sentado num banquinho ao lado, observando os litros e imaginando como seria uma conversa entre eles. Ia para casa com isso na cabeça, até resolver transformar essa conversa em história. "Porcolitro era um leite muito safadinho, derramava sempre", começava assim. "Os outros litros falavam para ele: cuidado, você vai acabar sujando tudo. Mas o litro não estava nem aí, todo dia fazia a mesma coisa. Até que um dia veio uma fada e transformou o litro em porco, num porcolitro." Em torno desse personagem ele criou a novela musical que divertia as outras crianças. Porcolitro protagonizava mil aventuras, casou-se com Iara, rainha da floresta, mas que naquele tempo era, para Bituca, a rainha do mar. Porcolitro e Iara tiveram um filho porco chamado Juquinha, e por aí prosseguia a saga do litro de leite que virou porco. A música foi a grande diversão da infância de Bituca, seu brinquedo favorito. Cantava o tempo todo, em todo lugar, ou melhor, em quase todo lugar, pois se há um canto da casa onde nunca conseguiu soltar a voz é o banheiro, na hora do banho, ao contrário do grande contingente de pessoas, músicos ou não, que adoram cantarolar no chuveiro. O mesmo acontece com Zino, uma afinidade que ambos iriam descobrir meio século depois, quando não haveria a presença alegre de Lília, a plateia fiel de todos os palcos. Além das aventuras do Porcolitro, vez por outra pôde explorar o seu lado performático com participações no teatro organizado por Orlanda Tiso, uma espécie de teatro de revista, apresentado no palco do cinema ou da casa paroquial.

Bituca passava a maior parte do dia na companhia da mãe, mesmo se estivesse cantando ou brincando com Fernando e as outras crianças. Pouco via o pai à luz do dia, sempre indo e vindo, correndo de uma aula para outra, de um trabalho para outro. Em compensação, à noite havia momentos especiais ao lado de Zino. Além dos aparelhos de TV, de rádio e acessórios, ele mantinha em casa um equipamento completo de fotografia, com máquinas e laboratório. Ele mesmo tirava, revelava e ampliava as fotos da família. Grande parte da infância e da adolescência de Bituca está registrada graças ao tino fotográfico do pai. Mas o gosto pela óptica não se limitava à fotografia; Zino possuía também uma luneta, e era por meio dela que pai e filho passavam momentos mágicos nas noites de lua cheia ou de céu estrelado. Os dois ficavam observando as constelações, a lua, os planetas. Havia ainda um mapa, com o qual era possível localizar as luas de Marte e Saturno. Com isso, sabiam quando iam aparecer ou não. "Era uma coisa minha com seu Zino mesmo, e era tão legal que parecia que a gente estava brincando feito criança", contou Milton certa vez. Embora considerasse Lília e Zino seus pais, sempre os tratou por dona Lília e seu Josino, vulgo seu Sinhô Dotô.

Havia em Três Pontas um único grupo escolar, o Cônego Victor, fundado por padre Victor, um padre negro que esteve na paróquia da cidade durante quase toda a sua vida religiosa e era reconhecido como santo pela população local e da região. Vários milagres eram e são atribuídos a ele. Conta-se que o corpo do padre exalou perfume de rosas durante os três dias de velório, em 1903. Atualmente, a Igreja Católica estuda a sua canonização. Pois foi justamente no início do ano letivo no Cônego Victor, que homenageava o admirado padre negro, que Bituca precisou enfrentar pela primeira vez o preconceito pela cor. Porque antes sua vida não ia muito além da casa e do convívio com os pais, com Fernando e com as famílias de Zino e Lília. Talvez alguém tivesse preconceito, mas se isto aconteceu, não se manifestou, porque em nenhum dos dois lados houve algum tipo de reação nesse sentido.

No primeiro dia letivo de 1950, Zino levou o filho para a escola. Como professor, aquele era um momento importante para ele e esperava de Bituca o máximo que poderia esperar de qualquer um de seus alunos. Por isso, nem chegou a pensar na possibilidade de o filho não ocupar uma carteira na primeira sala. Os alunos eram separados em turmas classificadas entre melhores e piores, em escala gradativa. Além do desempenho e da capacidade do aluno, o poder aquisitivo e o nível social eram decisivos na hora de ir para uma ou outra turma, o que demonstrava que as categorias de melhores e piores nem sempre coincidiam com a capacidade intelectual da turma. Bituca não foi para a primeira. Era um absurdo, o menino negro ao lado dos filhos brancos dos fazendeiros! Absurdo foi o que achou Zino, pois filho seu merecia a melhor educação. Ficou indignado. Foi atrás de sua irmã, Alzira, professora do grupo, das antigas e geniosas, daquelas que todo mundo respeita e teme. Tal qual o irmão, não tinha medo de enfrentar as pessoas, nem de briga. No segundo dia de aula, foi para o Cônego Victor de mãos dadas com Bituca. A escola ficava a dois quarteirões da casa de Zino, na rua de baixo. Alzira pediu ao sobrinho para esperar um pouco no pátio e dirigiu-se à secretaria. Chamou a diretora e a professora da primeira sala, Maria Amélia. Bituca espiava de longe, via os gestos, o ânimo alterado de Alzira, na angústia de saber o resultado da conversa. Não foi muito fácil; ela precisou usar todos os argumentos possíveis e impossíveis. Tentar abrir os olhos de alguém para a injustiça do preconceito era missão muito difícil em uma comunidade como aquela, ainda mais de uma hora para outra. Optou, então, por algo mais forte, desde a sua demissão até um escândalo em praça pública. Acabou vencendo. Naquele mesmo dia, Bituca se sentou na carteira de madeira de dois lugares na sala de Maria Amélia, ao lado de um menino chamado Waltinho Boechat, filho de um médico do Rio de Janeiro que acabara de se mudar para a cidade.

Em pouco tempo a professora cedeu aos encantos do novo aluno e passou a paparicá-lo. Era difícil não se deixar encantar por aquele menino de olhos arregalados, quieto, excelente aluno e, ainda por cima, "sanfonogaitista". Bituca participava das apresentações do teatro na escola, sempre fazendo o acompanhamento musical. Em um dos primeiros anos no grupo, participou de uma apresentação em dueto com um menino chamado Gileno, filho mais velho da professora de piano Walda Tiso. Bituca tocou sanfona, e Gileno, acordeão. Como não eram colegas de sala, o convívio dos dois limitou-se a essa curta apresentação. Bituca aprendeu sem maiores problemas o bê-á-bá da cartilha da Lili, uma boneca que se apresentava aos alunos recitando na primeira página: "Olhem para mim / Eu me chamo Lili / Eu comi muito doce / Vocês gostam de doce? / Eu gosto tanto de doce!" Foi aluno exemplar no grupo e o seria no Ginásio São Luís e na Escola de Comércio. A única reprovação em toda a sua vida escolar seria em canto, mas isto é outra história.

O peso do preconceito aparecia também nas cerimônias da Semana Santa. O garoto cultivava o sonho de ser anjo nas procissões, sonho nunca realizado. Tudo bem que estudasse na sala dos filhos dos fazendeiros; afinal de contas, tornou-se o melhor aluno. Agora, anjo? Negro? Nem pensar, nem na cidade que, paradoxalmente, venerava um padre negro. Bituca cresceu, tornou-se ídolo em Três Pontas, no Brasil inteiro e em várias partes do mundo, mas nunca se esqueceu dessa história. Era generoso, amigo, embora sua timidez inicial não deixasse transparecer tanto, mas não esquecia uma grande mágoa. Podia até ficar escondida, atenuada pelo tempo, mas não desaparecia jamais. Apesar do sonho não realizado de ser anjo, a Semana Santa era um dos eventos mais esperados por ele. A família de Zino tinha uma espécie de frisa cativa no andar superior da igreja. De lá eles acompanhavam a celebração das missas. Os vitrais, os santos, a fé das pessoas. A ladainha nas procissões. O coral, as vozes dos padres, dos fiéis, eram sons mágicos que se misturavam na acústica do interior da igreja. Aquilo tudo deixava o menino fascinado, como num teatro ou numa grande festa, um acontecimento singular para um rapazote de calças curtas. Era um evento prestigiado por toda Três Pontas.

Zino e dois colegas eram os responsáveis pela sonorização das missas e das procissões. Passavam os dias e as noites carregando amplificadores, microfones, instalando e desinstalando os equipamentos no interior do templo, do lado de fora, na praça, nos passinhos, uma função observada com gosto por Bituca, acostumado com as empreitadas do pai. A igreja tinha duas torres e dois andares. A parte térrea era dividida ao meio, não com paredes, mas com a tradição: na frente ficavam os homens, e atrás, as mulheres. Na parte superior, a divisão era feita por famílias, cada uma na sua frisa. Mais do que com as missas, Bituca se encantava com as procissões. Duas eram as suas favoritas. A primeira acontecia na quarta-feira, a Procissão do Encontro. Saíam duas procissões de pontos diferentes da cidade, uma com os homens levando Cristo e outra das mulheres com Nossa Senhora. O encontro entre Jesus crucificado e Maria ocorria em outro local, geralmente uma praça ou um espaço aberto. Rezava-se então uma missa e, em seguida, as duas procissões, agora uma só, seguiam para a Igreja Matriz. Os fiéis levavam velas brancas protegidas por cones de papel, para não queimarem as mãos com a cera quente derretida. As mulheres usavam xales contornando o rosto ou sobre os ombros. Os homens e as crianças vestiam suas melhores roupas e também carregavam velas. Ao longo da caminhada, todos repetiam a ladainha comandada pelo padre. Ave-Marias, Pais-Nossos, o Credo... O encontro entre Cristo e Nossa Senhora era o clímax da noite. A outra acontecia na Sexta-feira Santa; era a Procissão do Enterro. Durante o percurso, a procissão parava em determinados pontos chamados passinhos, oratórios erguidos em casas das famílias de fé e de posses. Em uma dessas paradas havia o Canto de Verônica, que enxugou o sangue do rosto de Jesus. Ela cantava e depois beijava o Senhor Morto, conforme os rituais da Igreja Católica. Na sequência, cantavam as três

Marias. Essas procissões são realizadas até hoje, às vésperas da Páscoa, mas estão longe da intensidade daqueles tempos. Bituca não faltava a uma só e se encantava com a cantoria. Guarda até hoje na lembrança a beleza daquela Verônica, a mais linda e de canto mais belo que veria e ouviria em toda a sua vida. Esta Verônica das procissões da sua infância e juventude era a irmã caçula de Zino, Conceição, a segunda parceira musical de Bituca, já que a primeira e eterna havia sido a mãe, Lília. "Nunca ouvi outra voz de Verônica igual à da Conceição", disse Bituca anos depois.

Além da Semana Santa, havia as demais festas da igreja, as quermesses, nas quais a comunidade se reunia para arrecadar dinheiro para a paróquia. As pessoas doavam principalmente comida — bolos, tortas, cartuchos de amêndoa, frango assado —, vendida num animado leilão. Era nessas ocasiões que ele e Lília formavam uma verdadeira dupla, ela cantando e ele tocando a sanfona Hering de quatro baixos, dando a sua contribuição à igreja. O palco era o centro de uma tenda erguida em frente à entrada principal da Igreja Matriz Nossa Senhora d'Ajuda. Todas as pessoas podiam e deviam apresentar seus dons musicais, para embalar os convivas enquanto desembolsavam gordos valores pelas guloseimas e pelo artesanato produzidos pelas damas da sociedade. Zino, para variar, era o responsável pelo som e pela luz da tenda, com seus conhecimentos de eletrônica e sua famosa boa vontade. Por maiores que fossem suas divergências a respeito de certas questões católicas, ele fazia questão de ajudar. Além disso, era amigo do querido padre João, pároco de Três Pontas e um dos fundadores da Escola de Comércio, que recebeu o nome da Matriz, Nossa Senhora d'Ajuda.

Outra festa de origem religiosa, mas que acabou se tornando a mais profana de todas, encantava os sonhos e os dias das crianças e dos jovens da cidade, o carnaval. Bituca e Fernando se fantasiavam, mas o primeiro não gostava de desfilar, só de observar o movimento dos carros alegóricos e as fantasias riquíssimas. O carnaval de Três Pontas era o mais luxuoso e animado de todo o sul de Minas. Chegava a atrair pessoas dos grandes centros, como Belo Horizonte, São Paulo, e até do Rio de Janeiro, a capital brasileira do carnaval. As escolas e os blocos contornavam a praça da igreja, onde, aliás, tudo acontecia. As duas principais escolas eram a Acadêmicos do Serrote e a Estudantes do Samba, que disputavam os aplausos e prêmios com garra e truques não muito dignos. Podia-se dizer que a cidade se dividia em dois grupos: entre torcedores da Serrote e da Estudante — no singular mesmo. Bituca não torcia para nenhum deles em particular até alguns anos depois, quando a Estudante lhe prestou uma homenagem. Pela primeira vez ele desfilou, em lugar de honra, e acabou tomando gostinho pela escola, para a qual fez o samba-enredo *Reis e rainhas do maracatu*, em parceria com vários amigos. Além do carnaval de rua, os bailes no Automóvel Clube ou no Cine Teatro Ideal eram uma tradição. Com as clássicas marchinhas e uma banda afinadíssima comandada pelo maestro Wavau Tiso, a animação nos salões se intercalava com os desfiles durante os dias da festa. No Cine Teatro, as cadeiras eram retiradas do centro e instaladas nas extremidades, deixando um espaço para a dança. O palco ficava logo abaixo da tela, onde, na época do cinema mudo, João Duarte tocava pistom e Iracema Corrêa, piano. Bituca ainda era muito pequeno nesses anos dourados do Automóvel Clube e do Cine Teatro Ideal e não tinha idade para frequentar os bailes. Quando chegasse à idade, o Clube Literário Recreativo Três-pontano seria o principal da cidade, mas cumpriria ao pé da letra o item do seu regulamento que proibia a entrada de negros.

Além dos eventos anuais, os almoços de domingo na casa dos avós Francisco e Pichu eram motivo de festa. Todos os irmãos e irmãs de Zino compareciam com as respectivas famílias, parentes próximos, distantes, visitas, e era uma verdadeira festa. Os adultos ficavam dentro da casa, ocupados em pôr a conversa em dia, em dar andamento ao almoço. O quintal, por sua vez, era território totalmente dominado pelas crianças. Nesses dias, eram tradicionais as escaladas nas mangueiras e goiabeiras, os campeonatos de pião, bola de gude e facada. Mas a grande diversão da garotada era o futebol. Organizavam times, torneios, faziam da terra o

DO RIO A MINAS

gramado e das meias, a bola, para lamento de Bituca. Quando não ficava de fora da partida, dava logo um jeito de ficar no gol ou, melhor, ser o juiz. E mesmo nessas posições deixava a desejar, distraía-se o tempo todo, com os ouvidos atentos à música que vinha de dentro da casa, os discos que Conceição colocava na eletrola. Conceição, a Verônica dos seus sonhos e a irmã caçula de Zino, era uma jovem bonita, olhos verdes, traços finos, apaixonada por música. Fazia aulas de acordeão três vezes por semana. Em muitos desses almoços, a moça se trancava no quarto para treinar as lições. Aí, não havia futebol capaz de segurar Bituca. Ele se sentava embaixo da janela, do lado de fora da casa, e ficava ouvindo, reparando nas escalas, percebendo os ritmos, a melodia. Afinal, ele também era um acordeonista, ou melhor, um sanfonogaitista da melhor qualidade. Os ouvidos atentos também percebiam quando Conceição interrompia o estudo e saía do quarto, deixando o instrumento dando sopa na cama. Ele não perdia a oportunidade: pulava a janela, sentava-se na cama, colocava o acordeão no colo e começava a tocar as lições que a tia acabara de treinar. O instrumento era muito mais complexo que a sua sanfoninha de quatro baixos, não só complexo como muito maior, escondendo o garoto quase por inteiro. Ficavam descobertos apenas os braços, as pernas e os dois grandes olhos negros, saltando por cima do Scandalli azul-claro com botões prateados. Ao voltar para o quarto, Conceição via aquele menino tocando de brincadeira tudo o que ela custava para aprender. Nas primeiras vezes ficou zangada; depois, vendo que não havia jeito, ela mesma chamava Bituca e lhe emprestava o instrumento. Outras vezes, ela tocava e ele acompanhava na sanfoninha Hering. Então, os dois iam para a sala da casa, chamada de salão, e faziam um divertido sarau. O repertório era composto por valsas e marchinhas. Uma das músicas favoritas da dupla e da plateia era "Conto dos bosques de Viena", de Johann Strauss. Algumas músicas saíam muito bem, outras, nem tanto, mas todos se divertiam. As apresentações familiares, no entanto, eram apenas o começo do que estava por vir, com o primeiro grupo musical de Milton do Nascimento.

51

# Capítulo 3
## 1954 a 1961 | Nos bailes da vida

Durante todos os anos que permaneceu em Três Pontas com a família Silva Campos, Fernando passou suas férias no Rio com a mãe, que então morava com Augusta. Seu companheiro nessas viagens, cheias de aventuras e boas histórias, era Bituca. O percurso até a capital federal ainda era feito a bordo das marias-fumaças e dos trens de aço. Percorriam o mesmo itinerário daquela primeira viagem do Rio para Três Pontas, com Lília e Zino. Na maioria das ocasiões era ela, a mãe, a acompanhante dos dois garotos até a Cidade Maravilhosa. Essas férias eram pura diversão para os irmãos, que nem dormiam na véspera, imaginando o trem, a praia, a Floresta da Tijuca. A ansiedade aumentava sobre os trilhos. Esperavam ansiosos o momento de passar pelos túneis. Quando um túnel apontava lá na frente, os passageiros corriam para fechar as janelas, a fim de evitar a entrada de fagulhas de carvão que batiam nas paredes e voltavam para o trem. Se alguém esquecia de fechar uma janela ficava imundo, cheirando a carvão. Toda a correria e o suspense de ver qual janela teria ficado aberta encantavam a dupla.

Os dias no Rio eram repletos de atividades. Cacilda, mãe de Fernando, passava os fins de semana e seus dias de folga por conta dos dois; levava-os à praia, à casa de parentes na Ilha do Governador, às praças. Para onde levasse Fernando, carregava Bituca junto. De segunda a sexta ficavam por ali, nos arredores da Conde de Bonfim, sob o olhar de Augusta. Por mais vigilante que ela fosse, os limites permitidos eram amplos, porque se podia andar tranquilamente pela cidade. Assim, iam à praia com os amigos ou brincavam na calçada. Quando ainda eram crianças, mas não tão pequenos, por volta dos 10, 11 anos, vez por outra metiam-se em confusões, travessuras de meninos.

Como no dia em que se perderam na Floresta da Tijuca. Não era a primeira vez que se envolviam na aventura. Na verdade, costumavam fazê-la sempre. Tomavam o bonde com destino ao Alto da Boa Vista e, a certa altura do trajeto, saltavam, em plena mata. A brincadeira consistia em marcar o caminho com um barbante, ir entrando pela floresta para descobrir novos lugares e depois voltar. Só que dessa vez a história do barbante não funcionou. Resultado: não conseguiram achar o caminho de volta. Estavam Fernando, Bituca e mais dois primos de Fernando: Sônia e Mauro. Bituca encontrou a saída pela casa de guardas-florestais. Fora esses dias de aventureiros na selva, não havia grandes percalços. Com as idas ao Rio, Bituca nunca deixou de ter amigos ali e tampouco perdeu o contato com a vida carioca.

Isto facilitou sua volta à cidade em 1954. A pedido da madrinha Augusta, foi morar com ela e Edgard. A avó sentia falta de Bituca e, além disso, lá ele poderia ter estudo de melhor qualidade, argumentos suficientemente fortes para convencer os pais do menino. Foram dois anos longe de Zino, de Fernando e, sobretudo, de Lília, mas isto não significou um período ruim. O garoto estava no último ano do grupo, e os avós o matricularam no Colégio Tijuca Uruguay, onde poderia fazer também o ginasial. Estudou ali os dois anos seguintes. Talvez tivesse estudado por mais tempo, não fosse um fato que enfureceu o professor Zino e o fez buscar o filho de volta. No fim do primeiro ano do ginásio, o aluno Milton do Nascimento foi reprovado em desenho e — veja bem — em canto. Em contrapartida, as notas nas demais disciplinas eram as melhores possíveis, com quase cem

## NOS BAILES DA VIDA

por cento de aproveitamento. Zino conversou com os irmãos canadenses, responsáveis pelo Ginásio São Luís, em Três Pontas, e explicou a situação. Eles prometeram avaliar o caso com carinho; afinal, tratava-se do pedido de um querido e conceituado professor da instituição. Sem perder mais tempo, Zino foi ao Rio e pediu os papéis para a transferência de Bituca. Ao regressar, levou os documentos ao Ginásio São Luís. Os irmãos se surpreenderam com as notas e decidiram dar-lhe uma chance. Ele faria o exame final com os outros alunos; se fosse aprovado, poderia passar de ano. O Ginásio ficava dois quarteirões acima da estação ferroviária. Quase não havia carros, e o meio de transporte dentro da cidade era o popular "pé dois". A construção de três andares e quase cinquenta janelas ficava escondida atrás de duas enormes paineiras. A escola ficava seis quarteirões acima da casa dos pais, distância considerada longa para os parâmetros da cidade, mas que Bituca percorria em pouco mais de dez minutos.

Assim, na hora exata da prova, apresentou-se na sala indicada. Era dezembro de 1955, e lá estava ele, com a insegurança própria dos seus 13 anos, entre vários outros garotos em recuperação. Bituca estava bastante nervoso; tinha certeza de que, ao abrir a boca e começar a cantar, o irmão o reprovaria de imediato. Ficara com certo trauma da bomba no Rio. A reprovação para um aluno como ele, que fazia questão de tirar as melhores notas, era algo inconcebível. Todos estavam sentados nas carteiras de madeira quando entrou o irmão João Bosco, encarregado de aplicar os exames finais de desenho e canto. Primeiro foi a vez da prova de desenho. Bituca, com sua eterna mania de serras e trens, desenhou uma serra. Até aí, tudo bem, mas à medida que o tempo passava e a prova de canto se aproximava, as mãos começaram a suar frio e a tensão era inevitável. Susto maior foi quando o irmão João Bosco anunciou o nome do primeiro aluno a fazer o exame:

— Senhor Milton do Nascimento, aproxime-se, por favor.

Bituca se levantou e foi em direção ao irmão, na frente da sala. Atrás ficaram todos os outros meninos, à espera da sua vez. Tentando esconder o nervosismo, perguntou que música deveria cantar.

— Qualquer coisa — respondeu João Bosco.

A escolha não poderia ter sido melhor: cantou a versão em português de "Riders in the Sky" ("Cavaleiros do céu"), do compositor Stan Jones. Estava tenso e só percebeu a emoção de João Bosco ao terminar a canção.

— Onde você aprendeu esta música? É a minha favorita! Como é que você canta desse jeito? Por que te deram bomba?

Não é preciso dizer qual foi o resultado final. Entretanto, não foi só Bituca quem se saiu bem naquele dia. Passada a emoção, João Bosco enxugou as lágrimas, recompôs-se e pediu ao aluno para fazer outra coisa. Sem saber muito bem o motivo, fez um manossolfa, solfejo feito com o movimento das mãos que ele não sabia onde havia aprendido. Como era algo bem inusitado, o irmão se espantou com a performance. Encerrada a avaliação do novato, o irmão ordenou que os outros alunos acompanhassem Bituca em um hino. Todos foram aprovados, pelo menos em canto.

Foi assim que o Ginásio São Luís entrou na vida do rapaz. Uma entrada feliz como seriam os anos seguintes, fora pequenos momentos de dor. Ele sofria com o preconceito por ser negro, principalmente o preconceito dos negros, por ser um filho negro de uma família de brancos. "Pior que o preconceito de brancos, que era uma coisa que eu relevava, a não ser pela vontade de entrar nos clubes e ver as orquestras, era o preconceito de negro contra negro, principalmente comigo, porque eu era criado por uma família de brancos", desabafou certa vez. Nas festas patrióticas, quando os alunos do Ginásio desfilavam pelas ruas da praça da Igreja Matriz, Bituca começava a sofrer por antecipação, pois sabia que quando passasse por algum grupo de negros ouviria desaforos, do tipo "ô macaco!". Foi bastante doloroso, um dos motivos pelos quais demorou a ter amigos negros. O primeiro, e um de seus melhores amigos para o resto da vida, chamava-se Dida.

*

Sebastião Gonçalves Santos, o Dida, não foi apenas um grande amigo; foi também quem aproximou Bituca de Wagner Tiso. Não tinha a vida tão confortável quanto a de Bituca. Filho de empregada doméstica e cozinheira, além do preconceito pela cor, sofria as agruras de não ter dinheiro. Morava numa casa de chão de terra batida e seu sonho de consumo era comer uma maçã. A fruta era rara e cara, vinha importada da Argentina, embrulhada em finos papéis azuis. Bituca conheceu Dida nas brincadeiras de rua, nas peladas que ele frequentava só como plateia e nas trocas de gibis. Era 1956 e a bola de gude, a facada e os piões deram lugar às revistas em quadrinhos. Não era fácil conseguir gibis em Três Pontas, e eles custavam além das posses dos garotos da cidade. A febre, então, era trocá-los. *Super--Homem, Capitão Marvel, Fantasma, Pinduca*... Os meninos faziam de tudo para ler uma nova aventura dos seus personagens preferidos. Dida coordenava esse agitado escambo. Era um tipo falante, brincalhão, da pá virada, e não gostou muito de Bituca quando começaram a se encontrar com mais frequência. O outro era comportado, quieto, bom filho, bom aluno. Tinha de sobra toda a tranquilidade ausente em Dida. Talvez por isso mesmo os dois acabaram se tornando amigos, um completando o outro. Desconsiderando as diferenças de personalidade, tinham amigos em comum e gostos parecidos. Adoravam música, cantavam bem e cultivavam o sonho de formar um grupo musical. Formaram. Queriam um conjunto vocal inspirado no grupo norte-americano The Platters. Convidaram outros três conhecidos: Paulo, Carlinhos e Vera. Os ensaios eram feitos na garagem da casa da Teresa da Quitéria, mãe de Carlinhos.

Num desses ensaios, eles estavam se preparando para começar quando Wagner, o mesmo que ficava escondido na serraria do Zé Americano escutando Bituca tocar sanfona e gaita, e que agora tinha 11 anos, entrou segurando um acordeão. Dois obstáculos surgiram de saída: o instrumento do rapaz e o sobrenome. A mãe, a professora de música Walda Tiso, tinha fama de mulher brava, disciplinadora, rígida, despertava medo na imaginação de Bituca. Quando pensou na braveza de Walda ao saber do paradeiro do acordeão, ele quis, mais do que nunca, distância daquele instrumento. O outro empecilho para a entrada no grupo do novo integrante era o peso do sobrenome Tiso. Vindos da Itália para o Brasil ainda no século XIX, os Tiso se fixaram em Três Pontas e criaram a fama pertinente de serem uma família de talentos musicais. Quando alguém na cidade se destacava na música, e ainda hoje é assim, de imediato surgia a pergunta: "Você é Tiso?" É provável que não houvesse malícia na indagação, mas fez com que outros músicos talentosos da cidade, que não tinham o sobrenome italiano, criassem certa resistência a tal família. Foi exatamente o que aconteceu com Bituca nos primeiros anos de sua adolescência, quando se deu conta de ser a música a sua grande paixão. Não queria saber de nada ou ninguém daquela família; quanto maior a distância, melhor. Por isso, quando Dida sugeriu a entrada de Wagner, que era seu amigo, no conjunto vocal, Bituca foi taxativo: "Não!" Dida, com seu jeito moleque, não deu muita bola. Acreditava no velho ditado: "Água mole em pedra dura, tanto bate até que fura." Mesmo assim, convidou Wagner para participar do ensaio. Ao vê-lo entrar, Bituca ficou furioso.

— Escuta, este acordeão é seu? — perguntou.

— É, sim.

— Não é, não, é da sua mãe; ela é muito brava e eu não quero nem saber desse acordeão.

— Puxa vida, Bituca, deixa o rapazinho entrar no conjunto! — intercedeu Dida.

— Não!

Naquele dia, Wagner foi embora carregando o acordeão de Walda. Não morreria por causa da recusa. De todos, era o músico rapazote de maior projeção na cidade, perdendo apenas para seu irmão mais velho, Gileno Tiso, então o garoto-prodígio do piano. Wagner tocava no Clube Operário, na rádio local e em um ou outro evento, na companhia de tios ou primos. Poderia não ter voltado, não fosse a insistência de Dida. Disse ao amigo que tinha conversado e acertado tudo com Bituca, que ele seria

## NOS BAILES DA VIDA

bem-vindo no próximo ensaio. Wagner concordou, e no dia seguinte estava lá outra vez, com o acordeão a tiracolo. Bituca ficou surpreso pelo fato de o rapaz ter aparecido para o ensaio mesmo após o não. Logo percebeu o dedo, o dedo, não, as duas mãos de Dida no assunto. Acabou cedendo, e começaram ali, naquele instante, uma parceria que iria durar por toda a vida. Milton Nascimento e Wagner Tiso foram parceiros em composições, em espetáculos, discos, conjuntos de bailes, em bancos de praças e botequins. Foram parceiros pelos bailes da vida, tocando e cantando em troca de pão, levando sua música "aonde o povo está...", de kombi, em carroceria de caminhão, comendo a poeira da estrada, dormindo em qualquer lugar, mas nada parecia longe, tudo era tão bom... "Se foi assim, assim será".[1] A partir daquele ensaio, Bituca, Dida, Vera, Carlinhos, Paulo e o novato Wagner formaram o conjunto vocal Luar de Prata. A participação de Vera durou pouco. Morreu em um acidente de automóvel, entre Três Pontas e Belo Horizonte. Apesar da tristeza pela perda da amiga, o grupo continuou e ganhou a presença feminina de Teresa Sacho.

Apresentavam-se em bailes de toda a região, levados sempre pelos pais ou tios de algum dos integrantes. Uma das apresentações foi num baile na cidade de Carmo da Cachoeira, no Clube Social Tabajara. Ao terminarem, o presidente do clube chegou para Dida e disse: "Da próxima vez venha só você, não precisa vir o outro não, porque você canta melhor." O outro era Milton do Nascimento, que já tinha sua voz característica, a mesma eleita anos depois a mais bela do mundo. Por incrível que possa parecer agora, este fato não foi isolado. Ele tinha uma voz poderosa, cantava bem, mas não era assim aquela dos boleros, dos cantores de rádio, com entonação carregada. Era diferente de tudo o que aquele público estava acostumado a ouvir nos anos 1950. Às vezes, soava estranho para as pessoas tão acostumadas aos vozeirões impostados. Ia do grave ao agudo como quem canta numa nota só, sem demonstrar esforço; fazia falsetes,

---

1 Trecho de "Nos bailes da vida", de Milton Nascimento e Fernando Brant.

alcançava com desenvoltura escalas às quais muitos não podiam chegar. Era uma novidade, e nem sempre as novidades são assimiladas de pronto.

Além de crooner, tocava xilofone e o violão mandado de presente do Rio pela avó Augusta. A história do instrumento foi como tantas outras ao longo da vida de Bituca: uma feliz surpresa. Ele estava à toa em casa, quando soou a campainha. Era o carteiro com uma encomenda para a senhora Lília Silva Campos. Pelo formato do embrulho, Bituca logo deduziu: tratava-se de um violão. Não chegava perto do piano dos seus sonhos, mas para quem até aquele dia fazia malabarismos com a gaitinha e a sanfona de quatro baixos, o violão era o céu. Da porta de entrada, o instrumento seguiu direto para o seu quarto. Nunca chegou à destinatária final, Lília. Era um presente enviado por Augusta para a filha, mas ela mesma depois concluiu não ter havido melhor destino para ele. Ao abri-lo no quarto, Bituca começou a brincar com o instrumento. Havia um papel com instruções sobre afinação, e ele passou o resto do dia tentando afinar o violão e tocar alguma coisa. Não demorou muito para aprender suas músicas preferidas. Entretanto, por mais que tocasse certinho, o som não ficava igual ao que ouvia nos discos de vinil de Zino. Alguma coisa estava errada. Foi um outro Tiso, chamado Mário, regente da Fanfarra Municipal, quem lhe explicou por que não conseguira a mesma sonoridade: as cordas. As músicas que queria tocar eram gravadas com violões com encordoamento de náilon e aquele estava com cordas de aço, próprias para violão elétrico. Trocadas as cordas, foi resolvido o problema. Nada mais era empecilho para aprender as canções e levá-las ao Luar de Prata. O conjunto seguia de vento em popa, e a amizade entre Bituca, Wagner e Dida, também.

Ciente da paixão do amigo por piano, Wagner o convenceu a fazer aulas com sua mãe. Eram seis aulas por semana, a trezentos e cinquenta cruzeiros por mês. Contrariando as expectativas, as aulas foram um terror para ambos. Inflexível quanto à disciplina, Walda não admitia que os alunos executassem uma peça sem seguir a partitura. E acontecia justamente isso com o novo aluno: Bituca lia uma vez, depois fingia estar lendo e tocava de ouvido, golpe incapaz de enrolar a experiente professora. Mesmo quando ela saía da sala por algum motivo, percebia com precisão a rebeldia cometida: "Bituca, é pra ler a partitura!", gritava. Este era, por si só, motivo suficiente para atropelar o bom andamento das lições; mas havia outro, que deixava o aluno furioso. Caso Walda não ficasse satisfeita com o desempenho, chamava um de seus filhos para tocar a peça e mostrar como se fazia. Berrava: "Isaurinha, vai ensinar para ele como é que se toca essa música!" Aquilo irritava Bituca, e ele deixou de ter qualquer prazer em frequentar as aulas. A tentativa não avançou para além de dois meses. Ademais desse curto e tumultuado período, a grande escola do artista foi a vida, os bailes, o rádio e a convivência com outros músicos.

O Luar de Prata e os sonhos musicais ocupavam instantes preciosos do tempo livre dos garotos. Qualquer novidade demorava muito tempo para chegar a Três Pontas, e às vezes nem chegava. Não havia grande variedade de discos para que pudessem aprender novas músicas e ampliar o repertório. Contavam apenas com a significativa coleção de Zino, de discos clássicos e música americana, sobretudo de filmes, e as partituras de Walda. Mas o conjunto almejava mais, queria tocar as músicas do rádio, das paradas de sucesso, e outras mais. A solução foi fazer tocaia ao pé do aparelho, aguardar uma boa música e tentar copiar de ouvido. O trio Bituca-Wagner-Teresa Sacho era responsável por essa tarefa. Teresa copiava a letra, Bituca e Wagner copiavam a música. O maior problema, que acabou se tornando a maior vantagem, é que o rádio não pegava bem, a sintonia falhava, e a música era apresentada uma única vez. Não era como um disco de 78 rotações. Não dava para repetir. Muitas vezes era preciso esperar uma semana inteira, até o próximo programa, e cruzar os dedos, torcendo para a música ser tocada outra vez, e então fazer ajustes na letra ou na melodia. Os arranjos eram por conta própria, sobretudo dos meninos. Wagner e Bituca adoravam se ocupar dessa função, desde meninos gostavam de fazer harmonias e orquestrações. Foi assim que o Luar de Prata aprendeu e montou sua roupagem, sem saber que estavam tocando outras músicas.

Bituca começou a ouvir rádio quando estava no Ginásio São Luís, pouco antes do violão e do Luar de Prata. Na casa de Zino e Lília, a emissora mais ouvida era a Rádio Nacional, que, aos sábados e domingos, transmitia programas com música brasileira, com cantoras e cantores se apresentando ao vivo. Foi assim que conheceu Emilinha Borba, Marlene e Cauby Peixoto, entre tantas outras estrelas da era do rádio no Brasil. Gostava também de Henry Mancini, Michel Legrand, Yma Sumac e Stan Getz. Ah, e claro, The Platters. Aconteceu que, numa tarde de domingo, resolveu mudar a sintonia da Rádio Nacional e ficou passeando pelas outras emissoras até ouvir um som bonito de orquestra. Parou ali. Logo uma voz feminina entrou no ar, cantando como ele nunca tinha ouvido ninguém cantar. Sentiu as pernas bambas, como se estivesse embriagado, inebriado. A rádio era a Mayrink Veiga, PRA-9, e a cantora, Ângela Maria. Marcou a sintonia, e na semana seguinte voltou a sintonizar, na esperança de ouvir novamente a voz mais linda que ouvira até então. Passou a tê-la como uma de suas musas inspiradoras. E não era para menos: Ângela fora a Rainha do Rádio em 1954 e tornara-se a queridinha do Brasil, apelidada pelo presidente Getúlio Vargas de "Sapoti".

♠

Pouco tempo depois da formação do Luar de Prata, Bituca e Wagner foram convidados para cantar na boate do Automóvel Clube, em um conjunto formado pelos três-pontanos Duílio Tiso, Zé Doce, Anjo e Djalma. O único problema era a idade dos garotos: Bituca tinha catorze, e Wagner, onze. A entrada de menores na boate era proibida, mesmo a trabalho. Então, quando a polícia chegava para fazer a ronda, punha-se em prática uma verdadeira estratégia de fuga para a cozinha. Eram momentos especiais para a dupla. Além da adrenalina, empanturravam-se com a comida quentinha, pronta para ser servida. Djalma e Duílio ficavam atentos; assim que os policiais iam embora, convocavam os integrantes menores para recompor o conjunto. A essa altura, Bituca já era considerado parte do staff de músicos da cidade.

## NOS BAILES DA VIDA

O Luar de Prata tocava em bailes em Três Pontas e nas cidades vizinhas de Carmo da Cachoeira, Coqueiral, Córrego do Ouro, Lavras... As viagens eram sempre aventuras deliciosas. Iam de kombi ou de carona na carroceria de algum caminhão. Não havia aparelhagem para carregar, como acontece hoje. Eram apenas o violão, o contrabaixo e o pistom, que já somavam um grande peso. Microfones, somente para os crooners, e as próprias casas noturnas eram responsáveis por fornecer o equipamento, além do piano, presente em todos os salões de baile. Passar as tardes e as noites tocando e ouvindo as músicas de baile, como boleros, chá-chá-chá, marchinhas, músicas de seresta, não impediu Bituca de admirar outros estilos musicais. Encantou-se com Villa-Lobos, apresentado a ele por Maria Amélia, irmã do colega do grupo Cônego Victor e amigo Waltinho Boechat. A jovem morava no Rio, onde fora cursar o colegial. Lá, além dos estudos cotidianos, dedicava-se a estudar piano. Era uma boa pianista e chegou a ganhar um concurso no Theatro Municipal do Rio como melhor instrumentista. Na capital federal, Maria Amélia tinha acesso a tudo que Bituca não podia ter em Três Pontas.

Depois da experiência da reprovação no Colégio Tijuca, ele passou a ir com menos frequência para lá. E também porque foi crescendo, fazendo turma, apaixonando-se, e as férias no interior eram imperdíveis. Não sobrava tempo para longas viagens. Maria Amélia não chegou a ser sua namorada, mas foi o primeiro grande amor da sua vida. Foi ela quem mostrou ao amigo o mundo estranho e maravilhoso de Heitor Villa-Lobos. Até então, tudo o que sabia do compositor e maestro era ter sido professor de sua mãe no curso normal, além de uma ou outra coisa ouvida aqui e acolá. Ficou maravilhado ao ouvir pela primeira vez a "Bachiana nº 4", tocada com esmero pela amiga. Durante algum tempo não quis saber de outro compositor. Ficava à espera de Maria Amélia, nas férias e nos feriados prolongados, para ouvir e aprender um pouco mais sobre o mundo fascinante de Villa-Lobos. Encantava-o também o fato de o compositor ter viajado pelo país para pesquisar sons e ritmos novos, transformar a cultura popular em obras clássicas. Quando a amiga estava para aparecer, Bituca se escondia na casa dela, na Rua Frei Caneca, continuação da Sete de Setembro, e enquanto todos seguiam para a cozinha (lugar onde as pessoas sempre se reúnem, nas cidades do interior, para pôr os assuntos em dia), sentava-se ao piano e começava a tocar. Maria Amélia, falante como ela só, gritava: "Ah, só pode ser o danado do Bituca!" E os dias seguintes eram uma verdadeira festa. Além das partituras, ela trazia discos novos, lançamentos, raridades da música no Brasil e no mundo. Bituca aproveitava como podia toda essa bagagem musical, agregando novas músicas ao repertório do Luar de Prata.

Os anos de juventude em Três Pontas foram alguns dos mais felizes de sua vida. Em 1955, Paulo Loures assumiu a prefeitura, onde permaneceu até 1958, e uma avalanche de progresso invadiu a cidade. Populista, o prefeito não se cansava de organizar festas para celebrar os anos de ouro da chamada "Cidade-Sorriso". Mais de uma vez o conjunto Luar de Prata abriu comícios e eventos realizados por Loures para inaugurar praças, clubes e vias pavimentadas. Pôs o campo de aviação em pleno funcionamento com as companhias aéreas Consórcio Real, Aerovias e Nacional, que faziam voos comerciais entre os estados de Minas Gerais, Rio de Janeiro e São Paulo. Construiu um prédio que passou a abrigar o Cine Ouro Verde e o hotel de mesmo nome, uma homenagem ao café, assim apelidado por sua importância na economia brasileira. O novo cinema ficava do lado direito da Igreja Matriz Nossa Senhora d'Ajuda, que começou a ser reformada em 1958 pelo padre João, com apoio da população e do prefeito.

Suas duas torres deram lugar a uma imensa torre ao centro, vista até hoje das duas entradas principais da cidade. Muita gente ficou inconformada com a nova e moderna arquitetura. Mas segundo o próprio padre João, pároco na época, a reforma era inevitável, os tijolos centenários estavam ocos e podiam desabar. Em quatro anos, Três Pontas ficou de cara nova e viveu dias de glamour.

Nessa onda de progresso foi inaugurada a Praça Tristão Nogueira, no descampado perto da casa de Zino, conhecida pelos três-pontanos como

Praça da Fonte, por causa da fonte luminosa erguida no centro. Aliás, esta era — e continua sendo — uma característica de Três Pontas e de inúmeras cidadezinhas espalhadas pelo Brasil. Seus habitantes resistem a chamar as ruas e praças pelos nomes oficiais, conferindo-lhes outros, mais adequados à sua realidade. Assim foi também com a Praça do Pirulito, devido a um obelisco cuja placa indicava Teodósio Bandeira; Praça do Centenário, que deveria ser Paulo de Paiva Loures, Praça da Igreja no lugar de Cônego Victor, Rua do Hospital em vez de Barão da Boa Esperança, e assim por diante.

A Praça da Fonte se tornou ponto de encontro de casais apaixonados, que iam caminhar ao redor da fonte ou sentar nos banquinhos de cimento para declarar o seu amor sob o colorido dos esguichos de água. Mesmo com pavimentação, continuou por algum tempo sendo local dos circos. Eles costumavam passar pela cidade duas vezes por ano, e era um grande acontecimento para as crianças, os jovens e os adultos. Um dos mais assíduos era o Circo Sarrassani, um dos primeiros a ocupar o espaço da nova praça. Quando não havia circo, baile, carnaval, e o filme exibido no cinema não despertava muita atenção, os adolescentes inventavam seus programas. Bebida alcoólica, nem pensar, de modo que a maior diversão noturna era fazer galinhada. O local podia ser qualquer um, desde que a galinha fosse roubada. Essa era a magia: o roubo da galinha e toda a técnica exigida por tal tarefa numa cidade onde todos se conhecem. Os passeios a pé pelas cachoeiras e pelo alto de morros para ver o pôr do sol também figuravam entre as atrações indispensáveis das férias, assim como o sagrado café de todo dia. Impreterivelmente às três horas da tarde, a turma de amigos aparecia na casa de algum parente ou conhecido para tomar café, daqueles bem mineiros, com pão de queijo quentinho, bolo de fubá, rosca, manteiga, queijo e geleia. Não havia casa em Três Pontas que não tivesse sua mesa posta para o lanche da tarde. As ruas da cidade ficavam impregnadas do aroma do cafezinho fresco.

Nessa época, as festas dançantes começaram a ganhar adeptos, e muitas delas eram na casa de Lília e Zino. Além das farras com os amigos, os rapazes agora queriam namorar, e as garotas, também. Lília preparava o ponche com champanhe de sidra e deixava a turminha à vontade na sala. Os rapazes tiravam as moças para dançar e muitos romances surgiam dali, em geral nada sério. Quando aparecia alguma prima de fora, "carne nova no pedaço", como diziam, a turma se alvoroçava. Disputavam para ver quem se dava bem. Bituca não era namorador e não teve a melhor das experiências em questão amorosa em Três Pontas. Ficou apaixonado por uma garota e o namoro até deslanchou, mas a família da moça, que era negra, proibiu o relacionamento quando soube que ele era criado por uma família de brancos.

*

Milton do Nascimento foi o melhor aluno da sua turma no Ginásio São Luís. Não era o líder, o mais falante, promotor de eventos entre os colegas, mas tirava as melhores notas e era querido pela turma. Não que amasse estudar, mas se esforçava para se sair bem, prestava atenção e era comportado na escola. Alguns professores ficaram marcados para sempre nas lembranças daquele tempo, suas e de seus colegas. Um deles era o irmão João Bosco, que o aprovou em canto na volta para Três Pontas e também dava aulas de inglês. João Bosco não falava uma palavra em português nas classes de língua estrangeira, deixando os alunos com horror de suas aulas. Era um verdadeiro intensivão. Quem ficasse atento saía do Ginásio com o Inglês afiado, ou, pelo menos, não passaria apuro nessa área. Havia o irmão Jorge, professor de História e Matemática. O irmão tinha o dom da palavra e conquistava os alunos com suas aventuras, narradas com pompa e riqueza de detalhes nas aulas de História. Entretanto, nem este dom foi capaz de provocar a mesma excitação nas aulas de Matemática, detestadas pela maioria.

Outro professor amado e odiado era José Vieira de Mendonça, pai do ex-governador de Minas e ex-vice-presidente do Brasil Antônio Aureliano Chaves de Mendonça. José Vieira era professor de Português e tinha a merecida fama de exigente e disciplinador. Graças a ele, os jovens concluíam o ginasial dominando a arte da escrita e da leitura como eruditos. Não deixava escapar uma vírgula nem admitia que algum aluno tirasse a nota máxima nas avaliações. "Só o professor pode merecer um 10", dizia. Certa vez, após aplicar as provas e levá-las para corrigir em casa, José Vieira mandou um recado para Bituca: deveria procurá-lo em casa. Receoso, ele se fez de desentendido e achou melhor esperar o dia da aula no Ginásio, território mais seguro do que a casa do professor, onde estariam apenas os dois e o xingo poderia ser bem pior. Não sabia qual era o assunto, só conseguia imaginar algo terrível. Na aula seguinte ficou quieto, esperando José Vieira tocar no assunto. Estava nervoso e com medo. "O que será que eu fiz?", pensava. O professor não disse nada e começou a entregar as provas, chamando os alunos pelo nome e dizendo solenemente as notas: "Dois, três e meio, meio, quatro", um terror. Em determinado momento, parou e disse: "Tem um sujeitinho aqui que eu não sei o que pensa da vida. Dei 9,5 porque só o professor merece tirar 10. Senhor Milton do Nascimento, levante-se." Bituca, envergonhado, levantou-se e pegou a prova. Não tinha errado nada e teve de se contentar com o 9,5. Ah, se fosse com seu pai! No entanto, a recompensa pelo bom desempenho na sala de aula veio na formatura.

Em 1958, Milton do Nascimento se formou no Ginásio São Luís, aos 16 anos. Como melhor aluno, foi o orador da turma. Uma alegria que a madrinha Augusta não pôde ter. Falecera pouco tempo antes, deixando de luto o marido Edgard, as duas filhas, os netos e tantas outras pessoas que ajudara ao longo da vida. Bituca era o único negro da turma. Ele mesmo escreveu o discurso e não deixou ninguém ler antes. A formatura foi realizada no Cine Ouro Verde, pois não existia mais o Cine Teatro Ideal, fechado pouco tempo antes. Diante dos professores, dos colegas e da plateia, subiu ao palco e disse umas poucas palavras. Agradeceu aos professores, aos colegas e aos pais, falou das dificuldades da vida dali em diante. Recebeu ainda medalhas de honra ao mérito em Inglês, Francês e Português, esta entregue pelo professor José Vieira. Ao sair do cinema, enquanto todos corriam para se preparar para o baile de gala da formatura, o orador da turma, o melhor aluno, com suas medalhas e seu diploma, sumiu antes que perguntassem por ele. Ficou em casa, com os pais e o irmão, pensando em como seria bom estar naquele baile, remoendo a mágoa por lhe terem tirado aquela alegria tão simples. Bituca não foi, sabia que o barrariam na porta. Não foi a primeira vez que sofreu com isso, mas foi a mais dolorida, a que o fez prometer nunca pôr os pés ali, em nenhuma hipótese. Em situações diferentes, no auge do Luar de Prata, ficava enlouquecido para ver as orquestras vindas de outras cidades para os bailes.

Faziam o seguinte: ele e Dida ficavam sentados no banco da Praça da Igreja Matriz, em frente ao clube, enquanto Wagner entrava e verificava tudo: quantos violões, trompetes, o contrabaixo, quantas vozes, quantos componentes. Voltava correndo para a praça e repassava tudo aos amigos, que ficavam ouvindo o som que escapulia pelos vitrais. Quando surgia alguma outra dúvida, lá ia Wagner mais uma vez, subindo as escadas com tapetes de veludo vermelho e atravessando o salão de piso de tacos, iluminado por um lustre importado da Europa. Mas no dia da formatura não se animou a passar a madrugada no banquinho da praça; não queria saber da orquestra, queria apenas estar sozinho. Além de não poder ir ao baile, outro motivo o entristecia: não havia na cidade curso científico no segundo grau, e por isso muitos alunos se mudariam para outras cidades, a fim de terminar os estudos, como aconteceria com Wagner no ano seguinte. Não seria o fim da amizade entre os colegas, mas tudo seria diferente, não se veriam todos os dias, e as férias seriam as únicas oportunidades para se reunirem. "Nada será como antes, amanhã..."[2] Mas nem por isso os dias foram piores.

2  Trecho de "Nada será como antes", de Milton Nascimento e Ronaldo Bastos.

## NOS BAILES DA VIDA

Passado o alvoroço da formatura, Zino chamou Bituca para uma conversa séria:

— Olha, Bituca, eu sei que você ama a música e acho que até pode viver dela. Mas se eu fosse você, faria o curso de Comércio, que vale pelo científico e já é alguma coisa, caso a música não dê certo. Música não depende só de talento, tem que ter sorte também. Esta é a minha opinião, mas quem vai decidir é você.

No dia seguinte ele se matriculou na Escola de Comércio Nossa Senhora d'Ajuda, cujas dependências ficavam na Rua Barão da Boa Esperança. Ao contrário do Ginásio São Luís, exclusivo para rapazes, a Escola de Comércio era mista. As aulas eram dadas na parte da manhã e se dividiam entre matérias teóricas e práticas, nas quais os alunos aprendiam Contabilidade, tema pouco atraente para um rapaz cujo sonho era viver entre claves de sol e de fá. Apesar do pouco interesse que o curso lhe despertava, não fez os três anos nas coxas. Não negou a fama de bom aluno que o acompanhara até ali. Fazia as tarefas, estudava para as provas, comportava-se na sala de aula e, outra vez, formou-se com excelência.

\*

"Fim de 1958, ano pesado e triste, com uma única alegria: a formatura do Bituca." Assim Lília encerrou o seu diário daquele ano, cujas tristezas tinham sido provocadas pela morte da mãe, Augusta, pela morte do papa Pio XII, pela reprovação de Fernando na escola e pela doença grave de Alzira, irmã de Zino. Antes de passar para a página seguinte, destinada ao primeiro dia de 1959, pediu: "Tende piedade de mim, Senhor, segundo a Vossa grande misericórdia... Abençoai nosso lar e dai-nos um ano proveitoso e fecundo." O pedido não seria em vão. A família ganharia um novo membro, Zino teria um bom ano de trabalho, Fernando iria melhor na escola e Bituca começaria a trabalhar.

O primeiro emprego não durou mais de um mês. As aulas na Escola de Comércio estavam marcadas para começar no dia 5 de março, e Bituca ainda curtia as férias. Tinha 16 anos, e a vontade de ganhar seu próprio dinheiro passou a habitar seus pensamentos. Foi trabalhar como assistente na Alfaiataria Royal, do tio Ávio de Souza, casado com Havany. A alfaiataria ficava no andar térreo do sobrado na Rua Dona Isabel, número 39, a pouco mais de cinquenta metros da sua casa. Ávio fazia de tudo, ternos completos, casacas, camisas, roupas finas e roupas de uso diário. Bituca ajudava a pegar as fazendas, cortar o pano, buscar linha, levar linha, separar moldes, varrer retalhos. Fazia de tudo um pouco, só não teve tempo de aprender o ofício, porque logo conseguiu outro trabalho. Tornou-se programador e locutor da rádio ZYV36.

Zino e Ávio haviam arrendado a Rádio Clube de Três Pontas em 1954. Na ocasião, fizeram uma grande festa com convidados especiais, como a madrinha da emissora, a estrela do rádio Emilinha Borba. Zino era um dos diretores da ZYV36. Como Bituca queria trabalhar e gostava muito de rádio, achou ser a combinação perfeita. Aproveitou e contratou seu outro filho, Fernando, para atuar no setor administrativo, responsável pela área burocrática e contábil. No dia 28 de fevereiro, um sábado, Bituca recebeu seu primeiro salário como locutor: um mil, cento e dezesseis cruzeiros e cinquenta centavos, dos quais deu duzentos de presente para Lília. Apresentava o programa *Você pede a música*, no qual os ouvintes solicitavam músicas por carta ou telefone, e que havia se difundido na cidade. Quase todos tinham o aparelho. Foi sopa no mel para o rapaz. Tocava os pedidos feitos por telefone porque não tinha outro jeito, e só um ou outro dos que chegavam por carta, embora parecesse dedicar a maior parte do programa às solicitações por escrito. João, Luiza, Aparecida, Francisco e outros eram nomes fictícios de remetentes criados pelo locutor para poder tocar suas músicas favoritas. Assim, não era de se estranhar que várias músicas de discos trazidos do Rio por Maria Amélia estivessem entre as mais pedidas. Era dessa maneira que a Rádio Clube de Três Pontas tinha sempre um repertório de primeira linha, com músicas que não eram ouvidas em outras rádios do interior. Foi nessa rádio também que ocorreu a primeira experiência de gravação do jovem Bituca.

Os músicos da cidade tocavam no show de calouros da ZYV36. No dia da apresentação do Luar de Prata na rádio de Alfenas, que possuía um estúdio de gravação, gravaram as duas músicas do The Platters tocadas pelo conjunto num disco de 78 rotações. No entanto, quando Bituca passou a trabalhar como locutor, o grupo já não existia. Três dos seus integrantes tinham se mudado de Três Pontas. Wagner seguiu com a família para Alfenas. Seu pai trabalhava no Banco da Lavoura e havia sido transferido para a agência da cidade vizinha. O pai de Wagner era colega de trabalho de Zino, que, além do Ginásio São Luís, da Escola de Comércio, da oficina e da rádio, havia sido contratado como contador do banco anos antes, e lá permaneceu até a agência fechar as portas. Depois de Wagner, outros integrantes do Luar de Prata tomaram seus rumos. Dida conseguiu um emprego na cidade paulista de Cubatão, na Cosipa, e mudou-se para Santos, ao lado. Teresa Sacho foi trabalhar como enfermeira no Rio de Janeiro. Bituca montou então o Milton Nascimento e seu Conjunto. A estreia aconteceu no Automóvel Clube e agradou ao público. No mesmo ano, eles começaram a tocar em outras cidades. Em 12 de agosto apresentaram-se em Varginha. Poderiam continuar, mas o grupo teve vida curta. Com a mudança de Wagner para Alfenas, Bituca descobriu a cidade e passou a ir para lá quase todos os fins de semana, sobretudo quando prestou o serviço militar em Três Corações.

Às 15h30 do dia 29 de setembro daquele ano de 1959, uma terça-feira, o telefone tocou na casa da família Silva Campos. Era Mariinha, amiga de Lília, perguntando se ela e Zino gostariam de ficar com uma criança de 2 meses, chamada Elizabeth Aparecida. Lília achou o marido entre seus tantos trabalhos e foram ver a menina. Às 21h30 estavam de volta com o bebê nos braços. Fernando e Bituca, "muito a seu jeito", como disse a mãe, gostaram da novidade. A casa se encheu de alegria e Lília não conseguiu dormir. Passou a noite em claro com a filha nos braços, agradecendo aos santos por terem atendido ao seu pedido. Depois de onze anos de um casamento feliz e dois filhos homens, o casal realizava o sonho de ter uma menina. O pedido para o ano fecundo realmente não fora em vão.

*

Bituca estava no início do segundo ano do curso de Comércio, com duração de três anos, quando foi recrutado para a ESA, Escola dos Sargentos das Armas, em Três Corações. O ano era 1961 e ele cantava num baile em Três Pontas. Era tarde da noite quando notou a entrada de sargentos do Exército no salão. Primeiro pensou na possibilidade de ter ocorrido algum incidente durante a festa, mas logo se lembrou, aterrorizado, de que no dia seguinte deveria se apresentar para o alistamento militar. Estariam os sargentos à procura dos candidatos? Foi uma das poucas vezes em que desejou não estar cantando, pois os homens fardados se postaram diante do palco e ficaram observando a apresentação. O único pensamento de Bituca era: "Dessa eu não vou escapar." E não escapou. Durante um ano inteiro prestou o serviço militar na ESA. Teve a sorte de ser alertado por veteranos para responder "não" quando lhe perguntassem se tocava algum instrumento musical. Havia o mito, com um fundo de verdade, de que as piores tarefas eram destinadas aos músicos. Preconceito? Vá saber... Ainda na arguição para preencher a ficha, Bituca respondeu que sim, sabia datilografar — embora nunca tivesse encostado as mãos numa máquina de escrever. Esta foi sua salvação.

Designado para trabalhar no escritório de comunicação, livrou-se dos pesados treinos e dos acampamentos. No início, não sabia ao certo onde ficava cada letra no teclado, mas com um ano de prática tornou-se ágil e habilidoso, dominando a arte de datilografar sem olhar para as teclas. Um dia, estava datilografando um ofício tranquilamente quando o major-comandante da escola entrou, observou o ambiente e apontou para ele: "Você vai trabalhar comigo!" Bituca ficou apavorado, e depois, entre o cobertor e o travesseiro do alojamento, chorou de medo. Tinha pavor do major, todos tinham, e a pior coisa que lhe poderia acontecer naquele

# NOS BAILES DA VIDA

momento era estar dia após dia ao lado dele. Pânico à parte, no dia seguinte estava trabalhando, ainda como datilógrafo, no setor de engenharia. Com o tempo, Bituca percebeu não ser tão ruim assim e acabou conquistando a simpatia do superior.

Nos fins de semana, os alunos podiam ir para suas casas se não estivessem de plantão. A turma de Três Pontas ia de trem até Varginha e depois seguia de carona, a pé, o que desse, para terminar a viagem. O trem de domingo à tardinha com destino a Três Corações ia lotado de jovens em serviço militar. Numa dessas tardes, Bituca e vários outros rapazes estavam no trem quando um cabo começou a implicar com um dos soldados. Como não podia desrespeitar o superior, o soldado aguentou quieto por um tempo, até estourar e enfiar a mão na cara do cabo. Na manhã de segunda-feira, o tal cabo procurou Bituca para comunicar-lhe que tinha dado queixa do acontecido e posto o seu nome como testemunha. Terminou com um "conto com você" do tipo "ou você depõe a meu favor ou está ferrado, falou?". O major, sabendo da confusão e vendo o nome do seu datilógrafo no processo, chamou-o para descobrir a verdade sobre o ocorrido. Por mais que tentasse, não conseguiu fingir, ficou nervoso. Apesar de estar morrendo de medo do cabo, contou o incidente tal qual havia ocorrido, pelo menos o que viu dele. Não lhe aconteceu nada, tinha a proteção do major, mas a insegurança provocada pela possibilidade de suceder-lhe algo o perseguiu até concluir o serviço obrigatório, com diploma de honra ao mérito por comportamento exemplar.

Durante o ano como datilógrafo na ESA, os fins de semana eram alternados entre Alfenas e Três Pontas. Em casa, além das boas horas na companhia da família, deitado na sala debaixo de um cobertor, fazia bico como crooner ou se reunia com os amigos. Mas esses momentos foram se tornando escassos. À medida que o tempo passava, os fins de semana em Alfenas tornaram-se cada vez mais frequentes. A cidade era um mundo novo para ele, entrava e saía do Clube Social quando bem entendesse, sem ser barrado nem sofrer qualquer tipo de preconceito. Tudo o que

Três Pontas lhe negava, Alfenas dava-lhe de bom grado. Houve um único incidente dessa natureza, mas logo resolvido. Bituca estava com Wagner e a família Veiga Tiso toda. Iam entrar no clube para o baile quando o porteiro barrou Bituca e disse:

— Ele não pode mais entrar.

— Mas por quê? O que está acontecendo? — perguntou Chico Corrêa Veiga.

— Infelizmente, não pode mais; são ordens.

— Se ele não entra, a minha família também não vai entrar, nunca mais! — disse o pai de Wagner, com sua voz tranquila, mas firme.

O porteiro não quis enfrentá-lo e acabou cedendo. No dia seguinte, Chico foi ao clube para tirar satisfações com o presidente. Ele contou que uma pessoa de Três Pontas estivera lá, vira o rapaz negro e dissera: "Esse camarada não entra no Clube de Três Pontas; como é que vocês deixam ele entrar aqui?" Depois da conversa com Chico, o presidente voltou atrás.

Por essa época, Wagner dividia seu tempo entre o científico (a menor parte dele, diga-se), a música e sua outra grande paixão, o futebol. Era bom de bola. Antes jogava no campo improvisado, na "graminha", depois na equipe de Três Pontas, e continuou como jogador do time de Alfenas. Chegou a tornar-se jogador profissional do Ponte Preta, de Campinas. Com o tempo, no entanto, precisou escolher. Entre a bola e a música, preferiu a segunda. Decidiu formar um grande conjunto de baile em Alfenas e convidou Bituca para participar. Além de ser um dos crooners, ficaria encarregado do xilofone, que ele chamava de sininho. Bituca não recusou o convite, e no fim de semana seguinte estava em Alfenas. Todos os integrantes tinham nomes que começavam com W, Wagner, Waine, Wanderley, Wesley, motivo pelo qual Bituca não teve escolha a não ser virar o M de cabeça para baixo e tornar-se Wilton Nascimento. Tudo pela música e pelo bem do grupo, que não poderia ter tido nome mais apropriado: W's Boys. Eles tocaram em todo o sul de Minas, sempre levados por Bonifácio e sua resistente kombi. O motorista acumulava a função de empresário, e

## NOS BAILES DA VIDA

gostava de fazer pose de músico para conquistar a simpatia das garotas. Não ensaiava para subir ao palco e arriscar-se em algum instrumento, ou até no microfone. O problema nem era ele atrapalhar o andamento da banda; era que, de acordo com o combinado, ele deveria dormir enquanto todos tocavam, para dirigir depois. Como não dormia, volta e meia causava problemas de outra natureza, como na vez em que dormiu ao volante e a kombi capotou. Por sorte, ninguém ficou ferido.

Em uma das idas a Alfenas, Milton estava no quarteirão da casa de Wagner, na Rua José Dias Barroso, quando uma turma de amigos o segurou: "Você ainda não pode entrar, espera aqui fora." Sem entender nada, esperou até a voz berrar lá de dentro: "Agora pode!" Ao passar pela porta ouviu uma batida, depois o som dos violoncelos, outra batida, completamente diferente de tudo o que havia escutado, um ritmo quebrado, alternado. A música era "Mas que nada", de Jorge Ben Jor, tocada pelo Tamba Trio, formado por Luís Eça, Bebeto Castilho e Hélcio Milito. Aquele era o segundo LP do grupo, Avanço. Os violoncelos, a tamba, os arranjos do Luís Eça, a música em si, encantaram os rapazes, que ouviram até saber de cor cada frase musical. E tudo por uma intuição de Walda Tiso. Ela estava passando em frente a uma loja de discos quando viu aquele e achou a cara dos meninos. Entrou e comprou, sem ter a menor ideia do conteúdo.

— Olha, Wagner, eu comprei para vocês.

— O que é isso, mãe?

— É um disco.

— De quem?

— Não sei, mas olha só, achei a sua cara.

— Como é que a senhora compra um disco sem saber o que é?

A desconfiança de Wagner só durou até ele colocar o LP na eletrola e ouvir a primeira faixa. Ficou deslumbrado. "A gente já havia escutado de tudo, da bossa nova ao rock, mas nada parecido com o que fazia o Tamba Trio, que, na verdade, era o que a gente fazia sem saber. Foi a maior influência musical que nós tivemos", afirmou Wagner.

# Capítulo 4
# 1962 a 1965 | Novo Horizonte

Ao concluir o serviço militar obrigatório, Bituca voltou para Três Pontas a fim de cursar o último ano da Escola de Comércio. Durante os meses de 1962, precisou administrar melhor os fins de semana, porque alguns eram passados em Belo Horizonte. Uma das irmãs de Walda Tiso, Irene, mudou-se com a família para um apartamento no quarto andar do Edifício Levy, na Avenida Amazonas com Rua Curitiba, um dos primeiros edifícios modernos de Belo Horizonte. Pouco tempo depois, Gileno, irmão mais velho de Wagner, foi concluir os estudos na capital mineira e passou a morar com a tia. Assim que chegou em Beagá, ele e o primo Joãozinho Veiga, conhecido como Brechó, entraram para o conjunto de bailes Holiday. O grupo, liderado pelo baterista Rogério Lacerda, logo conquistou seu espaço na noite belo-horizontina e fechou um contrato extenso com o clube do Sindicato dos Bancários, na Rua Tamoios, também no centro. Com apresentações fixas, nada podia dar errado, sábado após sábado. Mas, de vez em quando, um ou outro integrante "mandava o Lima", expressão utilizada para dizer, de maneira delicada, que o músico tinha dado o bolo. Gileno sabia que Bituca estava de volta a Três Pontas e livre, depois do fim do W's Boys — que se dissolvera porque seus integrantes foram tomando outros rumos. Então ele o convidou para substituir um crooner num sábado. O amigo aceitou o convite. Hospedou-se no Hotel Nova York, na Rua Curitiba, próximo ao Edifício Levy.

A substituição deu certo. Rogério gostou do rapaz e o chamou para fazer outros bailes. Enquanto não terminava o curso de Comércio, ia só nos fins de semana, de ônibus ou de carona. Wagner, por sua vez, desistiu da carreira no futebol e, incentivado por Bituca, passou a ir também para Belo Horizonte. A dupla se hospedava ora no apartamento de Irene e João, no Levy, ora na casa de Rogério Lacerda. O baterista era um sujeito bacana, generoso, prestativo, bom músico, e sistemático. Antes de dormir, mesmo se tivesse chegado de madrugada, depois de um longo e cansativo baile, costumava tampar todas as frestas da casa. Rogério precisava do escuro absoluto para sonhar. Então, lá iam ele e as visitas enfiar panos e pedaços de jornal debaixo das portas, nas frestas das janelas, no buraco da fechadura. Na casa de Irene e João, além de Brechó, havia outros três filhos e, com seu gênio *à la* italiano, semelhante ao da irmã, a dona da casa costumava expulsar os dois visitantes.

No final do ano, Bituca concluiu o curso de Comércio, para satisfação de seus pais, e mudou-se para Belo Horizonte disposto a se virar sozinho. Tinha 20 anos muito bem vividos, e desde então não quis nem nunca permitiu que os pais o ajudassem financeiramente. Acreditava que, se fosse para vencer, teria que ser sozinho. Por causa dessa decisão, passou por poucas e boas. Nada que não valesse a pena, no fim das contas. O Edifício Levy já era território conhecido, e foi lá que ele se instalou, na Pensão da Benvinda, no quarto andar, o mesmo da família Tiso Veiga. Tratava-se de um apartamento familiar, transformado pelos proprietários em pensão, cujos quartos e camas eram alugados. Quase todos os hóspedes eram estudantes, distantes das famílias e de suas casas. Na pensão eram servidas as três refeições básicas; café da manhã, almoço e jantar, que não chegavam a arrancar suspiros de Bituca. A comida não era muito boa, e quando surgia um convite para comer em outro lugar, ele não pensava duas vezes. A pensão ficava a cargo de dona Benvinda e do filho Nenê, vendedor de pipocas nas horas vagas. A vida no Edifício Levy era divertida. As pessoas se conheciam como num bairro de interior. Os moradores jovens formavam turmas de amigos, time de futebol, grupos de música, dependendo da aptidão de cada um. E bebiam muito. Eram frequentadores assíduos dos inúmeros bares e botecos da capital mineira, sobretudo no Edifício Maleta, na esquina da Rua da Bahia com Augusto de Lima, a poucos quarteirões do Levy.

Inaugurado no início da década de 1960, o Archangelo Maleta foi o primeiro centro comercial de Belo Horizonte a ter escada rolante. Era um delírio, as pessoas faziam fila para subir e descer as escadas. O prédio, de dezenove andares, era dividido em duas partes: o bloco de lojas e escritórios e o bloco residencial. Os dois primeiros andares eram exclusivos para comércio e se tornaram o point de artistas, intelectuais, jornalistas, poetas, escritores, cineastas e, claro, boêmios. Ademais das livrarias e lojas de discos, havia bares. O mais famoso reduto dessa *intelligentsia* mineira, e que ainda existe, era a Cantina do Lucas. O bar e restaurante, localizado em frente à Casa do Livro, dos estudantes Veveco e Luís Dilamarca, foi aberto com o nome de Chopplândia. Pertencia aos irmãos italianos e fotógrafos Ido e Humberto Chevi. O chope, servido pela Rosalba, mulher de um deles, belíssima e simpática, segundo os frequentadores da época, rapidamente fez fama e atraiu a clientela. Apesar do sucesso, os irmãos desistiram do negócio e o venderam para outro italiano, de nome Sartore. O novo proprietário contratou um sujeito chamado Lucas para ser o chefe dos garçons, uma espécie de *maître*. Em pouco tempo, Lucas comprou a Chopplândia, que foi rebatizada de Cantina do Lucas. Quantas madrugadas Bituca e seus amigos atravessaram naquele bar, entre copos de batida de limão?

Em 1963, Belo Horizonte era uma cidade charmosa e organizada. As ruas e avenidas construídas sob encomenda no final do século XIX ainda comportavam os habitantes, que não precisavam se atropelar entre um passo e outro, e o centro vivo não ultrapassava o limite circular da Avenida do Contorno. A capital de Minas foi uma das primeiras cidades planejadas do país, projetada pelo engenheiro paraense Aarão Reis e inaugurada em 1897, com o nome de "Cidade de Minas". Mesmo tendo crescido além do esperado, ainda conservava certa ordem e tranquilidade. A Avenida Afonso Pena ostentava frondosos fícus, e a Praça Sete era uma praça mesmo, e não um obelisco no meio de um cruzamento, como hoje. A cidade havia se expandido, era possível encontrar filhotes de bairros fora da Contorno, mas nada expressivo a ponto de deslocar o burburinho, cujos focos principais eram os arredores da Praça Sete, do Funcionários, da Savassi e de Lourdes, bairros onde viviam os ricos e a classe média alta daqueles anos. A Praça da Liberdade era o ponto predileto para os casais apaixonados e as senhoritas de família praticarem o *footing*. Por ali circulavam figuras como o ex-presidente Juscelino Kubitschek e mineiros radicados no Rio de Janeiro, como Carlos Drummond de Andrade e Otto Lara Resende, em suas visitas à cidade. O Palácio do Governo ficava no lado principal da praça, cercada pelas secretarias e pelo prédio em curva, projetado pelo arquiteto Oscar Niemeyer, que então era o suprassumo da chiqueza. Havia ainda algumas casas e um ou outro restaurante finos. Na esquina do Palácio do Governo ficava a entrada do Minas Tênis Clube, frequentado pelas classes média e média-alta da capital. Entretanto, este era um mundo distante da realidade da turma do Edifício Levy e de Bituca, cujo dia a dia estava bem longe das proximidades da Praça Sete.

*

Com a ideia fixa de não pedir ajuda aos pais, Bituca tratou de procurar um trabalho. Precisava ter seu ganha-pão enquanto não desse para pagar as contas com o dinheiro da música. Além da experiência como locutor de rádio e de músico, tornara-se exímio datilógrafo, graças ao serviço militar. Era um ponto a seu favor na hora de procurar emprego. Pergunta daqui, assunta dali, ele descobriu que o pai de umas conhecidas suas de Alfenas trabalhava nas Centrais Elétricas de Furnas. Em pouco tempo

## NOVO HORIZONTE

conseguiu a vaga de escriturário na estatal. Sua função consistia em sentar-se diante de uma máquina de escrever Olivetti verde-oliva e datilografar. O escritório de Furnas ficava no vigésimo segundo andar de um edifício na Praça Sete, próximo ao Levy. Durante quase um ano, acordava cedo, percorria dois quarteirões, subia de elevador e passava as manhãs e as tardes datilografando e ouvindo o movimento lá de baixo. Foi assim até não conseguir mais conciliar o trabalho com a vida noturna de músico de bar e de bailes. Era subordinado ao capitão César, que fiscalizava todo o seu trabalho e fazia vista grossa nos dias em que o funcionário cochilava sobre a máquina, depois de ter cantado durante toda a noite.

A princípio Bituca apenas cantava ou tocava violão e, de vez em quando, guitarra, embora o instrumento nunca tenha sido o seu forte. De bar em bar, conheceu os músicos da cidade. Além de frequentar a noite, era indispensável para qualquer aspirante à carreira musical frequentar o Ponto dos Músicos. No final da tarde, depois do expediente — porque a maioria tinha um trabalho oficial —, os instrumentistas, crooners, técnicos e contratantes de Belo Horizonte se encontravam num pedaço de calçada na esquina da Avenida Afonso Pena com Rua Tupinambás, em frente à Sapataria Americana, ao Café Palhares e à Drogaria Araújo. Aquele pedaço de calçada, onde passavam os ônibus circulares 04 e 06, o que facilitava o acesso, foi batizado por eles de Ponto dos Músicos. Durante as duas horas de movimento, tudo acontecia ali. Os novatos tinham a oportunidade de esclarecer alguma dúvida com veteranos como Pascoal Meireles, Hélvius Vilela e Paulo Horta; trocavam-se partituras, LPs, discos de 78 rotações, acordes, harmonias. Ali também era um excelente ponto para se conseguir trabalho. Todos sabiam onde encontrar os músicos da cidade; quando alguém — líder de conjunto, dono de bar ou presidente de clube — precisava de um trompetista, saxofonista, pianista, crooner, o que fosse, ia direto ao Ponto dos Músicos e tratava de pescar algum entre tantos naquele aquário musical. Mais de duzentas pessoas chegavam a se reunir ali. Se um músico tinha um compromisso mas não podia ir, pedia socorro a um companheiro, e assim formava-se a enorme rede de contatos e contratos. Mas para tentar viver da música, era preciso um pouco mais de esforço e ir atrás de trabalho em outros lugares.

Pacífico Mascarenhas estava em sua casa, no bairro Savassi, quando bateram à porta. "Somos músicos", disseram. Eram Wagner, Gileno e Bituca. Pacífico pertencia ao primeiro escalão da música em Belo Horizonte e gozava de fama nacional. Havia gravado em 1958 seu primeiro disco, independente, e representava o quinhão de Minas Gerais no movimento da bossa nova. Enfim, era autoridade no assunto. Tinha ainda o privilégio de poder se dedicar com tranquilidade à profissão. De família do setor têxtil, não precisava se virar para ganhar o seu sustento. Além disso, era respeitado, bem relacionado e com uma enorme disposição para ajudar os iniciantes. Por isso, quase todos o procuravam, como a turma daquela tarde. Pacífico convidou os rapazes para entrar e tocar alguma coisa no piano da sala. Gostava de ver ele mesmo o potencial de cada um. Ficou encantado com Wagner e Gileno ao piano e com Bituca cantando. Gileno havia levado o pistom, e o que deveria ser apenas uma demonstração acabou virando uma tertúlia que se estendeu até tarde da noite. Pacífico se comprometeu a tentar arrumar um lugar para o trio tocar. Cumprindo a promessa, no dia seguinte procurou seu amigo Célio Balona.

— Balona, tem um pessoal novo, de Três Pontas, tocando e cantando muito bem. Eu quero que você vá vê-los comigo.

Célio não teve como recusar. Naquela mesma noite, os dois foram até a boate Oxalá, no Maleta, onde os rapazes se apresentavam. Pacífico convenceu o amigo e ele os chamou para fazer um baile com o seu grupo, o Conjunto Célio Balona, então a mais badalada orquestra de Belo Horizonte. Bituca passou a integrante fixo de imediato, como um dos crooners, e assim permaneceu por dois anos. Wagner foi um pouco depois, substituindo o pianista Hélvius Vilela, que havia se mudado para o Rio de Janeiro. Gileno tocou com eles só por um tempo, pois tinha outros trabalhos. O Conjunto Célio Balona era a sensação dos bailes da capital mineira e

## NOVO HORIZONTE

de cidades vizinhas. Era sucesso garantido nos principais clubes belo-
-horizontinos, como o Iate Clube, na Pampulha, o Automóvel Clube, o DCE
da Universidade Federal de Minas Gerais, o Country Club, a Sociedade
Mineira de Engenheiros, o Círculo Militar e a Hípica. Seus integrantes
se espelhavam nos grandes músicos da noite de Belo Horizonte, como
Atílio, Ney Parrela e Juquinha, saxofonistas; Paulo Horta, contrabaixista;
Plínio, trompetista; Sampaio, trombonista; Dolarino, também trombonista;
Hudson, contrabaixista; Mauro Moura Macedo e Rui Carneiro, pianistas,
entre outros. O Conjunto Célio Balona funcionava como uma orquestra, e
seu equipamento de som se resumia aos instrumentos de cada integrante
e duas caixinhas Gianini.

O repertório incluía boleros, chá-chá-chá, música cubana, brasileira
e muita música americana, a especialidade de Bituca. Os melhores
profissionais da cidade tinham presença certa entre os integrantes do
conjunto. Celinho, trompetista; Ildeo Lino Soares, contrabaixista; Nivaldo
Ornelas, saxofonista; Pascoal Meireles, baterista; Nazário Cordeiro,
guitarrista, Afonso Maluf, percussionista, e outros. Balona tinha o status
de celebridade em Minas Gerais. Era o ídolo dos casais apaixonados, cujas
histórias de amor tinham como fundo a trilha sonora do conjunto. Além
disso, o grupo tinha um quadro fixo no programa *A tarde é nossa*, da TV
Itacolomi, transmitida em todo o estado. O estúdio funcionava no vigésimo
quarto andar do Edifício Acayaca, na Avenida Afonso Pena, em frente à
Igreja de São José, também no centro. O programa era transmitido aos
domingos, apresentado por Danilo Vargas. Era ao vivo, de meio-dia às
seis da tarde. Às três horas entrava no ar o Conjunto Célio Balona tocando
grandes sucessos. O quadro durava meia hora, e era o suficiente para que as
pessoas os reconhecessem nas ruas. Bituca não gostava muito de aparecer;
para falar a verdade, tinha pavor, ficava nervoso, as mãos frias, suando.
Era sempre um sofrimento para ele entrar no palco, por mais que amasse
tocar e cantar. Mesmo assim, participou do programa algumas vezes.
Numa dessas ocasiões, os integrantes do conjunto posaram para uma foto.

Tiveram de se apresentar com smoking. Bituca conseguiu um emprestado, mas se esqueceu de pedir também as meias pretas. Resultado: foi o único a aparecer na fotografia com um destacadíssimo par de meias brancas.

*

Bituca foi passar o Natal de 1963 em Três Pontas com os pais, a irmãzinha Elisabeth, ou melhor, Beth, e Fernando. Antes de ir, porém, ficou sabendo da boa nova. A notícia foi dada pelo pessoal do prédio. "A Lília adoeceu", disseram. Bituca ficou petrificado. Ela está doente? Como assim? O que tem? É grave? Antes de as perguntas saírem em disparada, lembrou-se do detalhe: em Três Pontas, adoecer significava engravidar. O susto deu lugar à alegria. Até que enfim dona Lília, que deu tanto do seu amor de mãe aos três filhos, poderia dividir esse amor com outra criança, nascida do seu próprio ventre. O bebê nasceria em maio do ano seguinte e receberia o nome de Jaceline, Jajá. Seria a cara da mãe, e nem por isso Lília ou Zino fariam distinção entre ela, Beth, Fernando e Bituca. Quando alguém perguntava a Lília qual era a sua filha, a resposta não era outra: são quatro, duas meninas e dois rapazes.

Na época desse Natal, Bituca havia se entrosado por completo em Belo Horizonte. Estava cada vez mais difícil conciliar o trabalho no escritório de Furnas com a música. Mesmo assim, continuou no emprego, pelo menos por um tempo. A família Silva Campos morava então em uma casa de três janelas, alpendre e enorme quintal na Praça Francisco Sales, número 111, uma rua abaixo da antiga, na Sete de Setembro. O terreno era amplo e Zino construiu a Eletrônica Zino ao lado da garagem onde ficava estacionado o seu fusca azul, adquirido no ano anterior. Na entrada da casa, que ainda existe, há um pequeno saguão, com saída para um quarto de tamanho médio, depois chega-se à sala de visitas, com duas janelas e saída para o quarto de casal, maior, um quartinho pequeno, transformado em saleta de costura, e para o corredor que leva à copa. No caminho há outro quarto, de dois metros e meio por dois, com uma cama de solteiro sob a janela, um armário e uma cômoda, em paredes opostas. Era — e é — o quarto de Bituca. Depois do pequeno corredor chega-se à copa, que dá acesso ao quinto e último quarto, a um banheiro e à passagem para a cozinha.

Os dias de folga no Natal foram poucos, insuficientes para matar a saudade dos pais e dos amigos, pois a Olivetti e os compromissos musicais esperavam por ele em Beagá. E haja compromissos. Além do Holiday, do Conjunto Célio Balona, das apresentações em bares e das substituições, formou o grupo vocal Evolussamba, com Wagner Tiso, Marcelo Ferrari e Marilton Borges. O conjunto foi formado para tocar samba em uma boate japonesa, uma combinação inusitada. Os ensaios aconteciam na casa de Marilton, no décimo sétimo andar do Levy. Marilton era o filho mais velho da prole de onze do casal Salomão Borges e Maria, ou melhor, seu Salim e dona Maricota. Ela, dona de casa e professora, ele, jornalista do principal diário mineiro, *O Estado de Minas*. A família Borges havia deixado sua casa na Rua Divinópolis, no tranquilo bairro de Santa Teresa, para transformá-la em escola infantil, dirigida por Maricota. Para que todos os filhos pudessem caber num apartamento, Salim precisou instalar beliches nos quartos.

E era entre esses beliches, no chamado "quarto dos homens", onde aconteciam os ensaios do Evolussamba. Estavam ensaiando "O morro não tem vez", de Tom Jobim e Vinicius de Moraes, quando o irmão número dois entrou no quarto, chamava-se Márcio. Ficou um tempo assistindo, observando. Não disse nada na hora, mas ficou impressionado com Bituca, com a forma como ele distribuía as vozes, pensava no arranjo. Márcio tinha 17 anos e era calado. Não gozava de muita popularidade entre a turma de jovens do Levy. Tinha fama de metido a intelectual, chato, e por isso quase nunca participava de programas com os rapazes do prédio. Num desses primeiros dias de ensaios, quando ainda não conhecia todos os Borges, Bituca estava sentado na escada do edifício e surgiu diante dele um garoto de uns 10 anos. Tinha saído para comprar pão para a mãe, mas acabou mudando de rumo ao ouvir uma voz pelo vão das escadas. Foi seguindo o som como a um fio de barbante até dar de cara com aquele rapaz negro, de olhos grandes, com o violão sobre as pernas cruzadas, cantando algo que o fascinou. Esqueceu-se completamente da padaria e ficou ali o resto do dia, até ser laçado de volta pela ira da mãe à espera do pão. Todos o chamavam de Lô, e foi o terceiro Borges que Bituca conheceu.

As amizades não paravam de crescer. Conterrâneos, conhecidos, o pessoal do Levy, do trabalho, dos bares, do Ponto dos Músicos. As turmas eram muitas e ele transitava por elas com desenvoltura. Sua fama de tímido ainda era modesta. Bituca era brincalhão e suas gargalhadas, essas sim, eram famosas. Apaixonado por música, até nas brincadeiras com os amigos dava um jeito de incluir melodia. Vez por outra compunha uma musiquinha ou um verso musicado para alguém, como um que caiu na boca dos colegas, referindo-se ao amigo chamado Berto, primo de Brechó e Wagner: "Quando eu sinto frio em minh'alma, vou-me dormir coBerto!"

Aos poucos, o três-pontano tornou-se frequentador assíduo da casa de Maricota e Salim, e logo já conhecia toda a família, embora ainda mantivesse certa cerimônia. Passou a se encontrar com Márcio com frequência, mas não passava de um bom-dia, ou um boa-noite. Nesse meio-tempo, a parceria musical se transformou em amizade, e aos poucos Bituca ficou amigo de Marilton e estreitou os laços com a turma do Levy. Então a programação, além de bares e boates, era ir ao cinema e jogar futebol. Futebol sim; mesmo detestando o esporte, Bituca ainda não conseguira se livrar das partidas. Ia só para fazer companhia aos amigos, mas às vezes acabava sobrando para ele o apito ou o gol. Os rapazes se reuniam na portaria do prédio e seguiam para a quadra da Escola de Belas Artes, a dez quarteirões dali. Como conhecia Márcio dos ensaios com o Evolussamba, começou a reparar nele. Se era irmão de Marilton, achava estranho ninguém chamá-lo para os programas. Mesmo sabendo da fama do garoto, aquilo o incomodava. Mas fazer o quê? Não sabia o que dizer para Márcio. O tempo foi passando e a situação permanecia igual. O conjunto vocal tinha agenda cheia. Em uma das apresentações na boate japonesa,

## NOVO HORIZONTE

Danilo Vargas, o diretor do *A tarde é nossa*, estava na plateia. Gostou do Evolussamba e convidou o grupo para tocar no seu programa. Mais que depressa, Marilton aceitou o convite em nome de todos, obrigado. Bituca não queria ir; bastava ter passado o sufoco de aparecer na televisão outras vezes, detestava, preferia não. Mas não teve jeito, era um contra todos. No domingo seguinte estavam lá, tocando e cantando ao vivo. O aparecimento na TV rendeu bons frutos para o conjunto. Depois daquele dia, o grupo começou a ser chamado para tocar em tudo quanto é lugar, até nas casas mais refinadas, aquelas cujas mesas nunca teriam clientes como os próprios músicos do conjunto, sem dinheiro e tradição.

*

Março de 1964 não foi um mês tranquilo. A Marcha da Família com Deus pela Liberdade conquistou adeptos em todo o Brasil, sobretudo em Minas Gerais e São Paulo, e se opôs às medidas políticas adotadas pelo presidente Jango. No dia 19, o movimento reuniu quinhentas mil pessoas na capital paulista, numa manifestação contra o governo. Na semana seguinte, os marinheiros se revoltaram no Rio de Janeiro, aumentando a instabilidade política. Em Belo Horizonte, o momento era de tensão. Os boatos sobre a deposição do presidente e a iminência de um golpe militar corriam soltos, aguçando o espírito questionador dos estudantes. Mas ninguém sabia nada de concreto. Havia uma grande e pesada nuvem de incerteza pairando no ar. Em 30 de março o presidente da República fez um discurso pró-reformas no Automóvel Clube do Rio. O dia seguinte foi o primeiro de longos anos de ditadura militar; e às 20 horas, na sobreloja do Edifício Maleta, era inaugurada a boate Berimbau.

Estava tudo pronto para a inauguração da nova casa noturna de Belo Horizonte e nem um golpe militar seria capaz de impedir o acontecimento. Assim, conforme o anunciado, ao anoitecer foram abertas as portas da Berimbau, com a intenção de ser o centro do jazz no cenário musical da cidade. Não que os jovens frequentadores do Maleta estivessem alheios à realidade à sua volta, mas ninguém sabia ao certo qual era essa realidade e, mesmo que eles soubessem, a vida devia continuar, de preferência com boa música. A decoração do bar era sugestiva, vários pôsteres de grandes figuras do jazz, como Miles Davis, John Coltrane e Ornette Coleman, pregados nas paredes. A proposta dos amigos Ildeo Lino Soares, Hélvius Vilela, Nivaldo Ornelas, Antônio Moraes e Pascoal Meireles era que a Berimbau pudesse suprir a falta de um espaço para música instrumental. O sonho de muitos músicos da cidade colocado em prática pelos cinco sócios. Como grande parte dos sonhos, este não era movido por dinheiro; não tinham para investir nem a intenção de ganhar com o empreendimento, motivo pelo qual o bar fechou as portas em menos de um ano. Quatro dos sócios eram músicos, o quinto era o que hoje conhecemos como disc-jóquei. Antônio Moraes era o maior colecionador de discos de Belo Horizonte. Antes da inauguração da Berimbau, animava festas dos amigos colocando nas eletrolas os LPs que só ele possuía. Quatro músicos e um DJ, todos amantes de jazz e de música brasileira, uma combinação que não tinha como dar errado.

O palco estava sempre disponível, embora, com a fama repentina do bar, tenha ficado muito disputado. Um músico podia entrar e sair, desde que houvesse espaço. Às vezes, a música começava às duas da tarde, horário de abertura da casa, e ia até de madrugada. Alguém iniciava um tema no piano, entrava outro no violão, depois aparecia um pistonista, contrabaixista, trocava-se o pianista, o violonista, e todos continuavam trabalhando sobre o tema inicial, horas e horas, como numa legítima *jam session*. Era assim, uma confraternização musical sem formalidades. Nem por isso era acessível a todos. Os menores de idade não podiam entrar. Com isso, formou-se um segundo ambiente do lado de fora, onde rapazes com menos de 18 anos, músicos ou não, ficavam tentando ouvir o som por tabela. Não saíam dali figurinhas como Toninho Horta, irmão do respeitadíssimo músico Paulo Horta, Nelson Ângelo, Lô Borges, irmão de Marilton Borges, e seu amigo Beto Guedes, que acabara de se mudar

## NOVO HORIZONTE

de Montes Claros para Belo Horizonte. Entrar na Berimbau era o máximo, tocar lá, então, era o clímax profissional para um músico da cidade. Ali só tocava fera. Portanto, foi enorme a excitação de Bituca ao ver Wagner entrando pela porta do seu quarto na Pensão da Benvinda e anunciando:

— Consegui pra gente tocar lá na Berimbau! Eu, você e o Paulinho Braga. Vamos ser o Berimbau Trio.

— Nossa, que ótimo!

— Só tem uma coisa, você vai tocar contrabaixo.

— Wagner, você ficou louco, eu nunca pus as mãos num contrabaixo na minha vida!

— Não tem problema, presta atenção: vai na casa do Ildeo e pede pra ele te emprestar o contrabaixo e te dar umas dicas.

Berimbau, a casa de jazz mais conceituada de Belo Horizonte! Bituca mal pôde acreditar.

O golpe militar tinha espalhado um clima de medo pela cidade, com todos aqueles militares para lá e para cá. Salomão Borges, jornalista, lidava no dia a dia com essa tensão, pois a imprensa sofria diretamente as consequências repressoras do novo regime, mas que ainda eram apenas sombras do que estava por vir. Em Três Pontas, como na maior parte do país, a população comemorava a vitória do golpe, visto como luta pela manutenção da democracia. A manchete principal do jornal três-pontano *Pombo Correio* no dia 5 de abril mostra bem o apoio de parte da imprensa: "Movimento Revolucionário reconquista para o Brasil a autenticidade de seu Regime Democrático expulsando do Poder os falsos brasileiros agentes do Comunismo Internacional — Magalhães Pinto foi o Pioneiro da Vitória — os generais Olímpio Mourão Filho, Carlos Luiz Guedes, Amaury Kruel, Justino Alves Bastos e Castelo Branco foram os principais artífices da Vitória Democrática." Com o passar do tempo e as consequências das restrições impostas, a situação começaria a mudar. Bituca não chegou a se envolver com grupos contrários à ditadura, como faria o futuro amigo inseparável Márcio Borges.

Na verdade, nunca se agarrou com unhas e dentes a causa alguma, o que não o impediu de lutar por várias delas. Na década de 1970, iria sofrer diretamente com a repressão, com a censura de músicas e discos, além de enfrentar a perseguição dos militares. Resistiria contra o regime e se recusaria a sair do país, mas não se tornaria membro da esquerda organizada. No fim dos anos 1980, ele se engajaria na campanha pelas eleições diretas, e "Coração de estudante", música sua em parceria com Wagner Tiso, se tornaria um símbolo da redemocratização.

Mas, naquele momento, a preocupação maior era aprender a tocar contrabaixo. Trocou de roupa e foi à casa de Ildeo, na Rua do Ouro, vizinho de um jovem chamado Fernando Brant. Bituca e Ildeo eram velhos conhecidos; haviam tocado no Conjunto Célio Balona e viviam se encontrando pelos bares de Belo Horizonte. Além de exímio contrabaixista, Ildeo era um dos proprietários da Berimbau, dois excelentes motivos para procurá-lo. Meio sem jeito, Bituca explicou a situação. Ildeo tinha um contrabaixo artesanal de excelente sonoridade, feito pelo senhor Eli, tradicional *luthier* que morava no bairro Carlos Prates. O instrumento ficava ńa Berimbau, e Ildeo não teve problemas em emprestá-lo. O show era naquela mesma noite e não havia tempo para grandes lições. Bituca tocava violão e tinha ouvido apurado. Não seria impossível aprender o básico, pelo menos para enganar nos primeiros dias.

Ildeo explicou o principal sobre o mecanismo do instrumento e das notas, só se esqueceu de explicar o que poderia acontecer com os dedos de um estreante. De posse do contrabaixo e quase tão cru quanto antes, Bituca estreou na Berimbau ao lado do amigo e parceiro Wagner Tiso e do baterista Paulinho Braga. A noite foi um sucesso, pelo menos para os três. Contrariando sua própria expectativa, Bituca não teve dificuldades, e no fim da noite tocava com a desenvoltura de quem tinha intimidade com o instrumento. O único porém foram seus dedos, que racharam até sangrar. Enquanto tocava, aquecido pela emoção da música, não se deu conta da dor, mas durante a noite e no dia seguinte, sentia latejar a ponta de cada

## NOVO HORIZONTE

um dos dez dedos. Não havia tempo para curar o machucado, porque os shows estavam marcados para vários dias. Doía só de pensar em pousar as mãos nas cordas verticais, grossas e pesadas. Mesmo assim, não abandonou o posto. Pôs esparadrapo nos dedos. Tinha a esperança de que, caso não evitasse a dor, impedisse maiores estragos. Esperou em vão. A cada nota, as tiras saíam do lugar, enrugavam e começavam a se soltar, atrapalhando a execução e agravando a sensação de dor. Ele acabou tirando o resto das ataduras e decidiu tocar mesmo com os dedos em carne viva. A cicatriz veio com o tempo, o organismo resolveu a situação e formou calos no lugar das feridas, garantindo assim a proteção negada pelo esparadrapo. Até aquela noite, Bituca tocava apenas violão, gaita e sanfona uma vez ou outra. Fazia parte da turma dos chamados "canários", aqueles que só cantam. Com o contrabaixo, descobriu uma nova vocação. Passou a tocar sempre, e o instrumento se tornou um de seus favoritos. Agora, além de crooner, podia fazer bicos como instrumentista, e cada bico era um dinheiro a mais no final do mês. As apresentações na Berimbau se repetiram nos fins de semana seguintes. Numa dessas noites, no intervalo do show, Bituca foi até a sacada do bar para olhar a rua e tomar um pouco de ar, quando Márcio Borges, o irmão do Marilton metido a intelectual, se aproximou:

— O que está acontecendo com você hoje?

Bituca custou a entender que a pergunta era para ele, tanto pelo conteúdo da indagação quanto por quem a fizera, pois se havia trocado meia dúzia de palavras com o rapaz, estas se resumiram a saudações banais.

Enfim, respondeu:

— Ah, não sei. Não tem nada de ruim acontecendo, eu estou feliz porque estou fazendo o que eu gosto; não tenho dinheiro, mas não estou nem aí. Só que tem alguma coisa me apertando o peito.

— Eu sei o que é. Você já prestou atenção nos arranjos que faz para as músicas que você canta e toca?

— Já, claro, fui eu que fiz!

— Você não prestou não, senão você iria entender que tem que começar a compor.

— Não, eu não gosto de compor. Eu gosto de cantar e tocar, fazer isso que eu estou fazendo.

— Mas você tem que compor, porque toda música que você canta é outra música.

A conversa não passou disso, mas deixou Bituca perturbado. Aquele garoto, com o qual mal falara até aquele momento, dizendo-lhe um absurdo desses, que deveria compor! Márcio, no entanto, desde o dia em que o vira no quarto dos homens ensaiando com o Evolussamba, havia percebido que aquele não era apenas um músico de talento, era um gênio. "Muita gente é talentosa, o Lô é talentoso, o Beto é talentoso, o Fernando é talentoso, eu sou talentoso, mas gênio é um só, gênio é ele: Milton Nascimento", disse mais de quarenta anos depois. Passada aquela noite, os dois começaram a se falar com mais frequência. Ouvindo Márcio, Bituca compreendeu que, se as músicas saíam diferentes, o grande responsável pela proeza era a falta de acesso aos originais em Três Pontas. A história de copiar de ouvido a música pelo rádio fez com que ele e Wagner mantivessem o essencial da melodia, mas criassem harmonias novas, e até mesmo partes das letras e das melodias. Era tão bom ouvir o que Márcio tinha a dizer e ser ouvido por ele, que compreendia, como nenhum outro amigo, as suas ideias, que quando deu por si, era Bituca quem deixava de sair com a turma do Levy para ficar na companhia do novo amigo. "Ele era o melhor cara que havia por ali", foi o que descobriu. Márcio era, sim, um jovem intelectual, gostava de cinema, de literatura, de música. Estava por dentro dos últimos acontecimentos da arte em Belo Horizonte, da vanguarda, e, de acordo com as possibilidades de acesso, da arte no mundo. Cada conversa entre eles era uma comichão de troca de conhecimentos.

Márcio emprestava livros para o amigo, que os devorava. Além da literatura e da música, tema principal, o cinema ocupava posição de destaque. Um era cinéfilo, aspirante a cineasta, frequentador do cineclube; o outro era apaixonado por cinema, pois havia passado a infância e a adolescência assistindo aos filmes e às séries projetados por Rojão.

## NOVO HORIZONTE

Apesar da paixão, Bituca não tinha a menor noção do processo de criação de um filme. Passou a saber com as explicações de Márcio. Foi então que começou a prestar atenção no papel do diretor, da montagem, do roteiro, da trilha sonora. Um dos seus programas preferidos era ir às aulas de cinema no CEG (Centro de Estudos Gerais). Era um universo fascinante, apresentado a ele por aquele rapaz baixinho, o "irmão do Marilton metido a intelectual". Em pouco tempo tornaram-se unha e carne, separados apenas por compromissos inadiáveis. Andavam o tempo todo juntos, iam ao cinema, tocavam e cantavam para passar as horas, atravessavam madrugadas entre batidas de limão e debates acalorados nas mesas do Bigodoaldo's, da Cantina do Lucas, do Oxalá e de tantos outros bares. Márcio continuou insistindo para o amigo compor, mas, apesar de considerá-lo então seu melhor amigo, Bituca se manteve firme na decisão de continuar nos territórios do canto e do contrabaixo. Era teimoso. Não acreditava ter nascido para aquilo. Uma coisa era inventar a saga do Porcolitro, outra era fazer música de gente grande.

Bituca estava completamente envolvido com a música, mas continuava com o emprego de escriturário, vulgo datilógrafo, no escritório de Furnas, e ainda pensava em fazer vestibular para Economia. O seu sonho era cursar Astronomia, um sonho absolutamente distante da sua realidade. Assim, o caminho lógico era fazer Economia, uma continuação da Escola de Comércio. Foi quando convidou Márcio, que ainda cursava o científico no Colégio Anchieta, para ir com ele à Universidade Federal de Minas Gerais a fim de fazer a inscrição para o vestibular. Na saída do prédio da universidade, de posse do comprovante que apresentaria no dia da prova, Bituca parou e perguntou ao amigo:

— Escuta, você tem um fósforo aí?
— Tenho, pra quê?
— Me dá um.

Então ele acendeu o fósforo, queimou o comprovante e, para sempre, a chance de se tornar economista.

— Vamos para o bar encher a cara e tocar até de manhã, porque daqui pra frente é só música!

E assim foi. A dupla seguiu para o bar, e o emprego em Furnas durou pouco tempo depois daquele dia. Passaram a noite bebendo e comemorando, e como o dono do bar não conseguiu fazê-los sair, deixou-os trancados lá. No dia seguinte, ao abrir o boteco, ainda encontrou os rapazes acordados, mas dessa vez conseguiu expulsá-los, para seu alívio.

As noitadas se tornaram frequentes, e mais frequentes ainda passaram a ser as idas de Bituca ao apartamento dos Borges. Dona Maricota fez de tudo para que ele não ficasse tanto lá; afinal, já havia gente demais na casa. Entretanto, nada era capaz de fazê-lo sumir. "Ele chegava a se esconder debaixo de alguma cama para não ter de ir embora", contou certa vez a Borges mãe. Dona Maricota acabou desistindo e aceitando-o como seu décimo segundo filho, embora Bituca continuasse morando na pensão da Benvinda. Seu Salim também o adotou, e muitas vezes cuidou dele, quando as noitadas e as batidas de limão iam além da conta. E não foram poucas. Dava banho, sopa, chá de boldo. Dona Maricota também socorreu o novo filho das aventuras com as batidas de limão. Certa tarde, ela estava chegando no Levy, carregando uma pilha de cadernos depois de dar aula, e deparou com Bituca de braços estendidos, apoiados na parede do prédio.

— O que você tá fazendo aí, menino?

— Olha, dona Maricota, esse edifício tá caindo, tô segurando pra não cair.

— Deixa que eu te ajudo.

Ficou na mesma posição que ele durante algum tempo e depois disse:

— Agora já está seguro, não cai mais não. Vamos pra casa.

O três-pontano ficou amigo de toda a família, até dos filhos menores. Apadrinhou, por sua vontade, o caçula Nico, que certa vez despencou do décimo andar do Levy — e sobreviveu. Foi o primeiro afilhado fora de Três Pontas, onde tinha pelo menos meia dúzia. Bituca sempre gostou de crianças, desde a época em que animava os amigos narrando as aventuras tresloucadas do Porcolitro, que ele contava quando tinha pouco mais de 7 anos. Foram tantos afilhados ao longo da vida que em 2006, quando este livro estava para ser concluído, os afilhados totalizavam o espantoso número de 112, o mais novo com poucos meses e o mais velho para além dos quarenta, afilhados anônimos e ilustres, ricos, pobres, homens, mulheres, mineiros, franceses, dinamarqueses, católicos, evangélicos, espíritas, agnósticos. Afilhado de tudo quanto é jeito, de tudo quanto é lugar, uma mistura complexa, mas harmoniosa, como toda a vida de Bituca.

Numa tarde de folga, ele estava andando pela rua quando encontrou Márcio, que disse:

— Vem comigo num lugar agora, que você tem que ver uma coisa!

O lugar era o Cine Tupi, e a coisa era o filme francês *Jules et Jim* (*Uma mulher para dois*), de François Truffaut, com Jeanne Moreau, Oskar Werner e Henri Serre. O filme havia estreado no Cine Metrópole, então o mais luxuoso de Belo Horizonte, mas não estava mais em cartaz ali. Agora somente o Cine Tupi, cuja projeção não era lá grande coisa, continuava a exibi-lo. Bituca não teve como fugir, nem queria; adorava cinema e a companhia do amigo. Entraram para a sessão das duas horas da tarde e saíram às dez da noite. Assistiram a três sessões seguidas. Bituca não conseguia se mover da cadeira, ficou extasiado, maravilhado, chocado, inebriado, e tudo o mais que pudesse haver com "ado" e fosse algo semelhante à sensação de espanto misturada à alegria. O filme era uma celebração da amizade, justo o que aprendera com seus pais, Lília e Zino, e sua maior bandeira. As três exibições foram um vendaval, balançaram Bituca com uma força estupenda, como se quisessem mudar de lugar as partes do seu corpo e virar de ponta-cabeça as suas ideias. E foi o que de fato aconteceu. Ao sair do cinema, parecia não ser ele mesmo, sentia como se o vendaval estivesse agora dentro dele e precisasse sair. Márcio andava um pouco à frente e também parecia em estado de êxtase ou delírio. Bituca chamou o amigo:

— Vamos lá pra tua casa agora. Pega um violão pra mim, um papel e um lápis, que nós vamos começar a compor.

Márcio não apenas atendeu ao pedido como não conseguia crer. Até que enfim Bituca tinha resolvido começar a compor. Naquela noite, a dupla deu início a uma parceria musical que prosseguiria por toda a vida. Fizeram três músicas: "Paz do amor que vem", gravada somente em 1993, no álbum *Angelus*, com o nome de "Novena"; "Gira, girou" e "Crença". Depois dessa noite de 1964, Bituca nunca mais parou de compor. Em um dos seus últimos dias no escritório das Centrais Elétricas de Furnas, estava distraído da Olivetti, prestando atenção no barulho do movimento da rua, vinte e um andares abaixo, quando as vozes dos vendedores ambulantes, que não eram muitos, lembraram-lhe um livro lido por aqueles dias, sobre as canções de trabalho dos negros no Mississippi, que eles cantavam durante a labuta sofrida do dia a dia. Um pensamento leva a outro, percorre caminhos indicados pela lógica peculiar da memória e, ao perceber, de olhos vidrados para o nada, Bituca recordou o dia em que foi com sua madrinha e seu irmão, Fernando, a Cabo Frio, no litoral do Rio de Janeiro, ainda criança. Lembrou-se das pessoas trabalhando nas salinas, daquela água toda do mar virando sal só pelo efeito do sol. Canções de trabalho do Mississippi, salinas de Cabo Frio, Olivetti parada, vendaval... Escreveu uma letra que deveria ser semelhante a uma canção de trabalho. Como não tinha violão no escritório, fez a marcação com a voz, para dar ritmo à letra. Depois restaria fazer a melodia. No alto da folha, ele datilografou: "Canção do sal." Nessa tarde, Márcio apareceu no escritório. Não era a primeira nem a segunda visita a Bituca no local de trabalho. Depois que ficaram amigos, Márcio costumava dar um alô vez por outra.

Bituca aproveitou para mostrar a canção ao parceiro:

— Eu escrevi um negócio, dá uma lida.

— Pô, demais! E não tem música?

— Não, eu fiz só uma marcação pra não perder o balanço da letra.

— Então diz aí para eu ouvir!

## NOVO HORIZONTE

"Trabalhando o sal..." Ao terminar, Márcio, com todo o seu entusiasmo, garantiu que ali estava a música, era linda, não podia ser outra senão aquela mesma. Inconformado, Bituca cantou outras vezes. Começou a não achar tão ruim assim, mas continuou disposto a compor outra melodia quando tivesse um tempinho. Poucos dias depois, vencido pela realidade, desistiu da vida dupla de músico e escriturário e optou por seguir apenas o primeiro papel. Deixou o escritório de Furnas no momento certo. Logo começou a viajar bastante. Não viagenzinhas de uma madrugada para qualquer cidade próxima a Beagá. Rio de Janeiro, São Paulo... A capital mineira parecia não lhe caber mais, ou ele nela.

Mas a primeira turnê, das incontáveis que faria ao longo da vida, não podia ter sido para outro lugar: o sul de Minas, incluindo Três Pontas, Alfenas, Três Corações, Campo do Meio, Carmo da Cachoeira e todas essas velhas conhecidas de Bituca. Foi para divulgar o disco do Conjunto Holiday. O grupo ainda se apresentava nessa época quando o produtor cultural J. Cícero, de Três Pontas, teve a ideia: gravar um disco com a turma. As gravações foram feitas em São Paulo, num estúdio alugado, e demoraram dois dias. O hotel, a alimentação, o transporte, tudo foi providenciado pelo produtor, que lançou o disco pela sua gravadora, montada exclusivamente para a empreitada, a Dex Discos do Brasil. O compacto recebeu o nome de *Barulho de trem*, título de uma das músicas do disco, composição de Milton Nascimento. As outras faixas eram "Aconteceu", de Wagner e Milton, "Férias", composta por Wagner, e "Noite triste", parceria de Milton e Mauro Oliveira. Durante muitos anos, "Barulho de trem" foi desprezada por Bituca. Não gostava da música e continuou não gostando por décadas, até gravá-la em seu álbum *Crooner*, em 1999, e fazer as pazes com ela.

Depois da aventura da gravação em São Paulo e da turnê pelo sul de Minas, surgiu a oportunidade de tocar no Rio de Janeiro, a capital da música popular brasileira. Era o I Festival da Música Popular de Minas Gerais, no inusitado auditório do Clube dos Cadetes da Aeronáutica, próximo ao Aeroporto Santos Dumont. Vários músicos de Belo Horizonte se apresentariam num espetáculo único. Prepararam-se com entusiasmo, ensaiaram trios, grupos e solos na casa do músico Aécio Flávio. Bituca faria o que estava acostumado a fazer: cantar e tocar contrabaixo. Na data marcada, embarcaram todos num ônibus da empresa Cometa. O veículo atropelou um sujeito na beira da estrada e os músicos foram obrigados a perder horas preciosas na delegacia de Petrópolis, depois de terem parado para socorrer o acidentado por insistência de Bituca. Com o atraso, o ônibus chegou no Clube dos Cadetes em cima da hora, e para surpresa e decepção do grupo, embora fosse previsível, tendo em vista a escolha do local, não havia público. Para não perder a viagem, a turma de Belo Horizonte saiu angariando espectadores para o show. Conseguiram uns vinte cadetes para assistirem à apresentação. Tocaram com sentimento, com virtuosismo, arrancando aplausos fervorosos da pitoresca plateia de militares, colegas e cadeiras vazias. O episódio ficou marcado como o "Festival da Fome". Não é preciso explicar o porquê.

*

Bituca estava à toa no seu quarto da pensão, quando Hélvius Vilela apareceu e pediu:

— Você tem que quebrar um galho pra gente!

— Qual galho?

— O Vinicius de Moraes vai dar uma palestra na UFMG e a gente ia acompanhar ele, mas conseguimos um bom trabalho em outro lugar. Daí, nós pensamos que você poderia substituir a gente.

— Eu, não!

— Por favor!

— Tá bom, mas me diz então como vai ser e o que eu tenho que fazer.

A palestra seria no campus da Universidade Federal de Minas Gerais na Pampulha, um dos bairros além da Contorno, pouco frequentado por Bituca. No dia e na hora marcados, lá estava ele com o violão a tiracolo e um frio na barriga; afinal, era o Vinicius de Moraes. Ao chegar no auditório, avistou o inconfundível poeta, que estava sentado a uma mesa com um copo de uísque na mão. Ao ver o rapaz com o violão, mandou-o sentar-se ao seu lado, perguntou o nome, passou algumas orientações e começou a palestra. O auditório estava cheio de universitários, na maioria estudantes de Comunicação Social, Psicologia e Filosofia. Vinicius se portava com desenvoltura, intercalava a fala com o canto e a declamação de poesias, versos, descontraindo o público de jovens admiradores. Falava, falava, falava e, de repente, começava a cantar uma música, acompanhado por Bituca ao violão. Num certo momento da palestra, Vinicius perguntou à plateia se havia gente nova da música em Belo Horizonte. Os estudantes, acostumados com a cara de Bituca na noite, apontaram para ele.

— Ah, você! Então toca uma música sua — pediu Vinicius.

Ele não esperava por aquela. Tocar e cantar diante do Vinicius de Moraes? Depois do furacão de Jules et Jim e das três primeiras músicas, compor deixou de ser uma tarefa assombrosa. Pelo contrário, às vezes sentia necessidade de fazê-lo. Para falar a verdade, foi sempre assim, desconsiderados trabalhos encomendados no futuro, como trilhas sonoras. Sentia uma coisa, uma necessidade urgente de pôr algo para fora, ou então nem chegava a sentir; pegava o violão, começava a brincar com as cordas e a música ia surgindo, sem saber por quê, como, quando, onde, quem. Diante de Vinicius e da plateia, tocou uma de suas composições recentes, chamada "E a gente sonhando". Depois dos aplausos e do elogio do palestrante, tocou e cantou outras três. No fim, Vinicius o advertiu para não sumir depois de encerrada a palestra, pois poderiam conversar melhor. Por certo atendeu ao chamado e não sumiu. Como se sabe pela lenda — e pelos fatos —, as conversas de Vinicius de Moraes eram sempre regadas a um bom uísque. Assim, ele o convidou para irem a um bar na Praça da Liberdade, um daqueles lugares chiques em que Bituca jamais se atrevera a entrar. Por sorte, encontraram uma turma de garotas para as quais Bituca fizera um arranjo de coro para a "Marcha da Quarta-feira de Cinzas", de autoria do próprio Vinicius e de Carlos Lyra. Aproveitando a oportunidade, pediu às garotas que cantassem a música e conseguiu arrancar mais alguns elogios do mestre. Entre um copo e outro, a tarde virou noite e a noite virou dia. Saíram do bar às sete da manhã.

Como esta houve outras aparições públicas de Bituca, que ainda não sabia se ficaria com o nome de Milton do Nascimento, Milton, Bituca, Nascimento. O sobrenome não lhe soava bem. Mas isso, a própria vida daria um jeito de definir. Por enquanto, era Bituca mesmo. Em princípios de 1965, o lendário show *Opinião*, com Nara Leão, Zé Kéti e João do Vale, dirigido por Oduvaldo Vianna Filho, Paulo Pontes e Armando Costa, foi apresentado em Belo Horizonte, no Teatro Francisco Nunes. Criado no ano anterior, o show, além de um espetáculo musical, era um dedo na cara da ditadura militar, que já dava mostras de uma vida longa e fértil. No dia do evento, houve uma confusão com o violonista do grupo. Primeiro, teve um impedimento e não poderia ir à capital mineira. Então resolveram chamar um da cidade mesmo. Chamaram Bituca para fazer a substituição. Mas o violonista apareceu na última hora. Como já haviam combinado com Bituca, ele ficou encarregado de abrir o espetáculo. Foi a primeira vez que Fernando Brant viu Milton Nascimento; ele estava na plateia com um grupo de amigos. O três-pontano estava sentado num banquinho, abrindo o *Opinião*. Não se falaram. Terminado o show, Bituca foi à inauguração da boate Carcará, batizada com este nome em homenagem à música homônima de João do Vale, carro-chefe do espetáculo. Ficava na Rua da Bahia, nas proximidades do Maleta. Nessa noite, fez mais um amigo, Nelson Ângelo, que tinha 16 anos e conhecia Bituca de nome, mas nunca tinha falado com ele. Tocava violão e cantava desde os 10 anos e, ao contrário da maioria dos garotos da sua idade, Nelson circulava pela noite boêmia de Belo Horizonte. Os dois passaram a noite falando de música e virando copos de batida de limão. Terminaram a madrugada atrás de um remédio para acalmar a ressaca.

*

## NOVO HORIZONTE

A amizade de Bituca, Wagner e Gileno com Pacífico Mascarenhas foi além do primeiro contato. Cada um a seu modo, tornaram-se amigos do mestre da bossa nova em Belo Horizonte. Durante quase três anos, mesmo fazendo as coisas mais variadas, estavam sempre em contato com Pacífico. Ele admirava o trio e o ajudou em tudo que pôde. Além de conseguir trabalho para os rapazes, ele, também um rapaz, convidava a turma para saraus e serenatas. Tinha uma infraestrutura de fazer cair o queixo da vizinhança. Na carroceria de um caminhão, montava um palco com bateria, contrabaixo, sanfona, violão, vibrafone e piano. Percorria as ruas da cidade procurando a janela de uma bela donzela, estacionava, e estava pronta a serenata. Era só tocar, cantar e abalar os corações. Pacífico tinha seu lugar ao sol e achava que não lhe custava ajudar quem tinha talento. E talento, segundo ele, não faltava aos três jovens três-pontanos. Por isso, resolveu convidá-los, mais os músicos Sérgio Sales e Marcos Vitasso, para gravar com ele seu LP seguinte, *Quarteto Sambacana*, embora os integrantes fossem cinco. Durante um mês, ensaiaram as músicas numa espécie de estúdio montado no sítio da família de Pacífico, perto de Belo Horizonte. Gravaram alguma coisa na Paladium MG Gravações, futura Bemol, do aficionado por música Dirceu Cheib. Mas o grosso mesmo seria gravado nos estúdios da Odeon, no Rio de Janeiro.

A gravadora internacional Odeon estava no Brasil desde 1904 e era uma das grandes, onde somente músicos de primeira tinham espaço. Ficava na Avenida Rio Branco, na Cinelândia, em um prédio com saída para a Rua México. A Cinelândia era o centro cultural da Cidade Maravilhosa, onde se concentravam cinemas, emissoras de rádio, estúdios, produtoras, lojas de discos, livrarias, teatros. Surgiu no início da década de 1930 e teve seu auge até os anos 1950, mas ainda era um centro vivo de cultura, luzes e néons, onde havia movimento nas vinte e quatro horas do dia.

O Rio não era um mistério para Bituca, era seu velho conhecido, mas a Cinelândia foi uma descoberta. Os rapazes foram para o Rio no carro de Pacífico. Levaram o dia todo viajando a bordo do Simca Chambord cinza, carro de luxo adquirido pouco antes por ele. Ao chegarem, para não perder mais tempo, seguiram diretamente para o estúdio, onde gravava também a cantora Luiza, que se preparava para lançar seu primeiro (e único) álbum. Como não era raro acontecer nas gravações, algo deu errado. Naquele dia faltou coro para Luiza finalizar o disco. Um problema logo solucionado por Pacífico: ensaiou os rapazes e fez deles o coro, cujos integrantes ainda mereceram ter seus nomes mencionados no long-play.

Se durante o dia o tempo era dividido entre as gravações e incursões pelas praias, à noite Pacífico levava a "turma de Três Pontas" para as festas do meio musical do Rio de Janeiro. Bituca e Wagner conheceram os figurões das gravadoras, da bossa nova, do samba e do jazz. "O Pacífico é um cara fantástico, ele nos apresentava aos grandes músicos, fazia a gente tocar para eles. Nós conhecemos muita gente por causa dele", disse o cantor e compositor anos depois. Estavam numa dessas festas quando Bituca reparou numa mulher baixinha, sentada no canto da sala. Ele a conhecia de algum lugar! Aí lembrou-se de ter visto um disco com ela na capa em alguma vitrine, ao lado do disco do cantor Sérgio Murilo, um dos pioneiros do rock nacional, autor do hit "Broto legal". Elis Regina, era ela. "Ah, essa é a tal", pensou. E foi interrompido em seus pensamentos por Pacífico, que insistia para que ele e Wagner tocassem um pouco. Apesar da vergonha por estarem diante de muitos dos seus ídolos, cederam à insistência do amigo e tocaram "Aconteceu", uma das músicas do LP *Barulho de trem*. Wagner ao piano e Bituca na voz e no violão. Quando a festa terminou, ao amanhecer, os remanescentes saíram caminhando pelas ruas de Copacabana. Entre eles estavam os mineiros e alguns cariocas. Elis Regina também fazia parte do grupo. Embora tivesse gravado um disco, Elis ainda não era conhecida, aspirante ao sucesso musical como a maioria dos jovens ali. Este fato fez com que Bituca se sentisse mais à vontade para falar com ela. Aproximou-se e começou a cantar uma música interpretada pela cantora. Para sua surpresa, Elis ficou uma fera:

— Cala essa boca! Esquece essa coisa, fica quieto!

## NOVO HORIZONTE

Bituca arregalou os olhos, mas não sentiu medo nem raiva. Sua reação foi um acesso de riso, que ele procurou disfarçar saindo de perto de Elis. Pouco tempo depois eles se reencontrariam em São Paulo, no Festival Berimbau de Ouro, da TV Record. Pacífico, incansável, pediu para Bituca gravar a música "Jogado fora", de João Melo, pois tinha a intenção de levar para o próprio compositor apreciar. Estava certo de que ele adoraria a voz do intérprete. Foi até a Philips, no Rio de Janeiro, e entregou-lhe a gravação. Dias depois, João Melo deu o retorno, frustrante: tinha levado para João Araújo ouvir, o mandachuva da Philips, pai do futuro cantor Cazuza, e ele não havia gostado da voz do tal de Milton do Nascimento. Pacífico achou melhor nem contar para o amigo.

*

A amizade com Márcio era uma das coisas mais importantes para Bituca. Tanto que o amigo foi o primeiro dos muitos que ele convidou para ir a Três Pontas conhecer seus pais e seus amigos, dos quais tanto falava. Lá fizeram aventuras pelas ruas pequenas a bordo do fusquinha azul 1962 de Zino. De volta à capital mineira, andavam sempre juntos, gostavam das mesmas coisas, compunham em parceria, discutiam cinema e literatura. Uma relação que, de certa forma, começou a sufocar Márcio. Ele queria abrir seu mundo para outras amizades, coisas novas. Só não encontrou uma maneira de dizer isso ao amigo, mas, aos poucos, começou a se afastar de Bituca, sem dizer qualquer palavra. "Acho que não era comum dois rapazes andarem o dia inteiro juntos; logo as pessoas começaram a falar alguma coisa. Isso não atingia a gente, mesmo porque não tinha nada a ver e, se tivesse, era problema nosso. Mas acho que ele acabou ficando assustado e resolveu sumir de mim", desabafou Bituca ao ser perguntado sobre o assunto.

Foi um período triste na sua vida. Triste não, deprimente. Ia aos lugares onde costumava se encontrar com o amigo, aos bares, ao Ponto dos Músicos, ao cinema, à casa de dona Maricota, mas nunca o encontrava. A tristeza estava estampada na sua fisionomia e os outros colegas começaram a se preocupar com ele. Certa noite, estava num dos bares que frequentava com Márcio quando um baterista amigo seu, chamado Bosco, sentou-se ao lado dele e disse:

— Eu sei por que você está triste.

— Não, eu não estou não.

— Está sim, mas não se preocupe, porque hoje você vai dormir lá em casa. Minha mãe vai cuidar de você.

Bituca foi para a casa de Bosco e ficou não um, mas vários dias por lá. Quando voltou para a pensão da Benvinda, já estava melhor. Aos poucos também foi se afastando de Márcio. Quando se encontravam não viravam as caras, cumprimentavam-se, e chegaram a retomar a amizade algum tempo depois, embora nunca tenha voltado a ser como antes. Mesmo porque, na falta do amigo, Bituca fez novas amizades, entre as quais a com o estudante de Direito Fernando Brant.

Fernando era um típico belo-horizontino, apesar de ter nascido em Caldas. Morava com a família na capital mineira, onde havia passado quase toda a sua vida. E onde continuaria a viver sempre, após uma rápida passagem pelo Rio de Janeiro e pela revista *O Cruzeiro*, no início da década de 1970. Milton Nascimento conheceu Fernando Brant formalmente num ônibus circular no centro de Belo Horizonte, apresentados pelo amigo em comum Sérvulo. A empatia foi instantânea e os dois se tornaram amigos. Fernando seria um dos primeiros entre eles a ter um carro, um jipe, na verdade, batizado de "Manuel, o Audaz", que levaria os amigos para viagens a Três Pontas e seria título de uma música de Toninho Horta. Bituca e Fernando se juntavam a Sérvulo, Nelson Ângelo e outros e saíam para se divertir, beber, ouvir música, conversar. Não havia muitas opções, e era inevitável que se encontrassem com Márcio. Houve um período em que se cruzaram repetidas vezes, Bituca com sua turma e Márcio com seus outros amigos. Cada grupo sentado à sua mesa, embora todos se conhecessem e se entendessem bem. Numa dessas ocasiões, Bituca foi até a mesa de Márcio, que o apresentou sem maiores cerimônias:

— Este aqui é o meu melhor amigo!

Dali para a frente, toda vez que se encontravam, ele perguntava:

— Poxa, e a nossa amizade, o que aconteceu com ela?

Bituca não respondia nada; ele realmente não sabia a resposta, e, no fundo, Márcio também não.

# Capítulo 5
## 1965 a 1967 | Vinte anos em dois

O disco gravado com Pacífico Mascarenhas rendeu bons frutos aos jovens músicos. Não só pelo LP em si, mas também por toda a movimentação no meio musical. Foi assim que Baden Powell ouviu falar de Milton Nascimento — que ainda não se tinha decidido por este nome, não achava Nascimento um bom nome artístico. Baden o indicou, mesmo sem conhecê-lo pessoalmente, para interpretar "Cidade vazia" no Festival Nacional da Música Popular da TV Excelsior, em São Paulo. Aquela era a segunda edição do festival, batizado no ano anterior, 1965, de I Festival de Música Popular Brasileira, que teve "Arrastão", de Edu Lobo e Vinicius de Moraes, como a grande vencedora. A música, interpretada por Elis Regina, foi a grande responsável por projetar a gaúcha como uma das intérpretes mais fortes da época.

A seleção para o festival era realizada em duas etapas. Primeiro havia a escolha das músicas, depois a dos intérpretes. Os autores podiam indicar um nome favorito para a sua música, mas a aprovação dependia dos jurados. O pianista Amilton Godoy fazia parte do corpo de jurados e não gostou da ideia de se escalar um desconhecido para soltar a voz em plena televisão.

— Sinto muito, eu não posso autorizar isso, nem sei quem é esse tal de Milton Nascimento!

Baden insistiu, bateu o pé. Amilton acabou cedendo. Afinal, se Baden Powell fazia questão, devia ter um bom motivo. E o nome Milton Nascimento — sem o "do" — apareceu pela primeira vez em um festival de expressão.

Amilton Godoy era de uma família de músicos. Seu irmão Adilson, também pianista, era um dos principais instrumentistas de São Paulo. Amilton integrava o Zimbo Trio, tocando piano ao lado do contrabaixista Luiz Chaves e do baterista Rubens Barsotti. O trio fora um dos primeiros conjuntos de música instrumental brasileira com harmonias jazzísticas. Apresentou-se pela primeira vez no dia 17 de março de 1964, em São Paulo, num show organizado pelo produtor Aloysio de Oliveira e pela atriz Norma Bengell, que acabara de se mudar da Itália para o Brasil. O Zimbo Trio tinha basicamente a mesma proposta do Tamba Trio, com a diferença de ser apenas instrumental. Teve a grande vantagem de se apresentar regularmente como conjunto contratado da casa noturna Baiuca, na Praça Roosevelt, o ponto de encontro da boa música na capital paulista. A boate era o reduto de estudantes, intelectuais e músicos de alto gabarito, como Nelson Freire, Hermeto Pascoal e César Camargo Mariano. Mas havia outros lugares onde se podia ouvir música de qualidade.

Assim como a bossa nova fez ferver o ambiente noturno carioca nos anos 1960, a música instrumental borbulhava na noite paulistana. Havia a também tradicional boate Oásis, o Juão Sebastião Bar, a Baiuquinha e várias outras ao longo da Rua Major Sertório. Se o Rio havia sido o palco da música nos últimos anos, São Paulo não deixava por menos; era a capital nacional da cultura, da vanguarda. As principais emissoras de televisão da época, TV Record e TV Excelsior, ficavam ali, a USP e a PUC eram os centros dos pensadores e dos opositores do regime militar, que começava a mostrar a que viera. Foi em São Paulo também onde começaram a brotar as sementes dos festivais de música, que dariam a cor de toda uma geração. Em 25 de maio de 1964, o Centro Acadêmico XI de Agosto, da Faculdade de Direito do Largo de São Francisco, da Universidade de São Paulo, promoveu o show *O fino da bossa*, em benefício da AACD

(Associação de Assistência à Criança Deficiente). Produzido por Horácio Berlinck e Walter Silva, o espetáculo foi realizado no Teatro Paramount, na Avenida Brigadeiro Luís Antônio. Inaugurado em 1929, havia sido o primeiro cinema com som da América Latina e, a partir de 1967, seria o palco dos festivais e dos programas musicais da TV Record. O show, que teve participação do Zimbo Trio e de Alaíde Costa cantando "Onde está você", de Oscar Castro Neves e Luvercy Fiorini, e "Garota de Ipanema", de Tom Jobim e Vinicius de Moraes, foi registrado em LP e recebeu o nome de *O fino da bossa*. O álbum gravado ao vivo foi para o topo das paradas de sucesso e o título do disco virou nome de programa, apresentado por Elis Regina, que decolou depois de "Arrastão", e por Jair Rodrigues, dirigidos por Manoel Carlos, hoje autor de novelas.

Elis tinha 20 anos e cantava desde os 11, época em que passou a integrar o elenco da Rádio Farroupilha, de Porto Alegre. Teve uma breve passagem pelo Rio de Janeiro em 1961, quando gravou um compacto e o primeiro LP, *Viva a Brotolândia*, pela Continental, com rocks e calipsos. Em 1964, foi de vez para o Rio. A consagração nacional veio em 1965, em São Paulo, cidade para a qual se mudou após ter ganhado o Berimbau de Ouro no festival da TV Excelsior. No mesmo ano conquistou o Prêmio Roquete Pinto, da TV Record, como melhor cantora de 1964, prêmio entregue também ao Zimbo Trio, como melhor conjunto instrumental. Pouco tempo depois, Elis e o Zimbo Trio se apresentaram juntos no Peru e começaram, então, uma duradoura e forte amizade.

Embora não tenha sido apresentado a Amilton, Rubens ou Luiz por Elis Regina, os quatro, mais Adilson Godoy e o cantor Agostinho dos Santos, foram os grandes amigos de Bituca em São Paulo. Mais que amigos, foram as primeiras pessoas na capital paulista a perceber o seu potencial como compositor e a investir nele, mesmo contra sua vontade.

*

Abril de 1966. Bituca tinha consigo uma pequena mala e o violão. Não precisava mais do que algumas mudas de roupa e o instrumento para fazer o que tinha de fazer: defender "Cidade vazia" no Festival Nacional da Música Popular. Seguiu de ônibus até São Paulo, mais de doze horas de viagem pela rodovia Fernão Dias, inaugurada em 1959. De lá partiu para Porto Alegre, a fim de participar da segunda eliminatória, realizada no teatro da Reitoria da Universidade Federal do Rio Grande do Sul. Terminou a eliminatória classificado e voltou a São Paulo, para participar da fase final, dali a um mês. Não havia planejado mudar-se para a cidade, mas não descartou essa possibilidade. Não trabalhava mais em Furnas e, de qualquer maneira, sua família estava em Três Pontas. Se fosse para ficar, não teria nada a perder. Avaliando essa hipótese antes de ir para a capital paulista, deixou seu quarto na Pensão da Benvinda e pediu para guardar uma mala com alguns pertences na casa de Nelson Ângelo, na Rua Antônio Dias, no alto do bairro Santo Antônio. Durante anos essa mala ficou esquecida ali, mas não pelo pai de Nelson, que volta e meia perguntava: — Quando será que o Bituca vem buscar esse trem?

Nunca foi buscar as malas, mas ele a recebeu tempos depois, quando ela já havia se incorporado de tal modo ao ambiente da casa que os moradores sequer percebiam a sua existência, como a de um quadro qualquer dependurado a vida inteira no mesmo lugar da parede.

Os participantes do festival ficaram hospedados no Hotel Danúbio, onde Bituca conheceu Sônia Lemos, Antônio Adolfo e uma baianinha de 16 anos chamada Sue Saphira. Aquela era a primeira vez que a garota saía de Salvador, e estava acompanhada de uma amiga da família. Fora defender a música "Sem você", de Tom Jobim e Vinicius de Moraes, e os poucos dias entre o hotel, os ensaios e as ruas frias de São Paulo foram suficientes para torná-la outra grande amiga de Bituca, para a vida toda. Era assim; o rapaz tímido tinha uma facilidade tremenda para fazer amigos, não simples conhecidos, mas amigos mesmo, daqueles para se guardar

## VINTE ANOS EM DOIS

"do lado esquerdo do peito, dentro do coração..."[3] Algumas demoravam mais tempo para se firmar, pouco a pouco, ao longo de anos de convívio, outras eram assim, com foi com Sue, de uma hora para outra, como se eles se conhecessem desde sempre.

A Excelsior ficava na Avenida Adolfo Pinheiro, na região sul da cidade. O primeiro festival, no ano anterior, havia sido um sucesso, e a TV paulista decidiu repetir a dose. As outras emissoras não demoraram a perceber o filão dos festivais e começaram a movimentar os pauzinhos para organizar os seus. Foram os anos de ouro da música popular brasileira, ao menos na mídia.

Além dos festivais, foram criados programas em que as principais estrelas da MPB se encontravam e dividiam espaço com novatos talentosos. Ser bem classificado em um festival e em seguida aparecer em um programa de televisão era o caminho mais eficiente para o reconhecimento. Mas não para continuar a crescer e, sobretudo, manter-se no meio musical. Os festivais e a TV eram um excelente trampolim, mas para não se afogar era preciso muito mais do que isso. Só uns poucos conseguiam. Bituca foi um deles, mesmo tendo passado por poucas e boas no começo. O Festival Nacional da Música Popular aconteceu em junho de 1966. A grande vencedora foi "Porta-estandarte", de Geraldo Vandré e Fernando Lona, interpretada por Tuca e Airton Moreira. "Cidade vazia" ficou em quarto lugar, e Milton Nascimento recebeu o troféu Berimbau de Bronze como intérprete. Esta colocação e a aparição na TV bastaram para que as pessoas começassem a prestar atenção nele. Como os também jovens, mas reconhecidos, Gilberto Gil, Chico Buarque, Danilo Caymmi e Agostinho dos Santos, entre outros. A notícia era de que um cantor com voz belíssima e um jeito de cantar diferente estava pintando no pedaço. Foi assim que Bituca começou a ser conhecido — como cantor.

---

3　Trecho de "Canção da América", de Milton Nascimento e Fernando Brant.

Os troféus para os primeiros lugares seriam entregues por ninguém menos que a vencedora da edição anterior, Elis Regina, então já estrela nacional como apresentadora do programa *O fino da bossa*. Bituca nunca havia se esquecido do dia em que a viu na casa da cantora Luiza, no Rio de Janeiro. O fato de ter tentado puxar conversa com Elis e ter ouvido uma resposta furiosa não diminuiu sua simpatia por ela. Gostou daquela garota baixinha e brava desde o primeiro momento. Havia algo nela, na sua voz, no seu jeito de ser, que mexia com o seu coração. Ao saber que receberia o troféu das mãos dela, pensou em procurá-la antes e dizer algo, mas desistiu por duas razões. Primeira: ela nunca se lembraria dele. Segunda: não queria ser mais um a assediá-la. Foi ela quem tomou a iniciativa, pouco antes do encerramento da noite, num estreito e mal iluminado corredor dos bastidores. Bituca a avistou de longe e, envergonhado, abaixou a cabeça. Passou ao lado dela como se não a tivesse visto, ouvindo apenas o barulho dos tamancos da "Pimentinha". De repente, a sequência rítmica dos tamancos foi interrompida por uma estridente tamancada:

— Mineiro não tem educação não?

Assustado, Bituca parou e virou-se para Elis, que continuou num tom irônico:

— As pessoas educadas costumam cumprimentar as outras. Quando é de manhã, falam "bom-dia", quando é de tarde, falam "boa-tarde", quando é de noite, falam "boa-noite".

— Olha, Elis, o negócio é o seguinte: eu sei que as pessoas te enchem muito o saco e eu não queria ser mais um a te chatear.

— Não tem desculpa! E me faça um favor, vá lá em casa e me mostre uma música sua, aquela que você cantou na casa da Luiza — e enquanto anotava seu endereço num papel, Elis cantarolou "Aconteceu".

Bituca ficou gelado. Ela não só se lembrava dele como ainda havia guardado a música apresentada por eles por insistência de Pacífico Mascarenhas. Ficou espantado, impressionado, e não conseguiu esconder a surpresa. Pano para manga para Elis dizer, como só ela poderia:

— Memória, meu caro!

VINTE ANOS EM DOIS

O encontro ficou marcado para alguns dias depois. Nesse meio-tempo, Bituca recebeu a visita de Márcio Borges e Nelson Ângelo. Os dois apareceram de surpresa na Pensão do Bóris, para onde ele havia se transferido com o fim do festival. A pensão era uma casa amarela e antiga localizada na Rua Estela, no bairro Paraíso, próximo à Vila Mariana. Lá morava Helson Romero, ou melhor, Jacaré, sobrinho de Zino e grande amigo de Bituca dos tempos de Três Pontas. Jacaré fora para São Paulo com a finalidade de cursar o científico, e aquele era o último ano. Como hóspede veterano, conseguiu convencer o dono da pensão, Bóris, a deixar o primo dividir o quarto com ele.

Bóris era um bom tipo, grande, não, enorme, bonachão. Sabia divertir os hóspedes com suas histórias e imitações de instrumentos musicais. Era uma orquestra ambulante. Imitava de tudo com a boca, as mãos, o peito, sopra daqui, bate dali. Não fosse tão simpático e de bem com a vida, provavelmente teria se zangado nos primeiros dias do novo morador, porque, mal se instalara, chegaram as duas visitas. Márcio ficou só o fim de semana e teve que voltar a Belo Horizonte. Nelson Ângelo, embora ainda estudasse, ficou um tempinho a mais. A escola nunca foi a sua preocupação maior e os pais não conseguiam segurar o filho músico e boêmio havia tempo. Assim, no dia de ir à casa de Elis, Jacaré e Nelson Ângelo estavam com Bituca. Para não ir sozinho, convidou os amigos. Nelson não se conteve, ficou em êxtase. Conhecer a Elis Regina! Pessoalmente! Depois do almoço na pensão, enquanto Bituca e Jacaré foram tirar um cochilo, o rapazote resolveu tomar umas e outras para comemorar, por antecipação, o encontro da noite. Tomou todas e capotou. Não houve meio de acordá-lo. No dia seguinte, o adolescente não se perdoaria por ter "aterrissado", e excomungaria pelo resto da vida o porre daquele dia, mesmo tendo tocado com Elis anos depois.

Sem a companhia irreverente de Nelson Ângelo, Jacaré, Bituca e seu violão seguiram para o edifício na esquina da Avenida Ipiranga com Rio Branco, onde a cantora esperava por eles. Não foi difícil achar o endereço, embora tenha sido dificílimo vencer o nervosismo, entrar no prédio e bater à porta. Enfim, bateram. Foram recebidos por Gilberto Gil, que estava ali a convite de Elis para conhecer o novo compositor. O baiano ouvira Milton Nascimento cantar no festival Berimbau de Ouro e confessou ao amigo Caetano Veloso, que também tinha uma música no festival — "Boa palavra" —, que achara Bituca a coisa mais maravilhosa da música brasileira naquele momento. Caetano também gostou do mineiro, percebia que era de grande talento, misterioso, mas musicalmente Caetano seguia numa direção oposta, na gestão do Tropicalismo. Sua descoberta da música de Milton Nascimento aconteceria alguns anos depois.

Gilberto Gil abriu a porta do apartamento de Elis, e Bituca e Jacaré entraram, com certa timidez, mas sequer tiveram tempo de se acostumar com o ambiente, pois a anfitriã logo pediu, ou melhor, ordenou:

— Então, toque alguma coisa sua, Milton.

Bituca esperava por aquilo; afinal, ela se lembrara de "Aconteceu" e por certo lhe pediria para mostrar outras composições. Mas mesmo assim ficou desconcertado. Jacaré arriscava uma palavra ou outra para quebrar o gelo, mas não queria atrapalhar. Sem poder fazer outra coisa, começou a tocar, sem ordem nem plano, músicas compostas recentemente, outras antigas, e ainda algumas de outros compositores. Tocava o que ia surgindo na mente, até Elis perguntar:

— Você não vai tocar aquela que tocou na casa da Luiza?

— Não, aquela não!

— Toca outra, então.

O rapaz começou a se sentir num beco sem saída. Havia tocado quase tudo. Quando já não aguentava mais, parou. Sentia um misto de vergonha e impotência, porque percebia que nenhuma das músicas havia deixado Elis muito empolgada.

— Não tem mais nenhuma? — ela perguntou.

Tinha que ter! Não seria possível perder aquela oportunidade por causa de uma mísera música. Resolveu tocar "Canção do sal", com a melodia original mesmo, pois o tempinho para compor algo melhor ainda não havia surgido.

— Essa aí! Vou gravar essa música no novo disco — sentenciou Elis.

A partir daquele dia, os dois se tornaram amigos. A cada dia, Bituca admirava mais e mais Elis. Ela se tornou a sua musa permanente, a voz que guiava os seus ouvidos, o seu coração. Era uma presença muito forte na sua vida, uma paixão, mas que nunca foi além da amizade. Naquele mesmo ano ela gravou "Canção do sal" no segundo LP, *Elis*, pela CBD-Philips. Foi a primeira aparição expressiva de Milton Nascimento como compositor.

Após o lançamento do disco, a cantora o convidou para participar do programa *O fino da bossa*. A princípio a produção do programa resistiu. Milton Nascimento não era um completo desconhecido, pois ganhara o Berimbau de Bronze e tinha uma música gravada pela própria Elis Regina, mas ainda era um nome pequeno para a televisão. E se fosse um desastre? A "baixinha" bateu o tamanco; afinal, sempre levava ao programa quem eles queriam, agora quem queria um convidado era ela. Entre tamancos e demagogia, venceu a tamancada, e Bituca compareceu ao *O fino da bossa*, cantou "Canção do sal" em dueto com a apresentadora e arrancou vários aplausos. Detalhe: grande parte da plateia era formada por amigos e conhecidos de Bituca, que souberam do programa e resolveram dar o tradicional apoio moral.

*

Com "Canção do sal", o nome Milton Nascimento ganhou prestígio. Não era só mais uma bela voz, era um compositor de vanguarda, dizia-se. Interessado na capacidade criativa do rapaz, Amilton Godoy, que o conhecera no festival da TV Excelsior, mas como intérprete, bateu à porta do seu quarto de pensão. Disse que queria ouvir suas músicas. Bituca explicou não ter assim tantas músicas, mas pegou o violão e tocou. Tinha quatro composições recentes, três com letras dele mesmo, "Morro velho", "Pai grande" e "Maria, minha fé", em homenagem à amiga Maria Amélia, de Três Pontas, e outra ainda sem letra. No início, Amilton não entendeu muito bem. Para falar a verdade, não entendeu nada, tanta coisa diferente na mesma composição. Mas Amilton era um estudioso, conhecedor de teoria e história musical. À medida que Bituca ia tocando, começou a perceber um caminho jazzístico inovador, uma coisa completamente estranha a tudo que estava sendo feito na música brasileira, algo que lembrava muito o compositor francês Claude Debussy, que virou de ponta-cabeça a música erudita no fim do século XIX. "Era algo inusitado, à frente do nosso tempo", disse. Naquele mesmo dia, Amilton Godoy, que antes vetara o seu nome no festival da Excelsior, virou fã de Bituca. Fã e amigo, assim como seu irmão Adilson.

Os Godoy moravam no Paraíso, na Rua Machado de Assis, bem perto da Pensão do Bóris. Festeiros, os irmãos eram famosos pelos almoços e pelas tertúlias organizados na sua casa ou na casa de amigos, quando saíam pelas ruas paulistanas a bordo de um Studebaker verde. Eram músicos respeitados, transitavam com facilidade no meio artístico da capital paulista e puderam apresentar Milton Nascimento a muitos de seus conhecidos. Uma das pessoas a quem Amilton tentou apresentar o novo amigo foi a cantora Nara Leão, mas não foi bem-sucedido. Depois do sucesso da música "A banda", de Chico Buarque, interpretada por ela, a Record criou o programa *Pra ver a banda passar* e convidou Nara para apresentá-lo. Amilton a procurou, falou sobre Bituca e pediu que ela lhe desse uma força. Combinaram um encontro na emissora, mas Nara não apareceu. O pianista ficou furioso e constrangido. "Ela perdeu uma grande oportunidade, azar o dela", disse.

E se as coisas caminhavam bem na música, a vida prática não andava na mesma sintonia. Estava em São Paulo havia pouco mais de um ano, mas tinha a impressão de que eram vinte, duas longas décadas. Jacaré concluíra o científico e voltara para Três Pontas, para morar com os pais. Na ausência do primo, Bituca não conseguiu se manter na Pensão do

Bóris. O seu ganho como músico se resumia a um ou outro trocado por tocar na noite, o que ainda não era o suficiente para cobrir os custos da pensão. Não pediu ajuda aos pais, pois insistia na ideia de que, se tivesse de vencer, teria de ser sozinho. Foi para outra pensão, na Rua Marquês de Itu, muito ruim. Além de ruim, não muito limpa. Havia percevejos por todo lado, inclusive nas camas. Sem exagero, era deplorável. Quando Marilton Borges, de passagem por São Paulo, foi visitar o amigo, não se conformou e o carregou para Belo Horizonte, a fim de que ele passasse uns dias sob os cuidados de dona Maricota. Foram dias felizes, mas poucos. Nessa época, os Beatles estavam no auge. No entanto, a rapaziada do Levy envolvida com música preferia ignorá-los; segundo eles, eram pop demais. Só não estavam nessa turma Lô Borges, Yê, Beto Guedes e Márcio Aquino, que formaram um cover do grupo inglês, batizado de The Beavers. Bituca, apesar de não ser um fã alucinado, reconhecia e admirava o trabalho do quarteto de Liverpool. Esta era uma característica que o diferenciava dos seus amigos músicos de Belo Horizonte, pelo menos da maioria. Não valorizava um estilo único, conseguia apreciar, com sinceridade, dos boleros ao pop, da bossa nova ao jazz e ao rock. Não participou do The Beavers, mas deu a maior força, aplaudiu a iniciativa dos garotos.

Foi difícil resistir à insistência de amigos, mas não podia voltar a viver em Beagá, não queria. Por mais que gostasse de lá, achava que seria dar o braço a torcer, andar para trás. Recuperou-se e pegou o ônibus para São Paulo. Continuava capengando. Nem o chá de ânimo e outros milagres fortificantes aplicados por dona Maricota foram capazes de levantar o astral de Bituca. Ainda estava sem dinheiro e não via nem de longe como arranjá-lo a curto prazo; comia pouco e mal, sentia-se triste, arrasado, pensando se valia a pena tudo aquilo. O avô Edgard havia se mudado para Americana, a 130 quilômetros de São Paulo. Era só pegar uma carona, porque também não tinha dinheiro para a passagem de ônibus, e passar uns dias ali, pedir colo, socorro. Não quis. Fraco, arrasado, também passou a tocar menos; tocando menos, ganhou menos dinheiro ainda. Chegou ao extremo de ficar uma semana inteira quase sem comer. Começou a enxergar mal, ter febre, calafrios, náuseas. Quando atingiu o fundo do poço, doente, sozinho, infeliz, faminto, resolveu procurar as únicas pessoas de quem queria ajuda naquela hora: Lília e Zino. Pediu dinheiro emprestado a um de seus amigos músicos e pegou o ônibus para Três Pontas. Saiu de madrugada e chegou à cidade de manhãzinha.

Nunca os cinco quarteirões entre o ponto do ônibus e a sua casa foram tão longos. Ele quase matou os pais de susto. Estava visivelmente debilitado, doente mesmo. A mãe quis saber o que se passava, mas Bituca não soube explicar, ou não quis. Jamais souberam a verdadeira causa do seu estado: falta de comida. Se soubessem, eles o teriam trancado dentro de casa para sempre ou obrigado a aceitar dinheiro. Foi preciso chamar o médico da família, dr. Oscar, que aplicou uma injeção no paciente e receitou uma medicação. Enquanto se recuperava, Bituca aproveitou os dias para ficar com a família, deitado debaixo de cobertores. Quando melhorou um pouco, foi andar pelas ruas da sua terra querida, rever amigos, lembrar histórias. A cidade não era a mesma de sua infância e adolescência, mas ainda o encantava. Três anos antes, em 27 de outubro de 1963, um dia após ter completado 21 anos, os trilhos da estrada de ferro de Três Pontas foram arrancados e a estação ferroviária, desativada, dando lugar à sede moderna da prefeitura municipal. Doía o coração passar ali em frente e não ver a linha do trem, saber que a maria-fumaça nunca mais iria "chegar e partir, dois lados da mesma viagem".[4] Uma estrada vazia que, então, não levava a lugar nenhum, num vaivém de solidão. No entanto, fora a tristeza pela desativação da ferrovia, passou um bom tempo na cidade. Após ter se recuperado e matado a saudade da família, Bituca retornou a São Paulo. Poderia ter desistido de voltar, ter ficado com medo de enfrentar a vida por lá, mas não ficou. Se tivesse se acomodado no conforto de sua casa, aí sim, teria motivos para se arrepender.

---

4 Trecho de "Encontros e despedidas", de Milton Nascimento e Fernando Brant.

## VINTE ANOS EM DOIS

✻

Em uma das idas de Márcio Borges a São Paulo, quando Bituca ainda morava na Pensão do Bóris, a dupla compôs mais uma parceria, batizada de "Irmão de fé". Ficaram animadíssimos com o resultado, sobretudo quando mostravam a música para os amigos, entendidos ou não, e recebiam elogios, a confirmação de que, sim, era excelente, um sucesso. Empolgados com isso, decidiram inscrever a composição no II Festival da TV Record. Afinal, uma obra assim tinha chance de conquistar o primeiro lugar. Além disso, Milton Nascimento já não era um nome tão desconhecido. Mas, frustrando a expectativa de toda a torcida e a confiança dos autores e amigos, "Irmão de fé" foi desclassificada logo na primeira eliminatória. Bituca ficou furioso com a injustiça. Já não havia gostado muito do clima competitivo do Berimbau de Ouro. Jurou de pés juntos nunca mais participar de qualquer festival.

✻

Com o tempo, as coisas melhoraram um pouco. Novos trabalhos, novos amigos. Bituca começou a ganhar um pouco mais de dinheiro e às vezes sobrava até para dar uma volta, ir ao Redondo, em frente ao Teatro de Arena, perto da Praça Roosevelt, onde se encontrava com o pessoal da música, como os próprios Gil e Caetano. E entre os novos amigos feitos na capital paulista estava o cantor Agostinho dos Santos, que, tal qual Pacífico Mascarenhas e o Zimbo Trio, decidiu apadrinhá-lo, levando-o para conhecer casas de música, dando dicas de discos, apresentando-o à elite musical de São Paulo, ou ao que faltava conhecer dela. Agostinho dos Santos era um grande nome da música nacional, um dos intérpretes mais conhecidos e populares do Brasil. Sua voz fazia suspirar as senhoritas e senhoras sonhadoras, embalava casais enamorados, era o cantor dos apaixonados, do amor. Tinha 34 anos, era um homem alegre, boa-pinta e influente. Em 1962 participara do lendário show de bossa nova no

Carnegie Hall, em Nova York, com o conjunto de Oscar Castro Neves. Conhecia o *crème de la crème* (como diria o colunista social Paulinho Marinho, de Três Pontas) da música brasileira. Além disso, tinha uma trajetória parecida com a de Bituca. Foi crooner de orquestra no início da carreira, trabalhou nas rádios América e Nacional e cantou com Ângela Maria, ídolo de Bituca, na Mayrink Veiga. Eram muitas as afinidades. Agostinho fez de tudo para sacudir o ânimo do novo amigo e, aos poucos, obteve sucesso na empreitada. Da boca de Agostinho Bituca ouviu, pela primeira vez, a gíria "bicho". Nunca mais deixou de usá-la.

Por essa época, o rapaz decidiu fazer outra viagem a Belo Horizonte. Dessa vez não tinha nada a ver com sofrimento ou saudade, mas com necessidade. Precisava conversar com o amigo Fernando Brant. Desde que compusera "Morro velho", "Pai grande", "Maria, minha fé" e a outra, sem letra, pôs porque pôs na cabeça que a única pessoa no mundo capaz de fazer a letra para aquela música era Fernando, estudante de Direito, amante de poesia e sem qualquer experiência ou tentativa prévia de escrever algo, e que, pior, sequer imaginava o futuro reservado para ele pelo amigo e camarada. Essa foi a primeira vez que tal teimosia, ou intuição, aconteceu com Bituca — cismar que determinada pessoa tinha porque tinha de escrever a letra. Depois desse episódio, isso virou rotina. A cada composição sabia, sem saber por quê, se ele deveria ser o letrista ou algum outro candidato. Caso a intuição indicasse que a letra deveria ser escrita por outra pessoa, também especificava quem. E o pedido era feito como uma ordem, sem direito a recusa. Dessa vez, soube que a letra só poderia ser feita por Fernando Brant. Assim que pôde ir a Belo Horizonte, levou a música gravada numa fita cassete para o amigo. Como nos velhos tempos, os dois se encontraram nos bares da vida. Fernando por pouco não desabou ao receber o comunicado:

— Bicho, trouxe uma música pra você colocar letra.

— O quê?

— É, uma música, uma letra...

— Cê tá louco? Eu não sei fazer isso não.

— Mas vai fazer agora.

— Pede ao Marcinho Borges pra fazer.

— Não, ninguém mais, só você pode fazer essa letra.

— Olha, eu posso até fazer, mas e se não ficar boa?

— Aí a gente vê.

No dia seguinte, Bituca regressou a São Paulo. Passados dois meses, apareceu em Belo Horizonte, para desespero de Fernando. Ligou para o amigo e combinou um encontro na Padaria São José, no cruzamento da Rua Aimorés com Avenida Getúlio Vargas e a do Contorno, perto da casa de Fernando. Tremendo e suando frio, Fernando chegou com um papel dobrado na mão.

— O que é isso, Fernando?

— Isso o quê?

— Esse papel que você tem na mão?

— Ah, isso? Não é nada, Bituca!

— Não quer dizer, tudo bem; mas então guarda no bolso.

Fernando não guardou, ficou balançando o papel, apertando-o entre os dedos até jogá-lo sobre a mesa e correr para o banheiro. Era a letra da música. Começava assim: "Quando você foi embora, fez-se noite em meu viver..." Ao retornar do banheiro, deu de cara com um Bituca em completo estado de euforia. Para seu alívio, ele tinha adorado a letra:

— Vai dar direitinho em cima da melodia; vamos para a sua casa ver como fica no violão — disse.

Pagaram a conta, atravessaram a rua e entraram na casa de Fernando. Ele não tinha violão, mas sua irmã mais velha, Maria Célia, sim. E aquela era uma questão de vida ou morte, conferindo legitimidade ao ato de pegar o instrumento emprestado sem autorização prévia. Aos primeiros acordes, a suspeita foi confirmada: a letra se encaixava perfeitamente na melodia. Tocaram uma, duas, três, quatro vezes... Parecia perfeito demais para ser verdade. Ficaram eufóricos, sobretudo Fernando, por ter tido êxito na missão impossível. Era este o estado de ânimo da dupla quando Maria Célia entrou na sala. Era uma jovem bonita, linda, deslumbrante, noiva prestes a se casar. Embora tivesse frequentado outras vezes a casa dos Brant, Bituca não havia cruzado com ela por lá. Já a vira na rua e se encantara com a sua beleza. Só não sabia, até aquele instante, que era ela a irmã mais velha de Fernando e, pior, a dona do violão no seu colo. Bituca gelou quando ela lhe entregou uma caneta e pediu:

— Assine o seu nome no meu violão, por favor.

— Você tá louca? Eu não posso estragar seu violão!

— Assina!

— Mas por quê?

— Porque vocês vão ter sucesso com essa música e eu quero ter o seu nome gravado aí.

Bituca achou estranho, mas como um pedido feito por uma moça tão linda não podia ser desprezado, assinou. Depois continuaram a tocar e a cantar. Estava tudo certo, só faltava escolher o nome da obra. Resolveram procurar inspiração nos livros da casa. Foi quando encontraram *Grande Sertão: Veredas*, de Guimarães Rosa, e decidiram usar a última palavra do livro como título da composição: "Travessia". Não foi à toa, mas porque significava o que devia significar: "O importante não é a saída, nem a chegada, mas a travessia", definiu Bituca.

*

Maria Célia não foi a única a pressentir o futuro de "Travessia". Ao regressar a São Paulo, outro fato interessante alertou para o que estava por vir. Eram dias difíceis outra vez, difíceis e tristes. A empolgação com "Travessia" tinha dado lugar à sensação de vazio. Bituca não sabia que rumo dar à sua vida, se deveria continuar tentando a música, se estava fazendo a coisa certa. Desistira de participar de festivais após a tentativa frustrante de parceria com Márcio Borges e, longe dos festivais, poderia acabar sempre como músico da noite, dos bailes da vida, o que não era de todo ruim,

## VINTE ANOS EM DOIS

mas queria ir além. Se fosse hoje, diriam que sofria de depressão. Mas, em 1967, eram só tristezas e incertezas. Vendo o estado do amigo, Adilson e Amilton Godoy resolveram convidá-lo para ir com eles a um centro espírita chamado Fraternidade Espírita Cristã, na Rua Barão do Bananal, no bairro Sumaré. Descrente, mas sem duvidar, Bituca aceitou o convite e foi com os irmãos a uma sessão, com o pretexto de ajudar a levar balas e doces para as crianças, pois estavam festejando São Cosme e São Damião. Estava mais para baixo ainda nesse dia, sem qualquer esperança, perspectiva.

Jamais pusera os pés num centro espírita. Havia crescido de acordo com as doutrinas e festividades do catolicismo, indo às missas, às procissões, pedindo perdão pelos pecados. O espiritismo era algo distante, alheio ao mundo religioso que ele conhecia. Talvez por isso não tenha se sentido à vontade, e preferiu ficar do lado de fora, encostado na porta de entrada. O ritual teve início. Havia muitas crianças presentes e um homem passava de uma em uma, colocando as mãos sobre as suas cabeças. Bituca achou aquilo bonito, mas começou a se sentir ainda mais estranho, como se ouvisse de si mesmo: alguma coisa vai acontecer! Não deu outra. A entidade, após passar por todas as crianças, começou a caminhar entre os adultos. Parou diante de uma jovem, pôs a mão em seu ombro e fez um sinal para que ela se dirigisse a uma sala na parte interna do Centro. Caminhou mais um pouco e parou diante de Bituca, pôs a mão sobre o seu ombro e disse: — Vá até aquela sala que eu preciso falar com você.

Um calafrio partiu dos pés, subiu pela espinha e escapou pela cabeça. Afinal, o que aquele estranho poderia querer com ele? Melhor ouvir o que ele tinha a dizer. Já na sala, o homem se aproximou e disse baixinho:

— Você é muito triste, não pode ser assim. Não há razão para isso. Muita gente vai depender de você no futuro. Eu sei que tem sido uma fase difícil, mas escuta o que eu vou te dizer: dentro de três meses vai acontecer uma coisa que irá mudar a sua vida.

Passados exatos três meses, contados a partir daquele dia, Milton Nascimento estava no II Festival Internacional da Canção, no Rio de Janeiro. Um acontecimento, como tantos outros na sua vida, *hors-concours*.

Bituca ficou sabendo do II FIC, mas, como havia decidido, não participaria mais de festivais ou de concursos de música. Se tivesse de conseguir algo, seria de outra forma. E nada nem ninguém seria capaz de mudar a sua decisão. Sabendo disso, Agostinho dos Santos resolveu, para o bem do amigo, pregar-lhe uma mentirinha. Pediu-lhe para gravar três das suas composições numa fita, a fim de poder escolher uma para o seu próximo disco. Sem suspeitar de absolutamente nada, atendeu ao pedido do amigo e gravou numa fita "Morro velho", "Maria, minha fé" e "Travessia". Agostinho dos Santos pegou a fita e inscreveu as três músicas no II Festival Internacional da Canção, no Rio de Janeiro, por sua conta e risco. Assim, a grande surpresa para Bituca, na verdade, foram duas: descobrir que havia classificado as três músicas no FIC e, ah, que havia sido inscrito.

A descoberta aconteceu numa tarde, em frente à entrada do prédio da TV Record. Bituca estava passando por ali quando encontrou Elis Regina, que o chamou, gritando em alto e bom som:

— Parabéns, soube que você classificou três músicas no festival!

— Como é que é? Você deve estar enganada, impossível eu ter me classificado se não inscrevi nada!

— Ah, então existe outro Milton Nascimento. — E ouviram a risada de Agostinho, que saía do prédio da Record. Não foi preciso maior explicação.

# Capítulo 6
## 1967 | O primeiro passo

Os festivais da canção tiveram sua origem nos concursos de músicas carnavalescas da década de 1930. Nos anos 1950, outros concursos foram promovidos no rádio, e em 1960, a Rádio e a TV Record realizaram o primeiro festival de música brasileira em nível nacional, mas com pouca repercussão. Foi mesmo em 1965, com o Berimbau de Ouro da TV Excelsior, que esse modelo de festival ganhou expressividade. Era a melhor vitrine para se ver a quantas andava a música feita no Brasil que, depois da consagração da bossa nova, elevou, e bem, seu status no exterior. Apesar do inegável sucesso dos festivais, um evento de tal porte com músicos internacionais parecia algo impensável.

Não para Augusto Marzagão, homem culto, inteligente, influente e, naquela época, funcionário da Secretaria de Turismo da Guanabara, no Rio de Janeiro. Foi dele a ideia de realizar um evento em duas etapas: a primeira escolheria as vencedoras nacionais para concorrerem com as melhores da segunda etapa, com participantes de outros países. A ideia virou projeto e o projeto foi aprovado. Assim, em outubro de 1966 foi realizado o I Festival Internacional da Canção (FIC) no Rio de Janeiro, com apoio da TV Rio, pois Walter Clark, da Globo, não havia demonstrado interesse em participar, desinteresse do qual se arrependeu nos primeiros dias das apresentações. O FIC foi a sensação para os músicos e jovens brasileiros sedentos de programação cultural e motivação num país que caminhava cada vez mais para a supressão das liberdades. Foi também um prato cheio para produtores estrangeiros "pescarem" o que de melhor se fazia por aqui. Ao todo, seriam sete edições promovidas pelo governo da Guanabara no estádio do Maracanãzinho, sendo seis apoiadas pela TV Globo, que entrou no projeto já na edição seguinte, tudo sob o olhar atento de Marzagão. Paralelamente, a Record voltou a promover os seus festivais em 1966, e foram realizados até 1969.

Devido ao sucesso do I FIC, a expectativa em relação ao segundo era que tivesse a mesma repercussão, se não ainda maior. Quarenta selecionados estavam na disputa, vinte em cada eliminatória. Mas até chegar a esse total de classificados foi uma novela, protagonizada pelo secretário de Turismo da Guanabara, Carlos de Laet, que mudou a lista de finalistas a seu bel-prazer, desconsiderando os critérios de julgamento. O número de classificados mudou várias vezes, cada hora surgia uma nova lista. A polêmica causou um verdadeiro bafafá. O secretário havia excluído músicas da lista da comissão de seleção sem consultar ninguém, entre elas "Maria madrugada", dos mineiros e primos Toninho e Júnia Horta. As classificadas aumentaram para cinquenta, sessenta, voltaram para quarenta, e "Maria madrugada" continuou de fora, mesmo sob o protesto de figuras de peso, como Roberto Menescal e Dori Caymmi. Ainda assim, Toninho Horta se manteve no FIC com "Nem é carnaval", em parceria com Márcio Borges. Depois de outras divergências e da intervenção de Boni, da Globo, o secretário retrocedeu e as músicas excluídas reassumiram seus lugares. Na lista definitiva havia nomes consagrados da música popular brasileira, como Vinicius de Moraes, Pixinguinha, Geraldo Vandré, Luiz Bonfá e Chico Buarque. Entre os desconhecidos, ou quase, estavam os mineiros Milton Nascimento, Fernando Brant, Júnia e Toninho Horta, Márcio Borges e Aécio Flávio, todos velhos conhecidos uns dos outros, dos bares, clubes e esquinas de Belo Horizonte. Entre novatos e veteranos, a grande

## O PRIMEIRO PASSO

sensação do festival foi o jovem de apelido Bituca. Além de Vinicius de Moraes, foi o único a classificar três músicas — aliás, as três inscritas por Agostinho dos Santos. Como se não bastasse, além de compositor, ele era o autor das letras de duas delas e, diziam as vozes de São Paulo, exímio intérprete, habilidades suficientes para gerar um zunzunzum em torno de quem seria o tal de Milton Nascimento. O que souberam de antemão e que se tornaria o seu estigma ao longo da vida, com um fundo generoso de verdade, é que se tratava de um mineiro demasiado tímido. Gilberto Gil, anos e anos depois, diria que a timidez dele não é timidez pura, mas um ato de observação: "Ele é como essas pedras enormes da Gávea, quietas, silenciosas... observa tudo ao seu redor, fala com o olhar e, quando usa palavras, diz a coisa certa no momento certo."

Pois se era o rapaz tímido que esperavam, foi esse rapaz tímido que receberam. Bituca chegou ao Rio uma semana antes do Festival, para ensaiar com a orquestra e cumprir todo o protocolo: entrevistas para a imprensa, jantares, reuniões. Aquilo tudo era novidade para ele. Não estava acostumado ao assédio dos jornalistas, dos outros músicos, tudo de uma vez. Muito menos Fernando Brant. Uma única letra, a primeira da sua vida, escrita sob pressão, jogada, num papel dobrado, na mesa de uma padaria e ele estava ali, entre os melhores músicos e letristas do Brasil. A organização do festival instalou os participantes no Hotel Regente, na Avenida Atlântica, de frente para o mar, um colírio para os olhos mineiros, acostumados com os arredores da Praça Sete. Foi uma verdadeira farra e um tumulto imenso. Quando Fernando chegou ao Rio, o amigo e parceiro já estava lá. O motivo da ida antecipada de Bituca, além dos contatos com a imprensa, foi o fato de a produção insistir em conhecê-lo antes, com calma. Todos queriam ver de perto Milton Nascimento. Meses antes, a comissão de seleção estava reunida, ouvindo as fitas com as concorrentes, e havia decidido pular para a fita seguinte quando um dos integrantes achou melhor continuar a ouvir uma música, que parecia interessante. Era "Morro velho", que, em votação unânime, foi selecionada. Os membros da comissão resolveram, então, ouvir as outras composições do mesmo autor na íntegra, e chegaram à conclusão de que elas não podiam ficar de fora. Selecionaram as três. Era algo realmente inusitado, e isso bastou para aguçar o interesse pelo autor. Assim, Bituca partiu para o Rio de Janeiro. Enquanto o ônibus saía de São Paulo, viu através das janelas toda a sua vida naqueles dois anos e prometeu nunca mais morar ali. Se tivesse de voltar, seria de passagem. A Cidade Maravilhosa tinha lhe dado um presente e era lá onde deveria se fixar. Chegou ao Rio depois de quase oito horas de viagem. Deixou as malas no hotel e seguiu para o escritório do festival, à procura de Marzagão. Dirigiu-se à secretária e perguntou:

— Por favor, eu queria falar com o sr. Marzagão.

— Ele está em reunião, você pode voltar outra hora?

— Posso, sim. Deixe um recado pra ele então, diz que o Milton Nascimento esteve aqui e...

— Espere só um pouquinho, não saia daí.

Dizendo isso, a moça correu para a sala de reuniões. Recebera ordens expressas para chamá-lo caso Milton aparecesse. Logo várias pessoas, membros da comissão organizadora do II Festival Internacional da Canção, completamente desconhecidas de Bituca, vieram cumprimentá-lo, entre elas Marzagão e o maestro Eumir Deodato. Eumir fez com Bituca no Rio o mesmo que Pacífico fizera em Belo Horizonte e Agostinho dos Santos e o Zimbo Trio em São Paulo: levou-o de porta em porta, portas célebres, como a da compositora e poetisa Geny Marcondes, onde aconteciam frequentes almoços musicais. Foram ainda à casa de Tom Jobim e visitaram Vinicius de Moraes. Quando entraram na sala do poeta, ele reconheceu Bituca de imediato, da palestra na UFMG, em Belo Horizonte:

— Ah, estava na cara que isso ia acontecer com você! — E passou a narrar aos demais o encontro dos dois.

Embora fosse um ano mais novo que Bituca, Eumir era veterano. Nascido e criado no Rio de Janeiro, estudara piano ainda criança, e na adolescência havia tocado acordeão em bailes e festas da cidade. Mesmo

## O PRIMEIRO PASSO

sendo exímio instrumentista, o rapaz se tornou arranjador e foi então que alavancou sua carreira nacional, compondo arranjos para discos de músicos como Marcos Valle, Wilson Simonal e Tom Jobim, de quem se tornou grande amigo. Em 1967, iria de mudança para os Estados Unidos por insistência de Luiz Bonfá, residente naquele país. Lá se firmaria como um dos grandes arranjadores da América, criando arranjos para músicos brasileiros radicados ali, como o próprio Luiz Bonfá, Tom Jobim e Astrud Gilberto. Seria ainda arranjador de estrelas internacionais, como ninguém menos que Frank Sinatra, além de se tornar um nome de peso das trilhas sonoras de Hollywood, autor dos arranjos de "Assim falou Zaratustra", do compositor Richard Strauss, transformada em tema de *2001 — Uma odisseia no espaço*, o celebrado filme de Stanley Kubrick. Foi dele o arranjo original de "Travessia", com a introdução que acabou funcionando como um refrão. Eumir também assinou o arranjo de "Morro velho".

Quando a orquestra, sob o comando do maestro Erlon Chaves, começou a tocar a música com Bituca ao violão para o ensaio, muitos músicos se emocionaram, inclusive o próprio maestro. Por isso, acreditava-se que "Morro velho" seria uma das primeiras colocadas. Outro fato curioso aconteceu com a mesma canção e juntou-se à crença do próprio Bituca de ser a sua melhor música. Certo dia, depois de passarem a tarde na casa de Tom Jobim, entre copos e copos de uísque, servidos gentilmente por Teresa, então esposa de Tom, Eumir, Bituca e Tom estavam na rua quando alguém cantou um trecho de "Morro velho": "Filho do branco e do preto..." Em seguida, Tom corrigiu: "Não é assim, é 'Filho de branco e do preto'..." Bituca ficou impressionado e lisonjeado. O grande mestre da MPB conhecia a sua música, sim senhor, e sabia a letra exata.

Aqueles dias foram agitados para a dupla Bituca e Fernando. Antes do início do festival, Milton Nascimento era apontado como um dos favoritos. Os jornalistas vinham especular, entrevistar a dupla. Queriam saber um pouco mais sobre as trajetórias de ambos. Aí é que Fernando ficava numa sinuca de bico. Enquanto o amigo tinha outras composições, entre elas "Canção do sal", gravada por Elis Regina, ele ficava desconcertado quando lhe perguntavam sobre a sua obra. Obra, que obra? Ela se resumia a "Travessia". O belo-horizontino chamou Bituca num canto e disse:

— Agora que você me pôs nessa, trata de compor outra música para eu colocar uma letra logo, senão estou perdido!

Assim, pouco tempo depois nasceu "Outubro", uma das músicas mais elogiadas pelos estudiosos e admiradores de Milton Nascimento.

Dias antes do início do festival, houve o sorteio da ordem de apresentação. "Maria, minha fé" seria a quarta a se apresentar, logo depois de "De serra, de terra e de mar", do nome do momento, Geraldo Vandré, em parceria com Théo de Barros e Hermeto Pascoal. O amigo Agostinho dos Santos seria o intérprete de "Maria, minha fé". Quinta música sorteada: "Travessia", na voz do próprio compositor, Milton Nascimento. "Morro velho" seria a primeira música do segundo dia, também interpretada por Bituca. A primeira fase foi realizada numa quinta-feira, dia 19 de outubro. A segunda seria no sábado, dia 21, cinco dias antes de Bituca completar 25 anos.

O Rio de Janeiro estava em delírio. Além de reunir as feras da música brasileira, o II FIC contou com a presença de estrelas internacionais. Vieram para o festival, entre outros, a atriz Kim Novak, a deusa dos sonhos adolescentes de Bituca, o produtor americano Creed Taylor, Quincy Jones, Henry Mancini e Yma Sumac. Mesmo se não ganhasse nada, só estar ali, entre ídolos e musas, bastava como uma bela recordação para a vida toda. Poderia ser um acontecimento único para os rapazes de Minas Gerais, razão para lá de suficiente para a familiarada se abalar de Três Pontas para o Rio. Na caravana três-pontana foram a mãe, Lília, o irmão, Fernando, Beth, Jajá, o primo Jacaré com o colega Júlio Miari, além de outros amigos que vieram da cidade e conterrâneos residentes no Rio. Zino e a infinidade de parentes ficaram na cidade, conferindo cada minuto pela televisão. De Belo Horizonte, a turma foi grande: os Borges, pai, mãe e filhos maiores, a família de Fernando e amigos. Era um show de gala, e os concorrentes deviam se

## O PRIMEIRO PASSO

apresentar nos conformes, ou seja, de smoking. Problemaço para a patota de Minas. Ninguém tinha dinheiro para grandes luxos, e poucas vezes (ou nenhuma) haviam entrado em um traje daqueles, acostumados com os ternos escuros dos bailes. Bituca conseguiu um smoking emprestado, já que não dispunha de recursos. Fernando conseguiu a camisa, o cinto, a calça e a gravata emprestados e pediu o paletó a Toninho Horta, devolvendo-o para o amigo na hora em que ele próprio tinha de subir ao palco.

*

Noite de quinta-feira, 19 de outubro de 1967. O maestro Erlon Chaves faz um sinal e a orquestra começa a tocar um *pot-pourri* com as vencedoras do ano anterior. Está aberto o II Festival Internacional da Canção. A primeira música é do veterano e admirado Pixinguinha, "Fala baixinho", na voz de Ademilde Fonseca. Na sequência, Luís Carlos Clay apresenta "Sou só solidão". O terceiro a entrar no palco do Maracanãzinho é o aplaudido Geraldo Vandré, consagrado com "Pra não dizer que não falei de flores". Depois de "De serra, de terra e de mar", interpretada por Vandré, é anunciada "Maria, minha fé", música e letra do estreante Milton Nascimento, cantada por Agostinho dos Santos, amigo e o grande responsável por aquilo tudo. "Maria, minha fé", na voz suave do cantor popular, agradou ao público, uma prévia do que viria a seguir. Ao deixar o palco, Agostinho dos Santos cruzou com Bituca, com o violão a tiracolo e nervoso demais. Havia chegado ao estádio na hora marcada e se assustou com a quantidade de gente que lotava as cadeiras e as arquibancadas do Maracanãzinho.

Entrou pela lateral e seguiu direto para a área dos camarins. Havia chegado muito nervoso, as mãos suando, e apesar de tantas palavras encorajadoras, o nervosismo não o abandonava. A sorte era entrar no palco ao lado de Fernando, pelo menos o público teria outra pessoa para olhar além dele. Não podia contar com a orquestra no quesito desvio de atenção, pois esta ficava na parte inferior do palco, de frente para os intérpretes.

Fernando, que entrara meio de gaiato naquela história, contava com a vantagem de poder ficar calado, mas tinha contra ele o inconveniente de não ter um instrumento em punho. Sem algo para segurar, não sabia o que fazer com as mãos diante de tanta gente. O microfone anunciou: "Travessia", de Milton Nascimento e Fernando Brant, e os dois entraram no palco, percorreram os vinte metros até o microfone e fizeram o que devia ser feito. Bituca ainda estava nervoso, um pouco menos. Agora não tinha como voltar atrás; se estava ali, fosse como Deus quisesse. De pé, com o violão sobre uma das pernas e esta apoiada num banquinho, acompanhado da orquestra, começou: "Quando você foi embora, fez-se noite em meu viver..." A maioria do público não era formada por músicos nem especialistas, apenas jovens, homens e mulheres interessados em ouvir boa música, em se deixar embalar por ela, sem compromisso. Não sabiam avaliar o preciosismo da composição, mas sentiram empatia por aquele rapaz negro, esbelto, olhos profundos, com o violão na perna, tímido, sério, dono de uma voz incrível, e por sua música. Sem dar piruetas no palco, tocando tranquilamente o seu violão, Bituca se tornou naquela hora Milton Nascimento em definitivo, o grande nome do festival. "Travessia" arrancou aplausos e lágrimas do público, e dos jurados, como se veria. O novo cantor possuía uma voz única, poderosa, e cantava bem, muito bem, de uma maneira diferente. Um intérprete como aquele era, por si só, uma revelação. Agora, além de cantor, compositor excepcional? Considerado à frente de seu tempo. Isso era raridade, dessas que acontecem poucas vezes na história. No dia seguinte, a imagem de Bituca com seu violão, ao lado de Fernando, estava na primeira página do jornal *O Globo*. O destino estava traçado. Dali em diante, sua vida nunca mais seria a mesma.

No sábado, segunda eliminatória da fase nacional, Milton Nascimento foi o primeiro a se apresentar, dessa vez sozinho, por ser o compositor e o letrista da música. Foi mais fácil atravessar os vinte metros até o banquinho, embora ainda estivesse tenso. "Se eles gostaram das duas primeiras, vão gostar desta!", pensava, confiante. E gostaram. "Morro velho" foi aplaudida

## O PRIMEIRO PASSO

tanto quanto "Travessia". Enquanto a primeira falava da amizade, a segunda contava a história de um rapaz negro nas fazendas de Minas Gerais, e foi inspirada na Fazenda do Cervo, em Carmo da Cachoeira, do doutor Veiga e de Alexandrina Veiga, a dona Neta, tia de Wagner Tiso. Bituca acreditava em "Morro velho", e ela realmente ficou entre as dez primeiras. Mas foi "Travessia" a conquistar a segunda colocação, e ele, o merecido prêmio de melhor intérprete. A grande vencedora da fase nacional foi a balada "Margarida", de Gutemberg Guarabira, apresentada pelo autor junto com o Grupo Manifesto.

O resultado tinha sido excelente, e a comemoração foi no mais completo estilo mineiro: no bar Mineirão. Em pouco mais de uma semana, a vida de Bituca virou de ponta-cabeça. Antes ele era mais um entre tantos aspirantes ao seu espaço no meio musical, ou melhor, nem isso. Sua aspiração, como a de outros companheiros, era sobreviver com a música. Se conseguisse tal façanha, estaria feliz. Não imaginara para si tudo o que estava acontecendo. Depois do sucesso no festival, ilustrou a capa da revista *Manchete* ao lado de sua grande musa, Kim Novak. Passou a dar autógrafos, a ser assediado. Mas a maior e melhor consequência daquela fama repentina foi o convite do produtor Creed Taylor, da gravadora CTI, cujos discos eram distribuídos pela A&M Records, para gravar um álbum nos Estados Unidos. Não como convidado de alguém para cantar uma ou duas faixas ou para fazer o backing vocal. O convite era para um álbum solo, dele, Milton Nascimento. Bituca assinou o contrato poucos dias depois, no embalo do festival. E não pensou mais nisso, pelo menos por um tempo. A hora era de comemorar.

As primeiras comemorações aconteceram no Rio mesmo. A essa altura, Bituca havia sido resgatado do hotel pelo contrabaixista Novelli, que achou de péssimo gosto um músico e uma pessoa daquele naipe ficar num hotel, mesmo sendo na Avenida Atlântica. Bituca aceitou o convite e se transferiu para um apartamento na Rua República do Peru, em Copacabana. Durante alguns dias, eles e outros amigos festejaram pelos bares e boates cariocas, tocando e tomando batidas de limão. Wagner morava no Rio e era músico

133

da noite, tocando piano em boates badaladas e em botecos. Bituca chegou a se apresentar em uma boate como convidado do músico e maestro Paulo Moura. Mas as comemorações de arromba aconteceram de fato entre as montanhas de Minas. Primeiro em Belo Horizonte, para onde ele seguiu de avião. Foi recebido pelos amigos e colegas de profissão numa farra bancada pelo Sindicato dos Músicos, cujo presidente era Ildeo Lino Soares. Viraram a madrugada no Maleta, o tradicional ponto de encontro da rapaziada belo-horizontina, onde Bituca passara tantas noitadas. De lá, seguiu para São Paulo e, logo, para a sua querida Três Pontas, num ônibus enviado especialmente pela prefeitura municipal para buscá-lo, e também para levar Fernando Brant e quem mais estivesse disposto a ir. Foram muitos. Quando o ônibus chegou, a cidade estava agitada, havia uma multidão na pracinha em frente à casa de Zino e Lília. Mal descarregou as malas, Bituca saiu à frente de uma passeata, ovacionado entre faixas e aplausos, com Zino ao lado, erguendo a mão do filho com o troféu. Os que gostavam dele, e eram muitos, estavam presentes, orgulhosos, e os que não lhe davam bola ou até o desprezavam, também. Afinal, tratava-se da nova celebridade três-pontana, embora o conceito de celebridade ainda não existisse como é hoje. À noite, para finalizar, uma homenagem a ele e a Fernando no Clube Literário Recreativo Três-pontano.

— Onde? Não, não vou. — E Bituca bateu o pé.

Depois de passar anos preciosos da sua vida no banquinho da praça da igreja, tentando ouvir ao menos a música dos bailes no clube, depois de não ter podido participar do seu próprio baile de formatura, mesmo sendo o orador da turma, depois de tantas e tantas noites de sofrimento por ser privado do prazer tão singelo de ir a um baile com os amigos, depois de tudo isso, ir receber uma homenagem lá? Era o fim da picada. Francamente. Não. Que alguém fosse receber por ele. Estava decidido. Lília, com seu jeito doce, intercedeu:

— Meu filho, eu sei que você não quer ir e você tem razão de não querer. Mas é uma homenagem da prefeitura, não do clube, e depois você vai

## O PRIMEIRO PASSO

embora, vai seguir seu rumo, e nós, sua família, vamos ficar aqui e vamos ter que viver com essa desfeita. Por mim, vamos lá, só essa vez.

Tudo que ele não queria no mundo era magoar dona Lília. Justo ela, jamais. Pensou bem e teve de concordar com a mãe. Sabia como era a vida numa cidade pequena como Três Pontas e imaginou o quanto seus pais iriam sofrer se recusasse a homenagem. Foi. Entrou pela porta de vidro bisotado, subiu as escadas cobertas pelo tapete de veludo vermelho, portou-se como um bom rapaz, agradeceu a homenagem, sorriu e foi embora. Foi a primeira e única vez que entrou no clube. Nunca mais, pelo menos até os seus 63 anos, pôs os pés ali.

Terminados as comemorações e o alvoroço do festival, Bituca poderia ter acreditado que havia, enfim, conseguido cumprir a sua travessia, com um ou outro salto dali para a frente. Mas ele sabia que não. Aquele havia sido apenas o primeiro passo de uma longa jornada, cheia de alegrias, decepções e conquistas. O mineiro tímido do interior ainda levaria sua música e sua voz aos quatro cantos do mundo. Em 1968, Bituca, o Milton Nascimento, deixou pela primeira vez as firmes terras brasileiras. Saiu do Rio de Janeiro e desembarcou em Nova York.

# Capítulo 7
# 1968 a 1970 | De Três Pontas para o mundo

Encerrada a farra em Três Pontas, Bituca voltou para o Rio. Ficou alguns dias na casa do contrabaixista Novelli, até alugar um apartamento ali mesmo em Copacabana, no centro da confusão. Copacabana e Leme eram os redutos da vida noturna carioca no fim da década de 1960. Havia bares, botecos e boates de diversos estilos, mas com um ponto em comum: eram palcos para a música ao vivo. Fosse palco ao pé da letra, com tablado e cenário, ou um mínimo espaço vazio na quina de uma parede encardida pela atmosfera de fim de noite. Em geral, os músicos que trabalhavam na noite, ou desejavam fazê-lo, só entravam em boates como a Drink, top de linha, quando estavam a serviço. Para afogar as mágoas, jogar conversa fora, encher a cara e trocar ideias, preferiam o boteco ao lado. Quase toda casa noturna chique e badalada acaba gerando um filhote rebelde na esquina, para onde se dirigem os que não podem pagar fortunas por uma dose de uísque. Foi assim que, nas proximidades da elegante boate Sacha's, abriu-se o boteco Sachinha, frequentado por figuras em início de carreira, como Ivan Lins, Joyce e Nelson Ângelo (que engataram um romance), o baterista e percussionista Robertinho Silva, Wagner Tiso e, agora, Milton

Nascimento. Bituca foi apresentado a Robertinho por Wagner, mas a relação entre os dois, nessa época, não ultrapassou o primeiro e formal contato.

O oposto do que ocorreu com Ronaldo Bastos, da vizinha cidade de Niterói. Ronaldo havia passado a adolescência no Rio, assistindo às aulas no Colégio Pedro II. Depois de uma temporada em Recife, retornou à capital carioca a fim de cursar História na Faculdade Nacional de Filosofia. Ronaldo fazia parte do movimento de poesia marginal Nuvem Cigana e estava ligado a tudo que era relacionado à cultura brasileira de vanguarda. Gostava de cinema, teatro, literatura e música. Ouvira "Canção do sal" no disco de Elis Regina em companhia do amigo e fotógrafo pernambucano Cafi. Ficou maravilhado. Escutou várias vezes a faixa para tentar entender o que era aquilo. Quando Bituca estourou no Festival da Canção, ele já sabia quem era o novo talento e passou a admirá-lo ainda mais como compositor. Encontraram-se pouco tempo depois.

O universitário acabara de assistir a um espetáculo no Teatro Jovem e decidiu tomar umas e outras com os amigos. No botequim, deparou-se com outro amigo, Novelli, que estava na companhia de um rapaz de poucas palavras. Não o reconheceu à primeira vista, mas bastaram poucos minutos para perceber ser aquele o autor de "Canção do sal". A conversa teve início naquele mesmo instante e rompeu a madrugada. Ao saírem do bar, eram grandes amigos. Uma amizade que rendeu inúmeras parcerias, entre composições e produções de shows e discos. A número um aconteceu no embalo. Era uma música, falava de trens e foi batizada de "Três Pontas". Os dois passaram a perambular juntos, falavam sobre cinema, poesia, melodias. Mas logo as andanças foram interrompidas e as conversas se transferiram para o apartamento dos pais de Ronaldo, na Rua Voluntários da Pátria. O rapaz adoeceu, amargando uma cruel hepatite. Ficou meses prostrado na cama, convalescendo, envolto em lençóis e ideias. No grupo das visitas constantes estava Bituca, que, a cada vez, apresentava-lhe outro de seus amigos, entre eles os mineiros Márcio e Fernando. Na mesma época, esteve muito ligado a Danilo Caymmi, que costumava ir com os amigos

## DE TRÊS PONTAS PARA O MUNDO

para o sítio de seu pai, Dorival, chamado Maracangalha, tal qual a música. Bituca foi algumas vezes. O sítio era perto do Rio, então iam de carona ou de ônibus até a estrada de terra e depois seguiam a pé, carregando seus instrumentos, rindo e cantando. "Eu vou pra Maracangalha, eu vou, eu vou de chapéu de palha, eu vou..."

A recuperação de Ronaldo coincidiu com o período de gravação do primeiro disco solo de Milton Nascimento. Após o festival, além do convite para gravar nos Estados Unidos, Bituca recebeu boas propostas para lançar seu LP de estreia no Brasil. Podendo escolher, fechou negócio com a Codil, gravadora responsável também pelo lançamento do álbum com as treze primeiras colocadas do II FIC, entre elas "Travessia", que abriu o lado A do LP, "Morro velho" e "Maria, minha fé". O disco do festival teve a direção artística de Agostinho dos Santos. O principal motivo pelo qual Bituca preferiu a Codil foi a liberdade prometida. Um dos seus grandes sonhos, desde os tempos dos bailes em Três Pontas e Alfenas, era tocar com o Tamba Trio. Conseguiu. Os arranjos das músicas foram de autoria do ídolo Luís Eça. Apenas "Travessia" e "Morro velho", com arranjos de Eumir Deodato, continuaram como antes, feitas as necessárias e ligeiras adaptações. A sede da Codil ocupava o décimo quinto andar do edifício 277 da Avenida Rio Branco, para onde Bituca se transferiu durante duas semanas.

Os estúdios tinham apenas dois canais, razão pela qual era impensável gravar cada vocal e instrumento em separado. Acontecia da seguinte forma: primeiro gravava-se toda a banda, os instrumentos juntos, guiando-se pelo contrabaixo. Finalizada esta etapa, era feita a gravação da voz. Às vezes era necessário repetir uma música durante dias seguidos, até se conseguir um resultado satisfatório. Não foi o caso. O maior trabalho ocorreu durante a gravação de "Maria, minha fé". Por ter o ritmo quebrado, variando entre a pressa e a lentidão, os instrumentos terminavam por se desencontrar. Foi preciso alterar a regra de se seguir apenas o contrabaixo e passar a alterná-lo com o violão, no caso, executado pelo próprio compositor. Foi gravado com todos os instrumentos e músicos de uma só vez.

139

O LP trazia uma foto de Bituca no banquinho com seu violão, os títulos das músicas em letras pequenas abaixo do nome Milton Nascimento, de fora a fora. No verso da capa, Edu Lobo, Paulo Sergio Valle e Geny Marcondes falavam do "que faltava acontecer na música brasileira". No meio, um texto de Ziraldo sobre ele e seus parceiros, com os nomes completos, Fernando Rocha Brant, Ronaldo Bastos Ribeiro e Márcio Hilton Borges.

Numa das tardes de gravação, Eumir Deodato, que ainda estava no Brasil, chegou aos estúdios da Codil e disse para Bituca:

— Depois daqui vamos lá para o Copacabana Palace, quero te apresentar um amigo.

No dia anterior, ele recebera um telefonema de um de seus amigos dos Estados Unidos, o pianista de jazz Herbie Hancock. O americano havia se casado e estava em lua de mel no Rio. O único brasileiro que conhecia na cidade era Eumir, então tratou de telefonar para ele.

— O que você está fazendo no Brasil?

— Estou em lua de mel. Estava querendo te encontrar — disse Herbie.

— Tô gravando com um jovem músico aqui, ele é realmente brilhante. Quer ir ao estúdio?

— Acho que não, porque estou com a minha mulher, recém-casado. Mas quem sabe vocês não podem vir no hotel depois da gravação?

E Eumir foi buscar Herbie para irem à casa de Marcos Valle. Havia outros músicos quando eles chegaram. Cada um tocou um pouco; não era sempre que surgia uma oportunidade daquela, tocar diante de um figurão do jazz. Em certo momento, Herbie perguntou a Bituca:

— Então, você não vai tocar alguma coisa sua?

Estava curioso depois da propaganda feita por Eumir do brasileiro promissor. Bituca pegou o violão e começou a tocar "Morro velho." No segundo acorde, Herbie interrompeu.

— Será que eu posso gravar isso?

— Claro — respondeu o mineiro.

DE TRÊS PONTAS PARA O MUNDO

O visitante correu no carro e pegou o gravador de cassete que havia trazido dos Estados Unidos, para o caso de surgir algo especial. Aqueles dois únicos acordes o impressionaram muito. "Era uma música linda, maravilhosa, absurdamente maravilhosa", disse Herbie. Algo diferente de tudo que havia escutado até então. Naquele instante ele soube que estava diante de um "gigante da música", como costumava identificar Milton Nascimento. Por isso não recusaria, e ainda se sentiria lisonjeado com o convite do brasileiro, poucos meses depois, para participar do seu disco.

Com o disco, no embalo do FIC, Bituca foi procurado para dar mais entrevistas. Já havia passado o susto inicial, quando a imprensa passou a assediá-lo da noite para o dia, e se sentia mais à vontade para falar com os jornalistas, que, por sua vez, não conseguiram descobrir quem realmente era Milton Nascimento, se estava falando sério, brincando, bravo, contente. Era um enigma. E foi o que achou a jornalista Dedé, então mulher de Caetano Veloso. Escalada para entrevistar Bituca para o jornal *O Sol,* perdeu o rumo quando, sem preâmbulos, no meio da entrevista, o entrevistado a pediu em casamento. "Dedé ficou assustada, não sabia até que ponto aquilo era uma brincadeira. Então ela falou que achava ele o máximo, mas que já tinha namorado, e que o namorado era eu", contou Caetano. "Mas o Milton é assim mesmo, misterioso, o jeito dele não dá muitas pistas nunca."

\*

O ano de 1968 começou com uma novidade. Bituca estava namorando sério. Tivera outras namoradas, namoradas não, aventuras passageiras, nada que pudesse ser chamado de compromisso efetivo. Esse era o primeiro relacionamento formal da sua vida. Além da timidez, estava tão absorto no mundo da música e das amizades que esse tipo de amor acabou ficando em segundo plano até então. A escolhida morava no Rio e se chamava Lourdes Mathias, a Lourdeca, uma morena bonita, simpática, estudante de História Natural. Em dois tempos o casal oficializou o noivado. Bituca,

141

orgulhoso da namorada, levou-a a Belo Horizonte para apresentá-la à família de lá, os Borges e os Brant. Dona Maricota, seu Salim e seus onze filhos não moravam mais no Levy. Haviam voltado para a casa deles, na Rua Divinópolis, em Santa Teresa. Todos ficaram surpresos e felizes com a boa nova. O casal permaneceu poucos dias, tempo insuficiente para a moça e a mineirada se conhecerem melhor, mas, mesmo assim, tiveram uma boa impressão. E foi essa que ficou na memória de todos.

Depois da passagem por Belo Horizonte, voltaram para o Rio. A viagem para os Estados Unidos estava marcada para novembro. Antes de ir, Bituca precisava organizar a vida no Rio, ir a Três Pontas para se despedir da família e deixar as questões do casamento encaminhadas com Lourdes. Com tudo isso e mais os shows, era quase a conta de arrumar as malas e embarcar. Foi o que ele fez. O produtor Creed Taylor havia fechado com Bituca pessoalmente, mas o intermediário fora Eumir Deodato. Seriam dele os arranjos e a responsabilidade pelo amigo mineiro na América. O maestro iria buscá-lo no aeroporto e instalá-lo perto de si, para facilitar a vida de ambos. Este era o trato. Bituca enviou um telegrama a Eumir, avisando a data e o horário do seu desembarque em Nova York, e partiu sem maiores preocupações. Ou melhor, havia uma preocupação, sim. Detestava viajar de avião. Aquela não era sua primeira vez no ar, mas seria a mais longa. Fizera percursos rápidos, de São Paulo a Porto Alegre, do Rio a Belo Horizonte, e alguns quando criança, de Três Pontas para o Rio voando pela Real Aerovias, mas mesmo nesses sentia-se incomodado. O mal-estar só era aliviado pela certeza de que estaria em terra firme dali a duas horas, no máximo. Agora, atravessar o Brasil e cruzar o mar até chegar a Nova York? Era demais. Mas fazer o quê? Tinha de ir.

Não foi a melhor viagem da sua vida. Nem seria a seguinte. O medo de avião o acompanharia sempre, e nem décadas voando de um lado para outro seriam suficientes para acabar com ele. O consolo era saber que logo encontraria Eumir. Não encontrou. Ao chegar no aeroporto, não havia qualquer rosto conhecido à sua espera. Procurou, ansioso, na esperança de

DE TRÊS PONTAS PARA O MUNDO

descobrir de repente uma cara amiga no meio da multidão de americanos e estrangeiros andando a passos rápidos. Nada. No desespero, passou a mão na primeira mala que viu pela frente e começou a caminhar pelo aeroporto. Foi quando sentiu uma mão batendo no seu ombro. "Graças a Deus, deve ser o Eumir", pensou. Era um homem com dois seguranças. Tratava-se de um brasileiro, passageiro do mesmo voo, dono daquela mala. Bituca pediu desculpas. Disse que tinha ficado apreensivo por não terem ido buscá-lo e confundiu-se ao pegar a bagagem. Esclarecida a confusão, os dois engatilharam uma conversa. O sujeito iria pegar um táxi para a Rua 72, onde se hospedaria, e ofereceu uma carona ao rapaz. Por sorte, Bituca tinha o endereço de Eumir. O prédio ficava no centro de Manhattan, no Greenwich Village, o charmoso reduto de artistas e boêmios. Ao saber quem estava na portaria, Eumir quase morreu de susto:

— Ué, o que você está fazendo aqui?

— Você não recebeu o telegrama que te mandei?

— Não.

— Vim gravar o disco.

Pego de surpresa, Eumir tratou de acomodar o amigo, para depois tratar da gravação — como seria, quando, onde. Instalou-o num pequeno apartamento no mesmo prédio, deu algumas orientações sobre o bairro, os Estados Unidos, e sumiu. O maestro estava trabalhando num disco de Tom Jobim e Frank Sinatra e mal tinha tempo de sair do quarto em que trabalhava, quanto mais do apartamento. Bituca precisou se virar sozinho nos primeiros dias. Resolveu andar pelas ruas. Na correria da chegada, aturdido com a possibilidade de ficar perdido num país desconhecido, não havia reparado na fascinante cidade à sua volta. Foi caminhando pelos quarteirões do Village que percebeu como a neve era bonita. Ficou impressionado com a cor de Nova York, iluminada pelos letreiros de néon e pelas luzes de Natal, contornando as casas, as lojas e as árvores do Central Park. Num desses passeios, viu o primeiro hippie da sua vida e decidiu: se tivesse de morar ali, seria entre os hippies. "Que me desculpem os conterrâneos três-pontanos", exclamou. Enquanto Eumir continuava mergulhado no trabalho, Bituca aprendeu a viver por ali. Com alguns tropeções, é óbvio. Agradeceu como nunca ao irmão João Bosco as aulas de inglês no Ginásio São Luís. Graças a elas, não precisava de um intérprete ou de abrir o dicionário a cada duas palavras por dizer. Tornou-se frequentador assíduo do mercado mais próximo e passou a preparar a própria comida. Anos e anos ao lado de dona Lília na cozinha serviram para ter na memória a receita dos pratos básicos. Bastava fechar os olhos e imaginá-la ao fogão. A primeira experiência foi o sagrado arroz. Refogou a cebola e o alho no óleo quente e despejou os grãos. Foi um estouro só, grãos voando pela cozinha como pipocas. Como poderia supor a existência no mundo de arroz pré-cozido? Após o incidente, passou a ler o rótulo das embalagens, para não ser surpreendido outra vez.

Nos raros momentos livres, Eumir apresentou Bituca a amigos seus e a outros músicos. Em pouco tempo estava enturmado, guiado sempre por um tipo conhecido como Bardhal. Passou a conviver com pessoas com quem nunca imaginara se encontrar, a não ser nos sonhos. Alguns dos seus novos e ilustres conhecidos foram a cantora, pintora e escritora chilena Violeta Parra e a diva da ópera Maria Callas. De repente, o rapaz de Três Pontas estava lá, entre seus ídolos, na capital do mundo, gravando — pelo menos, fora para isso que voara para a América — um álbum solo.

* * *

As gravações do LP começariam nas semanas seguintes, mas Eumir precisou ir com Tom Jobim a Los Angeles. Levou Bituca junto. Hospedaram-se no Sunset Marquis Hotel, em West Hollywood, e para o jovem mineiro a viagem foi uma tortura. Eumir e Tom pouco falavam com ele, sempre correndo para os compromissos. Em Nova York, pelo menos havia gente na rua, era fácil circular, com as quadras marcadas por números. Em Los Angeles, a impressão era de que só havia avenidas, carros e pessoas de celulose, que mal se comunicavam.

DE TRÊS PONTAS PARA O MUNDO

A salvação de Bituca foi Teresa, mulher de Tom. Preocupada com ele, aparecia para conversar, perguntava se estava bem, se precisava de alguma coisa. Foi assim certa tarde, quando perguntou se ele iria à festa da noite. "Não vou, nem estou sabendo disso", respondeu, aborrecido. "Bom, mas você vai, sim." E comunicou: "Tom, o Milton vai com vocês hoje à noite." "Claro, claro", disse o músico. Bituca só foi em consideração a Teresa. Não estava a fim de festa nenhuma, não havia clima. Sua vontade era cavar um buraco e enfiar a cabeça dentro. Como não conseguia recusar o pedido de uma bela e educada dama, foi. No caminho ficou sabendo afinal aonde estavam indo. Era um coquetel no qual estariam reunidos os maiores maestros do momento. Ao entrar no salão chiquérrimo, Bituca avistou de imediato dois de seus grandes ídolos, aqueles que ele e Wagner tentavam imitar nos bailes do sul de Minas: Henry Mancini e Michel Legrand. Parecia brincadeira. Pena que ele não estava em um dos seus melhores dias. Por mais que gostasse de Tom e Eumir, não estava se sentindo à vontade com eles e resolveu ficar num canto. Não era para ser assim; devia estar maravilhado por ficar tão perto daquelas pessoas. No entanto, não se manda no coração.

A festa rompia havia horas e ele estava completamente entediado. Resolveu dar uma espiada no piano de cauda do salão. Começou a dedilhar baixinho, sem que ninguém notasse. Improvisou, de pé mesmo, uma música chamada "Celui-là", cujo autor era ninguém menos que Michel Legrand. Ao ouvir a melodia, o maestro se aproximou de Bituca. Num inglês afrancesado, quis saber quem era ele, de onde conhecia a canção, se era músico também. Michel Legrand falando com ele? Bituca não conseguiu disfarçar o nervosismo, nem quis. Contou sem rodeios que era seu fã e que, assim que saísse dali, ligaria para seus amigos no Brasil contando que tinha estado com ele, pois havia muita gente lá apaixonada pelo seu trabalho. Michel simpatizou com Bituca e, conversa vai, conversa vem, pediu que ele tocasse alguma composição própria. "Mas eu não toco piano, não", disse. Rapidamente, Legrand conseguiu um violão, e Bituca não teve como escapar. Outros se juntaram aos dois, e logo havia um burburinho ao redor de Bituca. Tocou três ou quatro músicas, entre elas, uma que acabara de compor, "Canto latino". Depois da curta e improvisada apresentação, estava mais tranquilo, menos tenso. Ficou conversando com um baterista brasileiro chamado João Palma e, antes que a festa terminasse, os dois saíram de fininho e foram encerrar a noite num bar. Nem o fim de noite alegre nem o encontro com seus ídolos e o fato de ter sido ouvido por eles foram capazes de apagar a péssima impressão que Bituca teve de Los Angeles. Voltaria lá inúmeras vezes, seria bem recebido e admirado, mas nunca se sentiria totalmente feliz na cidade. O ar parecia sempre cinza, pesado, por mais que o céu estivesse doendo de tão azul. Nos dois meses passados lá, compôs só uma música, "Sunset Marquis, 333 Los Angeles", a que lhe pareceu mais triste até então.

Quando saíram de Los Angeles, Eumir teve mais tempo para Bituca e as coisas começaram a fluir. Antes de voltarem para Nova York, seguiram para o México, onde fizeram algumas apresentações com músicas de Milton Nascimento. Bituca cantava e tocava violão, acompanhado, entre outros, por Eumir ao piano e pelo baterista Airto Moreira, que vivia nos Estados Unidos desde o ano anterior. Fora os três primeiros dias, quando Bituca quase pôs a alma pela boca por causa de uma infecção intestinal, provavelmente causada pela pesada comida mexicana, a viagem foi um sucesso. Fizeram shows em cidades como Guanajuato e Guadalajara, onde se apresentaram na Plaza de Toros. Nenhuma daquelas pessoas havia sequer ouvido falar no nome de Milton Nascimento. O que houve foi uma empatia com as músicas e aquela figura sentada no banquinho com o violão sobre os joelhos, como acontecera no FIC. O momento mais aplaudido foi quando apresentaram outra recente composição sua, em parceria com Márcio Borges, "Vera Cruz". Empolgado com a receptividade, Bituca se lançou no meio do público, e só não foi pisoteado porque os seguranças o tiraram rapidamente dali. Levou um pito da polícia: "Você quer morrer? Nunca mais faça isso, porque a gente não vai te acudir de novo."

DE TRÊS PONTAS PARA O MUNDO

O destino, com certeza, mostrava-se pelo menos engraçado. O primeiro show da sua vida como Milton Nascimento, cantor e compositor, acontecia justo lá, no México, tão longe do Brasil.

No caminho para Nova York, Bituca não resistiu e perguntou: "E agora, Eumir, você vai fazer os arranjos do meu disco?" O maestro fez, por certo, o arranjo de cada uma das dez músicas selecionadas para o disco, sendo que dois deles estavam prontos, os de "Travessia" e "Morro velho". De músicas novas havia "Vera Cruz", "Rio vermelho", segunda parceria com Ronaldo Bastos e Danilo Caymmi, e "Courage", parceria de Bituca com Paul Williams e Márcio Borges. O produtor Creed Taylor não poupou esforços para fazer um bom LP. Reuniu feras como o trompetista e dono da gravadora CTI/A&M Records, Herb Alpert, e o brasileiro Sérgio Mendes. Além de Herbie Hancock, convidado pelo próprio Bituca. Todos regidos por Eumir Deodato. O LP recebeu o nome de *Courage*.

✽

Em geral, uma das poucas preocupações dos noivos antes do casamento é com o traje, enquanto as noivas emagrecem dois, três, quatro quilos na correria para que tudo esteja pronto a tempo. A menos de uma hora de seu casamento, Bituca se deu conta de que não tinha roupa apropriada. Dona Maricota e seu Salim, que haviam viajado com a trupe belo-horizontina para o Rio de Janeiro especialmente para o evento, foram socorrer o décimo segundo filho. Compraram, nos acréscimos do segundo tempo, um terno na loja Ducal, em Copacabana. Foi a conta de enfiar-se na roupa e seguir para a Igreja de São Sebastião, na Tijuca. A família e os amigos de Três Pontas também foram ao Rio para assistir ao casório. As irmãs Beth e Jajá foram damas. Entre os convidados, vários músicos. Fora a turma de Beagá, estiveram presentes figuras como Marcos Valle e Naná Vasconcellos, que executou com preciosismo o berimbau em uma das músicas da cerimônia. Todos os mais chegados compareceram.

Além de prestigiarem o amigo, não podiam perder a cena de Bituca se casando num completo e tradicional ritual católico "pequeno-burguês", como descreveu Márcio Borges em seu livro *Os sonhos não envelhecem — histórias do Clube da Esquina*. Sem lua de mel, os recém-casados foram viver em um apartamento na Travessa Angrense, em Copacabana. Durante pouco mais de um mês, eles receberam algumas visitas e quase não deram o ar da graça. Quem os viu pôde perceber que as coisas não estavam muito bem. Ninguém sabe o que aconteceu naqueles trinta e tantos dias, a não ser os dois, que enterraram para sempre tais lembranças e jamais disseram palavra sobre o assunto. O fato é que o casamento acabou. Cada qual foi para um lado e a vida seguiu seu rumo.

*

Em 1969, Milton Nascimento assinou um contrato com a gravadora Odeon, a mesma onde fora gravado o disco de Pacífico Mascarenhas do qual ele participara, cinco anos antes. Este seria seu segundo álbum solo no Brasil, já com status de peso pesado da música brasileira, ainda mais depois do sucesso feito nos Estados Unidos com *Courage*. Não um sucesso de vendas ainda, mas de crítica. Eram dez músicas, e as gravações foram realizadas, de modo geral, com tranquilidade. Houve um ou outro incidente, do tipo pessoas estranhas (entendendo-se por estranhas os não-músicos, não-técnicos, não-produtores, não-funcionários) que ficavam ali, a convite de Bituca, dando palpite, assistindo a tudo, como se participassem do trabalho. E, de certa forma, participavam, integravam a alma do disco. Sem esses tantos convidados ilustres e anônimos, o resultado não seria o mesmo. No entanto, esse primeiro LP foi apenas uma amostra do que o cantor e compositor faria com os estúdios da Odeon, ou no que ele os transformaria.

Só para ressaltar o seu grau de conformismo nesse projeto, ele se limitou a escrever um parágrafo na contracapa do disco, dando os nomes dos principais participantes. As músicas eram, na maioria, inéditas. A única repetida não podia ter sido outra: "Travessia". Afinal, os ecos do

II FIC permaneciam retumbando nos ouvidos do público. Com exceção de três faixas de outros compositores — "Pescaria", de Dorival Caymmi, emendada em "O mar é meu chão", de Dori Caymmi e Nelson Motta, "Quatro luas", de Nelson Ângelo e Ronaldo Bastos, e "Aqui, ó!", de Toninho Horta e Fernando Brant —, todas eram de sua autoria. Quatro delas em parceria com Fernando Brant, que acabara se tornando letrista de verdade: "Sentinela" e "Beco do Mota", inspirada na cidade mineira de Diamantina, "Rosa do ventre" e "Sunset Marquis 333 Los Angeles", uma recordação da estada na cidade, no vácuo de Eumir Deodato e Tom Jobim. Havia ainda "Tarde", composta com Márcio Borges de uma só vez para um concurso de televisão, e "Pai grande", música e letra de Milton Nascimento.

Milton Miranda foi o produtor do álbum, que teve direção musical de Lyrio Panicali. Mesmo quando outras pessoas assinavam a direção musical, era Bituca quem dava a palavra final, quem coordenava o negócio de perto. Os diretores musicais trabalhavam — e trabalham — em parceria com ele. Outra vez, conseguiu que Luís Eça fizesse as orquestrações e a regência, em conjunto com Paulo Moura e Maurício Mendonça. Milton estava no seu terceiro disco e não tinha banda própria. Mas isso não era problema para quem podia contar com os amigos. Convidou alguns deles e outros conhecidos para participarem das gravações. Novelli, Robertinho Silva, Hélvius Vilela, Luiz Fernando, Nelson Ângelo, Wagner Tiso e Toninho Horta, que fez participação especial em "Aqui, ó!". No pequeno texto da contracapa, agradeceu ainda a participação de "Naná, Fernando e Márcio, esvaziando garrafas", de "David, Ronaldo, Zé, Ricardo e a colher de chá dos maestros Orlando Silveira e Gaya".

Encerradas as gravações, meio sem saber o que fazer do seu tempo, Bituca decidiu ir a Belo Horizonte. Chegou de surpresa, como chegava sempre, e deu de cara com um rapazinho sentado na esquina da Rua Divinópolis, tocando violão. Era Lô. Bituca parou ali. Passou as horas seguintes conversando com ele, ouvindo-o tocar. Foi um choque. A última recordação daquele Borges era de um menino, daquele que apareceu certa tarde nas escadas do Levy, e agora diante dele estava um homem, gente grande, com seus 16 anos. Lô mostrou umas frases musicais compostas por ele e Bituca gostou. Embora tocasse e cantasse, o garoto não pensava em seguir a carreira musical. Era mais o animador da turma, aquele que toca as músicas para os amigos cantarem quando estão reunidos. Sua banda com o amigo Beto Guedes, The Beavers, era mais uma maneira de se divertir e fazer um som do que aspiração profissional. Apesar das poucas pretensões, Lô compunha coisas legais. Foi o que achou o amigo. Para comemorar o reencontro, os dois seguiram até o botequim mais próximo. Bituca pediu uma batida de limão para ele e um refrigerante para o companheiro. "Não, eu também quero uma batida de limão", rebateu Lô.

Algumas batidas depois, a dupla foi para a casa dos Borges. No ritmo daquele reencontro, sentaram-se na varanda e puseram-se a tocar, cantar, solfejar. Bituca foi construindo uma melodia em cima da frase musical feita por Lô. A partir disso, o adolescente foi dando sequência à sua harmonia. Bituca continuava na mesma linha melódica, e Márcio, que estava ao lado, observando, foi quem primeiro se deu conta de que tinham feito ali uma música. Lô correu para a esquina, para contar a novidade aos amigos. Márcio também correu, mas para dentro de casa, em busca de uma caneta. Com a melodia fresca na cabeça, pôs-se a escrever algo que começava assim: "Noite chegou outra vez..." A letra se encaixava na melodia, e assim estava pronta mais uma música fruto da amizade entre Bituca e os Borges, e seu título resumia não só aquele dia; representava uma maneira de viver, sobretudo a de Bituca: "Clube da Esquina".

*

Os primeiros meses de 1970 não foram os melhores em termos de trabalho. Depois do AI-5, em dezembro de 1968, a censura atingira o auge. A televisão e o rádio, sem meios de resistir à pressão, fecharam as portas para os artistas cujas obras eram consideradas subversivas. Milton Nascimento não era visto com bons olhos pelos militares. Embora não fosse do tipo de subir no

## DE TRÊS PONTAS PARA O MUNDO

palanque e discursar contra a ordem vigente, suas músicas apresentavam um forte conteúdo político e ideológico, amenizado, de forma sutil, pela bandeira da amizade. A falta de espaço na mídia e a impossibilidade de fazer shows eram apenas o começo, mas foram a gota d'água para muitos seguirem para o exílio. Gilberto Gil e Caetano Veloso, depois de seis meses sem trabalhar, sem poder dar entrevistas, e um tempo na cadeia, encontraram como única solução o exílio proposto pelos militares. Na passagem pelo Rio, antes de embarcarem para a Europa, a polícia federal, que os escoltava, permitiu darem uma entrevista a alguns jornalistas. Perguntado sobre o que de mais importante estava acontecendo na música no Brasil, Gil reafirmou o que havia falado a Caetano, em 1966: "Milton Nascimento."

Apesar das dificuldades, não passava pela cabeça de Bituca deixar o Brasil. Autoexílio era algo que, com certeza, não combinava com ele. "Podem até me matar, mas não saio daqui", dizia. Jamais sairia do seu país por livre e espontânea vontade. Preferia ficar por aqui; a sua presença diária era o protesto mais eficiente, um tapa na cara da ditadura. Podia ficar sem trabalho, sem dinheiro, ser perseguido; mas ele permaneceria em seu país, de pé, a não ser que fosse expulso. O simples fato de existir e continuar caminhando pelas ruas era uma maneira de resistir.

Na época, houve uma onda de progresso no Brasil. O general Médici havia assumido a Presidência no lugar de Costa e Silva e seu governo tinha como meta o "milagre brasileiro". A conquista da Copa do Mundo de Futebol em 1970, a construção de obras faraônicas, como a Transamazônica (pelo menos o início dela), e uma momentânea queda da inflação iludiam o povo, fazendo-o acreditar no regime. Na surdina, por trás do alardeado milagre econômico, havia a censura e as perseguições políticas. Pessoas desapareciam ao virar a esquina e nunca mais se ouvia falar delas. Foi nesse tempo de vacas magras que Bituca teve a oportunidade de unir duas paixões: a música e o cinema. Aceitou com muito gosto o convite para fazer a trilha sonora do documentário *Tostão, a fera de ouro*, de Ricardo

151

Gomes Leite e Paulo Laender. Adorou fazer o trabalho, razão pela qual nem pestanejou ao ser chamado para compor a trilha sonora do novo filme de Ruy Guerra.

Os dois haviam se conhecido por ocasião do II FIC. Paralelamente ao cinema, Ruy estava bastante envolvido com a música, escrevendo letras, participando de produções. Nascido em Lourenço Marques, Moçambique, o cineasta veio para o Brasil em 1958. Rapidamente integrou-se ao meio artístico brasileiro e foi um dos nomes fortes do Cinema Novo, junto com Glauber Rocha, Cacá Diegues e Nelson Pereira dos Santos. Seu longa *Os cafajestes*, de 1963, havia sido um dos poucos sucessos comerciais do movimento. Agora, estava prestes a iniciar as filmagens de seu sétimo filme, intitulado *Os deuses e os mortos*, e chamou Bituca para compor a trilha. Ele via no amigo um talento extraordinário. "O pessoal brincava que o Milton era a prova da inexistência de Deus, porque Deus não daria tanto talento a uma pessoa só", disse Ruy. Esta não era a primeira parceria dos dois. Ruy havia feito a letra de "Canto latino", ainda sem gravação. No entanto, a trilha, desta vez, envolvia muito mais do que assistir a trechos do filme, ler o roteiro e seguir as orientações do diretor. Bituca foi de mala e cuia para Ilhéus, onde permaneceu todo o tempo da produção, sete semanas. Ronaldo Bastos, amigo de ambos, trabalharia no longa-metragem como estagiário, e assim, ele, Bituca e os amigos Luiz Afonso e Paulo Guimarães entraram num fusquinha e seguiram para a cidade baiana. Nos quase dois meses de gravação, Bituca se envolveu por completo com o filme e os bastidores. Logo fez amizade com um dos figurantes (aliás, quase todo mundo na locação era figurante), cujo pai tinha uma fábrica de cachaça chamada Pixixica. Para oficializar a amizade, o rapaz deu-lhe uma caixa da "braba". Se havia uma coisa de que Bituca não gostava era pinga, mas acabou tomando umas e outras, sobretudo quando ficava furioso com as ordens absurdas de Ruy. No dia da chegada, o cineasta levou-o ao seu quarto de hotel e o trancou ali: "Dê uma lida nesse roteiro, vê se te inspira e faça alguma coisa, preciso de três músicas." Bituca quis matá-lo. Como

## DE TRÊS PONTAS PARA O MUNDO

assim, faça isso agora, ainda por cima trancado!? Quando Ruy voltou, umas quatro horas depois, para ver em que pé as coisas estavam, Bituca tinha as três prontas e encontrava-se no mais absoluto tédio.

Ruy decidiu aproveitar aquela fonte de inspiração e genialidade. Sempre reservara à trilha um papel importante no filme, considerava-a uma parte da história, tanto quanto a própria imagem. "A música constrói um universo, um diálogo com o espectador, ela indica caminhos. É tão fundamental que até a falta dela é parte dessa construção. O silêncio foi a grande conquista do cinema sonoro", dizia.

Ter o compositor o tempo todo nas locações, compondo a trilha simultaneamente à criação das cenas, era inviável. Mas agora Milton Nascimento estava ali, à disposição. Passou a levar Bituca para as locações e acabou transformando-o em ator. Seu personagem: um jagunço. A cena: arrancando o olho de um homem. Diante da entusiasmada propaganda feita por ele mesmo sobre sua atuação, os amigos foram assistir ao filme. Mas não conseguiram identificar Bituca nas telas. Nunca o imaginaram arrancando o olho de alguém, nem de mentirinha.

O único inconveniente eram as filmagens feitas nos cacaueiros, entre cobras e mais cobras. Ele tinha verdadeiro pavor do animal, assim como tinha horror a avião e bruxas (mariposas, para quem não sabe). Foi entre cobras, superando o medo em nome da arte, que gravaram as cenas nas quais a atriz Ítala Nandi atraía, amava e matava um rapaz. A música fora feita na noite anterior. Ao chegarem ao hotel, lá pelas nove horas, Ruy disse a Bituca que precisava de uma música para a cena da manhã seguinte, que começaria a ser rodada às cinco, antes dos primeiros raios de sol. Outra vez, ficou com ódio do amigo. Entornou uma das garrafas de Pixixica e, antes de dormir, bateu na porta do quarto do cineasta com a música pronta. "Agora quero ver você fazer a cena em cima disso, hahaha!", disse. Às exatas cinco horas, a equipe de produção e os atores estavam no cacaueiro para gravar. A pedido de Ruy, Bituca levou o violão, e tocava à medida que a cena transcorria. O resultado foi uma passagem de extrema carga emotiva,

153

e a melodia, sem letra, recebeu o nome de "A chamada". Depois a trilha seria gravada em estúdio, no Rio, com Wagner Tiso, Robertinho Silva e Naná Vasconcellos.

Além de ter sido uma experiência fascinante em cinema, Bituca fez novas amizades. Uma das mais profundas e que atravessou os anos foi com a atriz Norma Bengell. A cumplicidade entre os dois chegou ao extremo de decidirem adotar um garoto da cidade. A atriz e o músico haviam se encantado pelo menino. Era uma criança fantástica, inteligente, carismática, do tipo que conquista os outros com meia dúzia de sorrisos. Começaram a pensar no assunto e a história acabou ficando séria. Foram até a casa dele, falaram com os pais, perguntaram se poderiam levá-lo para o Rio, onde teria uma vida diferente. A família concordou, mas o garoto disse com sentimento: "Muita gente já falou que queria me levar e nunca mais voltou, mas em vocês eu acredito." Norma e Bituca juraram para a criança e para eles próprios que isso não se repetiria. Era uma questão de palavra. Mas como em outras situações não de todo raras, a vida deu um nó, e a promessa se perdeu pela impossibilidade de ser cumprida.

Ao voltarem para o Rio, o clima era de tensão extrema. O peso da ditadura, antes sentido apenas na falta de espaço, agora aparecia na perseguição sorrateira, na invasão das suas vidas. O apartamento de Norma foi invadido por policiais durante uma festa: os convidados foram espancados e os móveis e objetos, quebrados. Bituca começou a receber telefonemas com ameaças, a ser seguido nas ruas. Como trazer uma criança para viver naquela insegurança? Era impossível. Bituca chorou pensando no menino, nas suas palavras de incredulidade. Sentiu vergonha por não ter cumprido a promessa, impotente, enjaulado dentro de si mesmo. Anos depois, cada vez que ele se lembrava da história, sua garganta ficava apertada e os olhos se enchiam de água.

*

## DE TRÊS PONTAS PARA O MUNDO

Bituca foi procurado pelo jovem dramaturgo mineiro José Vicente. Estava para montar sua segunda peça, *Os convalescentes*, e queria a música de Milton Nascimento. Compôs, então, "San Vicente", com letra de Fernando Brant. A peça abordava de forma caótica o futuro do intelectual da América Latina. O primeiro trabalho do dramaturgo, chamado *Santidade*, havia sido censurado e nem chegou a sair do papel. A peça de estreia fora *O assalto*, encenada no ano anterior. Mesmo escapando da censura, os temas eram vistos com desconfiança pelo regime. Bituca era autor apenas da música, mas esse foi um ponto a mais na cartilha dos militares contra ele.

Na mesma época, Robertinho Silva e Wagner Tiso estavam em um bar no Leme quando um homem se aproximou e propôs:

— Eu tô com uma grana e tô querendo fazer um lance diferente com o Milton Nascimento, mudar a coisa toda, tirar ele daquele banquinho. Mas, pra isso, preciso montar uma banda, quero colocar vocês, o Luiz Alves, umas pessoas de Belo Horizonte, Tavito, Zé Rodrix e mais alguém.

Eles não levaram muito a sério aquele sujeito; afinal, nunca tinham ouvido falar dele ou visto a sua cara. Esqueceram-se dele no instante em que desapareceu do bar. No entanto, poucos dias depois, o telefone tocou na casa de Robertinho:

— Oi, aqui é o Zé Mynssen, do bar do Leme, tá lembrado? É sobre a banda para o show do Milton Nascimento. Quero saber se você topa.

O negócio parecia sério. Robertinho resolveu investigar. José Mynssen, então empresário e produtor, era ex-proprietário de sapataria. Decidira vender o negócio e investir o dinheiro em Bituca. Era um bom investimento, pensava. A irmã dele, Maria, também trabalharia no projeto. Artista plástica, ajudaria a criar o cenário, o figurino, a imagem da coisa. Queria tirar o Milton, como dizia, daquele tradicional terninho preto de seus tempos de cantor de baile e transformá-lo, na prática, no que ele já era: um astro da música. Os irmãos Mynssen haviam arrendado o Teatro Opinião, no Rio, e começavam a mudar o palco, colocando espelhos, pôsteres. Robertinho ligou para Wagner, tirou mais algumas informações sobre o assunto e resolveu aceitar. Ligou para o empresário:

155

— Tá legal, eu topo.

— Onde você mora? Precisamos começar os ensaios.

— Em Inhaúma.

— É muito longe, vou arranjar um lugar pra você mais perto, pra facilitar.

E arrumou. Parecia bom demais para ser verdade. Até então, o baterista e a maioria dos outros músicos da nova banda não tinham recebido um tratamento tão profissional, nem mesmo Bituca. Eram artistas da noite, tocando não em troca de pão, mas quase isso. O contrabaixista Luiz Alves também custou a acreditar na história. Enfim, concordou. Zé Mynssen tinha ido atrás dos melhores do momento, segundo indicações de Milton. Com uma agilidade de despertar inveja até no mais dinâmico negociante, o produtor conseguiu montar a banda. Wagner Tiso no teclado, Luiz Alves no contrabaixo, Robertinho Silva na bateria, Tavito no violão e na guitarra, Zé Rodrix, multi-instrumentista, transitando entre a flauta, o saxofone e o trompete, e o percussionista Laudir de Oliveira, que tocara com Sérgio Mendes nos Estados Unidos.

A produção custou a José Mynssen vinte mil cruzeiros, um gasto que valeu a pena. O Teatro Opinião, no número 142 da Rua Siqueira Campos, em Copacabana, ficou lotado durante todas as noites de espetáculo. Os que foram uma vez voltaram; os que não tinham ido ficaram sabendo e quiseram ir. O show era diferente de qualquer outro até então, sobretudo de música popular brasileira. Só o nome do espetáculo já causava estranheza: *Milton Nascimento e Ah! O Som Imaginário*. Além disso, o espetáculo não só consagrou a música "Beco do Mota", gravada no ano anterior no disco "Milton Nascimento", como a canção causou furor e se tornou um ato de resistência contra a repressão, um momento símbolo do espetáculo. O Beco do Mota era uma zona de prostituição tradicional de Diamantina, que havia resistido por mais de dois séculos, mesmo enfrentando incansável oposição da Igreja, que chegou a mudar a entrada de um templo para a direção do beco na tentativa de inibir a prostituição. Nos anos duros da ditadura, o Beco do Mota deixou de ser o que sempre fora, não por causa de religião, mas como consequência direta da repressão do regime. Ter "Beco do Mota" no palco era tão ousado quanto a formação da nova banda de Mynssen, que recebeu o nome de Som Imaginário. Não seriam apenas músicos para fazer o acompanhamento do cantor; eram um show à parte. Quem foi esperando ver o mineiro tímido no banquinho com seu violão teve um baque. Bituca deixara o cabelo crescer e apresentou-se com ele despenteado. Ademais da cabeleira diferente, o figurino se resumia aos pés descalços, uma calça amarela justérrima com barra vermelha, o peito exposto em uma jaqueta negra, salpicada de estrelas prateadas. Na mesma sintonia, os integrantes do Som Imaginário também exibiam o peito nu. Os espelhos e as armações metálicas davam um ar psicodélico ao palco, iluminado de forma indireta.

E as mudanças não estavam só nas roupas. Bituca entrava em cena dançando, gesticulando, sambando, cantando em inglês. Abria o show com um discurso, considerado agressivo pelos jornais: "Qualquer texto ou qualquer pretexto me servem. Eu estou aqui para dizer que sou mineiro, autor de 'Travessia', muito conhecido dois anos atrás. Acho importantes na música brasileira Luiz Gonzaga, Tom Jobim, Caetano, Gil, Dorival Caymmi e Villa-Lobos, mas ainda mais importante que eles é Nico, meu afilhado, importante para o Brasil, porque só tem 10 anos de idade." No repertório, músicas como "Canoeiro", do próprio Caymmi, "Sabe você", de Carlos Lyra e Vinicius de Moraes e os temas de "Midnight Cowboy" e "Eleanor Rigby", dos Beatles, além das suas "Canto latino" e "Outubro", entre outras. "Travessia" ficou de fora. Apesar dos incontáveis pedidos, Bituca se recusou a cantá-la. Estava exausto da música e, naquele momento, era tudo o que não queria. A falta do maior sucesso, no entanto, não prejudicou o espetáculo, e o clímax da noite acontecia quando apresentava "Bodas", parceria dele com Ruy Guerra.

O show foi um sucesso, e Milton Nascimento voltou a ocupar seu merecido espaço na mídia. Era impossível ignorar o fenômeno do *Milton*

*Nascimento e Ah! O Som Imaginário*. Do Rio de Janeiro, o espetáculo foi para o Olímpia, em São Paulo, e de lá para o Teatro Marília, em Belo Horizonte. A "pá" inteira, como Bituca chamava os amigos de Beagá, compareceu. Animado com a turma, Bituca se empolgou nas preliminares e tomou mais batidas de limão do que devia. Isto não chegou a atrapalhar sua performance, pelo contrário, ele cantou extasiado. Embalou na composição recente com Ronaldo Bastos, "Cravo e canela", e a repetiu seguidas vezes. O público, de pé, delirava. Alguém teve a brilhante ideia de levar rosas para atirar no palco. Só não pensaram em retirar os espinhos. Descalço, Bituca ficou com os pés feridos, o que só percebeu, ainda bem, no dia seguinte.

O sucesso do show culminou no disco gravado no fim do ano pela Odeon, com a qual ele mantinha contrato. O LP era de Milton Nascimento com o Som Imaginário. A formação da banda, no entanto, sofreu modificações. Laudir de Oliveira voltou para os Estados Unidos e o pernambucano Naná Vasconcellos assumiu a percussão. Quem também passou a integrar o conjunto foi um rapaz magro e de hábitos naturalistas, de nome Frederyco, ou Fredera. O disco teve ainda a participação de Dori Caymmi e Lô Borges. A única música repetida do disco anterior foi "Pai grande". Tal qual no espetáculo, "Travessia" ficou de fora. Bituca gravou duas composições feitas para o documentário *Tostão: a fera do ouro*, além de parcerias com Fernando Brant e Ruy Guerra, e músicas de outros autores, entre elas "Para Lennon e McCartney". A música havia sido composta por Márcio, Lô e Fernando na casa de dona Maricota e seu Salim, enquanto esperavam Leise, namorada de Fernando, preparar uma macarronada. À espera do jantar, Lô chamou o irmão e o amigo para mostrar o tema que acabara de compor. Acharam muito bom. Cada um pegou papel, caneta e pôs-se a escrever. Quando terminaram, uma letra era a continuação da outra. A de Márcio acabava em "todo dia é dia de viver..." e o primeiro verso de Fernando era "eu sou da América do Sul...". Em homenagem às várias composições da dupla inglesa, deram à canção o nome de "Para Lennon e McCartney".

## DE TRÊS PONTAS PARA O MUNDO

O show e o disco provocaram uma sacudida na carreira de Bituca, dificultada pelos obstáculos do regime militar. Ao terminar a turnê, no entanto, a situação voltou a ficar complicada. E ficaria ainda pior no ano seguinte, quando ele sairia do Rio para ficar longe das vistas dos militares. A fuga acabou resultando em um dos trabalhos mais importantes da sua vida, que marcou época e batizou um importante movimento da música brasileira.

# Capítulo 8
# 1970 a 1972 | Do mundo para a esquina (e vice-versa)

Em 1970, Ray Charles voltou ao Brasil. A primeira apresentação do astro do soul no país fora em 1963, promovida pela TV Excelsior, na acirrada disputa entre as emissoras de televisão pela audiência. Repetindo a programação da vez anterior, os shows seriam realizados em São Paulo. Na primeira vinda do ídolo, Bituca nem sonhava vê-lo de perto, ao vivo, e ouvir a voz que o fez perceber que homens também podiam cantar com sentimento. Acabara de se mudar para Belo Horizonte e mal tinha dinheiro para sobreviver. Agora era diferente. Com o sucesso *Milton Nascimento e Ah! O Som Imaginário*, nada o impediria de assistir ao espetáculo do mestre. Comprou seu convite e foi, em companhia de Elis Regina e do produtor Manoel Carlos. A noite parecia mágica. Ray Charles sentado ao piano, tocando e cantando, diante dos seus olhos e ouvidos. Estava assim, observando, absorvendo, quando uma mulher louríssima, exuberante e simpática aproximou-se e trocou algumas palavras com Manoel Carlos. Bituca não chegou a falar com ela, mas sua imagem ficou gravada. Era, com certeza, uma mulher interessante, e pessoas interessantes e bonitas não escapavam ao seu olhar calado. Após o show, os três e outros amigos seguiram para a badalada casa noturna

Baiuca. Afinal, a noite deveria ser encerrada como começara, em grande estilo. Pouco tempo depois de entrarem no bar, Bituca avistou a tal loura. Teve vontade de falar com ela, conhecê-la melhor, mas ficou na dele, como sempre. Embora já não fosse tão tímido, não conseguira se desinibir a ponto de se apresentar a alguém e puxar assunto, assim do nada. Foi ela quem tomou a iniciativa. Conversaram o resto da noite, e quando estavam prestes a sair, ela o convidou para ir até sua casa. Bituca aceitou o convite. Foi a primeira noite do relacionamento mais feliz da sua vida, que durou alguns anos e gerou muitas histórias.

Chamava-se Káritas e era uma socialite paulistana nada convencional. Circulava com desenvoltura pelo meio artístico, conhecia a alta sociedade, frequentava as melhores lojas, as altas-rodas, mas também transitava nos arredores dessa "nata". Era extravagante e extrovertida. Uma mulher alegre e dinâmica, que encantou Bituca, aliás, Nascimento, como ela o chamava. Tal qual diria Márcio Borges em seu livro de memórias daqueles anos, Káritas se tornou amante, amiga, mãe, empresária, enfim, a grande companheira do seu parceiro. Ela morava em São Paulo e ele no Rio, e foi assim durante todo o relacionamento. A distância, porém, não os impedia de se verem com frequência.

— A gente que é artista tem muita tentação, mas quando eu estava com ela, não sentia vontade de ficar com mais ninguém — disse Bituca.

Káritas se preocupava com tudo: se Nascimento estava bem, alimentado, se a casa andava em ordem, se o respeitavam nos trabalhos, e como se vestia. Preocupação estendida à turma que, naquela época, morava com ele no apartamento do Jardim Botânico. Por turma entenda-se o primo Jacaré, Lô Borges e Beto Guedes. Jacaré foi visitar Bituca e acabou ficando. Lô e Beto tinham classificado "Feira moderna", composição dos dois em parceria com Fernando Brant, no V Festival Internacional da Canção, e foram ao Rio para participar das eliminatórias. Bem, mas só depois que Bituca foi a Belo Horizonte falar com a mãe de Beto, explicar que não, não haveria problema, os rapazes estariam em segurança, ela podia ficar tranquila.

## DO MUNDO PARA A ESQUINA (E VICE-VERSA)

A dupla havia participado do Festival Estudantil da Canção em 1969, na capital mineira. A música dos dois e de Márcio Borges, intitulada "Equatorial", ficara em quinto lugar. Assim, já não eram de todo estreantes em festivais. O V FIC aconteceu em outubro, no Maracanãzinho, como os anteriores, e Bituca conseguiu que o Som Imaginário defendesse a música. Não conquistaram qualquer troféu, mas "Feira moderna" ficou bem classificada, em oitavo lugar. Mesmo com alguns sinais de que estava no caminho certo, a música ainda não era a profissão escolhida por Lô Borges. O rapaz não sabia o que queria da vida. Pensava em prestar vestibular, mas isso era algo ainda distante. Lô concluíra o ginasial e estava no primeiro ano do científico. Música? Quem sabe, há tantas outras coisas legais, pensava. Beto Guedes também não se decidira, apesar de estar mais convencido de sua aptidão que o amigo. No entanto, Bituca acabaria decidindo por eles. No período que passaram com o amigo três-pontano, aprenderam sobre música e se divertiram. Eram considerados malucos pelos vizinhos, maconheiros, o que, algumas vezes, provocava situações cômicas, para não dizer pavorosas. Depois de uma noite de conversas e música no apartamento com a amiga Ana Maria Valle, os quatro foram levá-la em casa. Ao voltarem de madrugada, o porteiro, seu Pedrosa, não os deixou entrar.

— Nós vamos entrar sim, nós moramos aqui — tentou Bituca.

— Não vão, não.

Depois de um bate-boca estressado, eles acharam melhor desistir de entrar na própria residência e voltar no dia seguinte, quando encontrariam o outro porteiro. Entraram no Tó Tó — um fusca verde que Bituca havia comprado naqueles dias e logo tratou de batizar de Antônio, vulgo Tó Tó — e seguiram para a casa de Ana Maria. Onde um ia, iam os demais, como quando viajavam para a capital paulista. Quando Bituca ia a São Paulo com o trio, a namorada os levava para um passeio pela Rua Augusta, onde providenciava roupas mais apropriadas para cada um. Se estavam andando com ela, deviam estar alinhados, apresentáveis. Bituca também

163

levou Káritas e os amigos a Três Pontas. Jacaré dispensava apresentações, mas os dois rapazotes e a nova companheira, não. Zino e Lília os receberam com a habitual hospitalidade. Lô e Beto não despertaram grandes atenções na cidadezinha, mas Káritas atraiu olhares. Quem a viu se assustou. Os três-pontanos não estavam acostumados com uma mulher tão exótica, de cabelos louríssimos, roupas coloridas e luxuosas num dia de semana qualquer. Além do mais, em nada se parecia com o estilo simples de Bituca, conhecido por todos. Mas isso não importava a mínima. Káritas era uma mulher incrível, e ele estava fascinado.

*

Em 1971, Bituca foi a Caracas, Venezuela, participar do Festival Onda Nueva com a música "Os povos", sua e de Márcio Borges. Antes de embarcar, conhecendo seus hóspedes e prevendo confusões com os vizinhos — e o porteiro — por causa de possíveis festas e barulhos afins, Bituca sugeriu que passassem uma temporada na casa de outros amigos. Só enquanto estivesse fora. Pegou as chaves com Jacaré e viajou tranquilo. Ao voltar, trazendo seu violão Di Giorgio e o troféu de melhor música, ligou para Jacaré e foram para o apartamento. Assim que puseram os pés dentro de casa, um grupo de soldados bateu à porta.

— Senhor Milton Nascimento, o senhor está sendo chamado para dar explicações.

— Explicar o quê?

— Um vizinho seu reclamou de uma festa ontem.

— Que festa, eu tava na Venezuela e não tinha ninguém aqui!

— A reclamação foi feita e, além do mais, você anda recebendo um pessoal subversivo.

— Eu? Que é isso, eu não fiz nada, não recebi ninguém, nem tava aqui no Brasil.

— O negócio é o seguinte: a situação não está boa para o seu lado e você vem com a gente.

DO MUNDO PARA A ESQUINA (E VICE-VERSA)

Os soldados não estavam para brincadeiras, e empunhavam metralhadoras. Além do mais, aquilo não era uma total surpresa. Bituca não tinha como provar, mas estava sendo vigiado havia meses. Sentia-se seguido, e depois descobriu que o telefone estava grampeado. Fora suas músicas e o fato de não ter se exilado, o único ato de oposição direta ao regime havia sido sua participação na Passeata dos Cem Mil, ao lado de Chico Buarque, Vinicius de Moraes e Clarice Lispector, em 1968, antes do AI-5. Não tinha relação alguma com o tropicalismo, que teve maior projeção na mídia como oposição à ditadura, a não ser pelo fato de conhecer Caetano e Gil. Era contra, sim, falava o que pensava, mas ficava na dele, não se levantava aos berros em praça pública. Não ficou surpreso, mas estava apavorado, por mais que procurasse se mostrar tranquilo. Sabia que um depoimento no Dops (Departamento de Ordem Política e Social) podia ser um passeio sem volta. Com seu jeito manso, convenceu os militares a deixarem-no ir de carro com Jacaré. Antes de descer, alertou o primo:

— Fica aqui fora me esperando; se eu não sair em uma hora e meia, dá um jeito, procura alguém, a polícia, bem, a polícia não, a mídia, um político, sei lá.

Estava nervoso. Podiam fazer com ele o que bem entendessem. Não o haviam levado até ali por causa de reclamação de vizinho nenhum, isso era certo. Colocaram-no numa salinha, sentado em uma cadeira no centro do aposento, acuado. Antes que o delegado chegasse, porém, lembrou-se de algo fabuloso. O marido de sua tia Dulce, irmã de Lília, tinha uma irmã que trabalhava ali. Ele a vira algumas vezes na casa dos tios, nas reuniões de família. Como era mesmo o nome dela? Ah, Eunice Fabriani. Pediu a um soldado que lhe pareceu mais simpático:

— Você podia chamar a senhora Eunice Fabriani pra mim? Diz pra ela que eu tô aqui.

Por sorte, o delegado que o interrogaria não era o mais querido entre os subordinados, e o soldado tratou de atender ao pedido. Foi um sufoco. Depois de ter negado todas as acusações, quando a coisa estava realmente ficando feia e Bituca já acreditava no pior, Eunice entrou feito uma bala no aposento. Os anos de trabalho e de vida davam-lhe o privilégio da autoridade. Em dois tempos, ele foi liberado. Dois tempos, vírgula. Entre espera, interrogatório e conversas com Eunice, haviam se passado quase três horas. Jacaré estava desesperado. Por sorte, resolvera esperar um pouco mais. Estava prestes a ligar o carro e sair em busca de ajuda quando o primo apareceu na calçada.

Entretanto, o final feliz do episódio não tranquilizou Bituca. A sua situação não era das melhores. Precisava dar um tempo, sumir por algumas semanas. Estava mesmo na hora de começar a preparar o novo disco. Seu contrato com a Odeon, agora EMI-Odeon, previa o lançamento de um LP no ano seguinte. E ali, no meio daquela tensão, não havia clima para trabalhar. Fizera algo com Lô e Beto, principalmente com Lô, pois Beto ficava entre o Rio e Beagá por causa dos estudos, e pensava em aproveitar o material. Somando-se isso, cultivava a ideia de fazer um álbum duplo. Talvez fosse esse o momento. "Você está louco?!", exclamaram amigos menos sonhadores. Não havia disco duplo no mercado brasileiro, seria um fracasso de vendas. A diretoria da gravadora foi taxativa. Bituca estava disposto a quebrar o contrato e procurar outra gravadora. Só não o fez por interferência de um sujeito formidável chamado Adail Lessa, considerado o protetor dos artistas e seu grande amigo. O produtor usou todas as suas artimanhas e conseguiu convencer a Odeon de que um LP duplo poderia ser bom negócio.

A carta branca foi dada. Bituca alugou uma casa na praia de Piratininga, Mar Azul, em Niterói, enfiou Beto, Lô e Jacaré no Tó Tó e pôs "o pé nessa estrada".[5]

Foram quatro meses de um quase confinamento, interrompido por escapadelas para o Rio, São Paulo, Belo Horizonte e Diamantina. Os moradores permanentes eram os passageiros do Tó Tó: Bituca, Jacaré, Lô

---

5    Trecho de "Nada será como antes", de Milton Nascimento e Ronaldo Bastos.

## DO MUNDO PARA A ESQUINA (E VICE-VERSA)

e Beto. No entanto, durante aqueles meses, a casa na beira da praia quase nunca estava habitada apenas por eles, principalmente nos fins de semana. Ronaldo Bastos, de quem Bituca havia ficado muito próximo, e Márcio Borges eram frequentadores assíduos nos sábados, domingos, feriados e outros dias mais. Fernando Brant ia também, mas com intervalos maiores. Músicos, amigos e parentes de uns e outros não faltaram. Os companheiros do Som Imaginário eram visitantes carimbados, como Tavito, Robertinho Silva, Luiz Alves e Wagner Tiso. Deram as caras ainda Toninho Horta, Rubinho e Sirlan, de Belo Horizonte. O fotógrafo Cafi era o companheiro de Ronaldo Bastos nas travessias do Rio a Piratininga, além de muitos outros. A mãe, Lília, ficou uns dias lá com as duas filhas pequenas.

Passavam quase o dia inteiro na praia, na areia branca e deserta. Em um fim de semana, dona Maricota e seu Salim enfiaram a filharada na kombi da família, deixaram a casa na Rua Divinópolis e atracaram em Piratininga. Era assim, festa, mar e céu azuis, regados a doses de batida de limão. Eram tempos em que ainda se bebia muito, enquanto as noites viravam dia e vice-versa. Bituca contratou uma cozinheira, cuja comida era horrenda, detalhe insignificante diante do fato de ela cuidar das refeições sagradas e manter a casa habitável. Quando não estavam na praia, ou até quando estavam, Bituca e os companheiros se dedicavam a trabalhar nas músicas. Muitos temas estavam prontos, faltava elaborá-los. Outras composições haviam sido feitas no apartamento do Jardim Botânico, como "Nada será como antes", composta em parceria com Ronaldo durante uma madrugada, sob os olhares curiosos de Beto Guedes. As ideias borbulhavam e a casa de praia parecia mais um centro de criatividade na panela de pressão, pronta a explodir. Mas nem só de arte foram feitas as histórias daqueles dias.

Certa tarde, Bituca estava na varanda, num raro momento de solidão, quando ouviu tiros. A imagem dos militares com metralhadoras no seu apartamento e a cena no Dops vieram-lhe à cabeça. Estaria a polícia atrás dele? Antes que arrumasse suas coisas e fosse embora, foi acalmado pela cozinheira, que explicou que ali perto havia uma área de treinamento do

Exército, nada mais. Em outro instante sozinho, ele literalmente apagou deitado na areia, fazendo a famosa sesta após o almoço. Não percebeu a maré subindo, a água cobrindo primeiro seus pés, depois as pernas, a cintura, o pescoço, as orelhas. A poucas ondas de ser tragado pelo mar, foi despertado por Lô e Beto, que voltavam das compras na cidade.

*

Entre as viagens inevitáveis durante a permanência em Piratininga, houve uma para São Paulo, onde encontraria Káritas e faria um show no Museu de Arte Moderna. Bituca, Jacaré, Beto e Lô entraram outra vez no Tó Tó e partiram para a capital paulista com malas e violões. O motorista era Jacaré, pois, segundo o próprio dono do veículo, o fusca não aceitava outro condutor. Bituca estava no auge da empolgação com a bebida, não só ele, mas quase toda a turma. "Entornar o caneco", como se diz em Três Pontas, fazia parte da rotina, ainda mais no mundo artístico. Depois da longa viagem, a tropa chegou a São Paulo e, para não negar o costume, tomaram umas e outras, hibernaram nas batidas de limão. Pouco antes do show, no camarim, Bituca estava completamente embriagado. Os companheiros tentavam despertá-lo. Jogaram-lhe água na cabeça, deram-lhe tapinhas no rosto, sacudiram-no. Depois de uma longa peleja, conseguiram colocá-lo de pé. O show estava atrasado e o público, mesmo complacente com seus astros, começava a se irritar. A solução foi o Som Imaginário entrar e dar início à apresentação. Era preciso ganhar tempo até Bituca se recuperar, pelo menos um pouco mais. A plateia aplaudia a banda, ovacionava, e pedia Milton Nascimento.

Ele surgiu no palco cambaleando. Ameaçou dizer qualquer coisa e tombou para trás, em cima da bateria de Robertinho Silva. Os músicos ficaram sem saber o que fazer, a plateia paralisada. Sem pensar em solução melhor, fã de microfones e orador de primeira, Fredera se apoderou do microfone e fez um discurso inflamado. Justificou a atitude do colega como resultado da pressão do regime militar. Os presentes, na maioria jovens estudantes, ansiosos pela liberdade e pelo fim da ditadura, ficaram atônitos, boquiabertos. Em poucos minutos Fredera transformou uma simples embriaguez num porre ideológico e o seu protagonista, num exemplo de oposição. Todos aplaudiram, entre assobios e louvações.

Foram meses de muita alegria e muita farra. Bituca havia alcançado seu propósito de reunir o pessoal e criar as músicas para o novo disco, tudo no maior clima de amizade. Era isso que valia, no final das contas, pelo menos para ele. Antes de começar a gravar, entretanto, Bituca, Lô, Fernando e Márcio foram a Diamantina, a convite da revista *O Cruzeiro*, interessada em fazer uma reportagem com o quarteto. Outra vez, numa dessas felizes coincidências, encontraram o ex-presidente Juscelino Kubitschek e posaram, os cinco, para a foto que ilustrou a reportagem, sentados num banquinho de praça. Nessa viagem, Lô e Fernando compuseram "Paisagem da janela", inspirada na janela do quarto do hotel em que se hospedaram, no centro da cidade, de onde se veem a Serra do Espinhaço, as ruas de pedra e um velho sinal.

Os amigos andavam por toda a cidade dia e noite. Numa dessas noites, Bituca e Lô caminhavam pelos arredores de Diamantina, perto da cachoeira Sentinela, e chegaram a um brejo cheio de sapos. Apesar de ter ouvido várias vezes o coaxar de sapos em Três Pontas, daquela vez parecia diferente. Bituca pegou o violão e começou a tocar. Quando as cordas emitiam o som, o brejo inteiro coaxava, quando Lô parava de fazer o acompanhamento e Bituca ficava tocando a melodia, só um sapo continuava. Ao Lô retomar o acompanhamento, o coro de sapos começava outra vez.

— Vou levar os sapos para gravar o disco! — disse.

Não era brincadeira, e quem o conhecia sabia disso.

— O Hermeto não levou porcos para o estúdio da Philips? Por que eu não posso levar um coro de sapos?!

Fez a solicitação à diretoria. Negaram. Já haviam permitido que fosse um disco duplo, agora, transformar as dependências da Odeon num brejo? Era demais. Não bastasse isso, Milton Nascimento queria dividir os créditos do LP com um rapaz desconhecido, um rapazote. Ainda por cima com um nome pouco sugestivo: Lô. A pendenga durou algum tempo, e enquanto decidiam se usariam ou não coaxos como fundo musical e se o nome de Lô Borges poderia aparecer junto ao de Milton na capa, Gal Costa lançou o primeiro duplo do Brasil. Foi um golpe no projeto de serem os primeiros no país a lançar a novidade. De qualquer modo, isto ajudou a empolgar um pouco mais a diretoria da Odeon.

Foram vinte e uma músicas, e apenas duas não eram obras dele e de seus amigos: "Dos cruces", do compositor de boleros Carmelo Larrea, e "Me deixa em paz", de Monsueto e Ayrton Amorim. Esta última, Bituca havia escutado na voz de Alaíde Costa durante o programa *Almoço com as estrelas*, na TV Tupi, comandado pelo apresentador Aérton Perlingeiro. Ele não só gravou a canção, como convidou Alaíde para interpretá-la junto com ele. Do total, Milton Nascimento cantou sozinho dez músicas. As outras dez dividiu com Lô Borges e Beto Guedes, sendo cinco delas interpretadas apenas por Lô. O rapaz não tinha muito a noção de tudo aquilo, mas anos depois teria a certeza de que aquele foi o grande lance da sua carreira.

— Bituca simplesmente me lançou como músico, abriu as portas da indústria fonográfica para mim antes de que eu me desse conta do que realmente queria para minha vida. Devo a ele minha entrada no mercado profissional — afirmou Lô.

As dezenove composições inéditas do álbum saíram das mangas, do coração, da alma, das mãos do quinteto: Milton Nascimento, Lô Borges, Márcio Borges, Fernando Brant e Ronaldo Bastos. Bituca conseguiu unir os amigos de tal maneira que se descobriram todos parceiros uns dos outros. No estúdio de gravação da Odeon, na Cinelândia, o circo estava armado. Não alcançara êxito em levar os sapos para o coro, mas a diretoria, nem ninguém, teve como barrar o vaivém de tanta gente. Além dos compositores, intérpretes e músicos, não faltaram amigos e conhecidos. As gravações aconteceram no mesmo clima da temporada em Piratininga, e o álbum duplo recebeu o nome da primeira composição de Bituca e

DO MUNDO PARA A ESQUINA (E VICE-VERSA)

Lô: *Clube da Esquina*. O disco se tornaria antológico, de cabeceira para muitos músicos no Brasil e no mundo, e o seu nome ficaria associado a um movimento musical que, na verdade, nunca existiu de outra maneira.

Não havia manifesto, bandeira, ideologia, nem seus integrantes eram só mineiros. Em uma entrevista sobre o disco ao *Jornal da Tarde* em 4 de abril de 1972, Bituca fez questão de ressaltar: "Não pertenço a nenhum grupo (...), não quero que exista um 'grupo mineiro'. Sou contra essas máfias regionais. A gente está junto, trabalhando junto, porque tem uma porção de coisas para mostrar. E é só isso." O Clube da Esquina foi uma fase em que várias pessoas de talento se reuniram para fazer música, tocar música, viver a música, aglutinadas pela figura de Milton Nascimento. Pensavam, sim, que podiam mudar o mundo, mas por meio de melodias e letras, palavras e harmonias. De qualquer forma, o rótulo, não poucas vezes comparado à Tropicália, permaneceu ao longo dos anos, e quando algum fã descobria que o Clube não tinha sede, a não ser uma velha esquina, arregalava os olhos com surpresa: "Mas, como assim?"

\*

A presença feminina era extremamente forte na vida de Bituca. Algumas mulheres tiveram papel fundamental na sua trajetória, pessoas pelas quais nutria profunda admiração. Eram musas, fontes inspiradoras. A primeira e eterna foi Lília, a mãe. O sorriso tranquilo, o carinho, a proteção, a beleza, Lília era, aos seus olhos, a mulher mais perfeita do mundo. Na adolescência, descobriu Maria Amélia, com suas risadas altas, seu jeito alegre, sua habilidade no piano. Em São Paulo, durante os dias difíceis, apareceu Elis Regina, declarada por ele como o grande amor da sua vida, mesmo sem nunca ter se realizado. A baixinha o fascinava, e ele passou a compor como se fosse para ela, cada nota idealizada para a sua voz. Elis estendeu-lhe as mãos e ele retribuiu com seu coração. E assim foi sempre.

Ao longo dos anos, outras mulheres surgiram no seu caminho e o iluminaram. Durante o II FIC, tornara-se amigo de Dori Caymmi, e a amizade se estendeu aos irmãos Danilo e Nana. Bituca e Nana estreitaram os laços, trabalharam juntos, esgotaram-se em interpretações que transcendiam o puro e simples canto. No entanto, esta amizade se tornaria mais forte algum tempo depois. Naquele momento, Bituca estava encantado com duas mulheres em especial: Dina Sfat e Leila Diniz, ambas apresentadas a ele por Ruy Guerra. Leila era esposa do cineasta, com quem teve a filha Janaína, ainda bebê na época. A atriz Dina Sfat atuou em *Os deuses e os mortos*, e as semanas passadas em Ilhéus despertaram uma admiração mútua entre ela e Milton Nascimento. Mas era com Leila Diniz que Bituca dividia seu tempo livre no Rio.

A cantora, atriz, poetisa, mulher ultramoderna, desbocada e sincera, que causou polêmica com frases como "eu trepo de manhã, de tarde e de noite", e se deixou fotografar grávida de biquíni, deslumbrava o mineiro tímido. Da amizade dos dois nasceu "Um cafuné na cabeça, malandro, eu quero até de macaco", poema de Leila musicado por ele. Além de inspirá-lo, a atriz o divertia à beça, aprontando feito duas crianças. Aos domingos, Leila costumava passar com seu jipe para pegar Bituca e a dupla ia fazer as compras do almoço, que era preparado por eles. Quando entravam no mercado, ela assumia seu lado atriz e se transformava numa mulher mimada, patroa megera, humilhando e explorando seu humilde empregado: Bituca. Aos berros, Leila pedia isso e mais isso, e ele, segurando o riso, procurava atendê-la. "Este tomate está horrível, você não sabe escolher um tomate, eu quero outro, inútil!" "Sim, senhora!", respondia, resignado. Os funcionários e clientes ficavam constrangidos. Que coisa horrível, deviam pensar. Os dois, no entanto, não se importavam, queriam se divertir. Quanto maior o espanto, melhor. E assim passavam o dia, entre brincadeiras adolescentes, poesias e músicas.

Bituca convidou Ruy Guerra, marido da amiga e seu amigo, para dirigir o show de lançamento do *Clube da Esquina*. Mesmo após o sucesso do espetáculo *Milton Nascimento e Ah! O Som Imaginário*, a dinâmica dupla José e Maria Mynssen partiu para outros projetos, deixando de empresariar e produzir Milton Nascimento e o Som Imaginário. Nem Bituca nem os demais imaginavam a proporção daquela ausência. Estavam todos imersos na criação artística e completamente desligados de qualquer questão prática. Mal davam conta de gerenciar suas próprias casas, isso quando as possuíam, quanto mais organizar um show, com tudo o que tal empreitada envolve: produção, divulgação, risco financeiro. Gerenciar um espetáculo em quase nada se assemelhava a produzir um disco, porque este era feito sempre sob as rédeas da gravadora, por mais que as deixassem frouxas. O único com os pés no chão era Ronaldo Bastos, que conseguia atrair os amigos para a realidade. Mas nem sempre. Às vezes era impossível convencê-los de que aquela ideia brilhante seria inviável, que as coisas não podiam ser feitas assim.

Milton Nascimento não era mais qualquer um; seus shows (quando bem divulgados) eram sinônimo de casa lotada. Tinha uma carreira internacional paralela que seguia bem e seus discos vendiam satisfatoriamente. Cinco anos depois do sucesso com "Travessia" e consolidado no cenário musical, embora muitos críticos apostassem no contrário, ele deveria ter, pelo menos, uma situação financeira razoável. Seu único bem, no entanto, era o fusca Tó Tó. Morava em apartamento alugado e passava semanas sem um tostão no bolso. O descontrole com o dinheiro era total. Chegava do exterior e deixava os dólares em qualquer lugar, em cima da mesa, do sofá, na cozinha. Não que seus amigos tivessem má intenção, os verdadeiros amigos, mas a casa estava sempre cheia, com pessoas entrando e saindo a qualquer hora. Quando se lembrava dos dólares, já não conseguia encontrá-los.

Sua ingenuidade em assuntos monetários era evidente; sua falta de ordem nos assuntos da vida pessoal, idem. Por isso, não raras vezes sofreu calotes, canos, ou foi passado para trás. Bastava ter um mínimo de má-fé e percepção da realidade em torno de Bituca para se aproveitar da situação. Ele, por sua vez, demorava a descobrir, mas quando descobria, aquela pessoa morria na sua vida. Não ia tomar satisfação, pedir o dinheiro de volta, acionar a Justiça. Apenas enterrava o sujeito, para sempre. E para sempre quer dizer para todo o sempre mesmo, eternamente. Bituca não perdoava uma mágoa com facilidade, não esquecia. Era fácil conquistar a sua confiança, ainda mais fácil perdê-la, e impossível resgatá-la. Podia até voltar a conviver socialmente com o ex-amigo, em ocasiões nas quais isso era inevitável, mas só. Quando tripudiavam dos seus sentimentos, devolvia no que, para ele, era o mais importante que tudo — acabava ali mesmo a amizade, sem chance de reatá-la.

Sem recursos próprios para investir e sem produtor, convocou os amigos para a produção do lançamento do *Clube da Esquina*. Depois de Ruy Guerra aceitar a direção do show, Bituca convidou o arquiteto Zanini para criar o cenário. A banda seria o Som Imaginário, somada a Lô Borges e Beto Guedes. Essas resoluções não bastavam para transformar o espetáculo em realidade. Precisava de um empresário ou, pelo menos, de algo parecido com isso. Um amigo seu de Alfenas, Mané Gato, assumiu a função. Os demais envolvidos não gostaram muito da novidade, pois não iam com a cara de Mané, principalmente Ronaldo. Com isso, o período pré-show começou mal.

O clima não era dos melhores. Para piorar, o local escolhido para a temporada era um teatro completamente escondido, pequeno, com péssima infraestrutura e o nome assustador de Teatro da Cruzada Eucarística São Sebastião. Ronaldo, com seu tino comercial, achou que ninguém, em sã consciência, sairia de casa para assistir a qualquer coisa num lugar com esse nome. Sugeriu divulgarem-no como Teatro Fonte da Saudade, ligando a casa à área em que se encontrava. Mesmo assim, não conseguiram lotar os cento e poucos lugares durante os dias em cartaz. O show foi um verdadeiro fracasso. No palco, os músicos não estavam à vontade. Alguns nervosos, tensos, sem conseguir tocar direito. Outros, com sua capacidade limitada pelo álcool, tropeçando em si mesmos. Apesar das restrições à bebida, ainda se encontravam copos de uísque espalhados pelo palco e no camarim. Tavito e Robertinho Silva, em dias alternados, tiveram um ataque de nervos em pleno show. Um quebrou a viola e o outro, as baquetas, no palco, aos berros, diante da plateia aturdida, que não sabia se aquilo fazia parte do espetáculo. Não havia como continuar. Suspenderam as apresentações.

\*

Em abril de 1972, o grupo norte-americano de jazz Weather Report veio ao Brasil para uma série de apresentações no Teatro Municipal do Rio de Janeiro, e o saxofonista Wayne Shorter quis saber por onde andava Milton Nascimento. Conhecera o trabalho do brasileiro por indicação de Darlene Chene, uma das organizadoras do festival de jazz da Universidade de Berkeley, na Califórnia, o Berkeley Jazz Festival. Soube que Milton era um compositor com coisas novas, explorando harmonias e melodias de modo diferente do que estava sendo feito naquele momento. Entrou em uma loja de discos em Los Angeles, onde morava, e comprou o LP *Courage*. Adorou. Queria aproveitar a estada no Brasil para encontrá-lo, conhecer melhor o seu trabalho, a sua música. No entanto, ninguém dava notícia dele. Tudo poderia ter ficado por isso mesmo se a portuguesa Ana Maria, esposa de Wayne, não tivesse lido num pé de página de jornal a chamada para o show *Clube da Esquina*, num tal de Teatro Fonte da Saudade.

Depois do fracasso da primeira tentativa e do período de descanso necessário para a recuperação mental, moral e física de cada um dos integrantes, inclusive de Bituca, iniciou-se a nova temporada do show, sem Mané Gato — para alívio de Ronaldo. Dessa vez, tudo estava dando certo. Houve um ou outro sobressalto, que não chegaram a atrapalhar. Como na vez em que Bituca pediu a Beto Guedes para chamá-lo dali a pouco. Ia só tirar um cochilinho até chegar sua vez de entrar no palco, pois revezava o microfone com o próprio Beto e com Lô. "Lógico!", assegurou o rapaz. Só que dali foi fazer outra coisa e se esqueceu do combinado. Acordaram-no atrasado, sem tempo de se preparar, com aquela cara de quem acabou de se levantar. Bituca ficou uma fera com Beto, mas essa foi a pior consequência do deslize.

O show virou um sucesso de público, mesmo com a resistência da imprensa a divulgá-lo com destaque. Nada impossível de ser superado pela vontade real de assisti-lo. Caetano Veloso havia acabado de voltar ao Brasil, depois do exílio em Londres, e foi assistir ao show com Gal Costa. Gal já tinha ido ver o *Clube da Esquina* e achara genial. Foi novamente para levar Caetano.

— Nesse dia eu entendi a música do Milton, entendi que possivelmente era a coisa mais importante que estava acontecendo no Brasil em música mesmo. E justamente nesse período o mundo inteiro começou a pensar isso — disse Caetano.

O baiano sentou-se em uma das primeiras fileiras e achou a atmosfera do espetáculo genial, uma mistura única de um certo catolicismo da música, cheiro de álcool que vinha do palco, dos músicos, e sensualidade. Bituca usava uma calça de algodão mole, amarrada na cintura por um cordão. Com o suor, o tecido molhado colava no corpo e era quase como se estivesse nu, entregue à plateia, à atmosfera mágica do show. Era difícil assistir àquilo tudo e sair imune.

Wayne Shorter queria assisti-lo de qualquer maneira. O único problema era que o final do show do Weather Report coincidia com o início do *Clube da Esquina*. Para solucionar o problema, a banda estrangeira reduziu a duração do próprio espetáculo. Assim, seus integrantes podiam chegar a tempo de ver a apresentação dos brasileiros do princípio ao fim. O Weather Report havia sido fundado no final dos anos 1960 por músicos que antes compunham a banda de Miles Davis, o deus do jazz. Eram algumas das principais figuras desse estilo musical dos Estados Unidos e do mundo. Quando soube, ainda no camarim, da presença de Wayne Shorter e companhia na plateia, Bituca ficou mais tenso do que o normal, que já era tensão absoluta. Mesmo assim, conseguiu segurar o nervoso e deu um show, ele e toda a tropa. Os americanos adoraram e voltaram nos dias seguintes. Antes de ir embora, Wayne foi falar com Bituca.

— Quero que você faça um disco comigo!

DO MUNDO PARA A ESQUINA (E VICE-VERSA)

— Sim, claro! — ele respondeu, cheio de vaidade, embora não tivesse posto fé na proposta.

"É tudo empolgação", pensou. No entanto, não seria.

Pouco tempo depois da temporada, dois fatos abalaram, de maneiras diferentes, o coração de Bituca. No dia 14 de julho, Leila Diniz morreu num acidente de avião ao voltar da Austrália, onde fora representar o filme *Mãos vazias*, do diretor Luiz Carlos Lacerda. Leila decidira regressar antes, com saudade da filha Janaína, de 7 meses. O acidente interrompeu o voo da mulher que havia sacudido a sociedade de seu país. Foi uma barra perder a amiga, musa e companheira. Bituca não sabia lidar muito bem com as perdas, sentia uma dor imensa, um vazio cortante. Ficou num estado de profunda tristeza, amenizado apenas por uma grande novidade: Káritas estava grávida. Ao saber da notícia, ele assumiu de imediato a postura de um pai dedicado. Preocupado, sentimental e coruja. O menino chamou-se Pablo e ganhou de presente uma música com seu nome.

# Capítulo 9
## 1973 a 1975 | Milagre?

Após alguns meses morando no Bairro Peixoto — para onde havia se mudado depois de sair do apartamento no Jardim Botânico —, cinco discos solo, 30 anos completos, cinco de carreira desde o FIC, ou vinte e cinco, a contar dos tempos de sanfonogaitista, Bituca adquiriu seu primeiro imóvel. O apartamento ficava no Edifício Fanny, um prédio na Avenida Sernambetiba, na Barra da Tijuca, quando morar lá era como viver no meio do mato, em um litoral semideserto e distante. Havia poucas construções, e a praia espalhava calmaria. Não se instalara ainda a badalação de agora, e pessoas famosas podiam caminhar pelas ruas com tranquilidade, estender-se na areia branca e observar o mar sem serem incomodadas.

Este, aliás, tornara-se um dos programas favoritos de Bituca: passar o dia na beira da praia. Raras vezes só. Havia sempre a companhia de alguém, fossem hóspedes ou amigos que moravam no Rio. Separada e com três filhos, Nana Caymmi costumava juntar as crianças e a matula, com o indispensável ventilador, pois na Barra havia muito mosquito, e ia passar os domingos com o amigo, zanzando entre o apartamento e a beira-mar. Novelli, Lucy e o filho pequeno juntavam-se a eles e ficavam todos por ali, preparando comida, contando casos, vendo as crianças brincarem. Nessa época, Lô e Jacaré não moravam mais com Bituca. Apenas Beto Guedes permanecera no Rio com ele, um "eterno hóspede", como dizia Nana. Certa vez, Beto foi a São Paulo, e estava andando pelo centro da cidade quando passou em frente a uma loja de instrumentos musicais. Resolveu entrar para dar uma olhada. Num cantinho havia uma guitarra Grecht, a mesma marca usada pelo seu ídolo, o beatle George Harrison. Primeiro Beto pensou tratar-se de uma imitação. "Imagina, uma Grecht", pensou. Mas depois de averiguar, constatou que era autêntica. Precisava daquele instrumento! Talvez nunca mais tivesse oportunidade de comprar uma guitarra daquela. Não ter dinheiro não era empecilho o bastante. Ligou para Bituca no Rio, pediu o adiantamento de algum dos shows agendados, implorou.

— Pelo amor de Deus, cara!

Conseguiu o dinheiro emprestado e comprou a guitarra, que ainda guarda. Bituca era assim; dizer não era um martírio, sobretudo quando era para ajudar seus amigos. As portas da sua casa estavam sempre abertas, e a mão, estendida. Tamanha receptividade contrastava com seu jeito reservado. Na presença dos mais chegados, soltava o verbo, ria, gargalhava. Fora desse círculo, era de poucas palavras, ou quase nenhuma. Essa maneira de ser contribuiu para que muitos criassem certa resistência a ele. Os fãs, principalmente, aproximavam-se dele com sorrisos, elogios, perguntas, ansiosos por travarem um diálogo ou iniciarem uma amizade — corria solta a justa fama da sua facilidade para fazer amigos. No entanto, muitas vezes não eram correspondidos na medida esperada. No fim de um discurso sorridente, Bituca respondia com duas ou três sílabas.

Era algo mais forte que ele, não conseguia falar muito, ainda mais com pessoas que mal conhecia. Amava os fãs e sentia-se lisonjeado com o assédio. Para agradá-lo, bastava dizer que adoravam tal música, tinham visto tal show, admiravam o seu trabalho. O reconhecimento inflava o seu ego de artista, pois, afinal de contas, compunha e cantava para os outros. Mas, definitivamente, não era capaz de superar a timidez e devolver mil sorrisos ou palavras doces. Ficava tenso, sem saber o que fazer, acuado.

## MILAGRE?

Se o fã tivesse a oportunidade de passar um pouco mais de tempo ao seu lado ou o encontrasse em outras ocasiões, veria que não era má vontade dele em responder, e muito menos pouco caso. Era timidez, só. E mesmo com os amigos do peito, com os quais ficava à vontade, contando piadas e relembrando passagens memoráveis, não se abria por completo. Atingir o fundo do coração de Bituca, penetrar na sua alma, nos seus pensamentos mais íntimos, era coisa para poucos e, ainda assim, em termos.

Quem conviveu muito com ele acabou aprendendo a perceber seu humor e seus sentimentos pela maneira de se portar, de estar. Os sinais eram mais eficientes do que a tentativa de invadir o seu complexo universo interior. Bituca não era dessas pessoas fáceis de definir. Transitava entre os opostos sem o menor sobressalto. Em determinado momento, era de extrema sensatez e genialidade, como se tivesse vivido sempre, angariando séculos de experiência. No minuto seguinte, transformava-se na mais inocente criatura, um menino se divertindo com o palhaço, com as folhas de uma árvore, brincando de igual para igual com as crianças que circulavam pela casa. Podia não enxergar um palmo diante do nariz, estar em outro plano enquanto todos falavam empolgados sobre qualquer assunto e, de repente, como se a terra o tivesse resgatado, dizia a frase certa, arrematando a discussão. Era, sem sombra de dúvida, impossível dar-lhe um rótulo.

O mesmo acontecia com a sua música. Não era bossa nova, bolero, nem música caipira, jazz ou rock, embora tivesse elementos de todos esses estilos e de outros. Alguns críticos optaram por denominá-la "toada mineira". No exterior, sem conseguir encaixá-lo num estilo predeterminado e aflitos por darem nomes aos bois, apelaram para a amplérrima categoria "World Music", e o puseram lá. Nem mesmo Bituca sabia responder a esta questão e não demonstrava o menor interesse em fazê-lo. Teorizar sobre música não o atraía nem um pouco; viver a música era o seu barato. O pensamento do tipo "agora vou compor assim, depois vou distorcer isso, então crio um novo andamento etc. e tal" passava longe da sua cabeça. Compunha e pronto; quem quisesse que tentasse explicar depois. Isso não era para ele.

Mas o fato é que a música de Milton Nascimento era inovadora. Enredava as notas de uma forma como nunca se ousara fazer, numa sequência alucinante. Organizava os sons de maneira que jamais poderia funcionar, mas funcionava, e o resultado era surpreendente.

Décadas depois, quando a sua obra havia sido assimilada com maior propriedade, alguns estudiosos colocaram Milton Nascimento no patamar de vanguardistas como Debussy e Villa-Lobos. Por isso conquistou admiração por onde passou. Para muitos, ainda é cedo para digerir as inovações que ele introduziu na música, algo que nunca havia sido feito em parte alguma do mundo. Mas acreditam que, em meio século ou mais, Milton Nascimento deixará de ser o nome de um cantor e compositor para ser um estilo musical, assim como há a bossa nova, o jazz, o samba. A maior novidade na sua música era unir coisas completamente opostas e tornar aquela mistura algo maravilhoso, surpreendente. Acordes dissonantes, preferindo as segundas e quartas, enquanto a grande maioria das músicas, sobretudo no cenário popular, era sustentada em terças e quintas. Chegava ao extremo de tocar a música em um compasso e cantá-la em outro, como em "Maria três filhos", em que o violão segue em nove por oito e a voz acompanha em quatro por quatro. Isto quando não chamava, na última hora, seus "primos" para as gravações. Quando ele entrava no estúdio, o técnico de som perguntava:

— Veio mais alguém da família?

Tais parentes eram ele mesmo sobrepondo várias vozes, cada uma em uma altura, um compasso, um tom. E Bituca nunca experimentou tanto as vocalizações como faria em seu novo disco. Era visto como compositor de elite, capaz de ser admirado e compreendido somente por intelectuais, músicos e estudantes universitários. O futuro se encarregaria de mostrar o oposto.

*

## MILAGRE?

Com o *Clube da Esquina*, Piratininga, Teatro Fonte da Saudade, apartamento novo, Bituca se esqueceu dos militares. No entanto, os vigilantes da ditadura estavam mais atentos que nunca aos seus passos — e ao novo trabalho. A insistência e a proteção de Lessa, somadas à prova de que não era um compositor de uma única canção, como se suspeitou no início, deram a Milton Nascimento prestígio na Odeon, transferida para a Rua Mena Barreto, em Botafogo. A gravadora, cuja direção de produção continuava a cargo de Milton Miranda, mostrava-se disposta a investir pesado nele. Bituca, por sua vez, não pretendia desperdiçar a oportunidade. As ideias ferviam na sua cabeça e nas de seus parceiros. Havia composto uma música à qual dera o nome de "Milagre dos peixes," e a entregou a Fernando Brant para que fizesse a letra. O belo-horizontino se tornara um letrista excepcional. Quando recebia a melodia gravada em cassete, só com Bituca ao violão, passava para o papel as impressões ao ouvi-la, e assim escrevia a letra. Ao recebê-la, Bituca suspirava contente e aliviado; era aquilo mesmo que pretendia dizer. Estavam assim, num estado de tal afinidade que não era preciso refazer uma ou outra, apenas realizar pequenas adaptações. No mesmo período, ele e Márcio Borges, inspirados na "Suíte do pescador", de Dorival Caymmi, resolveram compor uma suíte, um diálogo entre pai e filho, apresentando o conflito de gerações. O resultado final foi "Hoje é dia de El-Rey", cuja letra foi censurada na íntegra e Bituca, "convidado" a esclarecer certos pontos no Dops. Furioso, indignado, decidiu gravar a música de qualquer jeito.

— Censuraram a letra, então eu vou cantar sem palavras — bateu o pé.

Na sequência, outras também sofreram censura. Repetindo o recurso usado em "Hoje é dia de El-Rey," gravou com vocalizações várias outras composições. A única música com a letra cantada foi a que deu título ao disco "Milagre dos peixes". As outras eram instrumentais, e tiveram a presença das vozes da família. Destoando do conjunto instrumental, gravou "A última sessão de música" só com ele ao piano e um inconfundível burburinho de bar ao fundo. Além dos primos, o LP contou com diversos efeitos especiais, dando a quem ouvia a impressão de estar no meio de uma clareira de floresta, habitada por animais, ancestrais e mistérios. Apenas uma faixa com letra, vocalizações e efeitos não foram as únicas ousadias. O disco foi ousado por inteiro. Junto com o LP vinha um compacto de bônus com três músicas, entre elas "Sacramento", de Nelson Ângelo, com letra instigante de Bituca: "...não morra que o mundo quer saber / as coisas que a vida não te impôs..."

Seguindo a tendência inovadora, a apresentação do disco era uma obra de arte. O LP, o compacto e a ficha técnica vinham dentro de um pôster, cuja dobradura originava o formato de capa do disco, com o vinil dentro. As letras das músicas e a ficha completa de cada uma das faixas apareciam em folhas coloridas e soltas. Ao todo, quarenta e dois músicos participaram das gravações, dos amigos a estrelas, como o maestro Radamés Gnatalli, Paulo Moura nos sopros e regência, e o Quinteto Villa-Lobos. A ficha técnica de "Milagre dos peixes" foi a mais completa até então na história do disco no Brasil, incluindo os técnicos, sempre deixados de fora. A direção de produção coube a Milton Miranda e o diretor musical, maestro Gaya. A última novidade, embora não aparecesse no disco, era o fato de Bituca e seus parceiros, Ronaldo, Márcio e Fernando, terem criado a Três Pontas Edições Musicais, integrada à Odeon, projeto idealizado e executado por Ronaldo, com seus pés no chão. Com isso, eles próprios passaram a representar seus direitos autorais, em vez de cedê-los à gravadora.

Após um show em Belo Horizonte, Bituca ficaria mais alguns dias na capital mineira, onde seria padrinho de um casamento e faria planos de um filme com o cineasta e amigo Schubert Magalhães. A estada foi rápida, porque precisava voltar ao Rio para a mixagem de *Milagre dos peixes*. Então ele, Fernando Brant e Schubert seguiram viagem no Corcel do produtor. Na altura do quilômetro 90 da BR-135, um dos pneus furou e o carro despencou num barranco. Aquele era o quarto acidente de Bituca nas estradas, e foi o mais grave. Mas nada que deixasse sequelas. Primeiro eles foram socorridos na cidade de Lafaiete e depois transferidos para Belo Horizonte. Passado o

## MILAGRE?

incidente e recuperados os acidentados, a mixagem de *Milagre dos peixes* foi concluída, e o disco, lançado no segundo semestre daquele ano.

Apesar de elogiar o mineiro, como em uma matéria no jornal *Folha de S. Paulo*, de 19 de setembro de 1973, intitulada "Milton, milagre de peixes e de música", a imprensa insistia em tachar Milton Nascimento de cantor e compositor intelectual, para a apreciação de poucos. Mas, neste caso, seria difícil compreender por que os shows dos discos anteriores e, sobretudo, o do próprio *Milagre dos peixes* ficaram lotados, com raras exceções.

O primeiro show do novo disco aconteceu no Teatro João Caetano, no Rio de Janeiro, e quem comandou tudo foi o próprio Bituca, em parceria com Ronaldo Bastos. O nome Milton Nascimento adquirira peso, e já não era tão difícil alugar teatros, conseguir divulgação e técnicos. Outra vez Bituca convidou o Som Imaginário para acompanhá-lo, mais orquestra. A banda formada para o show *Milton Nascimento e Ah! O Som Imaginário* ganhara vida própria e havia gravado três álbuns, o primeiro em 1970, outro em 1971, e o terceiro e último em 1973, chamado *A matança do porco*. A formação original se desfizera, ficando os veteranos Wagner Tiso, Robertinho Silva e Luiz Alves, mais os novatos, e velhos conhecidos do Ponto dos Músicos, Toninho Horta, na guitarra, e Nivaldo Ornelas, no sopro. Agora estavam outra vez ao lado de Bituca. O repertório do espetáculo incluía músicas do novo LP e antigos sucessos, como "Outubro" e "Nada será como antes", além de "Sabe você", de Carlos Lyra e Vinicius de Moraes, e "Chove lá fora", de Tito Madi.

Pouco antes da estreia, Bituca se olhou no espelho e viu que se esquecera de pentear o cabelo. A cabeleira estava um caos e não havia tempo nem ânimo para arrumá-la antes do show. Subir ao palco em tal estado também não era uma boa opção. Pegou um boné estilo maquinista que ganhara de presente e o enfiou na cabeça, escondendo a anarquia. Gostou do novo visual e passou a adotá-lo. Acabou se tornando uma marca registrada, da qual custou a se livrar. O show foi um sucesso, e assim nasceu a ideia de se gravar um disco ao vivo.

Bituca queria uma orquestra completa, mas era difícil convencer músicos eruditos a tocar música popular, ainda mais para gravar um disco. Coube a Paulo Moura convencer a relutante orquestra do Teatro Municipal de São Paulo a concordar com a empreitada. Feito isso, marcou-se a data da gravação. Os dois shows foram realizados às 21h30 dos dias 7 e 8 de maio de 1974, no próprio Municipal de São Paulo, completamente abarrotado. Pela primeira vez na história da casa, a direção permitiu a presença de pessoas sem traje a rigor, jovens de calça jeans e camiseta, e até liberou a entrada de alguns estudantes que não tinham ingresso e imploraram para entrar. Os orquestradores e arranjadores eram os mesmos do disco, e a direção geral ficou por conta de Artur Laranjeira, tudo sob a supervisão atenta de Bituca.

Em duas horas de apresentação, ele cantou dezesseis músicas, emocionou a plateia e firmou-se de uma vez por todas como um grande cantor e compositor. O espetáculo foi dedicado a Leila Diniz e a outro grande amigo, Agostinho dos Santos, morto num acidente aéreo em Paris, em julho de 1973. Bituca ainda estava sob o efeito do show, dos aplausos, da ovação, quando percebeu que o teatro estava vazio. Além dele, o único ser vivo ali era Nivaldo Ornelas. Não era bem o que ele esperava depois de um sucesso como aquele. Todos costumavam sair — os músicos, os amigos e alguns fãs — para comemorar até tarde da noite. No entanto, estavam apenas os dois no palco deserto.

— Não tô entendendo nada, é isso mesmo?

— Não sei, a fama deve ser assim... — respondeu Nivaldo.

No domingo seguinte, ao meio-dia, Bituca se apresentou ao ar livre, na Faculdade de Arquitetura da USP, para um público de dez mil pessoas. A apresentação fazia parte do circuito universitário, uma série de shows em todo o país, nos quais Bituca era presença garantida. Pablo estava com quase 2 anos e o pai quis levá-lo ao show. Apesar da insistência e de um imenso leque de argumentos, Káritas não cedeu. *Milagre dos peixes* não havia agradado à polícia, ainda mais por ele ter insistido em incluir as

## MILAGRE?

músicas censuradas, mesmo sem as letras. O sucesso no Teatro Municipal desafiara ainda mais o regime e seus controladores. Além disso, a USP, com seus estudantes inflamados, era um local hipervisado. Portanto Milton Nascimento e a Universidade de São Paulo não formavam a melhor das combinações. Poderia ser um dia tranquilo, de boa música e diversão. Mas também poderia evoluir para um desfecho indesejado, com tumulto, batida da polícia; enfim, não era seguro levar uma criança, decidiu Káritas.

Bituca lamentou não ter podido levar o menino. Tudo correu em paz, e quando cantou "Pablo", várias pessoas da plateia ergueram seus filhos. Foi um show delicioso. Ele amava cantar para os estudantes, tinha uma dívida com eles. No pior momento da sua carreira, antes do *Clube da Esquina*, quando as portas se fecharam para músicos da MPB, suas únicas apresentações foram promovidas por universitários, em centros acadêmicos, auditórios e pátios. Por isso sentiria, nos anos seguintes, não poder voltar a São Paulo. Por isso e, principalmente, por Pablo. Bem, esta é uma outra história. O fato é que o fim de semana na capital paulista rendeu ótimos frutos. O LP vendeu bem, para alegria da Odeon e de Bituca, cujo prestígio na gravadora galgou mais alguns degraus, abrindo as portas para que ele pudesse, ao pé da letra, fazer o que lhe desse na telha nos trabalhos seguintes.

*

Bituca estava sozinho no seu apartamento, na Barra, quando tocou o telefone.

— Poderia falar com Milton Nascimento? — perguntou uma voz feminina com sotaque português.

— É ele mesmo, quem tá falando?

Era Ana Maria, mulher de Wayne Shorter. Ele queria tratar de negócios com Bituca.

— Um minuto que o Wayne vai falar...

— *Hi*, Milton, *how are you doing*?

Mais uma vez Bituca foi salvo pelo inglês aprendido no Ginásio São Luís, aprimorado na viagem aos Estados Unidos.

— Sabe aquele convite que eu te fiz há uns dois anos para gravar um disco comigo? Então, vai ser agora, você pode vir? — perguntou num inglês cheio de gírias.

— Claro! — respondeu sem hesitar.

Wayne estava para começar a gravar um álbum solo paralelamente ao trabalho com o Weather Report, e viu ali a oportunidade de pôr em prática o projeto de fazer uma parceria com o brasileiro. Desde o show *Clube da Esquina*, vinha alimentando esse plano. Sua intenção era aproveitar a música de Bituca como ela era, sem interferências do mercado americano, da indústria fonográfica ou de qualquer coisa do gênero. Assim, decidiu gravar apenas composições prontas. Não fariam nada inédito, a não ser os arranjos e a interpretação. Wayne admirava não só o trabalho do mineiro, mas o de toda a banda que o acompanhou na temporada. Disse a Bituca para levar com ele dois músicos, à sua escolha.

— Wagner Tiso e Robertinho Silva — disse na hora.

Restava saber se eles podiam e queriam. A resposta foi a esperada, sim, como não? E em junho daquele ano, Bituca, Wagner e Robertinho pegaram um voo para Los Angeles. Wayne e Ana Maria estavam esperando por eles no aeroporto e os hospedaram em sua casa. Uma hospedagem que durou quase dois meses, período em que o trio brasileiro criou novos laços e estreitou os existentes com músicos americanos ou brasileiros residentes no país. Antes de qualquer coisa, no entanto, dedicaram-se ao trabalho. Teriam apenas dez dias para ensaiar e gravar o LP, de modo que era preciso agir rápido.

Primeiro Wayne escolheu as músicas, nove ao todo, sendo cinco de Bituca. Havia ainda três composições de Wayne e uma de Herbie Hancock, que voltou de uma turnê pelo Japão diretamente para Los Angeles, com a exclusiva finalidade de gravar com eles. Não se arrependeu.

## MILAGRE?

— O ambiente era como estar dentro de uma igreja, era algo tão forte que chegava a deixar o ar denso, como se pudéssemos tocá-lo. Foi ótimo estar lá. Todo mundo ficou comovido com a música, todos os músicos e os engenheiros, foi fantástico. É um dos meus discos preferidos, e o preferido de muita gente. Eu diria que é uma obra-prima — afirmou Herbie.

Com o novo encontro, Bituca e o tecladista americano puderam se aproximar melhor e converteram-se em grandes amigos. Na semana e meia de gravação, Wayne, Ana Maria, Bituca, Wagner e Robertinho trocaram a casa em LA pelo estúdio The Village Recorder, em Santa Mônica, e Herbie também. Apesar dos ensaios, Wayne queria o máximo de liberdade, improvisação, extrair o melhor de cada um deles. Conseguiu. O disco, batizado de *Native Dancer* por sugestão de Ana Maria, fez sucesso nos Estados Unidos e ganhou o mundo. Tornou-se fonte de inspiração para vários músicos em início de carreira e disco de cabeceira de outros, já renomados. O trabalho acabou de escancarar as portas do mercado internacional para Bituca, abrindo-se também para Wagner e Robertinho. O plano deles era voltar direto para o Brasil, mas dali acabaram seguindo para a Suíça, onde participaram do Festival de Jazz de Montreux, com Flora Purim, Airto Moreira e o mito do jazz, Ron Carter, considerado um dos melhores contrabaixistas do mundo. Carter integrara, com Wayne, Herbie e Tony Williams, o quinteto de Miles Davis, que Bituca sonhava conhecer.

\*

Seus discos vendendo bem, shows lotados, Pablo crescendo, *Native Dancer*, Montreux, tudo indicava uma maré de dias tranquilos e felizes. Mas nem sempre os indícios correspondem à realidade. Ao voltar para o Brasil, Bituca enfrentou uma sequência de desventuras, ou um "inferno astral". O primeiro infortúnio, o de maiores e mais graves consequências, teve início em São Paulo. Ele tinha consciência da sua presença não ser das mais desejadas na terra da garoa. Depois de *Milagre dos peixes*, voltou a ser perseguido na cidade. O então secretário de Segurança Pública de

São Paulo, coronel Erasmo Dias, um dos mais temidos da ditadura, havia deixado claro que não queria Bituca circulando por lá. No entanto, além das oportunidades de trabalho, havia Káritas e Pablo. Não podia ficar longe. Insistiu, embora fosse com menos assiduidade, até receber um ultimato: estava proibido de pisar em São Paulo. Se quisesse cantar e dançar, que fosse em outras paragens; ali, não. Ao contrário das vezes anteriores, quando recebera recados parecidos, a mensagem não envolvia apenas a sua pessoa. As autoridades sabiam da existência de Pablo, sua idade, o endereço, o telefone e tudo mais. Se tentasse sequer se aproximar de São Paulo, o menino poderia sofrer as consequências. E, para terminar, que ninguém ficasse sabendo desse "pequeno acordo". Bituca sofreu calado. Ameaçaram sequestrar o menino e não podia dividir aquela dor com ninguém, pois qualquer um que soubesse da história correria risco também. Toda a determinação de resistir foi substituída pela dolorosa sensação de medo, impotência, fracasso. Arrumou as malas, voltou para o Rio e desapareceu da vida de Káritas e de Pablo. Perdeu contato com os dois e não tornou a recuperá-lo, mesmo depois de voltar a São Paulo com a lenta, mas gradual, abertura política. Nunca mais se relacionou com o filho. Talvez não tenha se perdoado por ter deixado a história se perder, com o peso de dia após dia, talvez não dependesse apenas dele; o fato é que se instalou um vazio num canto da sua alma, que jamais voltou a ser preenchido.

Os problemas não cessaram com o regresso ao Rio. Por mais que não vivesse embriagado e tivesse períodos de sobriedade, fosse com a família em Três Pontas, fosse para trabalhar, compor ou gravar, as garrafas vazias eram uma constante na sua vida. Às vezes bebia pouco, outras, muito, dependendo das circunstâncias e das companhias. Beber (para limitar-se ao álcool) naqueles anos não era apenas natural, mas necessário, fazia parte do ambiente, da sobrevivência. Bituca não estava bem. Sufocar num grito mudo toda aquela história deixou-o aniquilado, ainda mais com os justos protestos da mãe, Lília: "Por que você não traz mais o Pablo aqui?" Para aumentar o lamaçal de pesadelos, descobriu, para seu espanto — embora

## MILAGRE?

não fosse de espantar, pois nunca teve controle sobre sua vida financeira —, que estava quebrado e endividado. Havia várias contas a pagar, e ele, Milton Nascimento, estrela da MPB, construindo uma promissora carreira internacional, sem gastos excessivos, não tinha um tostão furado. Estava no fundo do poço, onde poderia ter ficado, não fosse o resgate imediato daquilo que sempre foi o seu guia maior — a amizade.

Os novos amigos foram surgindo de todos os cantos e os antigos permaneceram ao seu lado. Algumas dessas amizades evoluíram para parcerias. Bituca se aproximou de Chico Buarque de Hollanda por intermédio de sua mulher, a atriz Marieta Severo, de quem já era amigo. Os dois haviam se encontrado outras vezes. Encontros esporádicos em bastidores de festivais, shows, mas que não iam além de um "oi, tudo bem?". Foi Marieta quem insistiu na amizade entre eles. Certa ocasião, quando estavam acompanhados da cantora Miúcha, irmã de Chico, a atriz decidiu que Bituca e Chico precisavam fazer algo em conjunto. Colocou um na frente do outro, na esperança de sair dali alguma coisa. No entanto, nada era capaz de superar a timidez mútua e eles mal conseguiram trocar meia dúzia de palavras. Marieta foi persistente, começou a promover encontros, e aos poucos, bem ao jeito de cada um, tornaram-se amigos.

Bituca passou então a conviver mais com o pessoal de música do Rio de Janeiro, ampliando seu círculo de amizades para além das montanhas de Minas Gerais. Ficou muito amigo também de Caetano Veloso, um frequentando a casa do outro, compartilhando momentos e histórias. No novo leque de amizades entraram ainda Francis Hime e sua mulher, Olívia Hime, Fafá de Belém, Maurício Tapajós, Simone, Maria Bethânia, Edu Lobo e outros. Ao mesmo tempo que participava cada vez mais desse universo, os amigos de Três Pontas voltaram a habitar a sua vida. As idas a Minas passaram a se suceder com maior frequência e o apartamento, que nem era tão grande, tornou-se o point dos conterrâneos. Reaproximou-se de um menino que conhecera nos seus tempos de adolescência na terra mineira e que agora era homem feito. Chamava-se Kéller, e suas primeiras lembranças de Bituca eram do dia em que ele apareceu em sua casa para buscar laranjas, e a cada cutucada com o bambu na laranjeira, despencavam chuchus. Tal episódio atribuiu a Bituca uma aura mágica, sem a qual Kéller nunca mais conseguiu enxergá-lo. Os outros amigos e hóspedes assíduos eram a dupla Manezinho Buxa e Bebeto, companheiros certos das aventuras a bordo do Tó Tó por estradas desconhecidas e cidadezinhas de uma praça só, que resolviam visitar ao ler o nome em uma placa qualquer da rodovia. Graças a tantas amizades e aos novos ares, Bituca superou a angústia e prosseguiu.

# Capítulo 10
## 1976 a 1977 | Minas Geraes

Bituca se aproximou muito de Bebeto, então com 17 anos, e, por consequência, de sua namorada, uma garota chamada Paula. Os dois moravam em Três Pontas, e quando o amigo famoso aparecia na cidade, formavam um trio inseparável, indo juntos a todas as farras, visitas, passeios, cafés, noitadas. Em uma dessas ocasiões, enquanto esperavam Paula tomar banho para darem uma volta, Bituca pegou o violão e começou a tocar. Para poder ouvir melhor, Bebeto desligou o aparelho de som e sentou-se ao lado do amigo.

— Que música é essa?

— Tô fazendo agora. Não sei direito o que vai ser.

Passados alguns meses, os dois se encontraram de novo, em Belo Horizonte, para onde Bebeto havia se mudado.

— E aí, Bituca, e aquela música que cê fez lá em Três Pontas, na casa da Paula?

— Poxa, bicho, não me lembro mais dela.

— Eu lembro, era mais ou menos assim... — e cantou um trecho.

Bituca pegou o violão e foi acompanhando, lembrando cada frase, cada acorde, até ter a música inteira. Ao voltar para o Rio, foi à casa de Caetano

Veloso. Costumava ir lá visitar o amigo, onde havia sempre alguns outros músicos ou amigos de Caetano. Então, iam para a sala de som e ficavam ouvindo discos, tocando um pouco. Foi ali que Bituca contou que estava muito triste porque um casal de amigos seus havia se separado. Estava triste porque gostava muito dos dois e do fato de serem um casal. Mostrou então a música que havia feito lá em Três Pontas, na casa da Paula. Caetano ouviu, mas não guardou muito bem a melodia. Poucos dias depois, Bituca o chamou em seu apartamento para lhe mostrar a música e Caetano colocou a letra. Fecharam-se no quarto, pois havia muita gente no apartamento, Bituca tocou e Caetano fez a letra, ali na hora, começando assim: "Ê vida, vida, que amor brincadeira, à vera / eles se amaram de qualquer maneira, à vera / qualquer maneira de amor vale a pena / qualquer maneira de amor vale amar..."

Era como se tivessem sido feitas ao mesmo tempo, tão perfeito era o encaixe. Emocionados, deram-se as mãos e selaram a amizade com aquela primeira parceria. Bituca pôs-lhe o devido nome: "Paula e Bebeto". Mas os dois só saberiam da homenagem quando a música estivesse para ser gravada.

Bituca começou a pensar no novo disco, programado para ser lançado no fim daquele ano de 1975, segundo o cronograma da Odeon. Tinha novas composições. Além de "Paula e Bebeto", havia outras, feitas com seus três parceiros fiéis. "Fé cega, faca amolada" e "Trastevere", com Ronaldo, "Idolatrada" e "Saudades dos aviões da Panair", com letras de Fernando, e "Gran Circo", com Márcio. Pensava em regravar uma ou duas composições suas em nova versão e escolher alguma coisa de outros autores. Para isso, precisava pensar no disco. Gostava de ver o trabalho como um projeto, um todo, e não uma simples compilação de músicas. Precisava ter uma unidade, algo que representasse a alma daquilo tudo. Estava assim, entre dúvidas e decisões, quando foi se apresentar em Belo Horizonte.

Sempre que possível, preferia trocar as mordomias do hotel pelo aconchego da casa de amigos. O aconchego, naquela ocasião, veio da casa de Kéller, ou melhor, dos pais dele, Lenice e Cipriano. Bituca estava sentado na cozinha, organizando o repertório para o show daquela noite, entre os cafezinhos acompanhados de coalhada e melado, preparados com esmero por Lenice, quando um dos irmãos mais novos de Kéller, Rúbio, sentou-se ao seu lado e começou a palpitar. Espiou a lista de músicas ainda no princípio, analisou com meticulosidade e sugeriu trocar algumas, inserir aquela outra, mais aquela e, quem sabe, aquele sucesso tão conhecido de todos? Achando graça e gostando das sugestões, Bituca deu corda. Deixou Rúbio completar o repertório e ficou ouvindo várias outras ideias que pipocavam da cabeça daquele menino de 12 anos.

— Quando é que você vai fazer um disco novo?

— Por agora.

— Por que não põe o nome de Minas? "Mi" de Milton e "nas" de Nascimento!

Como não tinha pensado nisso antes? Talvez porque o momento fosse aquele. Isso, *Minas*, este seria o nome e a aura do trabalho; era o que queria fazer, só não havia descoberto até aquele dia. Sendo fiel ao título, Bituca mais uma vez convidou a patota de Beagá para participar. Das Gerais, além dos músicos, carregou para os estúdios da Odeon os três irmãos mais novos de Wagner Tiso: Isaurinha, André Luiz e Marco Valério, além de Rúbio e o primo Alexandre, para compor um coral infantil. Foram também Bebeto e outro primo, Chico Frã. Parecia um absurdo, para que toda aquela gente ocupando os corredores dos estúdios? Fariam o coro, esclareceu Bituca. "O coro, como assim? Nem eram músicos!", quis saber o pessoal da gravadora. O fato de não serem músicos não fazia a menor diferença para ele; quer dizer, fazia sim, queria vozes cruas, em seu estado bruto, sem as amarras da prática e da profissão. O coro era fundamental e pronto. O resultado ele garantia. E assim foi.

Durante semanas, a sede da Odeon ficou abarrotada de gente. Somaram-se à mineirada e aos velhos companheiros de estrada Fafá de Belém, Joyce, Nana Caymmi, MPB-4, Golden Boys e Lizzie Bravo, adulada por todos por ter sido a única brasileira a gravar um backing vocal junto com os Beatles, em 1968, nos estúdios da EMI, na Abbey Road, em Londres. Havia ainda os integrantes da orquestra, contratados para gravar as cordas e os sopros, formada por dez violas, nove violoncelos, doze violinos, quatro trompas, uma tuba e uma harpa. Nos sopros estavam também Danilo Caymmi, Paulo Guimarães, Paulo Jobim, Mauro Senise e Raul Mascarenhas, que gravaram as flautas.

Outra presença especial foi a do pianista Tenório Jr., tocando órgão e percussão, em um dos seus últimos registros no Brasil. No dia 18 de março do ano seguinte, 1976, ele desapareceria em Buenos Aires, aonde fora se apresentar. A Argentina, como boa parte dos países vizinhos, estava sob uma ditadura, e anos depois descobririam que seu sumiço havia sido uma ação da repressão argentina, com conhecimento do governo brasileiro. Mas isso ainda era futuro. Por enquanto, reinavam a alegria e a confusão no prédio da Odeon, em Botafogo. Tantos músicos, mais a equipe de produção, amigos, convidados — como observou com propriedade Chico Buarque, um dos que foram apenas acompanhar — faziam aquilo virar uma farra.

— As gravações do Bituca eram uma festa! — ele recordou.

Só que nem todos se divertiam, embora este fosse o estado de espírito geral. Alguns músicos perdiam a paciência por não conseguirem se concentrar, e funcionários da gravadora também, por não serem capazes de controlar o movimento. Cada faixa pedia uma coisa diferente, e Bituca não sossegava enquanto não fizesse tudo como havia imaginado, aceitando sugestões. Para isso contava com o apoio permanente de Wagner, responsável pela orquestração de várias músicas e pela regência. Não por outra razão, a dupla foi alvo da fúria de Nana Caymmi, ao chegar na Odeon e descobrir que havia atravessado a cidade para cantar uma nota só, uma mísera nota, e ainda por cima no meio de um coro. Ficou enlouquecida, queria matar os dois. Entrou sacudindo seu xale com ódio e berrando aos quatro ventos:

— Vá à merda, porra, me chamar aqui só pra fazer essa bosta!

Milton Nascimento, Lô Borges e Ronaldo Bastos: o trio foi um dos grandes responsáveis pela eternização do Clube da Esquina.

Milton Nascimento, Márcio Borges, Juscelino Kubitschek e Fernando Brant em visita histórica à cidade de Diamantina, em 1971.

Wagner Tiso, Lô Borges e Milton Nascimento (à frente) durante a gravação do show *Clube da Esquina dois*, nos estúdios da TV Bandeirantes.

Inauguração da praça Travessia, em frente à casa dos pais de Milton, em Três Pontas, em 1977. Josino segura o microfone para o filho cantar, sob o olhar atento da mãe.

Entre os convidados de Milton para o show no Paraíso, em 1977, estavam Clementina de Jesus (na foto), Fafá de Belém, Francis Hime, Gonzaguinha e o grupo Azimuth.

Chico Buarque e Milton Nascimento durante esse mesmo show, que foi a grande atração nos arredores de Três Pontas. Na época, o evento foi chamado de "Woodstock mineiro".

O show reuniu a juventude da cidade, hippies e pessoas de vários lugares, inclusive os fazendeiros que, em princípio, haviam resistido ao espetáculo. Em destaque o sr. Reginaldo Junqueira e dona Maria da Glória, proprietários da área onde foi realizado o evento.

O morro do Paraíso ficou completamente lotado. As pessoas acamparam no meio das praças, em terrenos baldios e nos arredores da cidade. A população de Três Pontas praticamente dobrou nesse dia.

Fafá de Belém, Tancredo Neves e Milton Nascimento no início da década de 1980.

Milton em show no Teatro Nacional Cláudio Santoro, em Brasília, em 1990, coroando a fase da década de 1980 e entrando no mesmo estilo na década seguinte.

Em show no Copenhagen Jazz House, em 2001.

Show *Museu Vivo Clube da Esquina*, no Centro Cultural Milton Nascimento, em Três Pontas, em 2004.

Milton Nascimento com os Meninos de Araçuaí, no espetáculo *Ser Minas tão Gerais*, em 2002, no Theatro Municipal do Rio de Janeiro. Em 2005, Milton levou esse mesmo espetáculo para Paris, no Ano do Brasil na França.

Milton toca baixo acústico em show da turnê do disco *Pietà*, na cidade de Itajaí, Santa Catarina, em 2003.

## MINAS GERAES

Entretanto, mesmo estes percalços faziam parte da mítica do disco, interferiam de forma positiva no produto final. Furiosa ou não, Nana cantou, acrescentando um "s" antes do "uuuuu". E cantou com esmero. Afinal, toda aquela braveza era da boca pra fora. Depois de uma sucessão de incidentes com empresários, Bituca decidiu afastá-los, pelo menos por um tempo. Assim, Ronaldo Bastos assumiu com ele a produção do LP. Além das composições novas, gravou "Ponta de areia" de maneira diferente do original, em *Native Dancer*. A primeira versão era feita em falsete; nesta segunda, cantou com a voz normal e som de orquestra. No disco, Bituca deu asas a seu lado desenhista. Foi dele o desenho do encarte, uma serra de três pontas, com o sol acima e o trenzinho passando embaixo, desenho este que se tornaria símbolo de Minas Gerais.

Enquanto esperava as finalizações de *Minas*, recebeu a visita da deusa do jazz, a norte-americana Sarah Vaughan, então com 51 anos. Sarah conhecia e admirava o trabalho do brasileiro, tinha todos os discos dele lançados até então e sabia de cor as melodias das músicas preferidas. Bituca tremeu quando lhe deram a notícia. Receber a diva do jazz pedia um grande evento. Como era de se esperar, não conseguiu pensar em nada melhor do que aquilo que costumava, e gostava, de fazer. Chamou alguns amigos músicos, como Toninho Horta, Nelson Ângelo e Maurício Tapajós, além dos que estavam hospedados lá — Bebeto e Yê, outro dos irmãos Borges. Preparou um estoque de batida de limão, aperitivos, ajeitou as almofadas da sala e esperou a chegada das visitas. Tudo correu bem, pelo menos até certa hora.

Bituca tocou e cantou para Sarah, que retribuiu cantando também músicas de discos seus e "Travessia", em dueto com o compositor. A noite só não foi fechada com chave de ouro porque lá pelas tantas, quando as batidas de limão dominavam o ambiente, Bebeto e Yê levaram Sarah para dar uma volta pela noite carioca a bordo do Tó Tó. Saíram de fininho. Depois de algum tempo, os demais se perguntaram onde estava Sarah. Foi uma confusão. Pensaram em tudo, sequestro, assalto, loucura, menos na hipótese mais plausível. Preocupado, Bituca acionou até o cônsul dos Estados Unidos. Estavam todos assim, quase histéricos, quando o trio apareceu no apartamento ao amanhecer. Sarah parecia inteira, viva como nunca. Divertira-se a valer com os rapazes, correndo de fusca pelas ruas do Rio, conhecendo os pontos turísticos à luz das estrelas. Bituca quis matar os dois e só não levou a ideia a cabo porque não era do seu feitio. Mas o incidente em nada atrapalhou a relação da cantora com o brasileiro.

*Minas* prometia. Além de ter ficado um bom trabalho segundo os padrões de Bituca, dos outros músicos, dos amigos e da cúpula da Odeon, o disco poderia garantir algum dinheiro para que ele saldasse suas dívidas, as quais vinha enrolando havia meses, desde que se descobrira quebrado. No entanto, o cerco havia se fechado. O lançamento do LP aconteceria dali a um mês, em outubro. Depois seria preciso esperar que as vendas fossem contabilizadas, e só então a gravadora repassaria a sua porcentagem. Poderia demorar meses. Bituca, que nunca dera maior atenção ao assunto e não se importava de estar duro, começou a ficar preocupado. Parecia um beco sem saída. Talvez tivesse que devolver o apartamento. A solução surgiu com uma ideia de Maurício Tapajós: fazer um show com três grandes nomes da música popular, com renda para Bituca. Milton Nascimento, Caetano Veloso e Chico Buarque! Seria o máximo, certeza absoluta de casa lotada, era aposta sem possibilidade de erro. Maurício expôs os planos a Bituca, que concordou. Depois foi atrás de Caetano e Chico e obteve resposta positiva dos dois. A iniciativa recebeu o apoio da Sombrás, entidade que defendia os autores no complexo território da arrecadação dos direitos autorais, e assim puderam marcar a data e procurar um local apropriado. Não havia dinheiro para montar um grande espetáculo, nem tempo ou disponibilidade; afinal, todo mundo estava colaborando, não dava para abusar da boa vontade. Chico Buarque tinha encerrado uma temporada de cinco meses no Canecão, num show com Maria Bethânia, cada um comemorando dez anos de carreira. Surgiu então a possibilidade de se aproveitar o cenário, pois seria um gasto a menos.

## MINAS GERAES

Tapajós conversou com Mário Priolli, dono do Canecão, e acertou tudo. Por causa da finalidade do evento, não seriam distribuídos convites, nem para Mário, que fez questão de comprar uma mesa grande para ele e sua família. E quem não o fez? Três dias antes da data marcada, uma segunda-feira, 30 de setembro de 1975, os ingressos, a sessenta cruzeiros cada, esgotaram-se. Os dois mil lugares para a apresentação única foram vendidos em pouco mais de vinte e quatro horas. Era uma oportunidade singular para os fãs verem os três reunidos. Chico e Caetano estavam tranquilos, felizes por ajudarem o amigo. Bituca sentia-se grato pelo carinho dos dois e de todas as outras pessoas envolvidas no espetáculo. Mas não conseguia dissipar uma certa tristeza que o rondava; não queria ter passado por aquilo. Sua maior mágoa era ter sido enganado por pessoas nas quais confiava. O rolo financeiro não era obra de um ou outro empresário, mas de vários deles, e de negócios ingênuos relacionados aos seus direitos autorais. Esperava não ver repetida aquela experiência. De qualquer maneira, a hora era de levantar a cabeça e aproveitar cada minuto do show que estava por vir.

Poucos dias antes, os três se encontraram para escolher o repertório, definir quem cantaria o que e fazer um pequeno ensaio do show, batizado de *Milton Buarque Veloso*. A ideia era cada um entrar no palco sozinho, depois em duplas e, por último, os três juntos, num encontro apelidado pela imprensa de "Trio de Ouro". Na noite de segunda-feira, antes das oito horas, o espaço em frente ao Canecão estava lotado de fãs tentando comprar o ingresso de algum desertor. Entre os que conseguiram garantir os seus, além dos amigos dos três, havia muitos artistas, como o casal de atores Fernanda Montenegro e Fernando Torres, as atrizes Marília Pêra e Tônia Carrero, o cineasta Cacá Diegues, a jornalista Danuza Leão, entre tantos outros artistas, socialites, intelectuais, jornalistas e centenas de admiradores. No palco, três banquinhos, com três microfones e três violões. O cenário, por si só, causava frenesi na plateia, ansiosa por participar daquele momento. Atrás, músicos do Som Imaginário e da banda de Chico formando outra banda especialmente para a ocasião.

Passados poucos minutos das nove e meia, Milton Nascimento entrou em cena, depois Caetano, Chico, todos emocionados. Enquanto um fazia sua apresentação individual, os outros dois ficavam sentados num canto do palco, assistindo, curtindo. O show foi aplaudido pela plateia em delírio. Alguns momentos foram ainda mais marcantes, como quando Caetano cantou "Para Lennon e McCartney" e "Coração vagabundo", ou quando Chico apresentou a até então inédita "Passaredo", dele e de Francis Hime, ou ainda quando Bituca cantou pela primeira vez "Boa palavra", de Caetano. Mas o público gostou mesmo foi de ver, ao final, os três, cada um no seu banquinho, cantando e tocando juntos "Travessia" e "Festa imodesta", de Caetano. Como balanço final do espetáculo, Bituca conseguiu saldar as dívidas e a música brasileira ganhou um encontro memorável para o álbum da sua história.

*

O disco *Minas* foi lançado no feriado de 12 de outubro no Ibirapuera, em São Paulo. Dia de Nossa Senhora Aparecida, a virgem negra padroeira do Brasil. Dia das Crianças. A data não poderia ter sido melhor. O espetáculo foi bem aceito, como o seria ao longo da turnê de vários meses por todo o país. Como Bituca previra, "Paula e Bebeto" tornou-se um sucessão e, junto com "Fé cega, faca amolada" e "Saudades dos aviões da Panair", formou o carro-chefe do LP. Se restava alguma dúvida quanto à popularidade de Milton Nascimento, *Minas* acabou por liquidá-la. Milton Nascimento pulou da casa dos vinte mil discos vendidos para sessenta mil, em poucos dias ocupando as principais paradas do Brasil. E as vendas não pararam de crescer. Ao ser lançado no exterior, repetiu o êxito. Durante semanas seguidas, foi o LP mais tocado na Austrália, à frente até mesmo dos Beatles, fato que rendeu um convite para Bituca se apresentar naquele país. No entanto, por mais tentadora que fosse, a proposta não conseguiu fazer Bituca superar o medo de voar por trinta e duas horas seguidas. Só muitos anos depois ele teria coragem suficiente para enfrentar o percurso, mesmo assim fazendo escalas.

*Minas* colocou Milton Nascimento no rol dos grandes vendedores de discos. Agora não era apenas um nome capaz de lotar estádios de futebol, mas de gerar ótimos lucros para a indústria fonográfica. Somando todos os anos desde o lançamento de *Minas* e levando em conta as estatísticas de vendas da década de 1970, foi um dos discos mais vendidos de toda a carreira de Milton Nascimento, que ganharia vários discos de ouro e platina com seus álbuns, ultrapassando com frequência a marca de cem ou duzentas e cinquenta mil cópias vendidas no Brasil. Se fôssemos levar em conta as vendas no mercado internacional, onde era — e é — louvado como um deus da música, a dimensão é muito maior. Considerando-se ainda que não se trata de um, dois, três ou de uma dezena de discos, mas de algumas dezenas, lançados a intervalos regulares até os dias de hoje, fica clara a proporção que ele alcançou.

Atualmente, Milton Nascimento é, ao lado de Tom Jobim e Ivan Lins, o músico brasileiro mais conhecido e admirado no mundo. E era esse o horizonte sinalizado por *Minas*. A imprensa se rendeu ao disco, com artigos e reportagens de destaque sobre o trabalho e o autor. No entanto, insistindo em descobrir em Bituca uma prova de que, apesar do sucesso do disco, ele era, sim, um músico de elite, alguns jornalistas procuravam fisgar-lhe alguma frase ou deslize. Mas era ele quem, muitas vezes, pregava peças. Intrigados com o nome do solista de violão na primeira faixa do LP, Notlim Otnemicsan, seu nome ao contrário, quiseram saber o que aquilo significava, o que ele quis mostrar com o nome escrito de trás para a frente. Seria um ato de oposição à repressão? Uma maneira de mostrar a situação difícil dos artistas? Qual era, afinal, o sentido?

— Não significa nada, é coisa de quem não tem o que fazer — ele respondeu, acabando com a lereia.

Era assim, simples, não ficava pensando no porquê do seu trabalho, nos rumos da música brasileira, da sua própria música. Fazia o que lhe dava vontade e ponto final. Por isso, bastava interessar-se por um projeto que topava na hora, sem rodeios. Podia ser um convite como o de Wayne Shorter, mas podia ser também de um grupo desconhecido, amador; para apresentar-se no Teatro Municipal ou no meio de um pasto. O sucesso não o colocara numa redoma de vidro, onde as pessoas comuns não conseguem chegar ou nem se atrevem a fazê-lo. É verdade que, com a agenda cada vez mais lotada, não era tão fácil encontrá-lo. Nada que a persistência ou bons amigos não dessem conta de resolver. E foi por meio de um amigo de Bituca que o Grupo Corpo pôde fazer a proposta.

O Corpo era um grupo de dança contemporânea, formado em 1975 por jovens entre 15 e 17 anos. A ideia tinha sido de Paulo Pederneiras, que conseguiu convencer seus cinco irmãos a participar da fundação e seus pais, a cederem uma casa em Belo Horizonte para ser a sede da companhia, e que também funcionaria como escola. Os Pederneiras chamaram outros amigos para montar a equipe, e o Corpo começou a funcionar na casa esvaziada para tal finalidade, no bairro da Serra. As aulas aconteciam nos quartos, que também serviam de dormitório para as constantes visitas. A sede da nova escola e companhia de dança dividia o muro com a casa dos pais de Fernando Brant, que passou a conviver com a turma do balé.

O encontro decisivo para a parceria aconteceu a centenas de quilômetros de Belo Horizonte e da casa na Serra. Foi na praia de São Francisco, no estado do Rio de Janeiro. Depois do lançamento de Minas, Fernando procurou um lugar tranquilo para descansar, passar uns dias no litoral. Foi quando encontrou, por acaso, Paulo e Rodrigo Pederneiras. Os dois aproveitaram para fazer o convite.

— Vamos montar nosso primeiro espetáculo e queremos que você faça o roteiro e o Milton, a trilha — disseram.

O coreógrafo seria um argentino, um dos melhores do momento, Oscar Araiz, que havia se apaixonado pela ideia, porque pagar eles não podiam, a grana era pouca, mas seria um trabalho lindo, um trabalho de todos, algo diferente, só podia dar certo, estavam superanimados. Fernando também gostou da proposta. Parecia interessante.

— Vou falar com o Bituca.

Falou e a resposta foi "sim, que legal!" Então, mergulharam todos no projeto, de roupa, corpo, alma e tudo. Foram quatro meses de produção, gravação e ensaios intensos. Após discutirem e organizarem as sugestões, decidiram que o tema do balé seria Maria em todas as suas formas, todas as Marias. Na etapa seguinte, Fernando escreveu o roteiro para, finalmente, Bituca compor a trilha. Não usou apenas composições novas. Conseguiu a liberação de cinco gravações prontas, que achou apropriadas e às quais juntou textos escritos por Fernando e um feito por Sérgio Sant'Anna. Quatro destas músicas eram de *Milagre dos peixes*, de 1973, e uma do disco *Milton Nascimento*, de 1970. As outras ele compôs especificamente para o trabalho.

Mais uma vez, toda a família cantou com ele, os inúmeros "primos" sobrepondo vozes em alturas, tons e timbres tão diversos que muitos duvidariam tratar-se da mesma pessoa, não fosse ele já um músico respeitado. Bituca convidou algumas Marias da sua vida para cantar com ele: Clementina de Jesus, Fafá de Belém e Nana Caymmi. Nana estava em Rio das Ostras, na casa dos seus pais, quando recebeu o convite, e aceitou. Cantaram ainda os mineiros Beto Guedes e Tavinho Moura. Os instrumentistas foram praticamente os mesmos dos trabalhos anteriores, de acordo com a disponibilidade de cada um. Todos que aceitaram participar deram o melhor de si, acreditaram no projeto, acreditaram que podiam fazer o máximo, e muitos ainda estavam convictos de poder mudar o mundo. As crenças não foram em vão. De certa forma, o balé *Maria Maria* mudou a história da dança no Brasil e contribuiu para a evolução da dança mundial.

Antes de gravar, Bituca fez laboratório com os músicos e os intérpretes. Esses laboratórios consistiam em reuniões com Oscar Araiz, Fernando Brant, os Pederneiras e os demais bailarinos, cantando, procurando a forma ideal de interpretar cada frase, de unir as vozes, de se soltar. Nana Caymmi, com seu jeito explosivo, quase explodiu, mas de emoção. Deu tanto de si para cantar que só conseguiu assistir ao espetáculo de estreia, nenhum mais. Era uma tortura para ela.

— Eu sofri na pele cada uma daquelas mulheres, Maria sofrendo, Maria morrendo, era um êxtase que levava à exaustão. Os trabalhos com o Milton são sempre assim, dolorosos — desabafou.

Bituca passou a ir amiúde para Belo Horizonte, onde foi feita uma parte das gravações, no estúdio Bemol. Nana, Clementina e Fafá também iam, e todos se hospedavam na sede do Corpo, nos improvisados quartos-salas de aula. Foi um período de diversão, apesar do trabalho intenso. O elenco era formado por doze bailarinos, sete mulheres e cinco homens. Denise Stutz, uma das fundadoras do grupo, representou Nossa Senhora. A bailarina dançava desde criança e se empolgara com a ideia de ter uma companhia própria. Durante os ensaios, viu pela primeira vez Kéller, que viria a ser seu marido muitos anos depois. Kéller era um dos amigos que acompanhavam Bituca nos ensaios, nas gravações, nas farras. Muitas vezes, depois de um longo dia de labuta entre estúdio, laboratório e ensaios, a turma ia terminar a noite num boteco chamado Bar do Tadeu.

Havia tanto a fazer que mal perceberam o tempo passar. Ao darem por si, havia chegado o dia da estreia. Em março de 1976, o Grupo Corpo apresentou *Maria Maria* no Grande Teatro do Palácio das Artes, em Belo Horizonte. As pessoas que encheram a casa nunca tinham visto nada parecido, tanto em termos de trilha sonora quanto de coreografia, de figurino e de iluminação. O conjunto formava uma coisa única, inédita. Era uma dança teatral, agressiva, em nada semelhante ao balé clássico. Todos os envolvidos estavam ansiosos para ver a reação do público, como Nana. A intérprete tinha certeza de que, quando as pessoas ouvissem aquelas músicas tão sofridas, com tanta dor, sairiam correndo do teatro. Felizmente, ninguém saiu. Ficaram até o último instante, quando aplaudiram de pé, sem saber ao certo o que se passara ali. Depois da apresentação, todos se

## MINAS GERAES

reuniram na sede do grupo e vararam a madrugada, cada um dormindo onde tivesse lugar. De Belo Horizonte, o espetáculo seguiu para o Rio, no Teatro João Caetano, depois São Paulo, Europa, mundo.

*

Por essa época, Bituca foi ao show da argentina Mercedes Sosa em companhia de Vinicius de Moraes. Admirava o trabalho dela desde que ouvira seu primeiro álbum, lançado em 1965. Uma admiração misturada a certo temor. Bituca fazia com frequência imagens atemorizantes de pessoas que não conhecia pessoalmente e pelas quais sentia algum tipo de admiração. Achava que seria esmagado por elas. Ele fez a imagem de uma mulher imensa, poderosa, uma avalanche. Mesmo ao vê-la em cena, conservou a ideia daquele ser imenso, alimentada pela distância entre ele e o palco e pela presença estonteante da cantora. Terminado o espetáculo, Vinicius, conhecendo os receios do amigo, agarrou-o pela mão e comunicou:

— Vamos ao camarim falar com a Mercedes.

Os protestos de Bituca de nada valeram, quando percebeu, já estavam lá. O que viu foi o oposto do esperado. A cantora era pequena, baixinha, nem metade do fantasma criado por ele. Ainda assim, não se livrou do pânico, pôs na cabeça que ela o colocaria para fora, como um trator.

— *Hola*, Milton! *Hola*, Vinicius!

Bastaram estas palavras, proferidas de forma cordial e espontânea, para eliminar qualquer vestígio da ideia equivocada a respeito dela. Mercedes Sosa sabia muito bem quem era Milton Nascimento, conhecia o seu trabalho. A admiração era mútua, para honra e felicidade de Bituca. Até então ele havia tido pouco contato com a América Latina, excetuando os shows no México e a viagem à Venezuela, no festival Onda Nueva. A argentina simpática abriu-lhe os olhos para este imenso e fértil universo ao seu redor, ofuscado até então pela rotina no seu próprio país e as investidas no hemisfério Norte. Começou a se interessar pelos cantores e compositores latinos, pelos movimentos, queria saber o que se passava nos países vizinhos. Foi quando conheceu também o grupo chileno Água.

O encontro aconteceu na PUC do Rio, onde Bituca foi assistir ao cantor, compositor e instrumentista Macalé, que, assim como Milton Nascimento, transitava por todas as áreas da música, além de atuar no cinema. Macalé era o autor da trilha sonora do filme *Macunaíma*, de Joaquim Pedro de Andrade, e de *O dragão da maldade contra o santo guerreiro*, de Glauber Rocha, o que aumentou seu prestígio como músico. Quando chegou ao local, Bituca percebeu a presença de um grupo de rapazes bem jovens, que pareciam estrangeiros. Eram os integrantes do Grupo Água, do Chile, e estavam ali depois de uma longa peregrinação pela América do Sul e pelo Brasil, viajando com mochilas nas costas e instrumentos em punho. Bituca foi conquistado ao ouvi-los e vê-los tocar, e os convidou para se hospedarem em sua casa. Da PUC, foram todos para o apartamento na Barra, onde se instalaram durante algumas semanas. A convivência com os rapazes aumentou sua ligação com a América Latina. Descobriu que suas músicas eram conhecidas por lá, sobretudo "San Vicente". Foi uma nova e feliz descoberta, que se refletiria em seu trabalho seguinte.

\*

O disco *Geraes* foi uma espécie de continuação de *Minas*, até mesmo na capa, que estampava o mesmo desenho da serra de Três Pontas, com o sol e o trenzinho. A diferença estava no tempero latino, com um misto da "toada mineira" — os críticos adoravam esse nome — e adaptações do folclore, como a Folia de Reis. Violas, violões e acordeão, tocado pelo mestre Dominguinhos, davam o tom rural, enquanto as flautas, charango, tiple e bandolim coloriam de Latino-América as montanhas de Minas. Tudo com muita percussão, vozes, coros, piano, bateria, cordas. Bituca não havia perdido a mania de convidar amigos e outros músicos para gravar com ele. Uma mania que não abandonaria nunca. Dessa vez, ocuparam os estúdios da Odeon, além da turma de mineiros, amigos e integrantes do extinto Som Imaginário, Mercedes Sosa, que cantou com ele "Volver a los diecisiete", de Violeta Parra, e o Grupo Água, que gravou a música "Caldera", "Promessas

## MINAS GERAES

do sol" e "Minas Gerais". Bituca convidou Clementina de Jesus para cantar com ele "Circo marimbondo", composição sua em parceria com Ronaldo Bastos, amparados por um coro que, outra vez, misturava vozes famosas com anônimas.

Ele reuniu as pessoas que estavam ali na hora e passou as instruções. O artista gráfico, o advogado, o produtor, amigos, o fotógrafo, músicos e alguns convidados. O grupo era tão eclético que, se alguém o visse, pensaria se tratar de qualquer coisa, menos de um coro prestes a gravar um disco profissional. Só para se ter uma ideia de como era eclético, segue a relação: Tavinho, Hildebrando, Miúcha, Georgiana, Edison Luiz, Cafi, Fernando, Bebel, Noguchi, Elaine, Pii, Nelsinho, Djair, Ronaldo, Vitória, Luiz, Misah, Toninho Horta, Gege, Lizzie, Oscar, Miguel, Chico Buarque e outros. Chico entrou na história de maneira curiosa, recrutado sem possibilidade de recusar. Estava no estúdio da Polygram, na Barra da Tijuca, ensaiando algumas músicas com Francis Hime, arranjador de seu novo disco, quando Bituca apareceu na porta e disse:

— Vou gravar essa música.

Chico, espantado porque aquilo não tinha sido um pedido ou uma sugestão, mas uma ordem expressa, respondeu:

— Poxa, claro, que legal!

Não havia pensado em convidar Bituca, mas ao ouvi-lo falar daquele jeito, descobriu que era tudo o que queria sem saber: Milton Nascimento gravando num disco seu. A música era "O que será", do filme recém-lançado *Dona Flor e seus dois maridos*, para o qual ele e Francis Hime haviam composto a trilha sonora. Então, combinaram o seguinte: como a música tinha três versões, Bituca cantaria a versão final do filme, "À flor da terra", em andamento mais rápido, no disco de Chico, e Chico cantaria a versão lenta, "À flor da pele", no LP de Bituca. No entanto, o mineiro não se conformou em aproveitar o Chico apenas em uma faixa e o enfiou no meio do coro. "As pessoas ficavam sentadas no chão, falando ao mesmo tempo. Criava-se o coro ali na hora, não sei como é que dava certo, mas o negócio é que ficava lindo", lembrou Chico Buarque.

207

Entre as várias composições novas para o disco, havia uma chamada "Menino", em parceria com Ronaldo Bastos. Feita no fim da década de 1960, em homenagem ao estudante Edson Luís, que aos 16 anos fora morto durante a invasão do restaurante Calabouço, mantido pelo governo para fornecer refeições a estudantes carentes do Rio de Janeiro. Os estudantes faziam um protesto por melhorias no serviço quando a polícia apareceu atirando. Alguns ficaram feridos, e Edson morreu. Bituca ficou comovido com a história e fez a música com Ronaldo. No entanto, como a situação estava para lá de tensa na época, acharam melhor guardá-la. Agora que o pior havia passado, aquela parecia ser a hora certa, então decidiram gravar a composição.

No balanço final de *Geraes*, duas ausências foram sentidas. Pela primeira vez desde o disco de estreia de Bituca, não havia uma música com Márcio Borges. Outra falta foi a do eterno parceiro, Wagner Tiso, que então investia na carreira solo. Mas assim era um clube sem paredes e regulamentos: as pessoas iam e vinham, sem jamais deixar o ponto de partida. *Geraes* e *Meus caros amigos*, de Chico Buarque, estavam entre os discos mais vendidos em 1976. Bituca finalmente respirava aliviado, embora não tivesse ainda a tão necessária estabilidade financeira. Sérgio Affonso, que veio a ser presidente da Warner no Brasil, trabalhava como vendedor em uma loja de discos na época do lançamento de *Geraes*. Ele conta que havia filas de gente na frente da loja esperando que abrissem as portas para comprar o disco. Em alguns dias mal dava tempo de tirar os LPs das caixas e colocar nas prateleiras, tamanha era a procura. Chico viu que poderia sobreviver da venda de discos e decidiu abandonar os palcos, uma tortura para ele. Anos de sucesso não haviam sido suficientes para acabar com a timidez e o nervosismo pré-palco. Ficaria treze anos sem se apresentar profissionalmente, fazendo apenas participações em shows de amigos, eventos de estudantes e sindicatos, sempre apresentações esporádicas.

Bituca nunca esteve envolvido em tantos projetos quanto naquele ano. Um seguido do outro. De *Maria Maria* para *Geraes*, e mal haviam

## MINAS GERAES

terminado as gravações, partiu para os Estados Unidos, a fim de gravar o segundo disco pela A&M Records. Foram nove músicas, e Bituca fez questão de que todas as letras fossem traduzidas para o inglês. A função coube a Ronaldo, que avançava cada vez mais como produtor. Junto com Bituca, fora o produtor de *Geraes*. Continuaria na produção, mas agora como associado, pois o produtor deveria ser escolhido pela gravadora, de acordo com o contrato. Dessa vez havia três composições novas, não aproveitadas no disco brasileiro. "Raça", com Fernando, "Cravo e canela", com Ronaldo, e "Francisco", letra e música de Bituca. Era a terceira viagem para Los Angeles, e ele esperava enterrar de uma vez por todas a resistência criada em relação à cidade.

Não conseguiu; continuou achando as ruas frias, as pessoas geladas e o céu, fúnebre. Sentia-se perdido nas longas avenidas de Los Angeles, que, para ele, eram a imagem angustiante da solidão — e nada apavorava mais Bituca do que a ideia de estar só. Enfiou-se nos estúdios Shangri-la, da Malibu and The Village Recorder. Pelo menos enquanto trabalhava se esquecia da cidade e sentia-se bem, envolvido por música. O LP, que foi intitulado *Milton*, contou com nomes como Herbie Hancock, Wayne Shorter, Toninho Horta, Hugo Fattoruso e Airto Moreira. Tudo registrado pelas lentes atentas de Cafi e Noguchi, que passaram a acompanhar o amigo em suas travessias.

Além do disco, a outra grande conquista de Bituca com a viagem foram as novas amizades. Foi acolhido pelo grupo The Band, que acompanhava ninguém menos que Bob Dylan. Durante vários dias, ficou hospedado na casa deles em Los Angeles. O brasileiro se tornou muito amigo dos músicos e participou, como convidado, de um show do conjunto no campus da Universidade da Califórnia. A cada dia, novos personagens, que tinham habitado seus sonhos de adolescente, passavam a fazer parte da sua vida real. Como na noite em que foi assistir ao show "At the Speed of Sound", de Paul McCartney & Wings, e, para sua surpresa, foi convidado para jantar com o grupo depois do espetáculo. Bituca havia resistido à tentação intelectualoide de seus tempos do Edifício Levy e foi um dos poucos a reconhecer e admirar o trabalho dos Beatles. Por isso, o coração galopava ao se ver ali, ao lado de Paul McCartney. Para completar a noite, apareceu outro beatle, Ringo Starr, e o astro de Hollywood Jack Nicholson. Parecia bom demais para ser verdade. E mesmo com todo esse contato com o mundo dos seus ídolos, do qual agora fazia parte, Bituca não deixou de ser o velho camarada de sempre. Certa tarde, ele e Toninho Horta estavam sentados na areia da praia de Malibu, quando sugeriu para Toninho:

— A gente ainda vai ficar aqui uns dez dias e sobraram alguns tapes. Por que você não aproveita e começa a gravar um disco?

O guitarrista não tinha pensado em gravar um trabalho solo, quer dizer, não tão de repente, porque era muito complicado, envolvia um custo com o qual ele não podia arcar, entre outras coisas. Mas com aquela oportunidade, não tinha por que adiar. Sacudiu a areia e começou a trabalhar. O LP *Terra dos pássaros* seria lançado só quatro anos depois, em 1980, por um selo independente. Como agradecimento ao amigo, o segundo disco de Toninho traria uma homenagem a Milton Nascimento.

Dias depois, Bituca estava no estúdio fazendo a mixagem das músicas, função que exigia seis e até oito mãos, pois todo o processo era manual, quando o produtor Rob Fabroni, que produzira também os Beach Boys, apertou o seu ombro. Não podia tirar as mãos da mesa de som naquela hora e ficou suportando o incômodo aperto até terminar o trecho.

— Que é isso, bicho, por que tá me apertando assim?

— Tem uma pessoa aí que quer te conhecer — respondeu Rob.

Era o percussionista sul-africano Ricky Fataar, integrante do Beach Boys. Ouviu por acaso o trecho de uma das músicas do disco e ficou fascinado, queria porque queria conhecê-lo. Apertou a mão de Bituca, sorridente:

— Alguém que faz uma coisa dessas não pode deixar de ser meu amigo! — exclamou.

Os dois trocaram algumas frases e se despediram.

## MINAS GERAES

— Depois eu te procuro — disse Ricky.

Passados dois dias, Bituca pediu a Rob que telefonasse para o músico e o convidasse para ir ao apartamento onde estava hospedado. À noite, Ricky apareceu. Tal qual Bituca, não gostava de Los Angeles, mas como morava lá, conhecia muito mais a cidade e podia mostrar alguns lugares menos angustiantes, uma versão mais calorosa de LA. Primeiro foram até o estúdio, para o brasileiro conhecer as pessoas que trabalhavam ali, além dos produtores. Técnicos, o porteiro, a faxineira, o office-boy. Gente comum, como todas as gentes de qualquer canto do mundo. Bituca se sentiu mais à vontade ao saber o nome dos funcionários, apertar-lhes as mãos. Eram mais parecidos com ele do que os que passavam pelas avenidas em seus carros caros sem olhar para os lados.

Depois saíram pelas ruas, conversando e rindo. Só não viraram a madrugada porque Ricky tinha um ensaio com o guitarrista Jeff Beck.

— Eu vou com você — comunicou Bituca.

Nos dias seguintes, Ricky apresentou-o a vários amigos, mostrou músicas que acabara de compor, contou coisas da sua vida que o atormentavam, como a separação recente de uma namorada, e construíram uma cumplicidade como conhecidos de longa data. Na sexta-feira seguinte, Bituca voltou para o Brasil e os dois combinaram de se encontrar em breve. Mas não se encontrariam tão cedo. Antes disso, Bituca estava certo dia na casa de uns amigos em São Paulo, quando apareceu outro amigo deles, vindo de Los Angeles. Ao ver Bituca, o convidado ficou de cara emburrada, como se tivesse algo contra ele. Passadas algumas horas, o rapaz o chamou e entregou-lhe uma carta. O remetente era Ricky Fataar. O sujeito contou que estava saindo de viagem quando Ricky, que era seu amigo, pediu-lhe para levar uma carta para Milton Nascimento no Brasil. "Mas o Brasil é enorme, como eu vou encontrar esse cara?", perguntou. Diante da insistência, concordou em ser o pombo-correio daquela correspondência absurda. Qual não foi o susto, então, ao chegar ao Brasil e encontrar o próprio Milton Nascimento no primeiro lugar para onde foi ao desembarcar?

211

O ano de 1977 começou tão bem quanto havia terminado o anterior. Bituca ampliava a cada gesto seu o imenso círculo de amizades. Estava trabalhando bastante, *Maria Maria* conquistava aplausos onde ele se apresentava e *Geraes* mantinha o posto entre os mais vendidos, no topo das paradas de sucesso. Tivera uma namorada recente, Cecilia Millions, num dos últimos relacionamentos sérios, que acabou sem deixar feridas. Bituca não voltaria a se envolver com alguém num compromisso efetivo. Mas o que importava naquele momento era que andava livre, sentindo-se em paz, tranquilo.

Para completar um início de ano promissor, surgiu a oportunidade de fazer um show no Maracanãzinho. No dia 31 de janeiro, cerca de trinta mil pessoas foram ao estádio para ver e ouvir Milton Nascimento acompanhado de sua banda, um naipe de flautas, com Danilo Caymmi e Paulinho Jobim, um quarteto de cordas e a participação de Clementina de Jesus. Só o tecladista do conjunto britânico Yes, Rick Wakeman, havia atraído público semelhante, cerca de vinte mil pessoas. Trinta mil era um número inédito na história do estádio. Bituca com seu boné, todo vestido de branco, cantou emocionado, acompanhado pela multidão. Era a primeira volta ao palco do Maracanãzinho depois de "Travessia".

Ele não produziu um LP naquele ano, passando quase todo o tempo por conta dos shows país afora. Além disso, fazia participações em outros espetáculos e passou a aparecer na televisão, após um jejum cuja origem se encontrava no nariz torcido do regime militar, e da própria mídia. Não era e nunca seria uma figura constante na televisão, nos jornais ou nas revistas. Por algum motivo, a imprensa brasileira jamais lhe deu uma visibilidade proporcional aos seus feitos. Havia alguns períodos de exploração da sua imagem, em datas comemorativas. Em 1977 eram comemorados dez anos do II FIC, quando Milton Nascimento estourou, e não faltaram interessados em promover especiais e eventos para festejar uma década

## MINAS GERAES

de sucessos consecutivos. Ele concordou em gravar um programa para a TV Bandeirantes, do qual participaram vários amigos do meio musical, entre eles Elis Regina, grávida de seu terceiro filho, que, na verdade, seria filha, Maria Rita. As gravações foram feitas no Teatro Bandeirantes, com produção de Roberto Oliveira. Foi nesse período que Elis disse numa entrevista: — Se Deus cantasse, seria com a voz do Milton.

Um elogio assim, vindo da grande amiga e musa, foi como mel no seu coração. O especial, que seria transmitido no dia 21 de setembro, data exata da final do II FIC em 1967, foi um dos motivos pelos quais Roberto topou embarcar na ideia, aparentemente maluca, de promover um show ao ar livre, gratuito, no meio do mato, na longínqua terra de Três Pontas.

Tudo começou logo depois do show no Maracanãzinho. O vereador três-pontano Ruy Quintão apresentou um projeto na Câmara Municipal da cidade para mudar o nome da Praça Francisco Sales, em frente à casa de Zino e Lília, para Travessia, em homenagem ao filho ilustre. Quando o projeto foi aprovado, convidaram o homenageado para a inauguração da praça, e ele, louco para inventar moda, teve a brilhante ideia de retribuir a honraria com um show de graça. Mas Bituca não era de ficar sozinho. Pensou no quanto seria incrível convidar uns amigos e fazer um espetáculo inesquecível. Isso! E não havia outro lugar possível para tal empreitada senão o Paraíso, um pasto, que a imprensa achou por bem denominar colina, num dos pontos mais altos de Três Pontas, de onde Bituca tinha visto o pôr do sol mais belo da sua juventude. Poderiam fazer o show durante o dia e terminar com a chave de ouro do pôr do sol. Paulo Pila, seu novo empresário, achou a ideia sensacional. Só não poderia haver divulgação, pensava, seria uma loucura. Melhor era deixar a notícia correr de boca em boca, e ainda assim haveria o risco de superlotar a capacidade de Três Pontas, onde havia dois pequenos hotéis, dois restaurantes e muitos bares, pelo menos. A armação da coisa ficou por conta de Paulo e de Roberto Oliveira. Bituca estava encarregado de convencer seus convidados que, em solidariedade ao amigo, iriam de boa vontade e sem cobrar cachê. Isso não foi o mais difícil. Além de ser uma pessoa querida, o pedido era feito meio em tom de ordem e não havia o que fazer. Chico Buarque estava em casa quando recebeu o telefonema:

— Olha, vou fazer um negócio superlegal, lá em Três Pontas, um show no alto de um morro, e quero que você venha comigo.

— Tá certo! — concordou Chico.

Assim fez com os outros e só não aceitaram os que já haviam assumido compromissos para a data, 30 de julho. Em fevereiro, Paulo Pila foi a Três Pontas para expor os planos ao prefeito e pedir o apoio da administração pública na preparação da infraestrutura. Ao terminar de explicar ponto por ponto, o prefeito e os demais estavam atarantados, com os dois pés atrás. Um evento daquele porte em Três Pontas? Parecia coisa de maluco! Conversas semelhantes haviam ocorrido em administrações anteriores, mas nunca foram adiante. Além do medo e do desânimo para mexer com um evento daqueles, o poder público insistia em não se dobrar ao sucesso de Milton Nascimento. Mas o então prefeito, João Vicente Diniz, não era homem disso. Fazia questão de valorizar cada vitória de um conterrâneo. "Os filhos ilustres merecem o nosso aplauso", dizia. Assim, fecharam o negócio. No entanto, João Vicente tinha consciência da dimensão do evento e da incapacidade da prefeitura para tocar o projeto sozinha. Pediu ajuda, então, à usina de açúcar Boa Vista, instalada pouco antes na cidade e já um peixe grande, com engenheiros, técnicos, pessoal competente para suprir em experiência o que faltava à administração local. A diretoria da usina concordou e pôs seus engenheiros à disposição. Um deles era Reginaldo Junqueira, amigo de Bituca e com a considerável vantagem de ser o dono das terras que compreendiam o chamado Paraíso. Bem, não ele, sua família, mas dava quase no mesmo.

Não houve dificuldade em convencer o pai a ceder o local, era só um pasto, e, além disso, poderia ser bom para Três Pontas. O problema foi acalmar os ânimos dos vizinhos de terras. Em pouco tempo o buchicho correu pela cidade. Embora a maioria duvidasse que o show fosse realmente

## MINAS GERAES

acontecer, os fazendeiros foram reclamar, para garantir. Como assim, um show ali, e de graça?

— Vai juntar uma maconheirada, vão estragar o pasto, cagar ali, como é que os bois vão comer? — quiseram saber.

Se dependesse deles, o evento não passaria de um sonho de mau gosto. Mas não dependia, e tiveram de assistir à preparação com as mãos atadas. Nos seis meses seguintes Paulo Pila e Roberto Oliveira fizeram diversas viagens a Três Pontas. Como o show seria filmado, inclusive de helicóptero, só podiam aparecer no campo o palco, de cento e cinquenta metros, e o público. O jeito foi construir banheiros de tijolos e telhas — porque na época os "pipi móveis" eram ilusão — embaixo das copas das poucas árvores espalhadas pelo local. Até o caminhão de sorvete, que a Kibon se dispôs a distribuir, teria de ficar escondido. Reginaldo quase enlouqueceu com tanto a fazer. Tudo deveria ficar conforme o combinado, nos mínimos detalhes, porque a televisão estava em jogo. Foi preciso solicitar com antecedência o apoio policial, que viria de cidades vizinhas, uma vez que Três Pontas não dispunha de tantos policiais; contrataram seguranças particulares, montaram um pequeno posto de atendimento médico e fecharam a estrada de acesso ao Paraíso. Só os artistas subiriam de automóvel, o resto teria de ir a pé.

As pessoas começaram a chegar três dias antes. Vinham de todos os lugares do Brasil e também do exterior. Poucos privilegiados chegavam de carro, mas a regra eram centenas de jovens saltando dos ônibus em frente à sede da prefeitura ou, principalmente, levados por suas próprias pernas. Como havia poucas linhas diretas para a cidade, quem vinha de muito longe precisava descer em Varginha, Boa Esperança, Três Corações e até em Lavras, para depois terminar a viagem de carona, em outro ônibus ou caminhando, e cantando. Os duzentos primeiros a pisar o fértil solo três-pontano conseguiram se amontoar nos dois hotéis, dividindo quartos e camas. Quanto aos demais, se tinham conhecidos na cidade, procuraram suas casas para se hospedar; os outros — a imensa maioria — montaram suas barracas em terrenos vazios e nas praças da cidade, para horror de muitos senhores e senhoras da sociedade. Nem a prefeitura nem a polícia se deram ao trabalho de expulsá-los ou criar problemas. Sabiam que seria um ato de insanidade tentar colocar o cabresto, como se diz por aquelas bandas, nos milhares de jovens que invadiram Três Pontas. Uma invasão tranquila, pois, ao contrário das pragas rogadas pelos opositores do show, a multidão soube se comportar. É verdade que a maconha corria solta, a bebida e o chá de cogumelo também, mas o clima era de paz e amor, como se os remanescentes do movimento hippie tivessem resolvido se encontrar para celebrar ainda uma vez.

Milton Nascimento, Chico Buarque, Fafá de Belém, Clementina de Jesus, Francis Hime, Gonzaguinha e Azimuth eram suficientes para lotar um estádio de futebol, ainda mais de graça. Tendo isso em vista, por mais que a divulgação tivesse sido a mínima possível, todos estavam certos de que a cidade receberia uma multidão em proporções nunca antes imaginadas. Os bares e restaurantes se abasteceram para acolher os forasteiros, e mesmo assim os estoques não foram suficientes. Três Pontas tinha trinta e sete mil habitantes, mas naquele sábado de julho de 1977 a população praticamente dobrou. A cidade não estava preparada para tanta gente. Mas nem a falta de provisões seria capaz de atrapalhar a festa, e que festa!

O início do show estava marcado para as duas horas da tarde e começaria com a dupla Chico e Milton, que também encerraria o espetáculo. O plano de Chico e Francis Hime era chegar em Três Pontas, da qual nunca tinham ouvido falar antes de Bituca, na madrugada de sexta para sábado, dormir até a hora do almoço, e depois ir para o local. Estariam descansados e prontos para entrar em cena. Mas não foi o que aconteceu. Saíram do Rio de Janeiro, conforme o combinado, no fim da tarde de sexta-feira, Francis e Chico num carro e Clementina e outros músicos em outro. Segundo as orientações otimistas de Bituca, em três ou quatro horas estariam na cidade. Hoje, de carro, são, no mínimo, seis horas, quanto mais há quase trinta anos.

## MINAS GERAES

A poucos quilômetros do Rio, os dois já não viam sequer a sombra do carro de Clementina, bem à frente. Não porque ela corresse; eles é que foram em ritmo de tartaruga, parando aqui e acolá. Tinham levado uma garrafa de uísque com o propósito de ir tomando uns tragos só para animar. Não só esvaziaram a garrafa como completaram com algumas doses compradas em vendas de beira de estrada. Chegaram a Três Pontas no sábado já hora do show, "no mais alto grau etílico", como observaria depois Chico. Em uma palavra: bêbados. Foi a conta de perguntarem a uma pessoa qualquer onde era o tal de Paraíso e correr para lá.

Bituca não estava muito diferente dos amigos. Havia bebido durante toda a manhã para comemorar tamanha felicidade. Foi nesse estado que Milton Nascimento e Chico Buarque subiram ao palco, armado na parte mais baixa do morro. Se fosse um espetáculo tradicional, alguém poderia ter reclamado do estado dos ídolos, ou pelo menos reparado. Mas não se tratava de um simples show de música, era uma celebração entre amigos. Bituca e Chico apresentaram velhas conhecidas do público. Quando cantaram "Travessia" e "O que será", a plateia se arrepiou, entre lágrimas. Além de cantar e tocar, os dois riram, interromperam algumas músicas e recomeçaram. Pela primeira e única vez em toda a sua carreira, Chico Buarque cantou acompanhado por ele mesmo ao piano. Não sabia tocar, só brincar, por isso não se atrevia a fazê-lo em público. Mas no estado em que se encontrava, nem se lembrou desse detalhe. Tocou e cantou "Sem mais adeus", de Francis Hime e Vinicius de Moraes.

Enquanto os músicos esperavam sua vez, ficaram sentados sob o palco, para se proteger do calor do sol. Depois vieram o grupo Azimuth, Clementina de Jesus e Fafá de Belém, que, para tristeza de muitos, cantou com o busto coberto, e foi a única a ir de avião. Gonzaguinha foi o seguinte e, além de cantar, gravou tudo que pôde com uma câmera super 8. Então foi a vez da escola de samba Estudantes do Samba tocar, junto com Bituca, o samba-enredo que ele havia composto para ela no carnaval daquele ano, "Reis e rainhas do maracatu". E, por último, Francis Hime, acompanhado pelo pôr do sol. Bituca e Chico não voltaram ao palco.

Ao anoitecer, as pessoas começaram a voltar para a cidade, todas de uma vez, como um batalhão de esfomeados e sedentos. Em algumas horas, acabaram toda a comida e a bebida dos bares, restaurantes e vendas. O senhor Raul, dono de um bar tradicional, ficou trinta horas sem sair de trás do balcão e já não sabia o que fazer, porque não havia comida sequer para ele e sua família. As pessoas que antes haviam sido contrárias ao show e acabaram indo assistir "por curiosidade" ficaram comovidas e abriram as portas das suas casas, emprestando o banheiro, dando água e oferecendo o que houvesse na mesa para se comer.

Pedro Veloso, então um dos homens mais ricos da cidade e dono de uma distribuidora de bebidas, encheu algumas kombis com garrafinhas de Coca-Cola, mandou outras a Varginha para buscar pão com mortadela e distribuiu tudo nas praças da cidade, onde as pessoas estavam concentradas. Muitas foram embora no fim da noite e outras tantas, na manhã seguinte. Quem ficou ainda pôde sentir um gostinho de bis na inauguração da Praça Travessia. No domingo à tarde, o vereador Ruy Quintão fez o discurso em homenagem a Milton Nascimento na varanda da casa de seus pais. Em seguida, Lília descerrou a placa, colocada a meia altura, na parede externa da casa, depois de uma briga para se decidir sobre o lugar ideal. Paulo Pila queria que a colocassem mais embaixo. A prefeitura insistia em pôr no alto, para que as pessoas não a estragassem. Por fim, puseram no meio. Zino chorou e Bituca, emocionado — e sóbrio —, cantou "Travessia".

Na terça-feira seguinte, um funcionário da fazenda do pai de Reginaldo o procurou na cidade:

— Tem um moço dormindo lá no pasto, debaixo da mangueira, desde a festa. Acho melhor o senhor dar uma olhada. Ele tá meio apavorado. Parece que é de fora.

Era um português com pouco mais de 20 anos. Veio ao Brasil a passeio e ficou sabendo do show no Rio de Janeiro. Comprou uma passagem de ônibus até Varginha e foi sozinho. Tinha só o dinheiro para a passagem

## MINAS GERAES

de volta, e como nunca tinha ido a uma fazenda, resolveu ficar ali. Passou aqueles dias chupando cana, manga, e bebendo leite que os lavradores lhe davam. Reginaldo o levou para casa, onde ele pôde tomar um bom banho e comer a comida mineira preparada por sua mãe. No dia seguinte ele foi embora. Queria levar um pedaço de cana para Portugal, mas não deu certo. De todo modo, vivera a fascinante experiência de ter estado no Paraíso.

# Capítulo 11
# 1978 a 1980 | O Clube se expande

A ABPD (Associação Brasileira de Produtores de Discos) promovia um evento anual para premiar os melhores do ano anterior. Para receber a honraria, o artista precisava mostrar mais do que talento: era necessário vender. Não se entendia como fundamental ser o recordista de vendas, embora houvesse essa categoria. Para receber qualquer um dos troféus, deveria figurar entre os de maior popularidade, bem recebidos pelo público — no fim das contas, os compradores dos discos. Coroando o momento de bons ventos, Bituca foi escolhido o melhor cantor de 1977, eleito por unanimidade pelos jurados, entre os quais o jornalista Maurício Kubrusly, contra quem desenvolveria inflexível antipatia meses depois. A entrega dos prêmios aconteceu em cerimônia de gala no salão dourado do Copacabana Palace, transmitida para o Rio de Janeiro e para São Paulo pela TV Bandeirantes, na noite de 8 de janeiro de 1978. Ao receber a estatueta e respirar contente, percebeu que estava na hora de preparar o novo disco. Surgiu-lhe então a ideia de dar continuidade a um de seus antigos trabalhos.

Desde o show *Clube da Esquina*, no Teatro Fonte da Saudade, Bituca e Lô Borges foram se distanciando. O último contato foi durante o primeiro disco solo de Borges, conhecido como disco do tênis, considerado um dos seus melhores trabalhos. Milton Nascimento foi o produtor do LP, empurrando ainda mais o afilhado musical para onde acreditava ser o seu lugar. Lô era um rapazote, inconsequente em certos momentos, como qualquer outro adolescente. Acabou pisando na bola com o amigo. Problemas dos quais preferiam não falar. Decidiu se afastar de Bituca. Passou a evitar os lugares frequentados por ele, deixou de ir à sua casa no Rio, de participar das festas, dos discos e shows. Afastou-se também do cenário musical, estacionou a carreira e ficou na dele.

Bituca sabia que Lô não estava bem e, abrindo uma exceção na sua própria regra, não sentia mágoa nem rancor. Uma amizade como aquela merecia um esforço para se reerguer. A oportunidade surgiu certa tarde, quando resolveu procurar o amigo em sua casa, no bairro de Santa Teresa, no Rio de Janeiro. Lô ficou surpreso com a visita. Era a primeira vez que os dois ficavam assim, um diante do outro, depois de quase seis anos. Nada ocorreu de especial. Passaram algumas horas conversando sem muita intimidade, com palavras medidas. Ao sair de lá, Bituca continuava se sentindo mal, angustiado. Era um daqueles instantes em que precisava colocar seus sentimentos para fora. Em vez do violão, pegou uma folha de papel e uma caneta. Escreveu uma poesia dedicada a Lô e guardou. No dia seguinte, procurou-o outra vez:

— Olha, isso não tá certo. Uma amizade como a nossa não pode acabar assim. Vamos fazer o *Clube da Esquina dois*?

Lô aceitou, não havia como recusar. A ideia inicial era levantar o astral do amigo, mas Bituca logo se empolgou e decidiu fazer um superdisco, com muito mais gente que o primeiro, escancarar as portas do clube e angariar quantos membros fosse possível. Só não dava para ir a Piratininga. Os tempos eram outros e a agenda de shows não permitia que ele se ausentasse tantos dias. O esquema de produção deveria ser ágil, para lançar o LP no segundo semestre. Como pretendia fazer um álbum duplo, achou por bem distribuir as tarefas e selecionar músicas de outros compositores. À turma do *Clube da Esquina* somou novas parcerias, novas e inusitadas, como a

## O CLUBE SE EXPANDE

"Canção amiga", poesia de Carlos Drummond de Andrade musicada por ele. Gravou pela primeira vez uma música sua e de Chico Buarque, embora fosse a segunda parceria dos dois (a de estreia iria aparecer no ano seguinte, no terceiro disco feito nos Estados Unidos). A canção se chamava "Leo", em homenagem a um afilhado de Bituca que mantinha um pôster de Che Guevara no quarto durante o pior momento da ditadura. Bituca compôs a melodia e procurou Chico. Contou-lhe a história do rapaz e pediu que ele fizesse a letra. Fez o mesmo com Márcio Borges e Fernando Brant com outra composição, sem, no entanto, contar a cada um o detalhe de ter enviado a mesma música para os dois. O tema era sobre "Vera Cruz", cuja primeira gravação se perdera nos estúdios da Odeon. Quando recebeu as duas letras, achou que se emendavam e decidiu usar ambas, uma seguida da outra. "Seria ideal se Elis cantasse comigo!", pensou. E convidou a amiga, que a princípio resistiu.

— Essa música é muito alta, vou ter que soltar a voz... As pessoas já falam que eu grito muito, como é que vai ser? — ponderou Elis.

— É pra soltar a voz mesmo, não se preocupe — arrematou Bituca.

E ela acabou cedendo. A "baixinha" cantaria a primeira versão, intitulada "O que foi feito devera", com letra de Fernando, e Bituca interpretaria a segunda, "O que foi feito de Vera", com letra de Márcio. Chico Buarque, além de entrar como parceiro, cantou em dueto com Bituca "Canción por la unidad de Latino America", de Chico e Pablo Milanés, e bateu o martelo sobre a melodia de "Que bom, amigo". Estavam já na Odeon, em meio às tumultuadas sessões de gravação, e Bituca o chamou para a cabine de som; queria mostrar algo só para ele. Pôs para tocar a fita com uma harmonia e improvisou a melodia em cima, com a letra do poema feito para Lô.

— E aí? O que acha, Chico? É você quem vai decidir.

— Tá lindo! Não vai mudar nada!

Outra novidade no trabalho foram os mineiros Flávio Venturini e Vermelho. Havia ainda músicas de Joyce, Maurício Maestro, Paulinho Jobim, Danilo Caymmi e Ana Terra, sem falar nos membros veteranos do clube. E as portas não se fecharam aí. Participaram das gravações como instrumentistas, integrantes de coro ou orquestradores 181 pessoas, mais o coral Canarinhos de Petrópolis. O disco seria o último pela gravadora Odeon, e Bituca encerrou com chave de ouro. Se antes experimentara amigos em coros, formou então o Falta de Couro, com cinquenta e nove vozes, entre amigos de Três Pontas e nomes tarimbados. No disco seguinte gravado no Brasil, o Falta de Couro iria ao extremo.

*

Antes das gravações do *Clube da Esquina dois*, Bituca esteve nos Estados Unidos para gravar o terceiro álbum pela A&MRecords, com a qual mantinha contrato. Na verdade, finalizar as gravações, pois parte havia sido feita em São Paulo e no Rio de Janeiro. Foram para a América com ele Novelli, Robertinho Silva, Hugo Fattoruso e Nelson Ângelo, que desembarcou em Los Angeles atacado por uma caxumba. Depois de passar alguns dias num hospital, sem a mordomia da companhia de amigos, Nelson teve alta, com a condição de continuar de repouso. Bituca tratou de instalar o amigo no mesmo andar do hotel onde estava. Apesar das recomendações médicas, o doente abandonava o repouso para curtir o movimento no quarto de Bituca, sempre cheio de gente. Em uma dessas folias, Nelson se lembrou de um filme a que assistira recentemente e que achou a cara do amigo:

— Bituca, você viu *A liberação de LV Jones*?

— Vi, ótimo, bicho!

E começaram a conversar sobre o filme quando alguém bateu na porta. Qual não foi o susto ao verem entrar pelo quarto um dos atores do filme, Rosco Brown. Era um negro altíssimo, muito mais alto do que aparentava ser pela televisão. Ele descobrira o paradeiro de Milton Nascimento por intermédio de Ana Maria Shorter e estava ali para trocar uma ideia. Passado o espanto, Bituca, Nelson e os demais ficaram à vontade com a visita e logo estavam todos contando piadas e "causos". Foi nesse quarto também, entre

## O CLUBE SE EXPANDE

o burburinho e a convalescença, que Nelson mostrou uma composição para Bituca. Ele pegou um lápis em cima da mesa e escreveu a letra de uma vez só. Nascia "Testamento", gravada em *Clube da Esquina dois*.

No disco de nove faixas, apenas três eram inéditas: a música-título do LP, "Journey to Dawn", "Cio da terra" e "Unenconter". Três anos antes Bituca havia composto uma melodia e achou que a única pessoa no mundo capaz de escrever a letra era Chico Buarque. "Cio da terra" foi a segunda parceria dos dois, mas acabou ficando fora de *Geraes*. Surgia então a oportunidade de gravar a composição, transformada depois em ode ao homem do campo nas vozes da dupla caipira Pena Branca e Xavantinho. Quanto à terceira faixa inédita, a história foi a seguinte: ao voltar para Los Angeles, Bituca procurou Ricky Fataar, mas não o encontrou. Ele estava morando em algum lugar da África do Sul e, embora tivesse o telefone dele e outros meios de contatá-lo, não conseguia, parecia incomunicável. Bituca tentou durante vários dias e de todas as maneiras, mas nada.

Lembrou-se da temporada divertida em Los Angeles com o amigo e sentiu o coração apertar por não poder encontrá-lo outra vez. Pensava nisso em sua cama no hotel, sem conseguir dormir. Sentou-se, acendeu a luz do abajur e começou a escrever uma letra em inglês, que falava do pesar por ter voltado à cidade sem a companhia de Ricky. A cada frase escrita saía também uma frase da melodia, de modo que letra e música ficaram prontas ao mesmo tempo. "Não era um desencontro, mas a falta do encontro", pensou. Então resolveu colocar o nome de "Unencounter". Quando regressou ao Brasil, Fernando Brant fez a versão em português, batizada de "Canção da América". A música, feita por alguém ainda tido por alguns como compositor de elite, tornou-se um hino à amizade e trilha sonora obrigatória de formaturas e despedidas. "Qualquer dia, amigo, eu volto a te encontrar...".[6]

---

6   Trecho de "Canção da América", de Milton Nascimento e Fernando Brant.

Pouco antes do lançamento de *Clube da Esquina dois*, no dia 14 de setembro, Bituca foi a São Paulo participar do I Festival de Jazz. A grande atração, responsável pela lotação esgotada na véspera, era Milton Nascimento. Os paulistanos esperavam ansiosos para ouvi-lo cantar no Anhembi. Mas a expectativa não se concretizou. O festival acontecia a todo vapor e Milton Nascimento era o próximo a se apresentar. Faltando pouco mais de dez minutos para subir ao palco, cerca de sete policiais militares entraram no camarim e pediram para falar com ele a sós.

— Pegamos um pessoal seu usando entorpecente. Vamos ter que levar você e eles com a gente.

— O que é isso? Eu nem tô sabendo de nada e tá na minha hora de cantar! Não dá pra esperar eu terminar o show pra gente resolver isso?

Não, não dava. A não ser que ele pudesse colaborar, afinal a sua imagem valia alguma coisa, não? Bituca não tinha o valor pedido, nem ali com ele nem fora. Seus únicos bens eram o apartamento da Barra e o Tó Tó. Não tinha dinheiro no banco e muito menos embaixo do colchão.

— Então você vem com a gente, agora!

Sabia que era impossível discutir com os militares; eles tinham poder para levá-lo, independente de ser ou não culpado. Culpa, na verdade, era algo bastante relativo ainda naqueles tempos, dependia das considerações acerca de cada situação e de quem as coubesse fazer. Bituca propôs um trato:

— Deixem eu me apresentar que arrumo a grana.

Toparam, mas não arredariam o pé dali. Deveria estar com o dinheiro ao descer do palco. Mexeu alguns pauzinhos, acionou contatos e pôs seus amigos para conseguir a quantia em menos de uma hora. Deu certo; entregou o envelope aos policiais e ficou livre da cadeia. O show, no entanto, foi terrível. O grande Milton Nascimento, dono daquela voz poderosa, sumiu. Faltou sincronia com a banda, faltou encantamento. Quem foi ali esperando ver repetidas as performances de *Milagre dos peixes* ou de *Beco*

## O CLUBE SE EXPANDE

*do Mota* voltou para casa frustrado. A crítica dos jornais no dia seguinte foi dura. Xingaram-no de bêbado e irresponsável. Bituca ficou arrasado, sobretudo com as palavras do repórter Maurício Kubrusly, que, segundo ele, o havia detonado. "Ele estava nos bastidores, duvido que desconhecesse o que estava se passando, podia ter sido mais honesto", desabafou anos depois. A partir daquele dia, tomou birra do jornalista. Toda vez que ele aparecia na televisão, desligava o aparelho ou mudava de canal.

Bituca tinha voltado a beber com frequência. Se antes tomava umas e outras só para comemorar ou farrear com os amigos, agora encontrava em tudo o pretexto necessário. Precisava beber para tocar, para subir ao palco, para relaxar, para se distrair, para afogar as tristezas, para celebrar a vida, para almoçar, jantar, dormir, para sorrir e para chorar. Certa tarde, depois de visitar um amigo no centro do Rio, olhou pela janela do carro e o que viu foi um mundo embaçado, como num filme fora de foco. Percebeu que não conseguia mais dar um passo sem o álcool, como se precisasse dele para respirar. Que vida era aquela? Uma vida de gelatina, passível de se desmanchar com um leve baque, caminhando fora do compasso da realidade. Sentiu uma profunda tristeza por ter chegado àquele ponto e, ao mesmo tempo, uma alegria imensa por ter se dado conta a tempo. Decidiu nunca mais pôr uma gota de álcool na boca.

Chegou em casa — vazia, por sinal —, avisou a empregada que não queria ser incomodado por ninguém e trancou-se no quarto. Ficou ali, durante longos cinco dias, prostrado na cama, lutando contra o vício, numa guerra de um único homem contra o batalhão inteiro do seu corpo. Cada poro seu clamou por socorro, suou frio, pôs para fora anos e anos de aventuras sob o efeito das batidas de limão. Resistiu à dor, ao mal-estar, à ânsia de tomar a última dose. Não conversou com ninguém, aceitando apenas a interferência mínima da empregada levando-lhe água e oferecendo-lhe comida. No sexto dia, ele se levantou, tomou um banho, olhou-se no espelho e viu que o pesadelo havia passado. Saiu do quarto, pediu à empregada que lhe preparasse a refeição e nunca mais voltou a beber.

\*

O *Clube da Esquina dois* obteve o reconhecimento imediato que fora negado ao antecessor, reconhecido a passos lentos. Mas graças ao prestígio do número um adquirido naqueles seis anos e da inegável popularidade conquistada por Bituca, o disco vendeu 120 mil cópias nas semanas seguintes ao lançamento, feito considerado um êxito na indústria fonográfica brasileira do fim dos anos 1970. A série de shows com *Clube da Esquina dois* começou no dia 26 de outubro, quando Bituca completava 36 anos. A turnê consolidou sua preferência por apresentar-se em estádios e ginásios em vez de teatros. Gostava de cantar para multidões. Achava que as pessoas ficavam à vontade, podiam falar, caminhar, beber, acender um cigarro, dançar. Era bem mais divertido interagir com esse público do que com fileiras de pessoas sentadas, com vergonha de se levantar para ir ao banheiro. Continuou cantando em teatros, sobretudo no exterior, e, posteriormente, em casas de shows com mesas e garçons, mas em nenhum outro lugar ele se sentia tão em casa como no meio da muvuca.

Durante a turnê, Bituca foi procurado outra vez pelos irmãos Pederneiras, do Grupo Corpo. *Maria Maria* ainda estava em cartaz, após quase quatro anos. O grupo conquistou prestígio no Brasil e nos quatorze países nos quais se apresentou. Os irmãos não pretendiam interromper a trajetória feliz do espetáculo, mas era chegada a hora de produzir algo novo. Queriam repetir a parceria com Oscar Araiz, Milton Nascimento e Fernando Brant. Araiz já havia concordado, faltava a dupla mineira. Não houve hesitação; embarcaram, literalmente, na ideia.

O tema escolhido foi a desativação da estrada de ferro e as consequências da ausência do trem para as cidadezinhas erguidas às margens das linhas, uma ausência enfrentada com pesar por milhares de pessoas, entre elas o próprio Bituca. Tomaram como fio principal o decreto do governo militar de 1976 que desativou a estrada de ferro Bahia—Minas,

## O CLUBE SE EXPANDE

"...que ligava Minas ao porto, ao mar...".[7] Como se tratava de um fato concreto, Fernando viajou pelas regiões afetadas e dedicou algumas semanas ao trabalho de reportagem e pesquisa. Só então começou a escrever o roteiro, baseado nas "(...) casas em ruínas, parca agricultura de subsistência, crianças raquíticas, homens e mulheres olhando o mato crescido por onde passavam antes os trilhos (...)".[8]

Bituca compôs dez músicas novas para o espetáculo, regravou duas, aproveitou quatro fonogramas de trabalhos anteriores e gravou duas de outros compositores. Entre as regravações estava, claro, "Ponta de areia". Algumas das músicas compostas especialmente para o balé fizeram sucesso e foram gravadas posteriormente por diversos músicos, como "Encontros e despedidas" ("Mande notícias do mundo de lá / diz quem fica..."), "Bola de meia, bola de gude" ("Há um menino, há um moleque / morando sempre no meu coração...") e "Roupa nova" ("Todos os dias, toda manhã / sorriso aberto e roupa nova..."). Bituca convidou Zezé Motta para cantar com ele e os seus inúmeros "primos". Fernando também fez uma pontinha e gravou o texto de abertura. *Último trem* estreou no fim de abril de 1980 e tornou-se a parceria com o Corpo preferida de Bituca, por sua indisfarçável fascinação pelos trens. No entanto, nem ele nem Fernando assistiram à estreia, pois se encontravam na primeira turnê pela Europa.

O intermediário havia sido o próprio Grupo Corpo. Depois de apresentar *Maria Maria* durante um mês e meio no Teatro De La Ville, em Paris, sempre com a casa lotada, a direção do teatro ficou interessada em levar ao seu palco o autor daquelas músicas. Conseguiram contatar Bituca, e as negociações começaram. Outra vez estava sem empresário, e Ronaldo Bastos não participou da viagem. Mas era inviável ir sem alguém para cuidar da produção, reservar hotel, controlar as contas, organizar o

---

7    Trecho de "Ponta de areia", de Milton Nascimento e Fernando Brant.

8    Maribel, Portinari, Balé Crítica, *O Globo*, 1º de maio de 1980. "*Último trem*. Além do visual, a dança que faz pensar."

transporte e toda a parte logística, da qual não entendia patavina. Apelou para Fernando. O letrista nunca tinha feito nada semelhante, mas topou. Além do mais, seria divertido. Foi a primeira apresentação de Milton Nascimento em Paris e a primeira — depois de anos tocando com uma banda numerosa, mais orquestra, quartetos de cordas, naipes de flautas — em que ele se apresentou apenas com os instrumentos básicos necessários para produzir o som de uma música. Eram Toninho Horta na guitarra, Luís Alves no baixo, Robertinho Silva na bateria e Wagner Tiso no piano. Estavam ainda na trupe a mulher de Fernando, Leise, o fotógrafo mineiro Márcio Ferreira, novo amigo de Bituca, e o casal de arquitetos Veveco e Marisa.

A turnê de estreia na Europa incluiu apenas três países. Primeiro Bituca e Wagner foram se apresentar na Suíça, depois se encontraram com Fernando e os demais em Paris, de onde seguiram para Lisboa. Embora estivessem hospedados num hotel próximo ao teatro, os brasileiros praticamente se mudaram para o De La Ville durante os dez dias de shows. Como o espetáculo era às seis e meia da tarde, horário nobre do teatro, sobravam-lhes o dia todo e o fim da noite para fazer o que bem entendessem. Conheceram as ruas charmosas da cidade, a Torre Eiffel e outros pontos turísticos que alimentam sonhos pelo mundo afora. Todavia, passaram a maior parte do tempo nas mesas do bar e café do próprio teatro, promovendo uma verdadeira revolução cultural.

Os garçons e o gerente não estavam acostumados com a confusão brasileira. Falatório, gargalhadas, informalidade. No primeiro dia, quase enlouqueceram quando os novos fregueses ali se instalaram ainda de manhã e ficaram até a hora do show, fazendo um pedido após o outro, sem pagar. Educados, assustados, aguardaram para ver o desfecho. Se alguém se levantasse e fosse embora, aí, sim, seriam tomadas providências. Após horas de um prolongado aperitivo, Fernando pediu a conta. "Conta?" Não estavam acostumados com tal procedimento, era pegar e pagar, mas acabaram por aceitá-lo, apenas daquela turma e daquela vez, já que teriam

## O CLUBE SE EXPANDE

aquelas pessoas por ali nos dias seguintes. Também se assustaram com as invenções dos fregueses. Leise pediu um sanduíche de atum. Não fazia parte do cardápio.

— Escuta, mas vocês têm atum?

— Temos.

— E têm pão também, não é?

— Temos.

— Então pega o atum e põe dentro do pão.

Leise conseguiu o sanduíche e o restaurante acabou se adaptando à nova clientela.

A França despertava os sentimentos de Bituca. Afinal, começou a compor após assistir a três sessões seguidas do filme francês *Jules et Jim*. A terra de Truffaut, de Napoleão, de reis e rainhas, de pensadores e escritores, como Jean-Paul Sartre, que morreu justamente naquela semana de abril. No entanto, nem o luto pela morte do pensador impediu os franceses de lotarem o teatro. Bituca foi mostrado pela mídia local como um dos grandes astros da música brasileira e do jazz. Para os jornais, não ver o espetáculo era deixar passar uma chance rara, como disse o *Matin*: "O espetáculo de Milton Nascimento é um presente, pois se trata de um dos maiores músicos brasileiros, um cantor sublime, um compositor requintado, que nunca cantou na França. Esta oportunidade de ouvi-lo é tão rara que ninguém pode perdê-la."

Os franceses, os brasileiros residentes na França e pessoas de países vizinhos que foram exclusivamente para vê-lo não se arrependeram. Bituca estava nervoso antes de subir ao palco, ainda mais naquele momento, sem o alívio proporcionado pelas batidas de limão, mas conseguiu superar o nervosismo. Jamais ficaria livre da tensão nas horas anteriores ao show e, em uma ou outra ocasião, até que aprendesse a controlar a ansiedade, empregaria o método que repassou a Chico Buarque, outro que sofria na hora de enfrentar o público: meio comprimido de tranquilizante minutos antes. Durante quase duas horas, Milton Nascimento deu um show de interpretação e alegria, contagiando o público. Na última apresentação, com os ingressos esgotados, os que ficaram de fora conseguiram arrombar a porta do teatro e ocuparam os corredores e o chão do recinto, da mesma maneira como havia acontecido pouco tempo antes, no Teatro Castro Alves, em Salvador. "Eles não estavam preparados para isso, não tinham um esquema forte de segurança, acho que jamais imaginaram que o público francês pudesse invadir o lugar", acredita Robertinho Silva.

As apresentações no De La Ville faziam parte de uma programação cultural com vários artistas latino-americanos. Um deles era o grupo Nova Trova, com Pablo Milanés. Fã assumido do cubano, Bituca não disfarçou a emoção ao conhecê-lo, a ele e aos demais músicos do conjunto. Também se emocionou certa tarde ao enxergar uma torre. Estava no teatro com uma das novas amizades de Paris, uma jornalista chamada Régine Mellac, e ela o convidou para irem ao último andar, pois gostaria de lhe mostrar algo. Pela janela, Bituca avistou uma torre próxima, mas que havia passado despercebida nos primeiros dias. Não tinha o glamour e a dimensão da Eiffel, mas era muito bonita.

— Que torre é essa?

— É um dos pontos para o Caminho de Santiago de Compostela!

— Nossa! — exclamou Bituca.

Nos tempos de Belo Horizonte, ele e Márcio Borges haviam planejado um superprojeto sobre o Caminho de Santiago, com shows, filme, disco, livro. Por se tratar de uma megaprodução, o sonho acabou vencido pela realidade e foi arquivado no grande acervo de sonhos não realizados. Anos depois, quando já morava na Barra, foi assistir à peça *Seis atores à procura de um autor*, de Luigi Pirandello, no Copacabana Palace. Tinha ido para ver sua amiga Dina Sfat, uma das atrizes do espetáculo. No meio da peça, um garoto de 10 anos surgiu no palco. Não falou uma palavra, mas a força dos seus gestos e do seu olhar fascinou Bituca. Quem seria aquele menino tão novo e com tanto talento? Encerrada a apresentação, foi ao camarim falar com Dina e conheceu a criança. Chamava-se Tiago

## O CLUBE SE EXPANDE

Santiago e tornou-se mais um dos tantos afilhados de Milton Nascimento. Cada vez que falava com o garoto, lembrava-se de Santiago de Compostela, do projeto com Márcio, da sua vontade de fazer algo relacionado ao lugar. Chegando a Paris, as lembranças voltaram quando ele passou diante de um cinema, perto do De La Ville, e viu o cartaz de um filme sobre o Caminho de Santiago ao lado de um cartaz do show. Agora, a torre. Só podia ser um sinal. Sentia que mais dia, menos dia, Santiago de Compostela cruzaria o seu caminho. Só não imaginava que seria uma década depois.

Toninho Horta, Veveco e Marisa fizeram uma escala em Barcelona antes de partirem para Lisboa, para o último show da turnê. Bituca e os outros seguiram direto. Toninho não conseguia imaginar-se voltando para o Brasil sem comprar um violão de um tradicional *luthier* catalão residente na cidade espanhola. Veveco e Marisa ficaram de encontrar o amigo em cinco horas, num hotel próximo à Praça Cataluña, para irem embora. Antes do horário marcado, começaram a chegar alguns músicos locais, atrás *"del señor Toninho de la Huerta"*. Os dois não entenderam nada. "Como assim? De onde vocês conhecem o Toninho?" Aconteceu que, quando o guitarrista foi experimentar o instrumento na loja do tal *luthier*, improvisou vários acordes, harmonias, solos, e em pouco tempo correu entre os violonistas e guitarristas da cidade a notícia de que um virtuosíssimo instrumentista brasileiro estava hospedado naquele hotel. Toninho só não ficou por lá por causa do compromisso em Lisboa.

Milton Nascimento tinha apenas dois de seus doze álbuns editados em Portugal, o primeiro, *Milton Nascimento — Travessia*, e *Milton*, de 1970. Por isso, ficou surpreso ao ver abarrotado o Coliseu dos Recreios, onde foi realizado o único show. Durante uma hora e meia ele cantou e tocou para os portugueses e agradou de tal modo que, depois de serem aplaudidos, ele e a banda, todo o tempo de pé, e depois de terem apresentado o bis, precisaram voltar mais uma vez. Ao terminar o repeteco, o público ainda assobiava e começou a vaiar quando eles saíram do palco. Bituca explicou que precisava pegar um avião dali a meia hora por causa de compromissos no Brasil. Saiu do palco cantando os versos do folclore brasileiro: "Ô mana deixe eu ir, deixe eu ir, eu vou só..."

*

Um dos compromissos inadiáveis era a gravação do novo LP. No ano anterior, o diretor artístico Lessa havia trocado a Odeon pela alemã Ariola e levou Bituca junto. Milton Nascimento recebeu pelo novo contrato a quantia de trinta milhões de cruzeiros, um contrato generoso para a época, mas que ainda não garantiria a sua estabilidade financeira. Só para se ter uma ideia do que isto representava, a venda das duzentas e cinquenta mil cópias encomendadas pelas lojas para a semana de lançamento resultou num lucro bruto de dezesseis milhões de cruzeiros para a gravadora. Para investir o dobro do que esperava ganhar de imediato com seu novo artista, pode-se imaginar quanto a Ariola acreditava poder ganhar com ele. A aposta não seria equivocada. Os álbuns produzidos nos anos seguintes receberiam discos de platina da Associação Brasileira de Produtores de Discos, ultrapassando a marca de duzentas e cinquenta mil cópias vendidas no Brasil.

Outra grande conquista para Bituca foi a parceria com o produtor Antônio Vovaz Lobato, o Mazola. Ele assumiu a produção dos LPs e entrou em sintonia com Bituca de tal forma que era capaz de perceber os planos do artista e antecipar-se a eles. Se via Bituca seguindo em determinada direção, deixava as coisas fluírem até chegar a hora de pôr as ideias em prática e, então, tinha tudo preparado para executá-las da melhor maneira possível. Embora Mazola assinasse a produção, a direção musical continuou a cargo de Bituca. Uma música só entrava no disco se ficasse à altura da sua expectativa. Caso contrário, ficava arquivada, esperando o momento certo de ser aproveitada. Exatamente como havia acontecido com "Sentinela", dele e de Fernando Brant, feita no fim dos anos 1960.

Quando ainda morava em Belo Horizonte, Bituca foi com Márcio Borges assistir ao filme *Madre Joana dos Anjos*, do polonês Jerzy Kawalerowicz,

## O CLUBE SE EXPANDE

na lista dos proibidos pela Igreja Católica. Por causa deste fato, eles se assustaram ao encontrar na plateia três frades dominicanos. Após a sessão, foram todos para um bar nas proximidades, inclusive os frades, para debater o filme. Bituca ficou impressionado com as ideias dos religiosos e decidiu compor algo em sua homenagem. A música "Sentinela" seria gravada em um de seus discos pela Odeon, mas sem a participação dos dominicanos, da qual ele tanto fazia questão.

A ideia de regravar a música com os frades não abandonou seu pensamento, mas, ao procurá-los, descobriu que aqueles do cinema haviam sido presos e acabou desistindo, pelo menos por algum tempo. Em 1973, no show de gravação de *Milagre dos peixes*, o frei dominicano Paulo César Botas foi cumprimentá-lo após o espetáculo e reacendeu nele a vontade de gravar "Sentinela". No entanto, explicou a Bituca que quem cantava eram os beneditinos, e não os dominicanos. Tudo bem, convidaria os beneditinos, e Paulo César representaria a sua congregação. Durante sete anos amadureceu a ideia, até achar ter chegado o momento certo, e o momento era aquele. Foi ao Mosteiro de São Bento, no centro do Rio de Janeiro, e fez o convite. Embora eles se dedicassem apenas à música sacra, concordaram em participar.

— A música tem que ser gravada numa igreja! — determinou Bituca. Não dava para transportar um estúdio inteiro para uma igreja, não dessa vez, mas conseguiu convencer Mazola de, pelo menos, gravar dentro de um templo a parte dos beneditinos. O local que conseguiram foi a capela do Colégio Notre Dame, em Ipanema, onde instalaram a aparelhagem mínima necessária para fazer o registro do coro de nove vozes, mais as vozes de Bituca e de Nana Caymmi, que cantou a capela. Nana estava de mal com Bituca, por ele ter convidado Elis Regina para cantar em *Clube da esquina dois* e tê-la deixado de fora. Mas não resistiu ao apelo do amigo, quando ele a procurou por meia cidade só para fazer o convite. Ela estava em uma festa com amigos e concordou sem demora. A gravação dos instrumentos e das complementações vocais foi feita no estúdio de vinte e quatro canais da Transamérica, no Rio, mixada a oito mãos, entre as quais as de Bituca. Outra parceria iniciada no LP, e que mudaria o rumo da vida do artista, foi com o fotógrafo Márcio Ferreira, o Marcinho. Ele havia participado da turnê pela Europa, mas com a tarefa única de fazer as fotos. Já em "Sentinela", produziu a capa do disco e ajudou na produção do álbum de um modo geral. No trabalho seguinte, seria oficialmente o empresário de Milton Nascimento, posto no qual se manteria até surgir um nó do destino, quinze anos depois.

A cúpula da Ariola estava prevenida a respeito das gravações atípicas dos discos de Milton Nascimento, por isso não se assustou com a gravação dos beneditinos na capela. Seus integrantes também estavam conscientes da mania do compositor de lotar as dependências dos estúdios com uma infinidade de músicos e amigos, fazendo todos participarem do trabalho de alguma forma. Só não esperavam que ele fosse levar tal singularidade ao extremo. No dia da gravação de "Peixinhos do mar", cantiga de marujada adaptada por Tavinho Moura, dois ônibus abarrotados de mineiros estacionaram em frente ao estúdio da Transamérica. Bituca havia acionado a turma de Belo Horizonte.

Os ônibus partiriam de lá à meia-noite, ficariam no Rio para a gravação de um coro e voltariam à noite para a capital mineira. Quem quisesse e estivesse disposto a participar, era só chegar a tempo de conseguir um assento nos veículos. Além dos passageiros da caravana, Bituca convidou três-pontanos que viviam na Cidade Maravilhosa e outros amigos de lá, num total de oitenta e duas vozes, a maioria de amadores. Não se pode dizer o mesmo dos que estavam no Rio, mas a turma dos ônibus chegou ao estúdio a mil por hora, depois de beber todo o estoque de cerveja e doses para animar a viagem, comprado no popular esquema de vaquinha.

Na hora da gravação, Bituca pediu a Kéller para pôr ordem no coro e regê-lo. Depois de algumas tentativas quase inúteis, ele achou melhor chamar outra pessoa para auxiliar, e encarregou da tarefa o músico Hélio Delmiro, que deu conta do recado — na medida do possível. Apesar do

## O CLUBE SE EXPANDE

Falta de Couro já ter aparecido em *Clube da Esquina dois*, foi em *Sentinela* que criou fama. Ao terminarem a gravação foram disputar, e acompanhar, uma partida de futebol no campo de Chico Buarque. Só depois seguiram de volta a Belo Horizonte. Participaram ainda do disco Mercedes Sosa, o grupo mineiro Uakti, que fabrica seus próprios e inusitados instrumentos, e o conjunto Boca Livre, além dos eternos parceiros mineiros. Ademais de "Sentinela" e "Peixinhos do mar", outras músicas fizeram história.

Bituca gravou o poema de Leila Diniz musicado por ele, com direito a uma fala da atriz extraída de um documentário sobre ela. Pouco tempo antes de começarem as gravações, recebeu em casa um disco dos brasileiros radicados na França Ricardo Vilas e Teca Calazans, com a música "Caicó". Foi então que descobriu tratar-se de um tema folclórico no qual Villa-Lobos se baseou para fazer a tão admirada "Bachiana nº 4", apresentada a ele por Maria Amélia, em Três Pontas. Chamou Wagner Tiso ao seu apartamento. Os dois se basearam nos arranjos do disco de Ricardo Vilas e no próprio Villa-Lobos, montaram uma harmonia própria e fizeram a sua "Caicó", dedicada a Maria Amélia. Há ainda outra música de *Sentinela* que merece um conto à parte. Não deu tanto trabalho quanto as demais nem era assim uma novidade, mas teve trajetória singular, como se tivesse criado vida própria e deixasse de pertencer apenas aos seus autores, correndo mundo: "Canção da América", versão brasileira de "Unencounter".

O contato com a turma de Belo Horizonte durante as gravações do LP reavivou-lhe as lembranças dos anos felizes na capital mineira. "Seria maravilhoso viver aquilo tudo!", pensou. Decidido a recuperar seus tempos de "belo-horizontino", trancou seu apartamento na Barra e alugou um em Beagá. Ficaria lá por cinco anos, e esta seria uma das poucas coisas das quais se arrependeria profundamente ao longo da vida.

# Capítulo 12
## 1981 a 1984 | Velho Horizonte

A cobertura com piscina ficava na Rua Paulo Afonso, no alto do bairro Santo Antônio, caracterizado por suas ladeiras verticais, que desafiavam os motoristas — e pedestres — mais ousados. A decoração do apartamento se resumia a algumas almofadas e a uma significativa coleção de revistas em quadrinhos do *Asterix*, além de discos e dos inseparáveis violão e bonés de maquinista e do piano. Com a mudança para Belo Horizonte, Bituca passou a emprestar o apartamento da Barra para amigos em lua de mel, em viagem de férias, de trabalho, e até para morarem por algum tempo, como fez para os recém-casados Kéller e Denise Stutz, a Nossa Senhora do balé *Maria Maria*.

Os primeiros meses na capital mineira não lhe deram tempo para incorporar-se à rotina local. As viagens eram tantas que, para sua tristeza, passou grande parte de 1981 entre aeroportos e aviões. Quando ia ao Rio tratar de assuntos de discos, a Ariola o hospedava nas suítes presidenciais, como a do Copacabana Palace, com direito a flores amarelas, suas preferidas, potes de balas e guaraná, então sua fixação. Depois de toda a vida sendo um apaixonado por Coca-Cola, Bituca descobriu o guaraná Antarctica, na embalagem caçulinha. Só deixaria o guaraná de lado anos depois, quando voltaria aos amores com a Coca na versão light, por causa do diabetes.

Uma das poucas coisas que pôde aproveitar nesse primeiro momento em Belo Horizonte foi o contato com antigos e novos amigos. Entre os amigos recentes estavam um adolescente três-pontano chamado Marco Elizeo, um dos poucos a conseguir carregar Bituca para qualquer lugar e fazê-lo tocar violão numa roda de boteco, e o fotógrafo Márcio Ferreira. Se em *Sentinela* Márcio participara da produção, agora era ele quem organizava a vida de Milton Nascimento. Abriu a Quilombo Criação e Produção, e se tornou seu empresário. Passou a cuidar da sua agenda, que esteve lotada como nunca. Entre novembro de 1980 e dezembro de 1981, Bituca trabalhou em três projetos paralelos, além dos bicos e trabalhos avulsos para amigos e conhecidos.

Um desses projetos vinha amadurecendo desde 1979, quando esteve em Goiânia para assistir à *Missa da terra sem males*. A missa, em favor dos índios americanos, havia sido escrita pelo bispo do Araguaia, dom Pedro Casaldáliga, e pelo poeta Pedro Tierra, com música do descendente indígena Martin Coplas. Na ocasião, dom Hélder Câmara, um dos grandes pensadores religiosos de esquerda no Brasil, lançou a pergunta: "Quando é que vocês farão a missa dos negros?" Surgiu então a ideia de levar adiante a empreitada, que se chamaria *Missa dos quilombos*. Milton Nascimento ficou encarregado de compor as músicas e dom Pedro Casaldáliga e Pedro Tierra, o texto.

Bituca já conhecida Casaldáliga, embora não pessoalmente. Ele tinha lido um livro do bispo e passara a admirá-lo. Fazer uma parceria com ele seria uma honra, ainda mais sobre um tema tão caro. Era um trabalho diferente de tudo o que havia feito. Apesar de continuar a ser um compositor, precisava pensar em várias coisas ao mesmo tempo. Não seria a trilha de um balé ou de um filme, nem eram músicas para um álbum seu ou de um amigo; eram parte de um ritual católico, da sagrada missa, como tantas frequentadas por ele na infância em Três Pontas. Ao mesmo tempo, não era apenas uma missa; haveria encenação, dança, e tudo em praça pública. Pelo menos, a ideia era essa. Bituca sentia responsabilidade maior dessa vez, e só isso já lhe ocupava bastante a mente.

## VELHO HORIZONTE

Também precisava preparar o novo álbum, o segundo pela Ariola, pois estava marcado para entrar em estúdio no fim do primeiro semestre de 1981. Enquanto procurava tempo e inspiração para as músicas da missa e do disco, saiu em uma turnê de dez shows pelas principais capitais do Brasil para divulgar *Sentinela*. O primeiro foi em Belo Horizonte, no ginásio Mineirinho, para um público de quinze mil pessoas, e inaugurou uma nova etapa na vida de Milton Nascimento — a da profissionalização ao seu redor. A era dos espetáculos improvisados e informais só não acabou definitivamente porque o próprio Bituca continuou a se envolver em todo tipo de trabalho, aceitando convites para tudo quanto achasse valer a pena. Mas isso era algo restrito a contatos feitos por ele próprio. No que dizia respeito às negociações à sua volta, na "indústria" ao redor do nome Milton Nascimento, tudo passou a ser tratado com um profissionalismo pouco visto até então no mercado fonográfico nacional. A promoção dos discos, como foi a de Sentinela, envolvia shows, publicidade nas principais emissoras de TV, em rádios e jornais, além de material de divulgação, brindes e coquetéis. O custo de cada show ou gravação era altíssimo. Desde o equipamento de som de ponta até os cachês dos músicos que o acompanhavam, alardeado nos bastidores como os maiores pagos no meio musical. Não faltaram empresas interessadas em patrocinar eventos com Milton Nascimento. Era investimento certo. Um dos poucos artistas da época capaz de, ao mesmo tempo, lotar um estádio de futebol aqui ou em outro país e agradar à crítica. Por tudo isso, Sentinela foi eleito o melhor disco de 1980 pela Associação Paulista de Críticos de Arte.

Num dos shows da turnê, no ginásio do Ibirapuera lotado, em São Paulo, o público saiu frustrado porque Milton Nascimento se recusou a cantar o bis, mesmo com a massa gritando com insistência "volta!". Bituca não disse nada, e deixou o palco após cantar com Tavinho Moura "Calix bento". Não voltou. Quem se interessou em ler o noticiário no dia seguinte descobriu a causa do sumiço: uma ameaça de bomba. Em telefonemas para o Dops, a Assembleia Legislativa e a administração do ginásio, uma pessoa, dizendo-

241

-se membro do movimento Falange Pátria Nova, afirmou haver uma bomba sob o palco prestes a explodir. Ao ver um sinal de Marcinho, Bituca se retirou e tomou conhecimento da ameaça. Não podia dizer nada para o público para não causar pânico, o que iria piorar a situação. Esperaram o ginásio se esvaziar e foram embora. Descobriu-se depois que não havia bomba alguma, mas não podiam ter ignorado o aviso. E se houvesse?

No intervalo entre um show e outro, Bituca recebeu os textos de dom Pedro Casaldáliga e Pedro Tierra. Nos primeiros dias, ficou olhando para os papéis, pensando, buscando inspiração, mas não conseguia extrair uma nota de música. Até uma tarde em que estava na piscina da sua cobertura, cercado de amigos. Saiu correndo, mal enxugou o corpo, pegou o violão e compôs a primeira, a segunda, a terceira, outra mais. No fim da noite, tinha quase todas as músicas prontas e achou-se o máximo dos máximos. No dia seguinte, ao tentar tocar as melodias, as havia esquecido. Tomou aquilo como uma lição, para não se gabar à toa. Aos poucos, num processo intenso de trabalho, frase após frase, conseguiu recuperar na memória o material, registrando tudo no gravador cassete, seu fiel companheiro.

Todo o período da composição foi acompanhado por várias pessoas, que entravam e saíam do apartamento. Não se atreveu a mandá-las embora. Além da falta de coragem para tanto, precisava do movimento para compor. Não havia algo específico a inspirá-lo, inspiração vinha e pronto, a música saía. O único requisito que podia ser considerado era o barulho. Não gostava de criar se estivesse sozinho, a não ser quando a necessidade de compor chegava nos momentos solitários. Graças a isso, deixou de perder para sempre algumas pérolas, como "Paula e Bebeto." Às vezes compunha e esquecia a peça na mesma hora, resgatada em algum momento por um amigo curioso, interessado em saber o que havia sido feito daquela música mais ou menos assim...

Concluídas as músicas para a missa e a turnê, Bituca enviou o material para dom Pedro Casaldáliga e tratou de se dedicar ao seu décimo quarto LP, continuando o ritmo frenético de trabalho. Cada álbum refletia, de

## VELHO HORIZONTE

certa forma, o que estava vivendo ou sentindo naquele momento, e não foi diferente dessa vez. O saudosismo responsável por sua volta a Belo Horizonte também o fez percorrer caminhos semelhantes na preparação do disco. A começar pela faixa de abertura, "Cavaleiros do céu", na versão em português de Haroldo Barbosa. 25 anos após ter evitado uma repetência no ginasial graças a esta canção, decidiu gravá-la. E relembrando ainda os anos da sua juventude, compôs uma das novas músicas. Mandou para Fernando Brant escrever a letra e, ao recebê-la, fez algo inusitado. Chamou o amigo ao seu apartamento em Beagá e explicou que aquela letra não era apropriada. Nunca havia feito isso, pois na maioria das vezes era preciso apenas fazer algumas adaptações para encaixar o texto na melodia. Dessa vez, no entanto, a letra estava fora do que sentia ou pretendia dizer. Falou para Fernando sobre a época dele e de Wagner tocando nos bailes no sul de Minas e depois em Belo Horizonte. Recordou casos, passagens. Riu e chorou com isso. O letrista compreendeu a mensagem e fez uma nova letra. Bituca adorou. Batizaram-na de "Nos bailes da vida".

Em uma das viagens ao Rio, Bituca foi aos estúdios da Odeon para prestigiar a gravação do grupo 14 Bis. Ao chegar, ouviu Sérgio Magrão e Luís Carlos Sá ensaiando uma música que achou ter tudo a ver com a sua própria história. Chamou Flávio Venturini num canto e disse:

— Me arranja essa música que eu vou fazer uma surpresa pro Magrão.

Ele e Wagner compuseram um novo arranjo e gravaram a canção às escondidas. Era "Caçador de mim", e deu nome ao álbum. Só pediram autorização depois de tudo pronto, para não estragar a surpresa. Então, Bituca convidou o 14 Bis para participar da gravação, e também o grupo Roupa Nova, o Uakti, Tunai e Ney Matogrosso. A intenção do disco era celebrar as coisas boas da vida, a amizade, a liberdade, os bons momentos. Em paralelo à nostalgia da sua juventude em Minas, Bituca comemorou a volta da liberdade no Brasil.

O governo ainda era militar, mas caminhava para a redemocratização. A censura já não era a vilã da produção cultural e podia-se dizer tudo —

ou quase. Nesse espírito, ele e Fernando fizeram "Coração civil", cuja letra teria sido rechaçada em outros tempos, como a estrofe "Quero a liberdade, quero o vinho e o pão / quero ser amizade, quero amor, prazer / quero nossa cidade sempre ensolarada / os meninos e o povo no poder, eu quero ver". Ainda nas letras, o disco teve duas outras curiosidades. A parceria com o poeta Ferreira Gullar em "Bela, Bela", e o próprio Bituca atuando mais como letrista. Os músicos eram praticamente os mesmos dos trabalhos anteriores, e depois de algum tempo um pouco afastados, Bituca e Wagner trabalharam em parceria outra vez.

*

A ideia era concluir "Caçador de mim" e retomar a "Missa dos quilombos". Tudo bem, as músicas estavam prontas, mas faltava ensaiá-las e armar a produção do evento todo, da qual a Quilombo ficou encarregada. Isto significava escolher um local para a missa, montar um cenário, organizar o material de divulgação, selecionar um grupo de dança para atuar, planejar o transporte dos músicos, dos religiosos e da equipe, hospedagem, alimentação etc. Enquanto Marcinho Ferreira, Tavinho Bretas e Kéller Veiga trabalhavam na produção da missa, Bituca foi a Manaus para gravar uma pequena participação no filme *Fitzcarraldo*, do alemão Werner Herzog.

O longa-metragem conta a história de um apaixonado por óperas que pretende levar um espetáculo para o meio da selva. O personagem de Bituca era o segurança do Teatro Amazonas, e a cena dura menos de três minutos. Nela, Bituca contracena com Cláudia Cardinale e Klaus Kinski, os protagonistas do filme. Mais do que para atuar, foi até lá para se divertir, por sua fascinação pelo cinema e por Cláudia Cardinale. Foram dois dias de gravação. Uma das cenas, no entanto, foi cortada. Nela, Bituca ia a várias partes do teatro e batia palmas para que a atriz, no fundo do teatro, pudesse verificar a acústica do lugar. Embora a equipe de filmagem estivesse toda ali, era como se estivessem só os dois. Era mais do que fazer

## VELHO HORIZONTE

uma participação em um filme, era uma das cenas emocionantes do filme da sua vida. Ele ali, no escuro do teatro, com a doce Cláudia Cardinale, atenta ao som das suas palmas.

A experiência, apesar do estrelismo de Kinski, que brigou com os figurantes, a equipe e os nativos, valeu a pena, e Herzog foi eleito o melhor diretor no Festival de Cannes por *Fitzcarraldo*.

De Manaus, antes de ir para Recife, Bituca foi a Belo Horizonte. Em 15 de novembro, dia da Proclamação da República, a população poderia, pela primeira vez em quase vinte anos, escolher os governadores dos seus estados. O movimento político pela redemocratização havia começado a ganhar força por meio de personagens influentes, como o senador Teotônio Vilela, Tancredo Neves e Leonel Brizola. A proposta de emenda constitucional para eleições diretas seria apresentada em março do ano seguinte, 1983, pelo então deputado federal do PMDB de Mato Grosso Dante de Oliveira. No entanto, a oposição já se articulava para a campanha que ficou conhecida como Diretas Já.

Apesar de nunca ter se envolvido diretamente com política, Bituca resolveu apoiar Teotônio Vilela na sua jornada pela redemocratização. Compôs "Menestrel das Alagoas", que serviu de trilha sonora para a campanha.

Na sequência, apoiou Tancredo Neves para governador de Minas, e foi além. Ele, Fernando e Marcinho organizaram um show ao ar livre na Praça do Papa, em Belo Horizonte, em favor da candidatura de Tancredo. Foi o *Show da travessia*. Era o dia 11 de novembro, e duzentas e cinquenta mil pessoas compareceram. Quatro dias depois, Tancredo Neves foi eleito governador do estado. Bituca votou em Três Pontas, de onde nunca transferiu seu título eleitoral. Finalmente, seguiu para Recife.

A capital de Pernambuco foi escolhida para ser o palco da *Missa dos quilombos*. O plano original era fazê-la no Quilombo dos Palmares, em Alagoas, mas acharam mais simbólico e viável encená-la no Recife, onde a cabeça do Zumbi havia sido exposta. Depois de andarem por toda a cidade tentando descobrir o lugar exato onde havia ocorrido o fato, Tavinho e Kéller chegaram à praça da Igreja do Carmo e acharam ali o local perfeito para a missa, com espaço suficiente. Mesmo assim ainda tentariam descobrir o lugar correto. Entraram em um terreiro de umbanda ali perto e perguntaram se alguém, por misericórdia, sabia dizer onde a cabeça do Zumbi fora deixada. "Na praça do Carmo", disseram. Estava resolvido, seria ali mesmo. Um problema a menos, porque problemas não faltaram. O movimento negro foi contra; seus integrantes achavam um absurdo uma missa dos negros feita por um negro e dois brancos. Atacaram Bituca, chamaram-no de racista por estar do lado dos brancos, queriam que ele defendesse o movimento, mas ele se recusou:

— Isto não pode acontecer, o Brasil não pode ter esse tipo de comportamento. Sou negro, mas não é pelo fato de ser negro que só vou estar com pessoas negras.

Outros ataques vieram das alas conservadoras da sociedade e da própria Igreja. Denunciaram a *Missa dos quilombos* como um ato comunista, enfatizando o apoio de dom Hélder Câmara. O cartaz do evento mostrava uma mão segurando uma cruz. Nos dias que antecederam o espetáculo, apareceram foices desenhadas ao lado da cruz nos cartazes espalhados pelas ruas do Recife, numa associação direta com o comunismo. Mas, superados esses percalços, a missa foi um megaevento. Houve apresentação teatral de um grupo de Olinda, com participação de um grupo de percussão do Rio de Janeiro, dos músicos de Belo Horizonte, dos bispos, da equipe de produção. Para alojar tanta gente, conseguiram o apoio da Fundação Cecosne — Centro Educativo de Comunicação Social do Nordeste, que abrigou todo o pessoal do evento.

Tavinho e Kéller montaram um palco enorme na praça, para abrigar todos os membros da Igreja, mais os músicos e atores. E assim, no dia 22 de novembro, dois dias após a data da morte de Zumbi, em 1695, a *Missa dos quilombos* foi apresentada em praça pública. Estiveram presentes Milton Nascimento, dom Pedro Casaldáliga e Pedro Tierra, dom José

## VELHO HORIZONTE

Maria Pires e dom Hélder Câmara, que improvisou um discurso no fim da celebração. Poucos dias depois, a missa foi proibida pela Santa Sé e pela Sagrada Congregação dos Ritos, responsável pela liturgia da religião católica. No entanto, a *Missa dos quilombos* voltaria a ser encenada sem o Corpo de Cristo, apenas como um espetáculo.

Bituca ficou tão emocionado em Recife que resolveu transformar a *Missa* em disco. Convenceu dom Pedro Casaldáliga, Pedro Tierra e dom Hélder Câmara, pois queria usar o discurso feito por este último. Para preservar a aura sacra, achou por bem, com o aval da Ariola, fazer a gravação no interior de uma igreja. Conseguiu autorização para gravar no Santuário do Caraça, em Minas Gerais, onde fica o Parque Nacional do Caraça. O Santuário é composto por várias construções históricas, entre elas o seminário, a Igreja de Nossa Senhora Mãe dos Homens, a primeira em estilo gótico erguida no Brasil, e a sede de um colégio próprio. Ao contrário da gravação do coro de beneditinos em Sentinela, foi preciso montar um verdadeiro estúdio dentro da igreja, com caixas de som, microfones, fios, instrumentos musicais e um equipamento de canais. A gravação devia ser feita como se fosse ao vivo, tudo de uma vez. Ao testar a percussão, veio a frustração: a acústica liberava demais o som. Não dava para ser daquele jeito, todo o processo teria de ser repetido no estúdio.

— Vamos dar um jeito nesse negócio! — determinou Mazola.

Se desse para reter um pouco o som... Em poucos minutos o produtor encontrou a solução: pedir colchões e cobertores emprestados ao diretor do Santuário e montar uma tenda entre as colunas do interior da igreja, onde ficaram apenas os instrumentos de percussão. Na música "Em nome de Deus", Bituca ficou sozinho no púlpito, enquanto o coro estava no extremo oposto. Ao cantar, a voz dele ecoava por todo o interior do templo, preenchendo cada espaço. O som não ficou perfeito, ajustado apenas com as possibilidades de mixagem da época, esta sim, feita em estúdio. Mas não era para ser perfeito, era para ser daquela forma, com os ruídos comuns da vida ressoando para todo o mundo do alto das montanhas de Minas Gerais.

## TRAVESSIA: A VIDA DE MILTON NASCIMENTO

*

"Só o Milton pode cantar essa música!", disse Edu Lobo para Chico Buarque após compor a faixa de abertura do espetáculo *O grande circo místico* para o Ballet Teatro Guaíra. Chico, o autor da letra, concordou. Realmente, "Beatriz" exigia uma extensão vocal muito grande. "Eu mesmo não a canto nos meus shows porque acho que não alcanço todas aquelas notas, e além disso, a gravação do Bituca foi muito marcante, parece apropriação indébita cantá-la", diria Chico. E ele não era o único que pensava assim; Bituca também se apoderou de "Beatriz". Era isto que acontecia quando interpretava uma música. Envolvia-se tanto com ela que não passava pela sua cabeça, pelo menos enquanto estivesse cantando, não ser sua. Por isso, só cantava as que verdadeiramente o encantavam. Se não houvesse uma ligação entre ele e a composição, uma atração forte, não havia santo no mundo capaz de obrigá-lo a cantar. Até para cantar seu próprio repertório. Durante quantos anos recusou-se a cantar "Travessia".

Bituca gravou "Beatriz" no Rio de Janeiro e aproveitou para passar uma curta temporada na cidade. Não havia ninguém no apartamento da Barra, de modo que convidou vários amigos para passarem uns dias lá, descansando na beira da praia. Poucos dias antes, havia recebido um telefonema de Elis Regina. Ela não estava muito bem:

— Agora eu só vou trabalhar com mineiro! Vou para BH de avião, a gente aluga um carro e vai para São Paulo, que tal?

— Ótimo! Eu topo!

Foi a última vez que se falaram. Naquela manhã de janeiro de 1982, Bituca estava na praia com a turma e decidiu ir para casa. Não sabia por quê, mas sentia que deveria ir. Ao entrar, a notícia: "Ligaram pra cá dizendo que a Elis Regina morreu!" "Que brincadeira é essa?", pensou. Mas não era brincadeira. Ligou a televisão e lá estava, em todos os canais. A cantora havia sido encontrada pelo namorado, o advogado Samuel McDowell, desacordada no quarto do seu apartamento, no bairro dos Jardins, em São Paulo. Depois de esperar por uma ambulância que não chegava, Samuel a

## VELHO HORIZONTE

levou para o Hospital das Clínicas, onde foi socorrida. Não a tempo. Elis chegou praticamente sem vida no pronto-atendimento. A causa da morte: parada cardíaca provocada por substância química.

Dias depois, o resultado do exame toxicológico do Instituto Médico Legal apontaria como a tal substância uma mistura de uísque com cocaína. Foi um dos primeiros casos públicos de morte por overdose de narcótico no Brasil. Foi um escândalo, um choque para os fãs, um prato cheio para a imprensa. Um fato que, na verdade, de nada importava para Bituca. Não fazia diferença a causa da morte, a realidade é que Elis não estava mais ali. Ficou sem reação. Não conseguia dimensionar a perda, assimilar aquela ausência repentina. Estava assim, sem dizer palavra, quando o telefone começou a tocar. Amigos, curiosos, conhecidos e jornalistas. Queriam uma entrevista com ele. Como estava se sentindo, um depoimento sobre a estrela, qualquer coisa.

— Manda todo mundo para a puta que pariu! — gritou, numa das poucas vezes na vida em que disse um palavrão.

Logo chegaram Lessa e o produtor de TV Fernando Faro. Vendo o estado do amigo, levaram-no para um barco ancorado em Barra de Guaratiba e o deixaram ali, sozinho. "Se precisar de alguma coisa, é só chamar", recomendou Lessa antes de sair. Bituca não saiu, não falou com ninguém, não foi ao velório nem ao enterro. Ausência ressaltada pelos jornais. Mas compareceu à missa de sétimo dia e cantou "Canção da América" acompanhado de Clara Nunes. Demorou alguns dias para voltar à Terra, porque era como se estivesse pairando em algum lugar longe daqui, irreal. Sentiu raiva do mundo, do tempo que não passou com ela, chorou, sofreu. Justo Elis, o grande amor da sua vida!

A maneira que encontrou de prestar outra homenagem a Elis e de tê-la ao seu lado ainda uma vez foi oferecendo a ela o maior presente que poderia dar a alguém: uma música. Compôs "Essa voz", com letra de Fernando Brant cuja primeira estrofe termina assim: "nossa amiga não parou de cantar / ela é a voz / de todos nós." A fim de não deixar dúvidas de quem se tratava, conseguiu liberação para usar um trecho da gravação de "O que foi feito devera" em *Clube da Esquina dois*, e gravou uma das músicas daquilo que seria seu novo álbum.

*

*Anima* talvez tenha sido o disco sobre o qual Bituca menos pensou; as músicas foram surgindo, e como estava na hora de fazer o terceiro trabalho na Ariola, juntou novas composições, escolheu outras que haviam cruzado o seu caminho e pronto. Nem por isso foi menos trabalhado. Segundo a crítica, "*Anima* é um disco variado, cheio de curiosas experiências rítmicas, como na faixa-título, e onde Milton troca definitivamente o estilo leve e regionalista que preferia no início da carreira por canções de harmonias e arranjos intrincados". A música-título do LP surgiu por intermédio do cantor e compositor Zé Renato, que o procurou para escrever a letra de uma composição sua, à qual daria o nome de *Anima*.

— O que significa isso? — quis saber Bituca.

Vinha do latim e significava, entre outras coisas, alma. "É um bom nome para pôr num disco", e a palavra ficou retumbando na sua mente. No mesmo período, Bituca atuou como letrista para outros músicos, fazendo "Teia de renda", com Túlio Mourão, e "Certas canções", com Tunai. Esta última inspirada em "Ebony and Ivory", de Paul McCartney e Stevie Wonder. Uma noite, estava ouvindo rádio quando tocou a música. A letra falava sobre o preconceito racial, sob a metáfora da harmonia das teclas brancas e pretas do piano, do ébano e do marfim. Bituca se admirou: "Como eu não pensei nisso antes! Eu queria ter feito essa música!" Pensando nisso, lembrou-se de outras músicas tão próximas a ele, como a própria "Beatriz", que sentia como se fossem suas. Escreveu então: "Certas canções que ouço / cabem tão dentro de mim / que perguntar carece / como não fui eu que fiz?" Daí fez a letra para Tunai.

Outra parceria foi com Caetano Veloso, que compôs a letra de "As cinco pontas de uma estrela". Bituca escolheu ainda, entre outras, "Evocação das montanhas", do paranaense Henrique de Curitiba, lembrando-lhe as montanhas de Minas, a montanha na qual se encontrava naquele momento, na cobertura no alto de uma ladeira de Belo Horizonte. Convidou Simone, Tadeu Franco e Caetano para cantarem com ele. O LP contou ainda com o violonista Juarez Moreira, e Marcus Viana no violino. O disco saiu pela Ariola, coproduzido pela Nascimento, produtora criada pelo próprio Bituca, independente da Quilombo.

*Anima* foi um trabalho tranquilo, fiel ao conceito de alma, serenidade, mas que nem por isso deixou de ser importante para Bituca. "Eu não tenho um disco preferido, porque cada um é um pedaço de mim, um momento da minha vida", disse. E aquele momento não chegava a ser de tristeza, mas de necessidade de esperança, de força, porque começava a se perguntar se estava no rumo certo, como deixou transparecer no texto que ele escreveu para o encarte:

> Este disco traz aquilo tudo que acredito. Todas as coisas que gosto. Essa vontade de acreditar, apesar de tudo que acontece no mundo, contrário a essa esperança. A vontade muito grande de cantar, de dizer as coisas para as pessoas, de falar coisas que a gente ouviu, o que a gente aprendeu e que a gente segue vivendo, apesar de tudo. O nome deste disco é *Anima*. *Anima* = que vem do latim e significa: sopro, aragem, brisa, vento, ar, exalação, cheiro, aroma, dá vida, alento, vida, existência. Significa alma. Ente, indivíduo, pessoa, alma dos mortos, habitantes, moradores, coração, afeto, vontade. E fizemos o disco nessas condições aí: é Alma. Vida. Como sempre é uma comunhão. É um disco que não é apenas um cantor cantando as coisas. São várias pessoas trabalhando para acontecer uma coisa, ou para acontecerem muitas, dentro de tudo o que a gente pode fazer nesse mundo. Esse disco é realmente uma comunhão, que me dá um alento, uma forte esperança.

*

Bituca não estava feliz em Belo Horizonte. Mudara-se para a cidade na tentativa de recuperar um momento havia muito relegado ao irretocável universo do passado. Começou a se dar conta de que as lembranças são o que são, recordações. Não devem ser deixadas de lado nunca, porque é delas que se tira o fôlego para prosseguir. Mas não se vive um mísero segundo duas vezes, quanto mais anos e anos de uma história. Belo Horizonte era outra cidade, definitivamente além dos limites da Praça Sete. Quanto aos antigos amigos, cada um havia feito a sua vida, seguido o seu rumo. Não havia mais o Ponto dos Músicos, o centro estava cada vez mais movimentado, as pessoas tinham menos tempo, mais compromissos. Era mais difícil reunir a turma, por mais que a cobertura vivesse cheia de visitas. Os Borges não moravam mais no Edifício Levy, não havia mais a pensão da Benvinda e o Maleta começava a perder o glamour para os shoppings. Ele próprio não era o mesmo jovem disposto a invernar nas batidas de limão. Não era apenas o Bituca, agora havia também Milton Nascimento.

Embora tivesse se dado conta do equívoco cometido ao se mudar para a capital mineira, resolveu insistir um pouco mais. Talvez pudesse ajudar a transformar alguma coisa na realidade da cidade, de Minas Gerais. Faltava descobrir como. Conversando com Wagner, encontrou uma maneira. Montar uma escola de música nos moldes do Clam, de São Paulo, onde os alunos aprendiam ou aprimoravam a teoria junto com a prática, livres para seguir seu próprio caminho, sem as amarras dos rígidos métodos tradicionais. O Curso Livre de Aprendizagem Musical, Clam, foi fundado em 1973 pelos integrantes do Zimbo Trio e havia se consolidado como experiência de sucesso. Bituca conversou com Amilton Godoy sobre a possibilidade de ele e seus parceiros fornecerem a orientação necessária para a estruturação da escola mineira. Ficou acertado que ele daria uma espécie de consultoria, indo de tempos em tempos repassar a sua experiência para os professores mineiros.

Assim, uniram-se no projeto "Música de Minas Escola Livre" Bituca, Wagner, Cláudio Oliveira e o empresário Marcinho Ferreira. Antes de

## VELHO HORIZONTE

tudo, era preciso ir a São Paulo para ver de perto como funcionava o Clam. Cláudio esteve lá por alguns dias, e enquanto ele e Marcinho trabalhavam para transformar a escola em fato consumado, Bituca e Wagner voltaram ao Festival de Montreux, na Suíça. Lá, junto com Alceu Valença, gravaram o LP *Brazil Night — ao vivo em Montreux*, pela Ariola. Com a gravação, Milton Nascimento e Wagner Tiso mais uma vez se mostraram figurinhas carimbadas de um dos mais tradicionais eventos musicais da Europa.

No fim de 1982, a Música de Minas Escola Livre abriu as portas, mais precisamente numa casa da Rua Rio de Janeiro, 1.777, próximo à Praça da Liberdade. Mais de duas mil pessoas, entre 4 e 76 anos de idade, inscreveram-se para tentar uma vaga em um dos onze cursos oferecidos: violão, guitarra, contrabaixo, percussão, bateria, flauta, saxofone, trompete, piano, canto e iniciação infantil. Muitos dos inscritos acreditavam na possibilidade de ter aulas com o próprio Milton Nascimento, ou de a escola funcionar como um trampolim para a glória musical. Todos esses foram descartados no processo de seleção. Dos dois mil candidatos ficaram trezentos, somente os que queriam, de verdade, aprender música ou aprimorar-se, como foi o caso de Tavinho Moura. Mesmo com três álbuns solo gravados, ele se matriculou em um curso avançado de violão. Também não era para menos; os professores eram feras, como Juarez Moreira, Gilvan de Oliveira e Babaya, entre outros.

Havia ainda os workshops para alunos matriculados e vagas para pessoas de fora, desde que passassem pelo crivo da seleção. Nos quatro anos de vida, a escola promoveu vários workshops, com nomes que iam de João Bosco, Turíbio Santos e Hermeto Pascoal a Wayne Shorter e o guitarrista Al Di Meola. De tempos em tempos, Amilton Godoy ia a Belo Horizonte para ajudar no andamento do trabalho. Não se tratava de treinar os professores, mas de mostrar como faziam em São Paulo, a metodologia empregada por eles e que gerava tão bons resultados. No entanto, para conseguir sobreviver, a Música de Minas precisou diversificar suas atividades, e passou a oferecer cursos de desenho, pintura, dança e teatro de bonecos. Wagner e Bituca estavam entusiasmados e tinham planos de ampliar a atuação da escola e promover aulas na Febem (Fundação do Bem-Estar do Menor).

Em poucas ocasiões, como naqueles anos, Bituca e Wagner trabalharam juntos em tantos projetos, ao mesmo tempo. Além da escola, dos discos e shows, o que não era pouca coisa, compuseram a trilha sonora do documentário *Jango*, do cineasta Sílvio Tendler. Bituca fez uma parte em Belo Horizonte e Wagner outra no Rio, onde morava. Depois juntaram tudo. O filme só seria lançado em 1984, mas Sílvio os convidou para assistirem antes a algumas cenas já prontas, como a de abertura, para ver como estava ficando a trilha com a montagem. O documentário começa com várias imagens de Jango em diversas situações, ao som de uma das músicas feitas por Wagner, formando um conjunto que convida o espectador a se deixar levar por aquele personagem singular da história recente do Brasil e por essa mesma história. Bituca ficou tocado, lembrou-se da época de perseguição da ditadura e do apoio recebido dos estudantes. Quando terminaram de assistir, disse a Wagner:

— Vou colocar uma letra nessa música!

Dias depois, estava em casa pensando na música quando olhou para cima e viu o vaso com a planta coração-de-estudante. A associação foi instantânea. Pensava nisso quando o telefone tocou: era um amigo que estudava na Itália e que não estava bem. Bituca o chamou para passar uns dias na sua casa. Com ele no apartamento, sentiu algo diferente, foi para o quarto e compôs. Escreveu a letra e deu o nome de "Coração de estudante" que, como "Canção da América", tornou-se um hino, indispensável em formaturas e despedidas escolares. Bituca escolheu a nova composição para abrir o show no qual gravaria seu LP seguinte, ao vivo. As três apresentações aconteceram no Palácio das Convenções do Anhembi, em São Paulo, nos dias 1º, 2 e 3 de novembro. O evento, produzido pela Quilombo e pela Ariola, agora unida à Barclay, foi orquestrado e conduzido por Wagner, encarregado dos músicos e da orquestra com trinta e três componentes. Milton Nascimento ainda dividiu o palco com Gal Costa. Embora tivessem

## VELHO HORIZONTE

composições novas, o show e o disco foram uma espécie de resumo da sua carreira, incluindo os sucessos "Maria Maria", "Para Lennon e McCartney", "Caxangá" e "Nos bailes da vida". Não à toa, dedicou o trabalho aos 25 anos de parceria com Wagner e ao seu grande amigo e produtor Lessa, que morrera naquele ano.

*

Cada dia ficava mais difícil viver em Belo Horizonte. Mesmo com todo o esforço, não conseguiu se adaptar à cidade, ao dia a dia na capital mineira. Estava trabalhando bastante, fazendo o que gostava, e finalmente conseguia tranquilidade em relação a dinheiro, com Marcinho cuidando de tudo. Mas não se sentia feliz. Não podia andar pelas ruas sem ser incomodado, como estava acostumado no Rio. O assédio chegou a tal ponto que a imobiliária responsável pelo aluguel do prédio vizinho anunciou: "Apartamento com vista para o de Milton Nascimento." Durante vários dias apareceram candidatos ao imóvel, só para darem uma espiadela no dele.

Somando-se a isso, a escola não estava indo bem. As mensalidades não cobriam o custo, bancado pelos sócios mês a mês. Se fosse apenas a situação financeira... Mas alguns professores resistiam a adotar o método do Clam e a história começou a caminhar por outros rumos. A escola seria fechada no ano seguinte. "Quem sabe um novo projeto?", pensou. Foi então que teve a ideia de fazer um programa de rádio sobre música brasileira, a ser transmitido para cidades do interior de Minas.

Outro fator que contribuiu para a iniciativa foi a revolta com o fato de mais de oitenta por cento da programação das rádios do interior ser de música estrangeira. Seria uma forma de levar a música nacional a esses lugares, a essas pessoas. Conversou com Marcinho, e no início de 1984 o programa, batizado de *Catavento*, passou a ser transmitido por trinta emissoras de rádio mineiras aos sábados, das quatro às cinco da tarde. Uma vez por mês, Bituca entrevistava alguma celebridade da MPB. Andava sempre com um gravador na inseparável pochete. Quando encontrava um de seus amigos músicos, tirava o aparelho e fazia ali mesmo a entrevista, ou, se houvesse possibilidade, gravava em estúdio. Dificilmente ouvia recusas, como poderia acontecer se fosse um jornalista qualquer. Entrevistou Wagner Tiso, Fafá de Belém, Ney Matogrosso, Chico Buarque, Gal Costa, Maria Bethânia e Gonzaguinha, entre outros. Os primeiros programas, gravados ou editados nos estúdios da Bemol, custaram dois milhões de cruzeiros cada, distribuídos gratuitamente para as rádios. Depois conseguiram reduzir o custo com a criação de um estúdio próprio na Quilombo, no bairro Funcionários, em Belo Horizonte. Mesmo assim, era uma boa quantia. O *Catavento* dependia de patrocinadores para sobreviver, e como estes deixaram de existir, o projeto teve morte prematura. Foi a gota d'água para Bituca. Decidiu voltar para o Rio.

Um retorno gradativo, como quase tudo na sua vida. Passou-se um ano até que ele se desvinculasse totalmente de Belo Horizonte e se reinstalasse de uma vez por todas na capital fluminense. Durante esse período, trabalhou nas duas cidades e no exterior. Um dos compromissos mineiros foi atuar como o personagem Chefe Ezequiel no filme *Noites do sertão*, baseado no conto "Buriti", de Guimarães Rosa. O convite foi feito pelo diretor, o também mineiro Carlos Alberto Prates Corrêa, por intermédio de Tavinho Moura, autor da trilha do longa-metragem. Bituca topou na hora. Tudo combinado, foram todos para a fazenda Mucambo, no município mineiro de Matosinhos, onde foram realizadas as filmagens. Além de Milton Nascimento, os atores Tony Ramos e Débora Bloch atuaram no filme, e o curioso foi que a TV Globo não era captada na cidade. Portanto, ninguém conhecia as estrelas globais, que podiam andar despreocupadas por ali. Bituca ainda teve a oportunidade de conhecer Manuelzão, de *Manuelzão e Miguilim*, obra-prima do escritor Guimarães Rosa, por quem nutria imensa admiração e a quem devia o nome da música que o consagrou, "Travessia".

Pouco tempo depois estava de volta ao Rio, encerrando mais um ciclo, o da nostalgia dos tempos perdidos, e seguiu em frente, a jato, no maior salto da sua carreira.

# Capítulo 13
## 1985 a 1987 | O grande salto

A volta ao Rio foi em grande estilo. Depois de quatro anos sem se apresentar na cidade — o último show havia sido em 1980, no Riocentro —, Milton Nascimento foi o protagonista da inauguração da Praça da Apoteose, no Sambódromo. O monumento, projetado pelo arquiteto Oscar Niemeyer, foi construído como um espaço para ser utilizado ao longo do ano, num projeto coordenado por Darcy Ribeiro, então vice-governador do estado, secretário de Cultura e presidente da Funarj (Fundação Anita Mantuano de Artes do Estado do Rio de Janeiro). Vários artistas se candidataram para abrir o evento, entre eles Bituca e o "rei" Roberto Carlos. "Além do artista que é, o Milton nos traz uma assessoria técnica. O público tem que ouvir todas as nuanças do som de Milton e ele nos deu o know-how para isso", explicou Darcy Ribeiro ao ser indagado sobre a escolha.

O mineiro havia decidido se oferecer para o trabalho quando viu pela televisão o gigantesco monumento em forma de M e se encantou, ainda mais ao saber que era um projeto de Niemeyer. Inaugurar aquela obra de arte seria um privilégio. No dia seguinte, telefonou para Darcy e se candidatou. Em pouco tempo acertaram tudo. Então, no dia 28 de abril, ele cantou seus sucessos na Praça da Apoteose, ao lado de uma orquestra e de Wagner Tiso, Robertinho Silva, Nico Assunção e Ricardo Silveira. Era a música popular brasileira em lugar de destaque na passarela do samba. O público esperado era de quarenta mil pessoas, mas superou expectativas e bateu os setenta mil. Uma multidão, sua plateia favorita. O show iniciou uma onda de bons ventos na carreira e na vida pessoal, após o período de frustração em Belo Horizonte. Enquanto desenvolvia vários projetos paralelos, conseguiu se equilibrar financeiramente. Estava feliz consigo mesmo, livre da bebida, conhecendo lugares diferentes e, principalmente, fazendo novos amigos.

Na mesma época foi lançado o LP *Corazón americano*, com Mercedes Sosa e León Gieco. No ano anterior, ela convidara Bituca para um show em Buenos Aires, do qual participaria também o compositor León Gieco. Em 21 de dezembro de 1984, os três se apresentaram no estádio do Boca Juniors, La Bombonera, o maior da capital. Cantaram "San Vicente", "Cio da terra" (em duas versões), "Circo marimbondo" e a versão em espanhol de "Coração de estudante". Havia no repertório ainda velhas conhecidas de Bituca, como "Volver a los diecisiete", "Casamiento de negros" e "Sueño com serpeintes". O resultado do espetáculo foi o álbum gravado ao vivo. Anos depois ele gravaria outra faixa para um LP de Mercedes, mas numa situação que lhe rendeu certos apuros. Foi o seguinte: estava em casa, no Rio, quando a argentina o convocou. Ela estava no Brasil, e queria que ele gravasse uma música para o novo trabalho dela. A gravação seria em São Paulo. Bituca foi para lá na expectativa de ensaiar e gravar. Na primeira tarde em que se encontraram, seguiram direto para o estúdio, onde o músico argentino Charly García dedilhava algo nos teclados. Mal acabaram de se acomodar, Mercedes disse:

— Então, vamos gravar?

— Vamos, mas qual música? Eu preciso ensaiar.

— Que ensaiar que nada, pra você tudo dá certo. A música é essa que o García está tocando e nós vamos é gravar agora mesmo.

De nada adiantaram os protestos. Só tinham aquela tarde para a gravação. Bituca ficou injuriado, mas cantou e a música saiu boa na primeira

## O GRANDE SALTO

tentativa. Fizeram outras por via das dúvidas, mas a número um acabou prevalecendo. Na maioria das vezes acontecia assim, a primeira era sempre a melhor. Anos depois, ele foi à Argentina para participar de um programa de televisão com Fito Paez. Mandou pelo correio, em fita cassete, as músicas que fariam parte do especial e ficou esperando Fito enviar as dele, para poder ensaiar. Esperou em vão. Ao chegar a Buenos Aires na véspera da gravação, procurou por ele.

— Olha, Fito, eu te mandei as minhas músicas faz tempo e você não mandou nada. Eu preciso pelo menos ensaiar um pouco hoje, porque a gente grava amanhã...

Então o argentino explicou que não enviara nada porque corria ali uma lenda, espalhada por Mercedes Sosa, de que Milton Nascimento não precisava ensaiar, fazia na hora e pronto. Não precisou dizer mais nada. Bituca torceu o nariz e gravou, mas no sufoco, porque as músicas eram bastante complicadas. Pensou que aquela seria a última vez que passaria por tal situação, mas os improvisos e as gravações de última hora aconteceriam sempre.

O show no Sambódromo e o lançamento de *Corazón americano* foram uma injeção de ânimo aplicada na hora certa. No mês de maio seguinte começou sua primeira turnê pelos Estados Unidos e Canadá, de onde seguiria para a Europa. A partir de então, as excursões internacionais passaram a ter lugar fixo na sua agenda anual. Resultado de anos de trabalho, do sucesso alcançado no mercado internacional e da parceria com Marcinho Ferreira, responsável pela profissionalização de toda a área da produção, antes relegada a segundo plano, tocada de acordo com a boa vontade de amigos ou empresários eventuais. O roteiro incluía cinco cidades americanas: Los Angeles, São Francisco, Boston, Detroit e Nova York, mais o Canadá e dezenove cidades europeias, começando por Nice, na França, onde seria realizada a Semana da Música Brasileira. Os Estados Unidos não eram novidade para Bituca, mas ele não havia feito shows na terra do Tio Sam, a não ser a participação com The Band. Por ter três discos gravados lá e outros, brasileiros, lançados no país, era um artista conhecido, e isso aumentava sua responsabilidade. O público americano, ouvira dizer, era exigente. Ficava tenso só de imaginar, ainda mais ao pensar na última apresentação, em Nova York, no templo da música: o Carnegie Hall.

Era um sábado de junho de 1984, dia 5, e o enorme cartaz na entrada do Carnegie Hall estampava a figura do brasileiro tímido. No fim de semana seguinte, o palco seria do cantor Frank Sinatra. Foi o que Bituca descobriu ao chegar para passar o som. Seu coração tremeu ao ver um imenso cartaz com seu rosto ao lado de outro, das mesmas dimensões, com o retrato de Sinatra. Sua nunca disfarçada porção tiete não resistiu, tirou uma foto entre os cartazes, para mostrar ao pessoal lá de Trespa — Trespa, no linguajar bituquês, significa Três Pontas. Era assim, deslumbrava-se com facilidade, com pequenos e grandes acontecimentos. Nem toda a fama internacional foi suficiente para acabar com sua capacidade de se surpreender, de maravilhar-se diante de algo especial, tremer frente a um ídolo ou a uma criança. Fazia questão de registrar tudo, fosse em imagens ou na memória, a fim de passar adiante. Afinal, de que adiantava estar ao lado de Frank Sinatra se não pudesse compartilhar com os amigos? Não se tratava de estrelismo. Era mais alegria por conhecer aquelas pessoas, por fazer parte daquela história. Na contramão, não se comportava de modo diferente só por estar num lugar como o Carnegie Hall. Era como se estivesse em um palco qualquer de universidade. Tanto que, vinte anos depois, ele se apresentaria com igual — ou ainda maior — empolgação e nervosismo no palco pequeno de um cineteatro da sua terra natal, para quatrocentas e cinquenta pessoas, sem cobrar cachê e com direito a falhas de som e um apagão total.

E o que deveria ser uma única apresentação no Carnegie Hall transformou-se em duas. Na semana anterior, todos os ingressos haviam sido vendidos. Como as pessoas não paravam de telefonar atrás de convites, a direção negociou com o artista para que ele se apresentasse também no domingo, no mesmo horário, meia-noite. As entradas para o segundo dia

## O GRANDE SALTO

esgotaram-se tão logo foi anunciado o bis. Tanta procura teve a ajuda do consagrado jornal *The New York Times*, que dedicou a primeira página inteira do seu suplemento de fim de semana ao brasileiro, a quem não conseguiu classificar. Para o jornal, os brasileiros tinham menos preconceito em separar o jazz do pop: "Para eles, interessa saber se a música é boa ou não. Se for boa, está ok." Nas palavras do crítico Robert Palmer, Bituca era "um dos mais estimados produtos de exportação do Brasil", e ainda: "Nós precisamos de artistas do calibre de Milton Nascimento. Se não for por outro motivo, que seja para nos lembrar que a música popular ainda pode ser uma força real para a mudança, para a esperança e para a humanidade, e que em sua melhor forma pode ser um nutriente essencial para nossos corações e mentes." Era exatamente o que ele pensava e sentia.

Bituca, Marcinho e os outros músicos, entre eles Wagner e Robertinho, hospedaram-se num hotel em Manhattan. Iam e voltavam a pé da casa de espetáculos, o que facilitava a passagem de som, iniciada de manhã. Durante o dia inteiro os brasileiros entraram e saíram do Carnegie Hall sem precisar de qualquer documento. Por isso Robertinho sequer se lembrou de levar algum papel na hora do show. Apenas foi até o hotel, tomou banho, trocou de roupa e voltou para o teatro. Ao chegar na portaria foi barrado por um dos homens que tinham estado por ali de dia, e agora estava uniformizado. Estava sem identificação.

— O que é isso? Você me viu o dia todo aqui ensaiando e não vai me deixar entrar?

— É que agora eu estou trabalhando e esta é a regra — respondeu o segurança.

Inconformado, Robertinho resolveu: "Vou sacanear esse cara." Foi ao hotel, pediu uma caixa de alfinetes na lavanderia e pregou na sua blusa todos os documentos que conseguiu encontrar: passaporte, carteira de identidade, certidão de casamento, passagem aérea e até cartão de hotel, restaurante, bar e táxi. Ao voltar, perguntou:

— Agora eu posso entrar?

Pôde, apesar do susto do porteiro, que não estava acostumado com esse tipo de brincadeira. Brincadeira à parte, o show foi um sucesso, o público aplaudiu de pé, mesmo Bituca tendo feito o inusitado de só cantar em português. A maioria dos estrangeiros que se apresentavam no país costumava cantar em inglês. Para que palavras se há a força da voz? Apesar de não entender as letras, o público se emocionou, sobretudo ao ouvir os falsetes. Os jornais dos dias seguintes fizeram suas louvações a Milton Nascimento e à banda, ressaltando a participação de Wagner Tiso, cujo trabalho era admirado pelos americanos. Mas eles não tiveram tempo de saborear as notícias, pois embarcaram em seguida para a França.

O Primeiro Festival Brasileiro de Nice durou uma semana e envolveu apresentações musicais, teatrais, cinematográficas e palestras. Segundo o *Nice Matin*, maior diário da região, o show de Milton Nascimento foi o ponto alto do evento, e sua música foi descrita como "multicolorida, versátil e embriagadora". Ele, por seu lado, adorou cantar ali. Nas viagens anteriores à França, estivera apenas em Paris. Em Nice descobriu certa semelhança com o Rio de Janeiro, motivo pelo qual a cidade se tornou uma das suas favoritas na Europa. A turnê durou quase três meses e, desde então, esse foi o período médio das temporadas anuais fora do Brasil. E também porque não gostava de chegar e partir no mesmo instante. Curtia passar uns dias à toa nas cidades, conhecendo gente, lugares, aproveitando a oportunidade de estar ali. Não de graça, acabou recebendo o apelido de cidadão do mundo. Apelido fundamentado não só nas longas e inúmeras viagens. Ao longo da vida, Bituca recebeu títulos de cidadão honorário e chaves de cidades mundo afora. E um dos primeiros foi também o mais justo. Em 28 de novembro daquele ano de 1984, o presidente da Assembleia Legislativa mineira, deputado Genésio Bernardino, entregou-lhe o título de Cidadão Honorário de Minas Gerais.

*

## O GRANDE SALTO

A aparência não ocupava o topo das suas preocupações, mas Bituca era vaidoso. Gostava de moda, uma das afinidades com a ex-mulher Káritas. Preocupava-se em estar sempre perfumado, fazia questão de acessórios como o boné, anéis, pulseiras e santinhos para abençoá-lo. Sentia-se bem de estar em forma, apresentável, o que não significava enquadrar-se nos padrões. E andava incomodado com o peso. Nos últimos anos tinha engordado. Ao retomar sua vida no Brasil, decidiu emagrecer. Fez dieta, ginástica, e conseguiu perder difíceis quinze quilos. Mostrou a nova silhueta na capa do seu décimo nono LP, *Encontros e despedidas*.

O disco tinha tudo a ver com aquele momento da sua vida, cheio de chegadas e partidas. O encontro com Belo Horizonte seguido da despedida, com os velhos amigos, os novos, amigos próximos, distantes, espalhados pelo mundo. O reencontro com o Rio, com ele mesmo. A alegria ao fazer um novo amigo numa terra distante, substituída pelo pesar do adeus próximo. Nunca tinha vivido com tanta intensidade o paradoxo de um encontro, de que chegar e partir fossem dois lados da mesma viagem. Decidiu aproveitar a música feita para o balé *O último trem* para dar nome ao disco, porém com nova gravação e a participação do flautista norte-americano Hubert Laws. Outro americano a participar do álbum e que se tornou grande amigo foi o guitarrista de jazz Pat Metheny, com quem faria outros trabalhos. Pat gravou "Vidro e corte", música feita a partir do tema de "San Vicente", mas sem letra.

Além da canção-título, Bituca regravou "Raça" com arranjo coletivo, ou seja, dele e de todos os músicos. As faixas foram gravadas nos estúdios da Polygram e a mixagem foi feita nos Estados Unidos, em Los Angeles, tudo sob a supervisão da dupla Bituca e Mazola. O LP recebeu o disco de platina na semana de lançamento, ao ultrapassar duzentas e cinquenta mil cópias vendidas, e foi o primeiro álbum de um artista brasileiro lançado simultaneamente no Brasil e no exterior. Duas décadas depois, *Encontros e despedidas* cairia outra vez na boca do povo, por ter sido tema de abertura da novela da TV Globo *Senhora do destino*, na voz de Maria Rita, filha de Elis Regina.

O álbum entrou na parada de sucessos da revista americana *Billboard*, considerada a bíblia da música, com destaque para o jazz, estilo no qual volta e meia Milton Nascimento era incluído. Foi o primeiro brasileiro depois de João Gilberto a figurar na top-list da revista, motivo pelo qual recebeu homenagem do cônsul do Brasil em Nova York, num coquetel para convidados selecionadíssimos. Aliás, como se viu, o título de Cidadão Honorário de Minas Gerais inaugurou a longa série de títulos, prêmios e homenagens. De placas de colégio a comendas, de troféus de time de futebol a Grammys, num total de mais de trezentos, dos quais a metade ficou na casa dos pais, em Três Pontas, uns poucos na sua própria casa, no Rio, e o restante perdido em gavetas esquecidas e no acervo da Quilombo, ao qual deixaria de ter acesso anos mais tarde.

Naqueles dois anos Milton Nascimento recebeu vários prêmios e títulos. Venceu a sexta edição do Prêmio Shell de Música Popular, precedido por Pixinguinha, Dorival Caymmi, Luiz Gonzaga e Braguinha, recebeu a Ordem do Mérito Cultural em Quebec, Canadá, o título de Cavaleiro da Ordem das Artes, das Ciências e das Letras das mãos do presidente francês François Mitterrand e o título de Oficial da Ordem do Rio Branco, entregue pelo primeiro presidente civil do Brasil desde 1964, José Sarney.

Exatamente vinte anos após o golpe militar, o Brasil pôde eleger um dirigente desvinculado de patentes militares. Mas ainda não eram as tão almejadas Diretas. Em abril de 1984, a emenda Dante de Oliveira, que instituía as eleições presidenciais diretas, não conseguiu votos suficientes para ser aprovada na Câmara. Aprovou-se, então, a eleição pelo Colégio Eleitoral, e Tancredo Neves, apoiado por Ulysses Guimarães, saiu vitorioso. No entanto, morreu antes de tomar posse e o vice José Sarney assumiu a Presidência da República. Foi das mãos de Sarney que Bituca recebeu a Ordem do Rio Branco e foi ainda no governo dele que recebeu o convite para ministro da Cultura, logo que foi criado o Ministério da Cultura, desvinculado do Ministério da Educação, em 1985. Ficou lisonjeado, mas não aceitou o cargo. Começou a se desiludir com a Nova República. As mudanças esperadas aconteciam a passos tão lentos, ou sequer aconteciam, que acabou por desacreditar. Chegou à conclusão de que, no fundo, o poder é um só e fica sempre nas mãos dos mesmos. Toda a empolgação da campanha das Diretas deu lugar à decepção. Desistiu de militar pela causa democrática, embora não deixasse de crer nela. Em pouco tempo decidiria engajar-se em outra luta.

*

Em 1986 ocorreu o grande salto de Milton Nascimento para o mercado internacional. Se no ano anterior ele havia iniciado as grandes turnês no exterior, e aparecido nas paradas de sucesso em vários lugares do mundo, manteve-se em lugar de destaque e conquistou novos espaços. O ano foi marcado por parcerias internacionais, viagens e troca de gravadora. No dia 25 de abril, Bituca e Wayne Shorter se encontraram pela primeira vez num palco, um palco diferente, bem ao estilo mítico que envolvia os dois ídolos. A dupla se apresentou sob a lona de um circo, erguida na esquina das ruas Caio Prado e Augusta, em São Paulo. O show fez parte do Projeto SP e foram três espetáculos, sexta, sábado e domingo, com três momentos distintos. Wayne abriu o evento e apresentou-se sozinho. Depois foi a vez de Bituca, e em seguida os dois se apresentaram juntos, sempre sob a chuva que insistia em cair e completar o espetáculo.

No show de abertura, Bituca cantou acompanhado de uma goteira que pingava bem ao seu lado, irritando-o um pouco. Mas tudo acabou em festa e deu origem ao último disco de Milton Nascimento pela Polygram, *A barca dos amantes*. Apesar de ter sido um LP antológico com a dupla Wayne-Milton, foi pouco divulgado. Talvez ressentida com a saída do cantor, talvez por falta de recursos, talvez por outros motivos ou por nenhum, o fato é que a Barclay/Polygram economizou na divulgação. Fato que, no entanto, não impediu a aceitação do disco. Só o nome Milton Nascimento já vendia. O lançamento de um novo trabalho era acompanhado com ansiedade pelos fãs. Assim, mesmo sem muita divulgação, *A barca dos amantes* vendeu bem.

A vendagem de um LP sem campanha de publicidade foi como um prêmio para os figurões da CBS, a nova gravadora de Bituca. Era a prova certa de retorno do investimento. E que investimento! As cifras do contrato não foram divulgadas, mas especulou-se que a negociação teria girado em torno de quinhentos mil dólares, valor compatível com o status adquirido por Milton Nascimento no mercado fonográfico, mas em total desacordo com a realidade cotidiana de Bituca. Quinhentos mil dólares representam uma quantia significativa. Se hoje o montante é capaz de organizar a vida de alguém e até enriquecê-lo (sabendo-se aplicar o dinheiro), em 1986 representava muito mais. Entretanto, nem com esse contrato Bituca ficou rico. Vivia bem e com conforto, mas continuou o de sempre, morando no mesmo apartamento do Edifício Fanny, na Barra da Tijuca, com os mesmos hábitos e sem qualquer luxo. Ter a exata noção do seu patrimônio e administrá-lo de perto nunca foi a sua preocupação maior, e jamais seria. Afinal, para ele, seu grande patrimônio eram as suas músicas e os seus amigos.

Mas se ele próprio não se interessava tanto por essas operações numéricas, os outros ao seu redor precisavam delas para viver — e crescer. Consciente do lucro certo, a CBS investiu alto no novo contratado, dando-lhe tratamento de estrela internacional, de olho nos promissores mercados americano, europeu e japonês. Mesmo atenta ao retorno financeiro, a gravadora só faria o primeiro LP de Bituca no ano seguinte, 1987. Antes disso, preparava o terreno para os louros futuros. Enquanto a mudança para a CBS era anunciada em meio a coquetéis badalados e uma série de entrevistas, ele fazia sua turnê anual no exterior, seguindo o itinerário do ano anterior: Estados Unidos, Canadá e Europa.

Depois do último show nos EUA, que aconteceu em Detroit, Bituca teve uma boa surpresa. Viu aparecer no camarim a figura carismática de um rapaz magro, com cara de menino maroto, que ele conhecia bem. Era Ayrton Senna da Silva, piloto brasileiro de Fórmula 1, cuja carreira promissora ele vinha acompanhando pela televisão.

## O GRANDE SALTO

— Você vai ficar aqui amanhã? Para assistir à corrida? — perguntou Senna depois de conversarem sobre o show.

— Infelizmente não, nós embarcamos para a Europa amanhã cedo.

— Ah, você vai ficar lá um tempo? Porque se for, daqui eu vou para Londres — e anotou seu endereço e seu telefone na capital inglesa, para que se encontrassem lá.

Aqueles poucos minutos no camarim foram o começo de uma grande amizade. No avião, tenso como sempre, Bituca se lembrou de Senna e disse com convicção aos companheiros da banda: "Esse sujeito vai vencer a corrida." Ao desembarcar na França, veio a confirmação: Senna não só vencera a prova, como se tornara campeão mundial da categoria pelo segundo ano consecutivo. Ao contrário da promessa de um encontro próximo com Ricky Fataar, que demorou anos para acontecer, os dois brasileiros estiveram juntos dias depois. Outra vez foi após um show de Bituca em Londres, no qual o veterano dos palcos tremeu mais que o habitual para enfrentar a plateia.

Antes de começar a apresentação, alguém sem o menor bom senso, tendo em vista a sabida tensão pré-shows, avisou-lhe da presença, na primeira fileira do teatro, do cantor Sting e do vocalista dos Rolling Stones, Mick Jagger, além de Ayrton Senna. Cantar e tocar diante daquelas feras não era pouca coisa! Mas o nervosismo durou pouco, e Bituca realizou uma das suas memoráveis performances, esquentando os aplausos comedidos dos britânicos. No fim do espetáculo, recebeu no camarim a visita de Sting, com quem fez questão de tirar uma fotografia, e de Senna, que entrou admirado:

— Que beleza, hein? Nos seus shows a gente vê todo esse pessoal que só se vê na televisão! — Como se ele próprio não pertencesse ao grupo.

O piloto convidou Bituca para ir à sua casa no dia seguinte. O convite foi aceito, e pela manhã um carro foi buscá-lo no hotel. A casa ficava a uma hora e meia do centro de Londres, e lá moravam Senna, o amigo André Valle e o piloto brasileiro de kart, Maurício Gugelmim, com sua esposa. Dessa vez, Marcinho Ferreira não pôde acompanhar Bituca na turnê. No seu lugar

## TRAVESSIA: A VIDA DE MILTON NASCIMENTO

foi a amiga Marilene Gondim, que se formara em Direito e começava a atuar na área de direitos autorais. Ela trabalhava com o advogado de Bituca, Hildebrando Pontes, e como falava inglês foi chamada pela Quilombo para traduzir toda a correspondência de telex sobre a turnê. Quando Márcio viu que não poderia ir, pediu para Marilene acompanhar Bituca, afinal ela sabia tudo sobre a turnê. A viagem com Milton Nascimento foi uma das primeiras da carreira da futura empresária. Preocupada com a demora de Bituca em dar notícias e, segundo ele, como desculpa para falar com Senna, telefonou para o piloto. Não, ele ainda não havia chegado, mas estava para aparecer, o trajeto era longo mesmo. Quando Bituca finalmente chegou, Senna esperava na porta da casa, ainda de pijama. Passaram o dia conversando, rindo, falando de coisas do Brasil, do mundo. À noite, antes de ir embora, o piloto deu de presente ao novo amigo um desenho feito por ele e combinaram novos encontros. Como Bituca tinha alguns dias de folga, prometeu ir assistir ao treino no dia seguinte, ignorando o sacrifício de ter de se levantar às cinco da manhã. Dessa vez Marilene foi com ele.

— Não precisa se emperiquitar toda, viu? — disse à amiga.

— Imagina, ele nem faz o meu tipo!

Marilene afirmou que não tinha segundas intenções, mas Bituca não acreditou em meia palavra. Confirmou sua suspeita no hall do hotel, quando ela apareceu toda produzida. Mas não passou disso, uma brincadeira entre os dois. No treino, ficaram andando pelo pit stop, indo de um lado para outro — até onde podiam ir para não serem atropelados ou sofrer qualquer tipo de acidente. A imprensa estava lá, e Bituca achou estranho ninguém dar muita atenção a Senna, mesmo campeão. Foi quando Marilene teve uma ideia:

— Põe o boné, Bituca.

E ele, que havia deixado o habitual boné dentro do carro, resolveu colocá-lo. Em instantes os jornalistas começaram a se aproximar e logo o box de Senna contava com a presença maciça da imprensa londrina.

## O GRANDE SALTO

No dia seguinte, Bituca seguiu em sua turnê europeia. Ao voltar para o Brasil, decidiu comemorar seu aniversário em Três Pontas. O local escolhido foi a fazenda de um de seus muitos amigos três-pontanos. Além de toda a turma de Trespa, vários conhecidos do Rio, de Belo Horizonte, Salvador e São Paulo. Era sempre assim, Bituca tinha a capacidade de aglutinar gente ao seu redor, amigos, famosos, anônimos, parentes e curiosos. Quando resolvia comemorar algo na sua terra natal, punha a cidade de pernas para o ar, com artistas caminhando tranquilamente pelas ruas, indo tomar sorvete no Petite ou no Milton Careca, um drinque na Buxarela, na Adega ou no Pizza Dog. Só a presença dele já causava furor e fuxicos, quanto mais de outras celebridades, às quais as pessoas dali não estavam acostumadas. Desta vez as estrelas, além do próprio Bituca, eram o ator e diretor Dênis Carvalho e Sérgio Magrão, do 14 Bis, entre outros tantos músicos. Na hora de cortar o bolo, no formato da serra de Três Pontas com o trenzinho, Bituca convidou os outros aniversariantes da semana para ajudá-lo: Magrão, Teresa da Quitéria e a fotógrafa Cíntia Duarte, dona do casarão onde ele e toda a patota passaram réveillons e carnavais memoráveis.

*

Em janeiro de 1987 começaram as comemorações pelos vinte anos de "Travessia" do modo como não poderia deixar de ser: tocando e cantando. O primeiro de uma série de shows aconteceu no próprio Maracanãzinho, palco do II FIC em 1967. Mais de vinte mil pessoas lotaram o ginásio para assistir a Milton Nascimento e banda. A turnê, iniciada no Rio no dia 17 de janeiro, continuou por dois meses, passando por quinze cidades de norte a sul do país. O ponto de parada foi o balneário Camboriú. Mesmo depois de duas décadas de uma carreira bem-sucedida, Bituca não se deixava impressionar pela sua condição de estrela. Música para ele era todo tipo de música, e não só a dele. Por isso aceitou com grande empolgação fazer uma parceria com o grupo de pop-rock RPM, que fazia sucesso com hits como

269

"Olhar 43". A ideia partiu do vocalista do grupo, Paulo Ricardo. Além de gostar do conjunto, o fato de o tecladista, Luís Schiavon, ser de família de Três Pontas foi um ponto a mais para os rapazes, na avaliação de Bituca. O resultado da parceria foi um disco mix com duas faixas: uma com letra de Milton Nascimento e música de Paulo Ricardo, "Homo Sapiens", e a outra com letra do roqueiro e música de Bituca, "Feito nós". A experiência foi divertida mas as vendas, nem tanto. Na verdade, mal assinara o contrato com a CBS e já estava insatisfeito. Para azedar ainda mais o seu humor, o LP de Sarah Vaughan chamado *Brazilian Romance*, com quatro das dez músicas de autoria de Bituca, além da sua participação como intérprete, ganhou o Grammy de melhor disco de jazz e não houve qualquer menção ao seu nome. Volta e meia ele se lembraria do ocorrido e diria: "Eu também deveria ter ganho o prêmio, ou, pelo menos, alguma saudação."

Os problemas com a CBS começaram cedo. Acostumado com o apoio incondicional de Lessa, à liberdade tanto nos estúdios da Odeon quanto na Ariola/Barclay/Polygram, sentiu-se podado na nova situação. Era difícil conseguir executar os projetos conforme o planejado. Por mais que a gravadora estivesse investindo em gravações nos Estados Unidos, supervisionadas pelo produtor Quincy Jones — fato nada novo para ele — e estivesse com uma campanha para lançar o LP em vários países simultaneamente, não facilitava a vida na hora da produção. Era preciso negociar tudo, barganhar, num clima de tensão que atrapalhava e o irritava. Com muito esforço seu e jogo de cintura de Marcinho Ferreira e Mazola, conseguiu fazer três discos bem ao seu modo, ou seja, com invenção de moda, sobretudo o último.

É sabido que cada trabalho refletia um momento da sua vida, e dessa vez não foi diferente. Acuado como estava, Bituca sentia como se precisasse estar sempre alerta, atento para se defender e atacar, como um animal selvagem. Resolveu aproveitar o apelido pelo qual um dia Tom Jobim o chamou para título do disco, *Yauaretê*, "onça verdadeira", em tupi-guarani. Ao contrário do álbum anterior, com pouco material inédito, o novo

## O GRANDE SALTO

trabalho trouxe várias composições novas. A grande novidade, no entanto, não apareceu na gravação nem no resultado final, na capa ou nos créditos. Pela primeira vez Bituca usou uma bateria eletrônica para compor. Viu o instrumento em uma das andanças por estúdios, gostou e decidiu levar uma para Três Pontas, onde ficaria por alguns dias. Brincando no novo aparelho, em seu eterno quartinho de três por dois e meio na casa dos pais, compôs três músicas entre o almoço e o café da tarde, servido com carinho pela mãe. Eram "Planeta Blue", "Vendedor de sonhos" e "Yauaretê", que mandou para Fernando Brant pôr as letras. Nas gravações, feitas no Brasil e nos Estados Unidos, "Vendedor de sonhos" — que havia sido o primeiro título de "Travessia" — ganhou o toque de Paul Simon e Herbie Hancock. Outra faixa a contar com participação internacional foi "Mountain", do trio Cat Stevens, Milton Nascimento e Márcio Borges. No entanto, uma das músicas do LP que mais marcaram Bituca foi "Cidade encantada". Uma noite, estava passeando em Paraty com um compadre e entraram num bar onde tocava "Tarde", dele e de Márcio Borges. A dupla se sentou no balcão, e o dono do bar, já conhecido dos dois, aproximou-se de um rapaz que estava do outro lado e não os tinha visto, dizendo:

— Muito bonita essa música que você gravou, é do Milton Nascimento, não é?

— É, sim — respondeu o sujeito.

— Será que ele ia gostar de ouvir?

— Espero que sim.

— Eu também, porque ele está do seu lado.

O jovem músico teve um ataque de vergonha ao ver o ídolo, mas logo estavam todos conversando sem qualquer formalidade. Dali, Bituca e o compadre continuaram passeando por Paraty e ele pensou em fazer uma música em homenagem à cidade. Mais adiante, ao ouvir uma melodia de Nelson Ayres, resolveu pedir para pôr uma letra. Assim nasceu "Cidade encantada". Ao fazer o encarte do LP, queria escrever que a letra era sobre Paraty, mas Marcinho Ferreira o dissuadiu, explicando que as pessoas da cidade iriam achar que a música era delas. Bituca acabou cedendo, mas se arrependeu sempre.

Houve ainda uma música inspirada na peça *O Ateneu*, adaptação da obra de Raul Pompeia com um grupo de quarenta e dois meninos e três meninas. Depois de assisti-la repetidas vezes, compôs a letra de "A dança dos meninos", com Marco Antônio Guimarães, do Uakti, que, aliás, também participou das gravações. E para concluir o boom de novas composições e parceria bem-sucedida com Fernando Brant, compuseram "Carta à República", falando da insatisfação e desilusão com o novo governo, da tristeza de ver que os sonhos haviam ficado para trás. Bituca, um dos grandes defensores da bandeira das Diretas, estava decepcionado com a política no Brasil. Dessa forma, entre rompantes de criatividade e insatisfação com a realidade do país e a sua própria, aconteceu *Yauaretê*, cujo traço indígena apontava para o que estava por vir.

# Capítulo 14
## 1988 a 1992 | Mais que amigo, mais que irmão

Bituca não sabia nadar. Tinha medo da água e não se aventurava a molhar muito acima das canelas quando ia ao mar. Piscina? Só se desse pé e, de preferência, no raso. Ao contrário de muitos contemporâneos, não tinha histórias de infância sobre brincadeiras num rio ou ribeirão. Falta compensada com as inúmeras anedotas sobre trens, estrelas e sons. A única vez que se aventurou com sucesso pelas águas foi certa tarde, no litoral de Paraty. Estava com alguns amigos quando ficou sabendo que a atriz Sonia Braga filmava em uma ilha ali perto. Fã confesso da eterna Gabriela, contratou um barco e seguiu em direção à tal ilha. No caminho, avistaram um barco navegando em sentido contrário. Era o de Sonia, já voltando das filmagens. Estavam próximos, prestes a se cruzarem, e então Bituca pulou na água como um louco e nadou até o barco da atriz, agarrando-se a ele. Foi só então que se lembrou do detalhe: não sabia nadar, nunca o havia feito. Foi assim que, com 45 anos completos, embora se sentisse com pouco mais de dezenove, achou que era o momento de enfrentar a água. A irmã Beth, que trabalhava com ele, ficou encarregada de matriculá-lo numa escola de natação. Não queria nada especial, apenas fazer as mesmas coisas que todos os alunos, e por isso pediu para a irmã não dizer de quem se tratava. Depois de pesquisar algumas escolas, decidiu ligar para a professora Beth Dourado, que dava aulas numa piscina próxima ao apartamento da Barra.

— Eu queria matricular meu irmão para fazer natação, mas ele é adulto.

— Tudo bem, pode vir.

A professora ficou surpresa ao ver se aproximar da piscina ninguém menos que Milton Nascimento, com todos os apetrechos essenciais para o aprendizado: sunga, óculos, touca e pranchinha de isopor.

— O que você sabe fazer?

— Nada — respondeu Bituca.

O novo aluno ganhou de imediato a simpatia da professora e em pouco tempo aprendeu o suficiente para não se afogar. Alguns meses depois havia se tornado um bom nadador. E o que antes era visto apenas como uma necessidade tornou-se prazer, um hobby. Ao vê-lo dominando com segurança as técnicas da natação, Beth o convidou para irem a Búzios, onde poderiam mergulhar. Fez o convite esperando a resposta "não". Entretanto, deu-se o oposto. Bituca concordou em acompanhá-la e decidiu experimentar o mergulho. Foi recepcionado por uma moreia na praia de João Fernandes. Adorou! Desde então, nunca abandonou o hábito. Frequentou aulas e praticou até receber a licença para mergulhar em qualquer mar do mundo. Tampouco deixou de frequentar Búzios.

Apaixonou-se pela cidade e esta se tornou seu reduto preferido para passar as férias, geralmente janeiro e parte de fevereiro, de acordo com as brechas na sua tumultuada agenda. Como ele próprio dizia, trabalhava duro o ano todo para desfrutar aqueles momentos, sempre na companhia de amigos e parentes. Alugava uma casa perto da praia e montava toda a estrutura para receber hóspedes durante a temporada, obedecendo a um rígido cronograma, no qual estabelecia previamente os dias para cada grupo, a fim de que a casa estivesse sempre cheia, mas não a ponto de prejudicar o conforto de cada um.

MAIS QUE AMIGO, MAIS QUE IRMÃO

Foi ainda na aula de natação que conheceu um de seus futuros amigos e que, anos mais tarde, seria seu secretário particular e marido da professora Beth. Chamava-se Paulinho Lafayette, morava em Los Angeles e estava passando uma temporada no Brasil. Não ficaram amigos de imediato, mas as seguidas coincidências nos Estados Unidos fariam seus caminhos se cruzarem. As coincidências — se é que se pode chamar assim — eram uma constante na vida de Bituca. Caso ainda reste alguma dúvida, será por pouco tempo.

*

No fim de abril daquele ano de 1988, Milton Nascimento partiu do Rio de Janeiro para realizar a maior turnê da sua carreira até então. Seriam quatro meses longe do Brasil, com uma série de shows em quarenta e cinco cidades da Europa, Américas e, pela primeira vez, na Ásia. A estreia foi no Japão, depois de quase dez dias de escalas para evitar cerca de trinta horas de voo direto, impossíveis de serem enfrentadas por alguém com pavor de aviões. O ponto final seria em Porto Rico, no dia 20 de agosto, e só então ele voltaria ao Brasil, para dar início às gravações do segundo LP pela CBS. Bituca era idolatrado no Japão, com fã-clube organizado e uma rede expressiva de fãs de olhos puxados. A distância cultural e linguística era detalhe irrisório diante da fascinação causada pela música do brasileiro no público japonês. Havia anos eles aguardavam ansiosos a visita do ídolo. Muitos não se contentaram em ver uma única apresentação e compraram entradas para mais de um espetáculo, ou mesmo para todos. Houve quem fosse assistir às duas apresentações seguidas, no mesmo dia, durante todos os dias. Do palco, sempre atento à plateia, Bituca reconhecia rostos — apesar da dificuldade que os ocidentais têm em distinguir os asiáticos à primeira vista — e se envaidecia por ver figuras que não se cansavam de vê-lo e ouvi-lo.

Outro lugar pelo qual se apaixonou foi a Dinamarca, que passou a considerar seu segundo país. De todos os países em que se apresentou, era naquele território no norte europeu onde se sentia mais em casa, depois do Brasil. Mesmo com todas as diferenças seculares, a Dinamarca lhe pareceu a prima europeia do Brasil. Em Copenhague, Bituca conheceu um sujeito incrível, chamado por todos de Capitão. Era um homem rico e extravagante, que gostava de receber bem os amigos. Era dono de um teatro, e foi assim que conheceu Bituca. Capitão, como bem dizia o apelido, era fascinado por barcos; sempre apresentava uma nova aquisição a cada visita do brasileiro e fazia questão de levá-lo para passear.

Em uma das várias turnês pela Europa, Bituca, alguns músicos e o assistente de produção, Baster, responsável por toda a logística dos shows e das viagens, foram fazer um passeio pelos mares Mediterrâneo e Negro em um dos barcos do Capitão. Passeio regado a bebida da melhor qualidade, fato que não deixou de ser observado e aproveitado por todos, com exceção de Bituca, que havia tempo não bebia. Depois de tomar o suficiente para entrar em sono profundo num canto da embarcação, Baster apagou. Ao acordar, já ancorado, não viu ninguém por ali, a não ser dois homens falando uma língua incompreensível. Desceu assustado do barco e correu para a rua, onde pegou um táxi. Em inglês, pediu ao taxista para levá-lo até o hotel no qual estava hospedado, mas o pobre homem nunca ouvira falar de tal lugar. Deram algumas voltas, e Baster já começava a acreditar que tinha enlouquecido quando atinou estar no país errado. "Que país é este?", perguntou ao taxista. "Turquia", ele respondeu. Do outro lado do Mediterrâneo, no ônibus fretado para a equipe da turnê, Bituca estranhou:

— Este ônibus tá muito quieto! Cadê o Baster?

Por ter adormecido, ficara para trás. Quando acordou, o barco estava ancorado do outro lado do Mediterrâneo, na Turquia. Como a turma era grande, só perceberam a ausência dele depois da observação de Bituca. Foi uma peleja só. Baster estava sem passaporte ou qualquer outro documento num país cuja língua parecia uma ladainha indecifrável. A muito custo e com a ajuda da equipe da turnê, que se mobilizou para localizá-lo, conseguiu voltar ao solo europeu e juntar-se aos seus.

Uma das últimas paradas da turnê foi nos Estados Unidos. Entre os shows da Costa Leste e da Costa Oeste, Bituca passou um tempo livre em Nova York, enquanto músicos e técnicos voltaram ao Brasil para ver as respectivas famílias e cuidar de negócios pendentes. Hospedou-se em um hotel na Avenida Lake Flower, nos arredores do Central Park, próximo ao apartamento da apresentadora Xuxa, onde estavam hospedadas duas de suas grandes amigas, a cantora Simone e a atriz Ísis de Oliveira. Quase todas as tardes Bituca ia para lá, e os três assistiam a filmes e jogavam conversa fora. Numa dessas tardes, viu pela TV o trailer do longa *The Mosquito Cost*. Não pareceu muito atraente e nenhum deles se interessou em observar a data e o horário de exibição. Mas ao voltar para o hotel e ligar a TV, o filme estava no começo. Quando viu o nome, ele, consciente do peso das coincidências na sua vida, resolveu assistir.

Ao ver um garoto de olhos azuis e expressão forte, Bituca sentiu um arrepio. Sim, parecia um excelente ator, mas era mais que isso. Havia algo de especial naquele menino que ia além da atuação. Na mesma hora ligou para Ísis, e ela também estava vendo o filme. Ao terminar, ficou atento aos créditos para descobrir de quem se tratava e não teve dúvidas ao ler o nome River Phoenix. Verificou na programação semanal da TV os dias e horários das reprises e tornou a assisti-lo quantas vezes foi transmitido. Então Bituca, que sempre recebera tantas cartas de fãs, decidiu escrever uma carta para o jovem ator. À medida que ia escrevendo, uma melodia foi saltando da sua garganta, do seu coração, e ao terminar a última linha tinha pronta não uma carta, mas uma música. Deu-lhe o nome de "River Phoenix".

Dos Estados Unidos para Porto Rico, e de lá para o Brasil. Depois de quatro longos meses, Bituca voltou ao seu país. Mal aterrissou, teve motivos para comemorar. Após ter enfrentado cinco ações de despejo e vários outros processos menores, Milton do Nascimento passou a se chamar Milton da Silva Campos Nascimento. O nome comum havia lhe causado várias dores de cabeça, e teve de enfrentar ações judiciais no lugar de homônimos até provar não ser ele o réu. A solução mais prática e eficaz foi alterar o nome no Registro Civil. Poderia ter colocado qualquer coisa ou apenas ter incluído o sobrenome dos pais, "Silva Campos", mas preferiu fazer de outro modo. Resolveu legalizar sua situação familiar e, aos 45 anos, foi adotado oficialmente por Josino e Lília. A adoção legal jamais fora cogitada por eles, pois Lília continuava acreditando que não estaria agindo corretamente com a mãe natural do filho, Maria do Carmo. Agora, todavia, as coisas eram diferentes. A iniciativa não partira dela, mas do próprio Bituca, e assim Lília não estaria indo contra a mãe biológica.

— Esse foi o maior presente que nós poderíamos ter ganho dele, porque foi ele quem nos adotou — disse.

Resolvida a questão do nome, ele mergulhou de cabeça na produção e na gravação do novo LP, o segundo do contrato com a CBS. Uma música estava pronta, só não tinha certeza se iria gravá-la ou não. Então ligou para Simone e perguntou se valia a pena incluir no disco aquela canção feita para River Phoenix em Nova York. A cantora não hesitou: "Lógico, como não?" Foi uma luta, porque ele queria que o título fosse o nome do ator, mas para isso precisaria de uma autorização do próprio. Bituca telefonou para o produtor Quincy Jones, que lhe passou o contato da mãe de River, responsável pelas negociações do filho. A resposta imediata foi não, de jeito nenhum. Como assim? Colocar o nome do garoto numa música de alguém que ela nem conhecia, de um país totalmente estranho para eles? Estava explicando isso ao telefone quando a filha adolescente, Rain, ouviu a conversa e perguntou:

— O que é isso? Quem quer colocar o nome do River numa música? — Ah, um tal de Nascimento, mas eu já disse que não.

Na mesma hora, Rain pediu à mãe para mudar de ideia. Explicou que ela e o irmão adoravam aquele cantor e que ele ficaria aborrecido se soubesse da recusa. Então, Bituca soube da história: pouco tempo antes, o garoto estava no mesmo hotel na Mayflower, em Nova York, quando ouviu uma música do brasileiro em uma rádio. Gostou tanto que procurou saber quem

MAIS QUE AMIGO, MAIS QUE IRMÃO

era o artista. Terminou por comprar um disco em uma loja da cidade. A admiração era mútua e isso aumentou a vontade de Bituca de prestar a homenagem. Dessa forma, "River Phoenix" abriu o lado A do LP, gravado no Brasil e nos Estados Unidos. Foram apenas nove músicas, e o primeiro trabalho somente com a banda e participações especiais após duas décadas de discos e shows com coros, grupos de cordas, metais e orquestras inteiras. *Miltons* foi considerado um LP depuradíssimo, no qual o artista explorava as mil facetas da sua voz, com arranjos elaborados, transformando antigas composições em novas músicas e apresentando outras inéditas à mesma altura. 21 anos depois do sucesso de "Travessia", Bituca continuava surpreendendo, arrancando aplausos, conquistando fãs de todas as idades. O disco vendeu bem, vendia sempre, mas ele continuava com o mesmo apartamento da Barra e alguns prejuízos volta e meia, como o de quarenta e seis mil dólares naquele ano, por pagamento indevido de direitos autorais.

Houve gente — e há — para afirmar que o auge da vida criativa e profissional de Milton Nascimento passou com o fim da década de 1970, quando lançou os memoráveis *Clube da Esquina*, *Milagre dos peixes* e *Minas*. (É bom lembrar que a mesma crítica manteve os dois pés atrás na época em relação aos trabalhos, menos com *Minas*.) No entanto, a afirmação soa estranha ao observar os fatos. Sim, a era das confusões nos estúdios da Odeon, com coros de não músicos, alguns sob o efeito do álcool, passou. A realidade ao redor do artista também se modificou, profissionalizando-se, agora que tinha um empresário e produtor fixo, responsável pela gerência dos seus negócios e até da sua vida pessoal. Mas Bituca nunca deixou de produzir, de inovar — como se viu no disco seguinte e em outros. Os improvisos, aglomerações em estúdios e turnês, invenções de moda bancadas por ele mesmo quando a gravadora tirava o corpo fora também continuaram a ser elementos constantes na sua carreira.

O fato é que Bituca não parou no tempo. Não aceitou tornar-se uma relíquia da MPB ou da World Music, embora haja quem desconheça o seu trabalho recente e aposte o contrário. Sua música caminhou de acordo com o mundo, seguindo os passos diários da vida. E não podia ter sido de outra forma, pois cada trabalho seu, sem exceção, refletia o momento pelo qual estava passando. Cada disco ou show recebia as influências diretas tanto dos seus sentimentos naquele instante como do contexto ao seu redor.

Vozes lamentam a "mudança de estilo", a "perda de criatividade", mas basta pesquisar o vasto material da mídia sobre o artista no Brasil e no mundo, de 1967 até hoje, para se perceber que essas vozes destoam do coro de uma multidão. Este fato é comprovado não só pelo material jornalístico e pela crítica especializada, mas pela capacidade de, até hoje, quase quarenta anos depois da primeira aparição no Maracanãzinho, Milton Nascimento lotar teatros, casas de shows, ginásios e estádios, aqui e no exterior. A grande perda, vendo por esse lado, foi que a "turma do Clube da Esquina" se dispersou. Cada um tomou o seu rumo, mesmo se encontrando pelas esquinas afora. Na década de 1970 estavam todos juntos, trabalhando juntos, criando juntos, fazendo algo que nunca havia sido feito. Formavam uma turma, um grupo, uma família, várias pessoas de talento e vontade unidas por uma causa única: a música. Com o passar dos anos, o fim dos discos pela Odeon, o início da tumultuada agenda internacional de Bituca e o voo solo de cada um, perdeu-se o conjunto, e a força que advém de um grupo. Essa foi a grande perda, que se refere mais a um momento do que a outra coisa.

As críticas de *Miltons* mostravam o quanto ele conseguia surpreender e empolgar, como se percebe nas palavras de Diana Aragão, do jornal *O Globo*: "*Miltons*. O título do último LP do extraordinário cantor e compositor define muito bem o que você ouvirá nas poucas faixas de seu novo disco. São apenas nove e queríamos mais, muito mais, pois o que o homem está cantando não é fácil, não. Depurado à sua essência, Milton Nascimento nem se deu muito ao trabalho de compor canções inéditas, recriando em cima de seu próprio repertório. Pode até ser falta de tempo, já que ele não para mais no Brasil, tantos são os compromissos da lotada agenda internacional. Mesmo apresentando músicas antigas, porém, o artista exibe gosto de novas, num disco acústico onde, além de sua lapidada voz, brilha o piano de Herbie Hancock, presente em cinco das composições, em performances geniais, que acompanham a qualidade dos mil tons de Milton Nascimento."

Mesmo as poucas inéditas, "River Phoenix" e "Sêmen", conquistaram elogios, como mostrou Isa Cambará, em 18 de novembro daquele ano, no *Jornal da Tarde*: "O filme *Conta comigo (Stand by me)*, de Rob Reiner, emocionou muita gente quando foi exibido no Brasil, no ano passado. Alguns assistiram ao filme várias vezes, tocados não apenas pelas inevitáveis lembranças da infância, que a fita sugere, mas também pelo impecável desempenho do jovem elenco. Um dos atores, River Phoenix, conquistou um fã famoso: Milton Nascimento. Emocionado com seu desempenho, Milton — um espectador assíduo do filme — compôs para ele a canção 'River Phoenix'. A música abre o novo LP do artista. Na próxima semana, o disco estará nas lojas (o título é *Miltons*, no plural) e o público poderá constatar que o talento de Milton como compositor não é menor do que o de River Phoenix como ator. A música é uma das mais bonitas que ele já compôs."

*

Entre o fim das gravações e o início da temporada de shows de lançamento do LP, Bituca foi convidado a participar do "Human Rights Now!", ou "Rock da Anistia", como ficou conhecido no Brasil. O projeto, promovido pela Anistia Internacional, organizou uma série de shows em vários países, com renda destinada aos programas da entidade. Nessa época, Bituca passou a se preocupar mais com os direitos humanos e com a natureza. Importava-se com as queimadas, com a Amazônia, com os índios. Decepcionado com a política, começou a achar valer muito mais a pena lutar por essas questões. Continuava desiludido com a situação brasileira e resolveu emprestar o seu nome e a sua voz à luta pela ecologia e pelos direitos dos homens, associando-se à Anistia Internacional, ao Greenpeace e à Aliança dos Povos da Floresta.

Ao lado de Peter Gabriel, Sting e Bruce Springsteen, Tracy Chapman e Youssou N'Dour, Bituca subiu ao palco armado no Parque Antártica, em São Paulo. O quinteto abriu o show cantando "Get up, stand up", de Bob Marley. Cerca de quarenta e cinco mil pessoas foram ao estádio do Palmeiras. Uma multidão bem ao gosto do mineiro, que se tornaria menos frequente nos anos seguintes. Depois de quatorze anos se apresentando quase exclusivamente em ginásios, estádios e praças no Brasil, Bituca voltou a cantar e tocar em ambientes fechados. Embora preferisse as multidões, decidiu atender à demanda que surgira havia tempo: a das pessoas que fogem das aglomerações por medo, preguiça ou falta de conforto.

A turnê de *Miltons* aconteceu em teatros e casas de espetáculos, para um público médio de duas mil pessoas. Em paralelo, volta e meia participava de algum show ao ar livre ou em grandes espaços. Abandonar a muvuca não era sequer cogitado, como ficou claro no fim de 1988, quando Bituca cantou pela segunda vez em Três Pontas. O convite partiu da prefeitura, e ele só concordou com a condição de não haver cobrança de ingressos. O acordo foi firmado e o local escolhido foi o campo de futebol do TAC (Três-pontano Atlético Clube). Mas, como costumava acontecer, havia pessoas tentando tirar proveito da situação. Foi o que ele descobriu ao chegar ao camarim, montado atrás do palco. A prefeitura havia descumprido a sua parte e estava cobrando entrada. Furioso, Bituca subiu ao palco, cantou três músicas e anunciou que só continuaria o show se fossem abertos os portões. Milhares de pessoas que acompanhavam do lado de fora puderam entrar. Quem pagou não chegou a criar caso e o espetáculo prosseguiu. Depois do show ele continuou na cidade para assistir ao casamento de sua irmã caçula, Jajá, com o também três-pontano e conhecido dos tempos do retorno a Belo Horizonte, Gilberto Basílio, o Gilbertinho. A partir dali, os dois estreitaram os laços e tornaram-se confidentes.

Nos anos seguintes, apesar das várias tentativas de negociação para se apresentar em Três Pontas, Bituca resistiu. Estava escolado. Só voltaria a cantar num palco da sua terra em situações não-oficiais, promovidas por amigos. Uma dessas ocasiões, que para o bem de todos não chegou a se concretizar, foi um show que seria feito no alto de uma das três pontas da serra. Mesmo tendo consciência da inviabilidade deste plano, Bituca entrou num jipe com meia dúzia de amigos e um cachorro da raça fila chamado Elói, a fim de fazer o reconhecimento do local e analisar as possibilidades. Depois de quase um dia inteiro serra acima, primeiro no jipe, depois num trator, chegaram ao topo. Segundo os participantes da aventura, as fotos de Elói tiradas durante o trajeto mostram o gradativo processo de exaustão do animal, e só isso foi suficiente para aniquilar aquele sonho. Como seria possível transportar a aparelhagem e montar o palco? E mesmo que isto fosse viável, mais da metade do público ficaria pelo caminho, vencida pelas dificuldades do percurso.

\*

No início de 1989, Bituca estava mais envolvido do que nunca com as questões da natureza quando assistiu a uma apresentação de índios xavantes em São Paulo. Sentiu de imediato uma grande empatia por eles e decidiu, antes do fim da performance, fazer em seu próximo disco algo relacionado aos indígenas. Começou a pesquisar sobre o tema para saber quais as tribos que ainda existiam no Brasil, onde ficavam, como viviam, até um seringueiro chamado Macedo dar-lhe a ideia de irem visitar uma tribo pouco conhecida, quase sem contato com os brancos. Algumas semanas depois veio o convite. A União das Nações Indígenas e o Conselho Nacional dos Seringueiros, entidades que formavam a Aliança dos Povos da Floresta, chamaram Bituca para participar de uma expedição pela Amazônia, até a tribo dos kampa.

Em agosto daquele ano, a comitiva partiu para o Acre. Era formada pela equipe de Bituca, por antropólogos, artistas plásticos, seringueiros, índios e pelo filho do cacique da tribo, Moisés, que havia passado seis meses em Campinas, tratando de um traumatismo craniano. Somada à numerosa comitiva, havia a pesada parafernália necessária para captar sons e imagens.

O itinerário era complexo e longo. Desceram em Rio Branco, capital do estado, de onde seguiram de barco pelo Rio Juruá. Os primeiros dias foram tranquilos. Apesar de estarem em época de poucas chuvas e de o leito do rio estar com pouca água, o barco navegou com sucesso. Bituca, que andava de nariz torcido para alguns membros da sua equipe, aproveitou para ficar reparando na paisagem, nas pessoas surgindo como pingos d'água num ou noutro ponto das margens do rio e desaparecendo com uma rapidez inexplicável mata adentro. Ficou impressionado com o índio Sian, um dos guias da aventura. O nativo observava o rio e dizia: "ali tem peixe"; enfiava a mão no lugar indicado e tirava um peixe da água entre os dedos. Outra coisa a intrigá-lo foi a palavra que lhe dirigiam essas poucas pessoas com as quais cruzou ao longo do percurso: "Txai." Curioso, resolveu perguntar a Macedo o significado:

— Mais que amigo, mais que irmão, a metade de mim que habita em você, a metade de você que habita em mim — explicou o seringueiro.

Bituca amou! Dizer aquilo tudo com quatro letras! Não sabia como seria a viagem, nem como faria o disco, mas tinha certeza de uma coisa: o nome do LP seria *Txai*. O barco parava à noite, ancorado em algum vilarejo ribeirinho. Na madrugada seguinte, a viagem prosseguia. No quarto dia, o seringueiro Macedo explicou que passariam por um lugar chamado Belo Horizonte, para repor mantimentos e pegar combustível. Bituca não andava de bem com seus companheiros da capital mineira e aproveitou para protestar:

— Eu não andei milhares de quilômetros para chegar em Belo Horizonte! Pode desviar dessa porcaria, porque lá eu não vou! — ele reclamou. Quando ficava bravo, ficava pra valer.

Xingou, xingou, mas acabou indo, não tinha outro jeito. Praga ou não, o fato é que o barco encalhou nas margens arenosas de Belo Horizonte e o único jeito foi terminar o percurso de canoa. Várias canoas, para dar conta do pessoal e dos equipamentos. Quando a noite se aproximava, procuravam um lugar bom para ancorar e erguer as tendas de dormir, feitas com paus recolhidos na mata e cobertores. O "hotel do Macedo", conforme ficaram conhecidos os dormitórios improvisados, em homenagem ao seu idealizador. Mas não era apenas encostar as canoas e montar o acampamento. Era preciso pedir licença aos povos ribeirinhos, que os recebiam com sincera hospitalidade, oferecendo a pouca comida que tinham. Bituca não quis aceitar, mas Macedo explicou que era melhor não recusar, o ato seria considerado uma desfeita.

Além de conversar com o seringueiro e com Sian, ele passava o tempo jogando conversa fora com Dedé, um dos poucos belo-horizontinos presentes com os quais não se havia indisposto. O mineiro era técnico de som e integrava a equipe de produção. Se não estava com um nem com o outro, Bituca aproveitava para caminhar um pouco, observar a mata, o rio, as pessoas e o céu. Desde seus tempos de infância, quando ficava pendurado na luneta de Zino, nunca tinha voltado a ver um céu tão bonito, como se as estrelas estivessem milhares de anos-luz mais próximas. Até a lua parecia maior, despida da cortina de civilização que impede de vê-la com tanta nitidez. Ele estava assim, afastado do acampamento, conversando em voz alta com os astros, quando ouviu um zum-zum-zum na parte de baixo do barranco. Olhou e viu um grupo de crianças. Quiseram saber com quem ele estava falando e ele respondeu que estava agradecendo à lua o dia, estar ali, a natureza. Logo todos estavam agradecendo em conjunto, rindo, se divertindo. Mas Bituca estava cansado e precisava dormir. Despediu-se dos pequenos e, antes de perdê-los de vista, ouviu o recado:

— Na volta, passe por aqui que nós vamos te dar um presente.

No décimo dia chegaram à terra dos kampa, na Amazônia acreana. Pouco antes de avistarem a aldeia, passaram por um garoto de cerca de 10 anos, de pé, na beira do rio. Bituca ficou observando o menino, que pulou na água, nadou de uma margem à outra e entrou pela floresta. "Que perigo, esse garoto aí sozinho!", pensou, rindo em seguida de si mesmo, pois a criança devia conhecer aquilo tudo como a palma da mão; afinal, era a casa dela. Depois de mais duas horas a bordo das canoas, chegaram à tribo. Foram recebidos com entusiasmo pelos nativos, em parte por serem visitas esperadas, mas sobretudo pelo retorno de Moisés. Enquanto montavam o "hotel do Macedo", Bituca se encostou num amontoado de madeiras e sentiu alguém cutucar-lhe as costas. Olhou para trás e viu que era o garoto do rio. Chamava-se Benke e entregou-lhe um coco em sinal de boas-vindas.

Naquela noite não houve tempo para descanso. A tribo havia organizado a festa do Karambi, um ritual de cantoria para atravessar a madrugada, em comemoração ao retorno do filho do cacique. A festa foi até o amanhecer, embalada por uma bebida feita à base de mandioca. Depois de socar o tubérculo, as mulheres mastigam a pasta e devolvem para uma espécie de barril, no qual a bebida fermenta por alguns dias. Depois, é só beber, e quanto mais, melhor. Nos dias seguintes, Bituca aproveitou para coletar material, sons, ritmos, palavras, ele, sua equipe, o artista plástico e os antropólogos. Foram cerca de dez dias de trabalho, diversão e quase nenhum conforto. Uma experiência e tanto.

Antes de ir embora, em agradecimento pela hospitalidade, a comitiva organizou uma espécie de luau em frente à casa do cacique. A certa altura, Bituca chamou Benke para cantar com ele "Casamento de negros". O garoto acompanhou toda a melodia em terças perfeitas. Na hora Bituca ficou surpreso, pois o menino nunca tinha ouvido a música, e mesmo assim cantou como se soubesse cada frase. No dia seguinte, Bituca estava com o coração partido, tinha de ir. Resolveu incluir tudo aquilo no disco, para contar a história e eternizar a aventura.

A volta foi tranquila, ou quase, premiada com um eclipse lunar e com uma série de barquinhos que ele ganhou do grupo de crianças que havia encontrado na ida. Ao retomarem o barco em Belo Horizonte, Macedo preveniu os tripulantes sobre o perigo de um ataque. Pediu a quem tivesse armas para deixá-las à mão. Era esperado um embate por aqueles dias, um confronto de índios, seringueiros e da população ribeirinha com os capangas dos madeireiros. Felizmente, conseguiram fazer a travessia sem

## MAIS QUE AMIGO, MAIS QUE IRMÃO

sobressaltos e Bituca chegou ao Rio de Janeiro são e salvo, ao menos seu corpo. A cabeça e o coração estavam dilacerados. Custou a absorver a experiência, e quando o fez, telefonou correndo para Fernando Brant e Márcio Borges.

Precisava contar-lhes a história e mostrar o material recolhido. Aos poucos, começou a compor as músicas e a dar corpo ao disco. Tal qual acontecia, ao concluir uma composição sabia exatamente para quem pedir a letra. Márcio Borges ficou encarregado de exprimir em palavras a amizade entre Bituca e Benke, colocando um como o beira-mar e o outro como o beija-flor. Assim surgiu "Benke". Márcio fez ainda a letra da faixa-título do álbum, "Txai". Enviou quatro músicas para Fernando e uma para Ronaldo. Outro parceiro convidado para escrever uma letra, com quem não trabalhava havia tempo, foi Caetano Veloso, que escreveu os versos de "A terceira margem do rio". Na faixa "Curi curi [Tsaqu Waiãpi]", o ator River Phoenix, então já amigo de Bituca, gravou uma fala defendendo os povos das florestas e as matas.

Enquanto seu novo LP era lançado no Brasil, seguiu para a turnê do disco *Miltons* nos Estados Unidos, na Europa e na Ásia — mais uma vez o mineiro deu o ar da graça no Japão, estendendo as apresentações a outros países asiáticos. Dessa vez, no entanto, fez um pequeno intervalo na turnê e veio ao Brasil. O compromisso inadiável: ir a Três Pontas votar. Era a primeira eleição presidencial direta desde o golpe de 1964, e ele não podia faltar. Como o tempo era curto, Marcinho Ferreira armou um esquema ágil: um carro estaria no aeroporto do Galeão, no Rio, à espera de Bituca. Ele iria direto para Três Pontas, a fim de votar, descansar um ou dois dias, e depois regressar para continuar a turnê. Mesmo morando fora de Trespa havia 26 anos, Bituca insistia em conservar certos vínculos, além dos laços familiares e de amizade. Recusava-se também a transferir o título eleitoral.

Voltou para o Brasil já no fim do primeiro semestre e sequer teve tempo de aproveitar o calor do Rio de Janeiro e as montanhas de Minas

Gerais; embarcou novamente, agora para a Suíça, onde participou mais uma vez do Festival de Jazz de Montreux. Com a agenda internacional tão apurada, não gravou um novo disco naquele ano de 1990. Se por um lado as turnês e os trabalhos no exterior abriam um novo horizonte, por outro dificultaram a produção de discos. Em 23 anos de carreira havia lançado vinte e dois LPs, considerando-se apenas os trabalhos solo. Levando-se em conta as parcerias, o número sobe para vinte e sete, ou seja, mais de um por ano. Mas a partir daquele ano essa realidade sofreu alterações. Os lançamentos passaram a ter intervalos maiores, de dois em dois anos, com apenas uma exceção. Mas em 1990, outro fator contribuiu para a pausa. Insatisfeito com a CBS desde o início, Bituca não renovou o contrato. No entanto, havia ainda um disco por fazer. Enquanto não pensava no novo álbum, também não se preocupou em se atrelar às pressas a outra empresa. Sua preocupação naquele momento era cuidar do novo show, com "Txai".

O sucesso do LP com traços indígenas ultrapassou todos os recordes anteriores no exterior. O álbum ficou por várias semanas consecutivas no topo da lista da revista *Billboard*, na categoria World Music. Milton Nascimento foi o primeiro brasileiro a conquistar tal posição, batendo, por exemplo, "Talkin Blues", de Bob Marley, terceiro colocado. O fato contribuiu muito para que os shows nos Estados Unidos ficassem lotados todos os dias em todas as cidades. Não bastasse a classificação da *Billboard*, Bituca foi eleito pela revista *Down Beat* "o músico do ano de 1991", tanto por indicação da crítica como pela dos leitores. E os fãs iam além dos críticos e anônimos; a cada dia descobria mais um fã famoso na sua já extensa lista de admiradores célebres.

O mais novo foi Warren Cuccurullo, guitarrista do grupo britânico de rock Duran Duran. Cuccurullo se encantou por Bituca depois de assistir a um show dele em Los Angeles por insistência de uma namorada brasileira. O convite para a parceria surgiu logo, e o mineiro aproveitou uma passagem por Londres para gravar com o conjunto uma música feita em parceria com os roqueiros ingleses chamada "Breath after Breath". Era o mineiro tímido,

MAIS QUE AMIGO, MAIS QUE IRMÃO

criado no interior de Minas, com o amor da mãe e as invenções do pai, ouvindo rádio, sonhando com trens e se divertindo com as aventuras do Porcolitro, chegando ao ponto máximo aonde um artista poderia chegar. A música foi eleita pela BBC de Londres a melhor do ano.

*

O último disco ao vivo havia sido *A barca dos amantes*, com Wayne Shorter, em 1986. Depois de cinco anos de álbuns elaborados, tanto nas composições e nos arranjos quanto na produção, estava na hora de gravar outro ao vivo. As gravações ao vivo não eram produções simples, mas consumiam menos tempo, ademais de terem a vantagem da troca com o público, o que sempre dava uma aura calorosa ao trabalho. Os discos ao vivo eram aposta certa, mesmo porque, como surgiam a partir de um show, inevitavelmente apareciam grandes hits, aqueles velhos conhecidos do público, que raro se cansa dos sucessos. Além de quatro músicas antigas, havia a inédita "Ponto de encontro", uma parceira com Zé Renato. Nas outras sete faixas do LP, Bituca deu lugar mais uma vez à sua jamais abandonada porção crooner, emprestando sua voz e os seus arranjos a músicas consagradas, misturando no mesmo balaio "Hello, Goodbye", de Lennon e McCartney, "Luar do sertão", folclore cearense, "Estrada do sol", de Dolores Duran e Tom Jobim, e "Beatriz", de Chico e Edu Lobo. Em "Beatriz", acompanhado apenas pelo piano do uruguaio Hugo Fattoruso, Bituca emocionou a plateia do Teatro Cultura Artística, em São Paulo, dançando com a voz entre altos e baixos como se estivessem na mesma altura. Chico Buarque tinha razão, não era possível imaginar a música na voz de outra pessoa. Para Bituca, foi a sua gravação definitiva de "Beatriz". O LP foi gravado em três dias de espetáculo: 28, 29, 30 de outubro. O disco, batizado de *O Planeta Blue na estrada do sol*, foi o derradeiro pela CBS, que logo depois passou a ser Sony Music.

Ao mesmo tempo que começava sua turnê para divulgar o novo álbum, Bituca retomou a causa ecológica, dando continuidade ao trabalho iniciado

289

em *Yauaretê*. Foi um dos porta-vozes da Rio-Eco 92, no Rio de Janeiro. O evento foi uma conferência das Nações Unidas sobre meio ambiente e desenvolvimento que resultou em acordos e protocolos, como o de Kyoto, que não foi assinado na época e só começaria a ser posto em prática, mesmo assim parcialmente, em 2005. Se Milton Nascimento era capaz de atrair atenção para o evento, sua capacidade de trazer para junto de si outras celebridades foi um ponto a mais a favor da Rio 92. Entre as pessoas que vieram apoiar o evento por causa da intermediação de Bituca estava o ator River Phoenix.

Acompanhado da mãe, Heart Phoenix, da namorada, Suzane, e de amigos, o astro de Hollywood veio ao Brasil prestigiar a conferência. Ele e toda a família eram batalhadores da causa ecológica havia tempos, por isso, e pelo convite do amigo, não puderam recusar. Os flashes da imprensa se voltaram para o ator e a sua presença foi enaltecida. E se ele e sua comitiva apenas passaram pelo Rio, o mesmo não aconteceu na pequena Três Pontas. Findas as obrigações ecológicas, seguiram todos para a tão amada terra de Bituca. Mais uma vez o mineiro levava um personagem das telas, desta vez de cinema, para as ruas da sua cidade. Nas ocasiões anteriores, houve tititi em torno das estrelas, mas nada comparável ao burburinho causado pela presença do americano. Não foi à toa, pois na mesma ocasião, o público brasileiro dobrava esquinas nas filas de cinema para assistir ao último filme do caçador de aventuras Indiana Jones, interpretado por Harrison Ford, cuja música todos sabiam de cor. *Indiana Jones e a última cruzada*, dirigido por Steven Spielberg, começava mostrando Indiana na juventude. Quem fazia o jovem aventureiro? River Phoenix.

Eu, então estudante da sexta série do ginasial, fiquei sabendo da novidade no recreio da escola, e como toda garota de 14 anos com um mínimo de sonho, tratei de seguir direto da aula para a pracinha em frente à casa do seu Zino e dona Lília. Havia uma aglomeração, sobretudo de adolescentes apaixonadas. Empregando todas as minhas artimanhas, consegui, por intermédio de uma tia que namorava um primo de Bituca, passar toda a tarde do dia seguinte numa fazenda onde estava o Indiana Jones. É bem provável que hoje não tivesse a mesma reação, mas naquele dia tive certeza de que River Phoenix era o rapaz mais bonito que eu tinha visto e veria em toda a minha vida, no auge dos seus 21 anos.

Era o típico norte-americano que mocinhas sonhadoras viam no cinema: altíssimo, muito branco, cabelos louros na altura das orelhas e olhos de um azul-turquesa fulminante. Foi a tarde dos meus sonhos de adolescência, vendo o ator jogando peteca e até arriscando uma ou outra petecada. Obviamente, eu e a filha da minha tia tiramos um retrato com ele e depois pedimos um autógrafo. No meu ele dizia: "Maria, *you are so lovely*, River Phoenix." A foto, perdi pouco tempo depois; o autógrafo, plastifiquei e guardei como um tesouro por muitos anos, até se perder nas mudanças da vida. Mas as lembranças ficaram e tornam ainda mais colorido aquele tempo. Era isso o que Bituca proporcionava à cidade, às pessoas que porventura estivessem ao seu redor: a chance de participar, por um momento que fosse, de um mundo de sonhos, do qual poucos fazem parte e menos ainda têm a oportunidade de integrar por um único instante. Para os pertencentes à segunda categoria, Milton Nascimento era como uma fada-madrinha, e continuou sendo.

# Capítulo 15
## 1992 a 1993 | A hora do Angelus

Acontecimentos estranhos, coincidências incríveis. Episódios sem explicação fazem parte da vida de Bituca. Ele nem chegava a se assustar ou procurar razões para o acontecido, apenas deixava fluir. O mesmo não se podia dizer dos que, porventura, estivessem em sua companhia. Depois de muitos encontros no exterior, entre gravações, shows e conversa fiada, o guitarrista Pat Metheny veio ao Brasil. Fã assumido do brasileiro e da música mineira, o americano quis ir a Belo Horizonte conhecer o famoso Clube da Esquina. Bituca, cumprindo bem seu papel de anfitrião, acompanhou-o na via-sacra. Ao chegarem à esquina da Rua Divinópolis onde há uma pequena placa, Pat quis saber:

— Ué, por que paramos? Onde está o clube?

— Clube não tem não, mas tem a esquina...

A resposta não diminuiu o espanto do visitante, e foi preciso explicar e contar a história, o porquê de Clube da Esquina, e que, na verdade, uma sede com paredes, portas e janelas, essa não havia. A descoberta aumentou a admiração do guitarrista pelos músicos mineiros. Imersos no clima de Minas Gerais, Bituca achou que ele não podia deixar de conhecer Ouro Preto. Nenhuma outra cidade representa de maneira mais explícita o espírito das "montanhas de Minas", tantas vezes utilizado para explicar a música daquele grupo. Assim, seguiram de carro, os dois e outra dupla de amigos, Tavinho Bretas e Marilene Gondim. Ao atingirem o topo da serra na estrada para Ouro Preto, avistaram a lua cheia nascendo no horizonte. Apaixonado por tudo que vem do céu, Bituca não pôde deixar de elogiar a cena, cortado pelo balde de água fria da observação de Pat:

— Brasileiro é todo emotivo com esse negócio de natureza. A lua nasce todo dia, cheia, nova...

"Deixe estar", pensou o mineiro. Poucos quilômetros adiante, perto de Amarantina, Marilene, que estava dirigindo, deu um grito e jogou o carro para o acostamento:

— O que tá acontecendo? O que é aquele negócio no céu?

Os três passageiros olharam para fora e viram uma bola de fogo enorme, incandescente, com cauda, sobrevoando lentamente o vale, muito perto deles. Outros carros também pararam para observar o fenômeno. Pat, perturbado pela aparição incomum, perguntou:

— Existe alguma base de lançamento de foguetes por aqui, tipo a NASA?
— No Brasil? Só se for de foguete de São João! — respondeu Tavinho.

Esta passagem chega a ser cômica, mas nem sempre era assim. Certa vez, Bituca foi com a amiga e atriz Ísis de Oliveira até a casa de Ayrton Senna em Angra dos Reis, no litoral do Rio. Ísis foi buscá-lo depois de um mal-entendido entre ele e o piloto, do qual Bituca sequer tinha conhecimento. Em poucas palavras: segundo o piloto, o cantor havia sido frio e indiferente com ele após um show no Club Mediterranée. O outro, por sua vez, desmentiu, dizendo jamais tê-lo tratado mal. Estranhamentos entre amigos. Ísis, a fim de dar um basta no disse-me-disse, levou Bituca, meio a contragosto, até a casa de Angra.

Chegando lá, o piloto recebeu os dois com sorrisos e abraços, como se nada tivesse acontecido. Bituca não entendeu nada, mas achou por bem ficar quieto e esquecer a história. A visita acabou se estendendo e a dupla decidiu ficar para passar o fim de semana. Além deles, estavam lá outro amigo de

## A HORA DO ANGELUS

Senna e Cristiane Ferraciu, namorada do piloto. Na manhã seguinte ele iria de helicóptero para a Ilha Grande, onde faria seus exercícios diários. Pediu aos amigos para irem com ele.

— De helicóptero? Nem pensar! Eu não entro nessa coisa — respondeu Bituca.

De tanto Senna insistir, ele concordou em pensar no assunto. No dia seguinte, levantou-se antes de todo mundo e foi passar a vista no "bicho". Definitivamente, aquele negócio que parecia estar o tempo todo prestes a despencar não fazia o seu gênero. Se sentia pavor de avião, quanto mais de um helicóptero! Ao mesmo tempo, queria acompanhar o amigo. Resolveu assuntar com o piloto. "É seguro? Quantas vezes você pilotou esse aí? Já deu algum problema?" Depois de muito averiguar, chegou à conclusão de que havia alguma chance de sair ileso do passeio. Descobriu ainda que em certas ocasiões o próprio Senna gostava de pilotar o helicóptero, quando aproveitava para fazer manobras mais ousadas. Pesou os prós e os contras e decidiu embarcar na aventura.

— Tudo bem, Ayrton, eu vou, mas se você pensar em pilotar, eu pulo fora. E você me conhece, se eu falo que pulo, eu pulo mesmo.

A condição foi aceita por todos, e partiram Senna, Ísis, Bituca e o piloto para a Ilha Grande. Enquanto o atleta corria pela praia, Ísis e Bituca se sentaram na areia e ficaram conversando, apreciando o mar, a tranquilidade. Vez por outra Ayrton passava por eles, sempre sorrindo. Numa dessas, Bituca percebeu algo diferente no amigo. Parecia ter alguma coisa em volta dele, um brilho, como se uma luz se irradiasse do seu corpo. Ele vinha correndo e a luz o acompanhava. Como na maioria das ocasiões só Bituca enxergava essas coisas estranhas, hesitou em dizer algo, mas não aguentou, apertou a mão de Ísis e perguntou:

— Você tá vendo o que eu tô vendo?

A atriz, emocionada, disse que sim, também via a luz ao redor de Senna. E passaram o resto do tempo calados, sem conseguir dizer mais uma palavra, digerindo o que tinham acabado de presenciar. À noite, estavam todos na sala conversando, cantando, acompanhados por Bituca ao violão, quando Senna se aproximou dos dois amigos e disse:

— Sabe hoje de manhã na praia? Quando passei por vocês uma hora, tinha uma luz cobrindo os dois, um negócio incrível.

Ele havia visto o mesmo que eles. Ficaram atônitos, sem saber como explicar o acontecido. Senna foi para o quarto com a namorada; Bituca e Ísis foram para outro. Antes de dormir, combinaram de não contar nada para ninguém, pois o momento fora tão especial que merecia ser guardado apenas nas suas lembranças.

*

Depois de *O Planeta Blue na estrada do sol*, Bituca assinou um contrato com a gravadora Warner. Estava insatisfeito com a vendagem dos seus discos no exterior, achava os números incompatíveis com a receptividade dos seus shows. A Warner lhe parecia uma boa solução. Gigante do mercado fonográfico mundial, mostrava-se disposta a investir nele. O único motivo de hesitação era o fato de que o então diretor da Warner para a América Latina era André Midani. Nas décadas de 1960 e 1970, Midani foi diretor-geral da Philips no Brasil e fã confesso do Tropicalismo. Certa vez, deu uma entrevista a uma rádio de Belo Horizonte na qual afirmou preferir o tropicalismo ao Clube da Esquina, porque a música dos mineiros falava mais sobre poesia, montanhas e amizade do que sobre a realidade política brasileira, como faziam os baianos. Foi o suficiente para Bituca torcer o nariz para o produtor.

Ele temia que Midani atrapalhasse de alguma maneira o seu trabalho na Warner. Para deixar tudo claro, ao saber da resistência do mineiro, Midani telefonou para Bituca e explicou que, pelo contrário, ele, como membro da direção da gravadora, faria tudo para o seu sucesso e, consequentemente, o da empresa; que a sua presença na multinacional facilitaria a relação dele, artista brasileiro, na produção e divulgação do seu trabalho. Bituca não ficou morrendo de amores por ele após o telefonema, mas acabou assinando

A HORA DO ANGELUS

o contrato. A prova de que o diretor não estava mentindo quando disse que jamais seria um obstáculo foi a estrutura oferecida para a gravação do primeiro disco, realizada em partes, no Brasil e nos Estados Unidos, com grandes nomes da indústria fonográfica e da música, da maneira como Bituca queria. Teve apoio para fazer as coisas do seu modo, como bem entendesse.

Antes de começar o novo LP, partiu numa outra viagem. Durante as comemorações dos quinhentos anos do descobrimento da América, o governo da Espanha o convidou para apresentar a *Missa dos quilombos* em Santiago de Compostela. Não precisou pensar meio segundo para responder: sim, claro! Desde os seus tempos de crooner em Belo Horizonte, sonhava com a cidade mística, o caminho, os peregrinos. Os planos com Marcinho de fazer o filme, a supermegaprodução *Caminho de Santiago*, não passaram para o terreno prático, mas nunca abandonaram o campo dos sonhos. O convite era mais que um presente, era de certa forma a realização de um sonho antigo. O único problema era o fato de a missa ter sido proibida pela Igreja Católica. Problema logo superado, pois decidiram encená-la como um espetáculo, sem o Corpo de Cristo e os ritos sagrados.

O local escolhido foi a praça da Catedral de Santiago de Compostela, o ponto final dos peregrinos. Para baratear o custo da produção, o coro e os figurantes foram selecionados na própria cidade. A missa começou às dez horas da noite e prosseguiu como deveria ser, num clima de misticismo. O vento forte e a neblina que baixava de repente, misturados às luzes através de um pano branco no fundo do palco e à música, compuseram o ambiente perfeito para um show. Como se não bastasse, no fim, quando Robertinho Silva e o saxofonista Paul Winter terminaram o solo de bateria e sax, logo após o baterista dar a última batida, o sino da catedral tocou. Na mesma hora Bituca fez sinal para o coro esperar as badaladas, e só depois entoaram a canção que dizia "porque está na hora". Não havia sido combinado, tratava-se de uma simples coincidência e, por isso mesmo, tornou o momento ainda mais especial.

297

De volta ao Brasil, a vida tratou de puxar-lhe os pés para o chão — o máximo possível. Estava na hora de gravar o primeiro álbum pela Warner. Além de seu prestígio como cantor e compositor e do espaço conquistado em 35 anos de carreira, Bituca contava com o empurrãozinho da *Down Beat* para pleitear uma coisa ou outra na nova gravadora. Foi eleito pela revista americana, pelo segundo ano consecutivo, o melhor músico de World Music. Não era pouca coisa. Bituca era "Milton Nascimento" e a história havia comprovado que suas ideias aparentemente malucas davam bons resultados. Diante disso, a multinacional não fez objeções quando ele comunicou que pretendia gravar a primeira parte do LP em uma fazenda numa cidadezinha de Minas Gerais.

Não se tratava de um repeteco da história de *Clube da Esquina*, quando se enfurnou em Mar Azul com os amigos e parceiros para compor. Isto tinha envolvido cama, comida, tempo, tranquilidade e inspiração. A nova empreitada superava qualquer outra. Bituca queria transformar uma simples propriedade rural em um estúdio de gravação — e isto significava transportar todo um imenso e dispendioso aparato técnico para o meio do mato. O local escolhido foi a fazenda Grotão, no município de Esmeraldas, uma pequena cidade próxima à região metropolitana de Belo Horizonte. O LP seria gravado em quatro etapas: na fazenda, no Rio de Janeiro, em Los Angeles e em Nova York. Bituca queria ampliar o clube, mostrar como a música brasileira, a sua música, podia ser universal. Para ele, o novo disco era o desafio de fazer o *Clube da Esquina três*.

Como resolveu misturar no mesmo caldo antigos parceiros e figuras do jazz internacional, do pop e do rock, a única maneira viável seria gravar por partes, de acordo com a disponibilidade de cada um. Com a Warner disposta a bancar o projeto, bastava agendar as gravações. Quanto a isso, não havia jeito, o cronograma deveria ser respeitado militarmente. Era muito dinheiro para ser jogado fora com horas de estúdio desperdiçadas. Por isso, Bituca começou a ficar desesperado uma semana antes de ir para Esmeraldas. Sabia o que queria fazer, mas não tinha nenhuma música pronta. Foi como se tivesse tido um branco, parecia travado, sem saber como se soltar. Apelou para a sempre confortável companhia de um amigo. Pegou o telefone e, já de madrugada, ligou para o violonista Wilson Lopes, o Wilsinho.

Os dois se conheceram no casamento de Toninho Horta, numa fazenda em Três Pontas, no início da década de 1980. Desde então ficaram amigos, com poucos, porém marcantes, encontros. No último ano, Wilsinho tinha integrado a banda de Bituca, que não passava por seus melhores momentos. Não em relação à qualidade técnica, mas ao entrosamento. Faltava o clima de amizade, de companheirismo, sempre prezado pelo mineiro. Faltava ambiente. Todos eram amigos uns dos outros, antigos parceiros. Ninguém sabe dizer o que ocorreu. Talvez o desgaste de anos e anos tocando juntos, de encontros e desencontros, mas o fato é que a banda ruiu. O violonista foi chamado para integrar o grupo nesse momento. A experiência durou apenas uma turnê. Foi o suficiente para ele perceber que Bituca não andava bem, estava abatido, desanimado. Wilsinho acreditou tratar-se de um reflexo da situação, mas logo veria que não era só isso. Por enquanto, basta dizer que foi ele quem o artista procurou:

— Bicho, eu começo a gravar o primeiro disco da Warner semana que vem e não tenho nada! Você pode vir pra cá?

Wilsinho se despediu da mulher e do filho, colocou o essencial numa mochila e saiu de Belo Horizonte na manhã seguinte, a fim de enfrentar as cinco horas de carro até o Rio. A intenção — e assim foi nos primeiros dias — era apenas fazer companhia, uma companhia silenciosa. Tal qual Bituca, Wilsinho pertencia ao grupo dos calados. Como bons mineiros, os dois se entendiam bem em poucas palavras. Naquela noite, eles estavam na sala quando Bituca pediu ao amigo para pegar o violão e improvisar uma base:

— Claro, mas pra quê?

— Não é pra nada não, são umas coisas que eu tô pensando para cinema.

Wilsinho começou a tocar alguns acordes para esquentar o instrumento enquanto Bituca foi ao banheiro. Ao voltar, disse:

— Isso mesmo, é isso aí.

— Mas tô só aquecendo o violão.

— Não, é isso, continua assim.

A partir daqueles primeiros acordes, Bituca desenvolveu a melodia e a harmonia. Fizeram a letra ali mesmo. Em menos de uma hora estavam com uma música pronta, à qual deram o nome de "De um modo geral". Wilsinho ficou curioso para saber sobre o projeto de cinema, mas conhecia o amigo; era melhor não perguntar, porque de repente podia ser só uma ideia no ar. De qualquer modo, estava feliz por ter feito aquela parceria. Alguns dias depois eles partiram para Belo Horizonte e de lá para a fazenda em Esmeraldas, onde estavam os outros músicos e a equipe técnica. Alugaram um caminhão equipado do engenheiro de som Roberto Marques e improvisaram um miniestúdio de vinte e quatro canais em uma meia-água ao lado da quadra de peteca. Para isolar o som, utilizaram cobertores e panos, passando os cabos dos microfones e dos instrumentos por baixo da porta e pelas frestas das janelas e do telhado. Ficaram ali uma semana, fazendo ao mesmo tempo a pré-produção, com arranjos e ensaios, e as gravações. Numa das primeiras noites, Wilsinho ficou sabendo por Bituca que "De um modo geral" entraria no disco. E mais, seria ele a gravar a guitarra. Não esperava aquilo. Agarrou-se ao instrumento na mesma hora e só o largou na hora de gravar, estudando cada nota até doerem as mãos. Participar da gravação de uma faixa deu-lhe coragem para dizer:

— Bituca, eu vou colocar uma viola caipira em "Estrelada"!

Na verdade, Bituca não tinha pensado nisso, mas seria uma boa ter viola na música composta em parceria com Márcio Borges. Tinha tudo a ver com aquele clima de roça e tal. O único problema: ninguém havia levado o instrumento para a fazenda. Marcinho Ferreira organizou rapidamente o esquema. Telefonou para Gilma, esposa de Wilsinho, e avisou que um motorista iria buscar a viola. No mesmo dia a viola estava na fazenda e puderam gravar. Apesar de terem feito tudo em apenas uma semana, não houve correria. Pelo menos para os músicos, que se adaptaram perfeitamente à rotina do campo e deixaram a vida correr. Se estavam numa conversa animada, deixavam o trabalho um pouco de lado; se surgia animação, inspiração ou vontade de trabalhar, podia ser de madrugada ou depois do almoço, lá iam todos para o estúdio improvisado. Naqueles sete dias, gravaram partes de cinco músicas. Faltavam as participações a serem gravadas nos Estados Unidos. E foi para lá que Bituca partiu ao deixar a pequena Esmeraldas.

A primeira parada foi em Nova York, onde seria gravada a maioria dos tapes. Por ser um disco quase totalmente feito no exterior, além da dupla Milton Nascimento e Márcio Ferreira na produção, havia os americanos Matt Pierson e Russ Titelman. A Warner queria um time de primeira linha e não poupou esforços nem caixa para tanto. Pierson foi coprodutor da maior parte do trabalho, enquanto Titelman, produtor de James Taylor, atuou apenas na faixa que incluiu o artista. No entanto, Bituca preferia que tivesse sido o contrário. Desde o primeiro momento, seu santo não bateu com o de Pierson. Não conseguia se sentir à vontade, e durante todo o tempo sua impressão era de que o produtor estava travando o andamento do trabalho.

Graças a ele, quase entrou em pânico no encontro com Titelman. Pierson apresentou o produtor como uma pessoa excepcionalmente brava, ríspida e exigente. Apavorado, Bituca preferiu não abrir a boca no almoço que ele e Lizzie tiveram com Titelman para combinar a gravação com Taylor. Embora continuasse com medo, depois do primeiro contato não achou o produtor tão terrível assim. Quando chegasse a vez de gravar "Only a Dream in Rio", morreria de amores por Titelman e sentiria ainda mais antipatia pelo seu produtor americano. A relação entre os dois chegou perto do insuportável, a ponto de Bituca ir escondido para o estúdio e gravar três músicas em uma madrugada, só para não ter Pierson por perto.

Apesar dos pesares e da birra com o produtor, as gravações correram bem e houve até momentos de descontração, com boas surpresas. Uma manhã, ele acordou mais cedo e foi ao Sear Sound, um dos mais tradicionais estúdios de Nova York. Queria chegar antes de Pierson e ver se adiantava alguma coisa. Ao entrar no prédio, encontrou o amigo Jon Anderson (vocalista da formação clássica do grupo de rock progressivo Yes). Bituca ficou surpreso. Não por encontrá-lo, mas pela situação em que o encontrou. Anderson estava colocando um vocal improvisado em "Estrelada". Bituca adorou a ideia e resolveu dar uma mãozinha ao amigo. Fez uma versão com nova voz, para facilitar a entrada de Anderson na melodia. Quando terminaram de gravar, Pierson apareceu:

— Mas, Milton, ele não faz parte do disco.

— Agora faz.

O roqueiro foi a primeira das estrelas da música internacional a dar canja no LP. Nos dias seguintes, Bituca reuniu uma turma da pesada para gravar outras faixas. Duas foram feitas no mesmo dia, "Vera Cruz" e "Novena", esta uma versão de uma das primeiras parcerias com Márcio Borges, com o nome inicial de "Paz do amor que vem". Trinta anos depois de ter assistido ao filme *Jules et Jim* e de ter composto três "filhas" com Marcinho na mesma madrugada, Bituca resolveu gravar a única ainda inédita, pelo menos na sua voz. Não sabia por que ainda não a incluíra em algum de seus discos. Foi ficando, ficando, até aquele momento. Só Beto Guedes a havia gravado anteriormente. Depois de tantos anos, achou que precisava mexer um pouco na letra. Ele e Márcio fizeram as alterações julgadas necessárias e mudaram o nome para "Novena", algo mais de acordo com o espírito do disco, chamado de *Angelus*, a hora do anjo, do nascimento.

A ideia era representar a sua trajetória, desde o dia em que nasceu, na Casa de Saúde de Laranjeiras, no Rio, às seis horas da tarde, até ali. Cada música significava um pedacinho da sua vida, dele mesmo. Uma obra tão significativa merecia um carinho especial. Portanto, Bituca convidou o top de linha do jazz norte-americano para participar da gravação. Ao contrário de outras faixas, gravadas aos poucos e cada parte em um lugar, "Novena" e "Vera Cruz" foram feitas quase de uma só vez. Participaram ao todo seis músicos, dos quais os únicos brasileiros eram o próprio Bituca e Naná Vasconcellos, dessa vez na percussão. Os outros convidados eram o pianista Herbie Hancock, o guitarrista Pat Metheny, o baixista Ron Carter e o baterista Jack DeJohnette. Eles começaram a tocar ao sinal do técnico de som. Em certo momento, enquanto todos iam para o sul, Bituca fugiu para o norte com seu violão, saiu completamente da sequência prevista. Não havia como continuar. Quase no mesmo instante, os músicos pararam.

— Como assim, Milton, isso tá fora — disseram.

— E quem disse que precisa ser dentro de qualquer coisa? — respondeu o brasileiro.

— Então a coisa é livre? — perguntou Ron Carter.

— É.

Bastou essa única palavra para os ânimos se alterarem na cabine de gravação.

Cada um e todos juntos foram até onde puderam ir seguindo seu instinto musical, fazendo improvisos geniais, algo fundamental para eles, jazzistas, intrínseco à própria arte de fazer e tocar música. Passaram a noite nessa brincadeira, gravando como se estivessem numa *jam session*. Ao terminarem, Pat Metheny e Herbie Hancock ficaram mais um pouco e fizeram ainda "Amor amigo". Integrando o time de estrelas internacionais, o maestro Gil Goldstein, da famosa Gil Evans Orchestra, foi o orquestrador e regente da versão de "Hello, Goodbye", de Lennon e McCartney. Antes de partir para Los Angeles, Bituca aproveitou para gravar a participação do percussionista Naná Vasconcellos em várias faixas. Naná morava em Nova York e já havia se tornado um dos grandes nomes da percussão nos Estados Unidos.

Foi ainda na Big Apple que Bituca e James Taylor fizeram a gravação de "Only a dream in Rio", de Taylor, com uma parte em português, em versão de Fernando Brant. A caminho da Califórnia, a equipe brasileira passou ainda por Pittsburgh, onde Peter Gabriel, que integrou a banda Genesis até 1975 e depois fez uma bem-sucedida carreira solo, gravou o vocal de "Qualquer coisa a ver com o paraíso". E para concluir o que ele chamou de *Clube da Esquina três*, seguiram até Los Angeles, onde Wayne Shorter deu o toque de seu saxofone ao trabalho. O *Angelus* estava pronto.

*

O ano de 1993 foi de transformações para Bituca. Fechou alguns ciclos, inaugurou outros. Coisas boas na maioria, mas também coisas ruins, que mudariam radicalmente a sua vida. Houve duas mudanças bastante visíveis; outras, nem tanto. No primeiro grupo estavam a transferência para a Warner e a nova casa. Depois de quase trinta anos tendo como porto seguro o apartamento na praia da Barra, Milton Nascimento comprou uma casa ampla, tranquila, num lugar alto, em um condomínio fechado, uma realidade finalmente condizente com seu status artístico. O apartamento da Barra, por mais que Bituca gostasse dele e tivesse passado muitos e bons momentos ali, não era mais suficiente. Precisava de mais espaço — e mais tranquilidade. Pensava em comprar outro apartamento, e quando Mazola ficou sabendo que ele estava procurando, chamou-o para ver uma casa num condomínio no Itanhangá.

Depois de anos e anos de trabalho com Bituca, o produtor sabia muito bem o que o agradaria ou não, tinha sensibilidade para perceber o que ele buscava. A casa era toda feita de madeira e vidro, com dois pavimentos em forma de octógono, um projeto do então famoso arquiteto Zanini, que vinte anos antes havia feito o cenário do show do *Clube da Esquina*. Bituca ficou encantado com o imóvel. Não só pela casa, que adorou, mas também por ficar no alto de uma montanha e, ao mesmo tempo, próxima do mar. Era como se tivesse reunido ali, no mesmo lugar, seu adorado Rio de Janeiro e sua eterna amada, Minas Gerais. Decidiu na hora. Só não se mudou no mesmo dia porque a casa precisava de algumas reformas. E ainda bem que não foi para lá de imediato. O teto poderia ter, literalmente, desabado sobre sua cabeça. A casa estava com sérios problemas estruturais. Quem descobriu este pequeno detalhe foi o casal de arquitetos e amigos Veveco e Marisa, chamados diretamente de Belo Horizonte para tocar a reforma. Ao analisarem com muita cautela e verificarem os cálculos precisos de engenheiros de confiança, constataram que toda a parte de madeira estava comprometida por causa de cupim, o que não era pouca coisa, já que a casa era toda de madeira. A solução foi botar a estrutura abaixo e erguer tudo outra vez.

Para preservar o projeto original de Zanini, Veveco e Marisa aproveitaram as fundações e ergueram o mesmo octógono, empregando a linguagem original de madeira e vidro. A fim de evitar nova infestação de cupins, utilizaram o ipê, que, segundo dizia Tom Jobim e a ciência, não é comestível. No entanto, por questões éticas de não reconstruírem um projeto de outro arquiteto, fizeram a fachada e o interior diferentes. Os dois pavimentos se transformaram em três, e o subsolo foi reservado para um amplo e confortável estúdio, com sala de estar, televisão, vitrines com alguns prêmios e saída para uma varanda com churrasqueira, bar e ligação com a piscina. O primeiro andar, que começa pela cozinha e segue até a copa conjugada com sala de visitas e varanda com lunetas, seria o menos habitado da casa, ocupado apenas nos horários de almoço ou em ocasiões especiais.

A entrada principal ficou no segundo andar, cujo acesso é feito por uma escada que sai de um jardim e tem um anfiteatro construído para tocar e cantar com os amigos. Na sala ficaram o piano, os enfeites, os retratos, o equipamento de som com caixas embutidas em locais estratégicos, e Bituca — que passou a ficar ali a maior parte do seu tempo quando está no Rio. A sala se tornou o centro da casa, com paredes de vidro que dão vista para a piscina, o anfiteatro e a varanda, de onde se pode ver a mata, a montanha, o mar e um campo de golfe, e por onde entram micos, mariposas e passarinhos, com tanta intimidade como se soubessem desde sempre ser ali também o seu hábitat. Foram meses de obras até a casa ficar pronta para receber seu novo dono. Mesmo com tantos degraus, Bituca logo se adaptou ao lugar, onde a claridade entra em abundância, em todas as horas do dia e o sol colore de amarelo as paredes ao amanhecer e de tardezinha.

Estava muito satisfeito com a nova residência. O problema, naquele momento, era não ter uma banda formada. Depois de anos com um grupo fixo, variando apenas um ou outro integrante, Milton Nascimento estava sozinho. Para cada show ou turnê contratava músicos diferentes, quase todos amigos seus, mas eram contratações temporárias, ou porque ele não tinha chegado a uma ideia definitiva sobre a composição do conjunto ou porque os integrantes tinham já outros projetos em andamento. Começaria então uma fase de tentativas até chegar à banda atual. Embora a falta de definição sobre esta questão o incomodasse, não chegava a tirar o seu sono, interferir no seu dia a dia e no bom período que estava vivendo. *Angelus*, lançado em novembro no Brasil e pronto para ser lançado no início do ano seguinte nos Estados Unidos, na Europa e no Japão, foi considerado um trabalho eclético, mas no tom certo, sem exageros. Eclético tanto pelos nomes envolvidos quanto pelas músicas, arranjos, harmonias, misturando na mesma panela jazz, folia de reis, forró, baião, rock, montanhas e mar, tudo temperado com os bem colocados falsetes. O álbum duplo, com quinze músicas, foi o primeiro de Bituca a ser lançado em CD, mantendo uma versão em vinil. Dali para a frente, os LPs entrariam no rol das tecnologias ultrapassadas, tornando-se, logo depois, sucata ou raridade de colecionadores.

*Angelus* rendeu outros frutos além da boa recepção por parte da crítica e do mercado. Serviu para estreitar amizades. Em dezembro daquele ano, Bituca fez o show *Natal sem fome* no Palácio das Artes, em Belo Horizonte. O espetáculo era em benefício da campanha contra a fome liderada pelo sociólogo Herbert de Souza, o Betinho. Bituca queria atrair a maior atenção possível para a campanha. Convidou Simone, Jon Anderson e James Taylor para participarem, sem cachê. Todos aceitaram, e a capital mineira foi palco de um encontro musical histórico. Anderson e Taylor ficaram fascinados com a cidade e com o Brasil. Ambos se refugiaram no quarto de Bituca no Othon Palace, nos dias em que deveriam ir embora, a fim de "dar o nó" em tudo (como se diz em Minas) e ficar mais algum tempo ali. Mas os compromissos e os empresários prevaleceram e os dois acabaram partindo nas datas previstas.

Tudo estava assim, às mil maravilhas, quando Bituca, certo dia, passou mal. Sentiu uma tonteira, um mal-estar, uma coisa ruim. Podia ser uma virose ou um mal-estar passageiro, talvez não fosse nada. Esperou passar. Entretanto, voltou a se sentir do mesmo jeito pouco tempo depois. A mesma fraqueza, seguida de tonteira e mal-estar. Já tivera os mesmos sintomas durante um show em São Paulo, quando ganhou vários ovos de Páscoa e um enorme bolo de chocolate. Fã de doces, devorou tudo que pôde. Mas nunca relacionou o mal-estar às guloseimas. Não podia imaginar que justamente ele, alucinado por doces, teria qualquer problema com açúcar. Também, não seria justo. Não seria, não era e não foi. Mas nem sempre a vida age com justiça, pelo menos de acordo com os nossos parâmetros do que é justo.

Após muitos exames, o diagnóstico: diabetes, porém brando. Isso significava que sim, ele deveria dar um tempo no açúcar e nunca mais se esbaldar com doces e comilanças; teria de fazer algum tipo de controle, atividade física. A doença estava no início e foi considerada leve, não chegava a ser o fim do mundo. Se ele soubesse fazer um controle adequado, talvez até pudesse se livrar dela depois de algum tempo. Resolveu se tratar, fazer tudo direito para recuperar a saúde. Nessa primeira etapa do tratamento, ficou hospedado alguns dias na casa de Tavinho Moura, em Belo Horizonte. Passava horas tocando e cantando a música que começava assim: "A cerejeira não é a rosa..." para uma jaguatirica que ele criava em casa. "Bituca fazia uma coisa que me deixava morrendo de inveja:

cantava desafinando a última nota de um jeito escandaloso; ele mudava a última nota e depois fazia de novo, desafinando a penúltima, uma coisa maravilhosa esse domínio que ele tem da música", lembrou Tavinho. Enquanto descansava, seguiu o tratamento à risca. Em menos de um ano estava curado. "Estou livre dessa coisa, graças a Deus!", suspirou aliviado. No entanto, o alívio seria por pouco tempo.

# Capítulo 16
## 1994 a 1996 | Últimos passos?

— Acorda, Bituca! — cutucou Márcio Ferreira.

— O quê? Já tá na hora do show?

Não, não estava. Faltavam algumas horas. Mas Márcio achou melhor preveni-lo sobre os acontecimentos, antes que ele soubesse por outras vias.

— Liga a televisão, tem um negócio acontecendo com o Senna.

Sem entender direito, ainda um pouco dormido, Bituca se sentou na cama e ligou a TV. Viu a imagem do piloto com o capacete verde e amarelo acenando para o público, acompanhado pela trilha sonora que se tornara sua marca registrada, "Tam-tam-tam, tam-tam-tam". Acordar e ver aquilo lhe fez bem. Era sempre bom ver Ayrton. Só não entendeu a imagem seguinte, do carro se chocando na curva, mandando para o alto todos aqueles pneus de proteção na margem da pista. Ficou assustado. Mas os pilotos de Fórmula 1 sofriam acidentes mirabolantes e saíam andando como se nada tivesse acontecido, não é? Não, nem sempre era assim.

— O negócio foi feio. Estão dizendo que ele não morreu, mas é que, se assumem a morte do piloto, precisam parar a corrida. Parece que não tem como escapar — disse o empresário.

Bituca ficou quieto, imóvel, tal qual se portava quando algo muito ruim o pegava de surpresa. Dali a pouco veio a confirmação: o brasileiro Ayrton

309

Senna da Silva, tricampeão mundial, ídolo no Brasil e no exterior, aos 34 anos, morreu ao bater com sua Williams na curva Tamburello, no Grande Prêmio de San Marino. Foi um choque naquela manhã de domingo, 1º de maio. Senna havia conquistado a simpatia dos brasileiros e popularizado a Fórmula 1, que passou a ser a segunda grande paixão nacional, atrás apenas do futebol. Todos acordavam cedo para assistir às corridas, torciam pelo piloto, preparavam faixas, soltavam foguetes e usavam camisetas e bonés distribuídos pelo patrocinador, o extinto Banco Nacional. As manhãs de domingo passaram a ser um ponto de encontro para as famílias e amigos, organizando-se para acompanhar a performance do ídolo. Vê-lo carregando a bandeira do Brasil ao som do "tam-tam-tam, tam-tam-tam" emocionava homens, mulheres, velhos e crianças. E agora tudo aquilo tinha voado pelos ares. A vontade de Bituca foi ficar quieto, sozinho, digerindo a tragédia. Alguns meses antes ele havia se encontrado com o amigo, e ao ouvir várias reclamações de Ayrton sobre a situação na Fórmula 1, disse:

— Ô Ayrton, por que você não para de correr?

O piloto olhou para ele e devolveu:

— E você, por que não para de cantar?

Queria ter tido oportunidade de dizer isso mais uma vez, quem sabe ele o ouviria? Mas achava que isto teria sido bastante improvável. Estava mergulhado nesses pensamentos, procurando o lugar certo no seu coração para colocar aquele sentimento, quando se lembrou do show. Era o Dia do Trabalho e ele havia sido contratado para se apresentar ao ar livre no Parque do Ibirapuera, em São Paulo, diante de um público estimado em duzentas mil pessoas.

— Marcinho, eu não vou, não estou em condição de cantar nada!

— Tem que ir, Bituca, aquelas pessoas estarão precisando de você.

Pensando bem, era isso mesmo. Senna era muito querido, e talvez sua música pudesse ser um consolo para tantos brasileiros dispostos a sair das suas casas, sob o calor das onze da manhã, para ouvi-lo cantar.

## ÚLTIMOS PASSOS?

Aprumou-se, trocou de roupa, fez um lanche rápido e seguiu com Márcio para o Ibirapuera. Chegando ao camarim, os músicos da orquestra que iria acompanhá-lo quiseram saber se estava tudo bem, se não queria desistir ou algo semelhante. Na verdade, estava muito mal, mas não podia dizer isso, seria o suficiente para deixar os demais músicos nervosos, inseguros, enfim, provocar um caos total, que poderia arruinar o show.

— Estou bem, não se preocupem.

E assim subiu ao palco. Fez o show conforme o programado, cantou, tocou, emocionou o público, sem fazer qualquer menção ao acidente. No fim, depois dos aplausos, a plateia pediu o sempre solicitado bis. Era demais! Ter feito o show já havia sido doloroso, não queria prolongar a dor. Também não queria desagradar aos fãs. Decidiu voltar e cantar uma única música.

— Vamos fazer o seguinte, eu dei tudo de mim para não falar nada, mas eu estou sofrendo e sei que vocês também, então eu vou cantar a música de que o Ayrton mais gostava.

Ao começarem os primeiros acordes de "Canção da América", mais aplausos. Então Bituca cantou, acompanhado do coro de duzentas mil pessoas, lágrimas e recordações. Mas a homenagem pareceu não ter sido suficiente. A perda de Ayrton, da sua amizade e de tudo que ele representava foi muito pesada. Sentia vontade de fazer algo mais, prestar uma última homenagem, à altura do homenageado. Assim, o próximo disco, previsto no contrato com a Warner, seria em homenagem ao piloto, e o nome só podia ser um: *Amigo*. Deveria ser algo que transmitisse a emoção das grandes amizades, das grandes histórias, dos grandes personagens. "Um álbum gravado ao vivo!", pensou. Era a oportunidade de ampliar a homenagem: primeiro com o show e, depois, com o disco. Bituca queria um grande espetáculo. O último trabalho com orquestra havia sido em 1985, no LP *Encontros e despedidas*. Nos anos seguintes, voltou a trabalhar com um número menor de pessoas no palco e nos álbuns, embora tenha utilizado violinos, cellos e violas em *Yauaretê* e *Txai*. Apesar desses quase dez anos sem gravar com orquestra, não tinha abandonado sua paixão pelos sons grandiosos, e aquele era o momento ideal para retomar o formato.

Começou a pensar no show. A única música inédita escolhida foi "Veja esta canção", parceria com Fernando Brant. O resto do repertório incluiu grandes sucessos, como "Canção da América", "Coração de estudante", "Cio da terra", "Paula e Bebeto", "Bola de meia, bola de gude" e "Milagre dos peixes", além de outras que achou ter a ver, como "Eu sei que vou te amar", de Tom e Vinicius, e "Panis angelicus", de César Frank. A orquestra convidada foi a Jazz Sinfônica, de São Paulo, tudo comandado pelo quarteto de peso Milton Nascimento e os maestros Nelson Ayres, Cyro Pereira e Gil Jardim. Mas só a orquestra e os músicos da sua banda (ainda por formar) não bastavam. Ele queria um coro de crianças. Pouco tempo antes havia cantado com o coral Rouxinóis, da cidade mineira de Divinópolis, durante um evento na Igreja de Nossa Senhora do Pilar, em Ouro Preto. Ficou encantado com as crianças com vozes de passarinho e não hesitou em fazer o convite, aceito de imediato. Fazer um show com Milton Nascimento, e ainda por cima gravar um CD com ele, era uma honra e uma grande oportunidade. Sem falar no que viria em seguida.

Já tinha tudo formado quando ficou sabendo do programa Curumim. O projeto, desenvolvido pelo governo de Minas Gerais, tinha — e tem — como objetivo reintegrar crianças carentes na sociedade por meio da cultura e do esporte. Entre os subprojetos daquela época havia o de um coral. A semelhança com os Rouxinóis se limitava ao fato de que eram corais infantis. Ao contrário do grupo de Divinópolis — um coral tradicional, com crianças que estudavam música e, portanto, tinham vozes trabalhadas —, as crianças do Curumim não sabiam música, não vinham de conservatório. Eram vozes quase primitivas, encantando mais pela beleza do conjunto do que pela apuração musical. Muitos foram contra. Como assim, misturar vozes cultivadas com vozes tão cruas? Não vai dar certo. Mas Bituca ignorou os protestos. Queria porque queria os dois corais e nada seria capaz de impedi-lo. No íntimo, tinha certeza de que o resultado da combinação seria bom.

## ÚLTIMOS PASSOS?

O show estreou em setembro de 1994 e arrancou lágrimas da plateia. A orquestra, os dois corais, os maestros, a música. Durante a "Canção da América", imagens de Ayrton Senna foram exibidas em dois telões nas laterais do palco. A morte do piloto era recente e o público não se segurou. Para Bituca também foi emocionante pela homenagem, pela orquestra, pois adorava cantar acompanhado dela, e, sobretudo, pelos meninos e meninas dos corais. Ele se encantava facilmente com crianças. Percebia nelas a sabedoria própria da infância, gostava de vê-las crescendo, transformando-se em homens e mulheres. Gostava mais ainda quando contribuía de alguma maneira para esse crescimento. Nesse período, sua lista de afilhados havia ultrapassado a marca de uma centena. Ficava cada vez mais difícil comprar os presentes de Natal. Com tantos aniversários para lembrar, o Natal era a melhor oportunidade para presentear os afilhados. Fazia uma lista e pedia para algum de seus secretários comprar os presentes. Alguns acabavam ficando de fora, geralmente aqueles com os quais tinha pouco contato ou os mais crescidinhos, pais de família e até avôs. Ainda assim, era uma compra generosa. Muitas vezes resolvia ele mesmo ser padrinho de alguém, ainda que a criança já tivesse outro padrinho. Durante a temporada de *Amigo*, apadrinhou alguns integrantes dos corais. Aos que não apadrinhou, procurou oferecer seu carinho de outras maneiras, levando-os em turnês internacionais e contribuindo para o projeto Curumim com a doação de parte da renda dos shows. Um desses foi no dia 22 de setembro, quando gravou o disco ao vivo no Palácio das Artes, em Belo Horizonte. Foi o vigésimo sexto álbum de Milton Nascimento. Considerando *Barulho de trem*, gravado com o conjunto Holiday em 1964, era o vigésimo sétimo. Exatos trinta anos depois de ter entrado em um estúdio para gravar.

Logo depois de Belo Horizonte, o espetáculo seguiria em turnê pela Europa e pelos Estados Unidos. Mas antes, a convite da irmã de Ayrton, Viviane Senna, *Amigo* fez parte da inauguração do Instituto Ayrton Senna, criado com o objetivo de trabalhar pelo desenvolvimento humano, privilegiando projetos relacionados a crianças e adolescentes. Não havia nada mais adequado do que inaugurar o instituto com o show feito em homenagem ao seu inspirador. Desde esse dia, Bituca estreitou os laços com Viviane, e nunca mais deixou de contribuir, fosse apenas com sua presença, assistindo às apresentações das crianças atendidas em seus números culturais, convidando-as para seus shows ou cantando em prol do instituto. Em seguida, partiram na turnê. Não dava para levar a orquestra sinfônica de São Paulo; era financeiramente inviável. Para não perder o som grandioso, Márcio Ferreira conseguiu agendar com orquestras das próprias cidades. Fizeram um espetáculo com a orquestra sinfônica do Brooklyn, em Nova York, e com a Royal Philharmonic Orchestra. Onde não foi possível acertar com uma orquestra local, fizeram o show só com a banda e o coral, formado por quinze crianças do Rouxinóis e quinze do Curumim. Bituca tentou porque tentou, mas dessa vez não conseguiu embarcar no projeto internacional os quase cem integrantes dos dois corais. A logística e o custo eram inviáveis. No mais, quase tudo estava dando certo. Quase. Faltava montar a banda.

Robertinho Silva, depois de mais de duas décadas tocando com ele, decidiu alçar outros voos: investir na carreira solo, dar mais workshops, tocar com outras pessoas. Túlio Mourão e Hugo Fattoruso tocavam sempre que possível, mas tinham carreiras próprias, não podiam se tornar músicos exclusivos de Milton Nascimento. Bituca achou que estava na hora de ter uma banda fixa. Começou a procurar. A turnê poderia ser uma oportunidade de testar novos músicos, estudar a formação. Mas como é difícil descobrir esses novos talentos! Os que estão em evidência têm uma carreira de expressão, estão quase todos integrados a algum projeto. E quanto aos talentos escondidos? Costumam estar assim mesmo, escondidos. Para um artista famoso, conseguir chegar a um anônimo de talento muitas vezes é tão complicado quanto o inverso. Isso porque os caminhos não costumam se cruzar, com algumas exceções, geralmente ocasiões intermediadas por conhecidos comuns. A urgência era a bateria.

## ÚLTIMOS PASSOS?

Precisava encontrar um baterista em poucos dias. Não sabia de ninguém, pediu para sua equipe procurar indicações, e nada. Lembrou-se então de um rapaz que certa vez ouvira tocar em um bar em Belo Horizonte, Lincoln Cheib. E era fácil encontrá-lo, porque era filho de Dirceu Cheib, dono do melhor e mais tradicional estúdio da capital mineira, o Bemol, onde Bituca havia gravado várias vezes. O jovem andava de mal a pior, recém-separado, sem dinheiro e sem perspectivas. O convite veio a calhar. Fazer uma substituição na banda de Milton Nascimento era a melhor coisa que lhe podia acontecer naquele momento, e talvez pelo resto da vida. Era o top de linha para um baterista no Brasil tocar com um cara daqueles, mesmo sendo uma substituição. Por isso, a surpresa foi ainda maior ao chegar para os ensaios e descobrir que Bituca não o queria para substituir ninguém, mas para integrar sua banda fixa.

Quanto aos demais integrantes, não conseguiu saber de ninguém a tempo de participar do espetáculo, e acabou recorrendo a velhos amigos e companheiros de estrada. O show agradou, recebeu elogios do público e da crítica. Bituca ficou satisfeito. Além da boa receptividade que o trabalho teve, ele estava rodeado de amigos, seus pais fariam bodas de ouro no ano seguinte, estavam bem de saúde, sua música era cada vez mais conhecida e admirada. O mundo parecia conspirar a seu favor, mas ele não estava feliz. Tinha momentos de felicidade, mas não estava satisfeito com a vida. Começou a achar que só o reconhecimento não era suficiente.

Depois de tantos anos, começou a se perguntar por que não tinha dinheiro como outros artistas, tão populares quanto ele e até menos conhecidos. Possuía a casa, o apartamento na Barra, um bom carro, vivia com conforto, ajudava os amigos, a família, mas não era rico, não tinha dinheiro sobrando. Se fosse possível classificar seu status financeiro, o mais aproximado seria classe média alta. Para tudo que queria fazer, tudo, precisava pedir dinheiro ao empresário. Pela primeira vez, o fato de viajar, cantar, tocar, ver todos os músicos recebendo o cachê, menos ele, passou a incomodá-lo. Bituca não via a cor do dinheiro, nunca sobrava para ele. Resolveu perguntar a Marcinho quando iria receber, qual seria o seu cachê. Pensou que a situação iria melhorar com a conversa, mas tudo continuou na mesma. Havia algum tempo a relação com Márcio Ferreira não ia bem, e foi se deteriorando aos poucos. Bituca ficou mal. Queria se desvencilhar de nós amarrados ao seu redor ao longo de anos e anos, e de repente percebeu que era muito mais difícil do que pensava. O controle da sua vida não estava nas suas mãos, não sabia que botão deveria apertar para mudar de canal, mudar os personagens da tela. Queria — e precisava — transformar a situação, retomar o pulso, mas não sabia o que fazer nem por onde começar. Foi ficando angustiado, sem ar, sem fôlego, preso dentro da sua própria estrutura. De repente a culpa era ter se tornado quem se tornou. Talvez se não houvesse Milton Nascimento, se fosse apenas o bom e velho Bituca dos tempos de Trespa e Beagá, tudo estaria diferente. De que adiantavam tantos discos, prêmios, status, reconhecimento se ele não conseguia assumir as rédeas das coisas práticas da sua vida?

Pela primeira vez desde o dia em que ganhou a primeira gaita e descobriu a paixão pela música, com pouco mais de 4 anos, perguntou a si mesmo se aquela era a sua verdadeira vocação, se a profissão de músico bastava para ser feliz. As composições inovadoras, harmonias ousadas, interpretações memoráveis, nada disso parecia significar alguma coisa naquele momento. Queria se libertar, e talvez a música fosse a grade que o impedia de sair. Decidiu se livrar dela. Telefonou para a amiga Marilene Gondim e pediu para ela se encontrar com ele em um restaurante na Lagoa, no Rio, e sozinha. Ao se sentarem, Bituca desabafou:

— Eu vou largar tudo.

— Tudo o quê, Bituca? — perguntou Marilene.

— A música, tudo. Comprei umas terrinhas em Alfenas, vou fazer um sítio e me mudar pra lá.

— Mas a música é sua vida.

— Pois é — concordou Bituca.

## ÚLTIMOS PASSOS?

— Por que você não chuta o balde, encerra a parceria com o Quilombo, o Marcinho e segue em frente?

Bituca não respondeu. Apontou para o coração e Marilene entendeu tudo. O empresário tinha passado por uma cirurgia para colocar pontes de safena. Bituca tinha medo de que algo lhe acontecesse se abandonasse o amigo. Decidido, marcou a data para o fim da sua carreira: logo após a turnê de *Amigo*. Estava assim, entre angústias e tristezas, quando foi se apresentar em São Paulo. Seu estado era de tal pavor pela música, então a grande culpada por suas desventuras, que achou que não suportaria mais subir ao palco. Pensou em desistir ali mesmo e interromper a turnê, fazer daquele o último espetáculo. Entrou em cena amargurado, como quem caminha para o fim. Na hora devida, começou a cantar. A cada número era maior a certeza da dúvida, o desejo de procurar outro rumo. Foi assim até "Travessia", e então, ao se virar de costas para o público, Bituca percebeu um dos meninos do coral, Mardey Souza, integrante dos Rouxinóis, então com 13 anos. Olhando para ele, começou a enxergar algo mais. Era como se uma luz separasse a criança das outras, como se os dois estivessem à parte de todo o resto. O menino não disse nada, apenas cantou, mas foi como se tivesse oferecido as mãos a Bituca no instante em que ele estava prestes a se afogar, e o puxou de volta à superfície.

— Você salvou a minha vida — disse para a criança.

Depois dessa noite, a ideia de afastar-se da música abandonou seus pensamentos. A tristeza diminuiu, mas ele continuou angustiado com o fato de nunca ter dinheiro e de se sentir só. Logo este — o problema mais concreto dos mortais — seria o gatilho de uma série de desventuras, o início do pior momento da sua vida. Mas conseguiu se divertir durante o resto da turnê. *Amigo* foi apresentado na Alemanha e na Inglaterra. Em Londres, Bituca recebeu uma carta da princesa Diana pedindo para que as crianças de uma entidade apoiada por ela pudessem cantar junto com o coral. Como recusar o pedido da princesa mais popular do mundo? Além do mais, tinha tudo a ver com as suas convicções. Para retribuir, Lady Di convidou os meninos e as meninas do coral para se hospedarem na sede da entidade. Bituca, por sua vez, ficou em um castelo, aceitando também um convite da princesa. Depois, fez questão de contar aos amigos de Trespa o quanto ele era importante, por ter dormido na cama que um dia fora de Catarina de Médici.

*

Bituca nunca se desligou do passado. Jamais conseguiu ou quis se desvencilhar das suas raízes. Nunca deixou de visitar Três Pontas, embora com menos frequência nesses tempos de viagens internacionais. Não quis ter uma casa na cidade que não fosse a dos seus pais, ou outro quarto que não o seu, pequeno, com a cama, a cômoda e o armário. Volta e meia punha-se a pensar no início da carreira, na adolescência, nos bailes da vida com Wagner, nos anos que ele mesmo classificou como alguns dos mais felizes da sua vida. Começou a pensar em montar uma banda de baile. Um trabalho paralelo, como faziam outros músicos, que conseguiam conciliar a carreira solo com um grupo de outro formato. No entanto, isto parecia distante da realidade, pelo menos naquele momento, com tantos compromissos já marcados, mas era uma ideia, pronta para brotar quando surgisse uma oportunidade.

Nesse período de saudades de Minas Gerais, foi a Nova York e resolveu visitar o amigo Naná Vasconcellos. Naná, um pernambucano tranquilo, calmo, estava nervoso, inconformado. O motivo? Ter ouvido no círculo musical dos brasileiros nos Estados Unidos o rumor de que os tambores de Minas haviam se calado. Ele próprio, nordestino, tão distante de Minas Gerais, sabia do absurdo da afirmação, talvez inspirada pelo grande sucesso dos tambores da Bahia no exterior. Se o fato incomodou o percussionista, imagine o que provocou em Bituca. Ficou furioso, tomou aquilo como ofensa pessoal. Como assim, os tambores de Minas se calaram? E a Folia de Reis, e a Congada, e o Cateretê? Em Três Pontas mesmo, havia tradição da Folia de Reis desde a formação da cidade, no século XIX! Algo deveria ser feito a respeito. Decidiu tomar a frente da causa e calar o falatório.

## ÚLTIMOS PASSOS?

Quando voltou ao Brasil, mandou chamar Lincoln Cheib. Pediu a Lincoln e a seu irmão, Ricardo, para pesquisarem os tambores em Minas Gerais. Eles deveriam procurar Tavinho Moura, que havia tempo trabalhava com sons populares mineiros, e pedir orientação. Lincoln buscou ainda nas suas próprias referências de infância a fonte para levantar os ritmos. Meses depois, Bituca recebeu em sua casa, no Rio, uma fita de Belo Horizonte. Era o resultado da pesquisa. Lincoln havia gravado diferentes tipos de batidas e viradas, descobertas durante as viagens pelo norte e pelo sul de Minas Gerais. Enquanto ouvia a fita, a inspiração surgiu e Bituca começou a compor novas músicas em cima do batuque. Se restava alguma dúvida sobre a existência ou a força dos tambores de Minas, ela seria esclarecida com o novo disco. Isso mesmo, o próximo álbum seria sobre os tambores mineiros, o porta-voz do batuque de Minas Gerais para o mundo.

Segundo o cronograma da Warner, as gravações deveriam ser feitas no segundo semestre de 1996. Tinha pouco mais de um ano para preparar o repertório e ensaiar. Era tempo suficiente para fazer um bom trabalho, como gostava. Mesmo porque não tinha o ano inteiro disponível, com os shows e outros tantos compromissos no Brasil e no exterior, entre eles a remasterização de oito de seus LPs para uma caixa de CDs a ser lançada pela Universal e a apresentação da *Missa dos quilombos* na Basílica de Nossa Senhora Aparecida. Mas antes de começar a pensar nesses projetos, Bituca tinha uma preocupação: a festa das bodas de ouro de seus pais. No dia 24 de maio de 1995, Zino e Lília completariam cinquenta anos de casamento. União que teve início pouco antes do nascimento de Bituca e cuja história se confundia com a sua própria. Além do amor dos pais, dos valores aprendidos, ele sabia da importância de ter crescido naquela família e naquela cidade. Com a sua voz e o seu talento, é bem provável que Milton Nascimento tivesse trilhado o caminho do sucesso independente da família, do lugar. Seria Milton Nascimento no Rio de Janeiro, em Três Pontas ou na China. Porém, jamais seria Bituca, e ele não tinha dúvida quanto a isso. Achava que nada seria suficiente para retribuir o amor recebido dos pais, mas presenteá-los com uma festa em uma ocasião tão especial era uma maneira de dizer obrigado, de demonstrar mais uma vez o seu sentimento, jamais ocultado.

Queria dar o presente, mas não sabia por onde começar. As questões práticas de "como fazer uma festa" iam além do seu domínio. Além do mais, a data era no fim de maio, e de meados de abril até pouco antes das bodas, ele estaria no lendário estúdio da Abbey Road, em Londres, remasterizando seus oito álbuns lançados pela EMI-Odeon entre 1969 e 1978. Por isso, Márcio Ferreira ficou encarregado de organizar tudo: contratar o bufê, a decoração, os convites, junto com Jajá, a única irmã de Bituca residente em Três Pontas, porque não havia outro lugar possível para a festa. A ordem era não economizar. Bituca nunca tinha dinheiro com ele, nunca, mas a Quilombo, produtora de Márcio Ferreira, tinha. Embora dinheiro fosse um assunto delicado entre ele e o empresário, não houve problemas para fazer a festa com tudo do bom e do melhor. Não havia bufê daquele quilate em Três Pontas, e contratar uma empresa de outra cidade seria empreitada para lá de complicada. Então Marcinho procurou a fotógrafa Cíntia Duarte, que também era sócia de uma floricultura na cidade, a Amor Perfeito, e de vez em quando organizava eventos. Explicou o que queria, pediu um orçamento e fechou o negócio. Não havia estrutura na cidade para cumprir todas as exigências, ainda mais porque a festa seria na fazenda Zaroca, da sogra de Jajá. Ela deveria providenciar tudo, a tenda, cadeiras, mesas, aparadores para o bufê, talheres, garçons. Como faltava matéria-prima e mão de obra ali, Cíntia contratou gente e material nas cidades vizinhas, num trabalho que durou cerca de dois meses, até conseguir transformar o pátio ao lado da sede da fazenda em um perfeito salão de festas.

Poucos dias antes da comemoração, Bituca chegou a Trespa. No caminho, ligou para o amigo Marco Elizeo.

— Bicho, vão acontecer as bodas da dona Lília e você vai tocar comigo, só que eu não vou pagar cachê, tá?

## ÚLTIMOS PASSOS?

Marco Elizeo não teve como recusar, nem queria. Mesmo sendo amigos havia mais de dez anos e embora estivesse mais do que acostumado com Bituca, tocar com Milton Nascimento era uma honra, além de uma tremenda responsabilidade. Ele o acompanharia em duas músicas que seriam tocadas durante a cerimônia religiosa, "Lília" e "Vaquinha dourada", canção infantil cantada por Zino para os filhos quando eram pequenos. As duas na voz do primogênito do casal, acompanhado por Marco ao violão. A festa, no entanto, começou um dia antes, na serenata de Bituca para os pais. Os preparativos para a homenagem começaram cedo, na casa da Jajá, duas ruas acima. Todos os amigos músicos que moravam na cidade e os de fora que estavam ali para as bodas deveriam participar, então combinaram de se reunir para almoçar e passar a tarde ensaiando, discutindo o repertório e, por certo, tomando uma cervejinha. Antes do fim da tarde já estavam animadíssimos, alterados pelas horas e horas embaladas pela cerveja. Bituca ficou nervoso, não era para ser uma farra de tontos, era uma homenagem para sua mãe. Então chamou Marco Elizeo e outro amigo, Cléver Tiso, que não estavam tão altos e foram para a casa dos pais, a fim de ensaiar no quarto, a portas fechadas. Ensaiaram "Manuel, o audaz", "Cio da terra" e "Nascente", de Flávio Venturini. Mal passaram uma ou duas vezes cada música e o resto da turma começou a chegar, a pé, alguns cambaleando, outros nem tanto, mas todos felicíssimos, "viva a dona Lília!" Bom, não era para ser assim, mas àquela altura não tinha jeito; pelo menos os três dariam conta de segurar as músicas principais.

Apesar do estado da turma e dos receios de Bituca, a serenata correu bem. Dona Lília não tinha percebido a função e ficou realmente surpresa e emocionada. Os autores da homenagem também. Em vez de ficarem em pé diante da janela que dá para a praça, colocaram-se em frente à janela da sala, que abre para a lateral da casa em comunicação com o quintal. Se tivessem ficado na rua, chamariam atenção, mais gente iria se juntar, e aí, sim, a bagunça seria inevitável. A cantoria durou horas. Encerrada a parte oficial da serenata, os amigos continuaram cantando, tocando seus instrumentos e tomando cerveja até de madrugada, quando ninguém mais aguentava ficar de pé ou tocar uma única nota. Com isso, todos acordaram tarde, e o tempo foi a conta de comerem, trocarem de roupa e irem para a fazenda Zaroca, onde também haveria a celebração.

A Zaroca pertencia à avó de Gilberto Basílio, marido de Jajá. Uma das propriedades mais importantes dos anos de ouro do café na região, dispõe de grande infraestrutura, com sede, área de lazer e capela, onde foi rezada a missa. A notícia das bodas correu pela cidade e muita gente tentou conseguir convite para entrar, como se se tratasse de um show ou algo parecido. Mas era uma festa familiar, embora os convidados fossem muitos. A segurança foi reforçada, e só entrava quem tinha convite. Como muitos dos que vieram de fora esqueceram de levar os seus, houve um pequeno tumulto na porta, enquanto os seguranças chamavam alguém que pudesse resolver a situação. Mas esse foi o único porém.

Às cinco horas da tarde, o fusca azul ano 1962, o mesmo em que Bituca havia feito estripulias, apontou na estrada. Eram os "noivos", Zino ao volante com sua amada ao lado. A capela era pequena para tanta gente e só ficaram dentro os que chegaram cedo e a família. Os demais se espalharam ao redor, do lado de fora, ouvindo a celebração pelos alto-falantes instalados no exterior da capela. Entre as músicas e as orações, o casal recebeu a bênção dos quatro filhos, em uma das raras vezes reunidos: Bituca, Luís Fernando, Elizabeth e Jaceline. De lá os convidados seguiram a pé para a festa, a poucos metros dali. Zino e Lília agradeceram ao filho o presente. Ele sorriu; havia valido a pena.

\*

O lançamento da caixa com os oito CDs foi um sucesso, correspondendo às expectativas da Universal. A gravadora tinha dado ao projeto tratamento de primeira linha, desde a remasterização até o acabamento, a divulgação e a embalagem: um oratório de papelão. No lugar da imagem de santo, os CDs, a música de Milton Nascimento. Bituca, por sua vez, continuava

## ÚLTIMOS PASSOS?

preocupado com sua situação financeira. Preocupado não é bem a palavra. Estava inquieto. Por isso, o convite para fazer a *Missa dos quilombos* na Basílica de Nossa Senhora Aparecida, em São Paulo, veio a calhar e deu paz ao seu coração. A apresentação teve a autorização eclesiástica local e pôde ser feita dentro do templo. Bituca foi para a cidade alguns dias antes e ficou hospedado na fazenda da paróquia, que pertenceu ao fazendeiro e tropeiro Rodrigo Pires do Rio Filho e teve seu auge na primeira metade do século XX. Embora tivesse amigos na Igreja, como o padre Paulo César Botas e o próprio dom Pedro Casaldáliga, Bituca ainda guardava a impressão de reserva dos religiosos. Preconceito deitado por terra nos dias passados na fazenda. "Eles eram divertidíssimos!", disse. Foram dias felizes, que ajudaram a aliviar a tensão provocada por seus problemas e pela própria responsabilidade de cantar na basílica, justamente no dia da santa padroeira do Brasil. Na véspera da apresentação, recebeu outra incumbência dos padres:

— Queremos que você leve a imagem de Nossa Senhora até o altar.

Bituca engoliu em seco e, sem cerimônia, recusou. "Não, obrigado, mas eu, não!" Era demais. Ele se conhecia, sabia como era emotivo, como essas passagens mexiam com o seu coração, o seu corpo, a sua mente. Ainda resistiu durante algum tempo, mas acabou cedendo, como já acontecera em várias outras ocasiões. Resistia a princípio, com medo e hesitação, depois cedia e se apaixonava pela ideia. Ele entraria com a imagem, seguido de duas crianças que levariam o manto e a coroa. Pouco antes do início da celebração, um padre chamado Pedro Paulo o advertiu:

— Olha, Milton, quando as pessoas veem a imagem de Nossa Senhora, elas ficam emocionadas e tentam tocá-la. Como não conseguem, elas passam a mão em quem a carrega. Só estou dizendo isso para você não se assustar.

Não se assustar, como? E se ele tropeçasse e caísse com a santa? Ai, ai, ai. Bastante nervoso, entrou na passarela central da basílica, com Nossa Senhora Aparecida nas mãos. Não caiu, sequer tropeçou ou perdeu o equilíbrio, mesmo com as pessoas o empurrando na tentativa de tocar a imagem. Depois, no altar, sob o olhar de Nossa Senhora e dos fiéis, ele cantou. Enquanto cantava, sentiu nitidamente a presença de entidades entre as colunas de pedra e a fé dos homens. Não sabia identificá-las, mas eram fortes e estavam ali, ouvindo-o cantar, fortalecido pela crença dos fiéis. Bituca vivia uma relação complexa com a religião. Criado na religião católica, era devoto dos santos, de Nossa Senhora, acreditava em Cristo, apreciava os ritos católicos, comparecia a missas, participava de festas do catolicismo, batizava afilhados, fazia amizade com eclesiásticos. Ao mesmo tempo, fascinou-se pelo espiritismo desde o primeiro dia em que esteve num centro com os irmãos Godoy, em São Paulo, e o médium avisou-o sobre o futuro. Depois, quando estreitou os laços com a Bahia e conheceu um terreiro, encantou-se pelo candomblé, mas sem abandonar as outras religiões. Na verdade, sua crença era uma só: havia algo além do que podia ver, algo que tinha relação com tudo o que vivia, fazia parte deste e de outros mundos, estava adiante, mas interferia, de alguma forma, no desenvolver das coisas. Algo que ele sentia, que podia identificar quando estava próximo e que não era percebido pela maioria das pessoas. Percebia essas entidades tanto na Igreja Católica, como santos, anjos, quanto no centro, como espíritos, ou no terreiro, como orixás. Não sabia bem, sua única certeza era de que estavam ali, e nesse dia estavam. Seguindo sua própria regra, conteve-se durante a cerimônia. Depois, em um canto da sacristia, na privacidade da solidão, chorou.

Bituca sempre foi muito sensível. A sensibilidade dele estava à flor da pele, pulsando em cada poro do seu corpo, em cada segundo de ar dentro do peito. Raras vezes — e quase sempre desastrosa — sua vida foi guiada pela razão. Porém, havia tempos de calmaria, períodos em que as emoções ficavam sonolentas, esperando o mundo prático colocar as coisas no lugar. E aquele não era, definitivamente, um desses momentos. Poucos dias depois

## ÚLTIMOS PASSOS?

da missa em Aparecida, tornou a ficar irritado com a falta de controle sobre sua vida. Não enfrentava dificuldades, não tinha dívidas (pelo menos que soubesse), vivia com conforto, mas não via a cor das notas. Decidiu dar um ultimato ao empresário:

— Marcinho, eu tô cansado de trabalhar e não ganhar nada! Todo mundo recebe, os músicos, os técnicos, menos eu. Cheguei ao meu limite, eu não vou mais trabalhar de graça, entendeu?

A resposta foi sim, claro, como não! Então, ficaram combinados: Milton Nascimento, depois de 29 anos de uma carreira bem-sucedida desde "Travessia", passaria a receber pelas turnês, dinheiro vivo, como ele queria, tal qual os demais. A conversa acalmou o coração aflito. Sentiu-se tranquilo, depois de meses de inquietação. Pouco tempo depois, partiram para uma turnê pelos Estados Unidos. Anos e anos voando não acabaram com o medo. Era sempre um sacrifício. E não foi diferente dessa vez; quer dizer, foi pior. Um traficante de drogas procurado pela CIA e capturado no Brasil estava no avião e deveria desembarcar nos EUA. Entretanto, quando o avião fez escala em Lima, no Peru, o prisioneiro conseguiu fugir. Demoraram horas para prosseguir, e quando desceram em Los Angeles, todos os passageiros tiveram suas bagagens vasculhadas até a escova de dentes. Foi constrangedor. Bituca ficou nervoso com a situação, pois não gostava de ser maltratado e, muito menos, tratado como um bandido. Foi quando teve a infeliz ideia de perguntar para Márcio, ainda no aeroporto:

— Então, quanto eu vou ganhar desta vez?

— Nada.

Nada? Esta era a única palavra que ele tinha a dizer? Era. Bituca sentiu o corpo ferver, não acreditou no que estava acontecendo. Não podia ser verdade. E como ele tinha coragem de dizer aquilo assim, como se não fosse nada de mais? E o trato? As pernas ficaram bambas, a boca secou, sentiu uma sede horrível, acompanhada de um mal-estar geral. Ao chegar no hotel, ligou para o amigo Paulo Lafayette e pediu que o tirasse de lá. Foi ao médico em seguida, mas já sabia o diagnóstico antes de fazer os exames, pois já havia passado por aquilo, apenas em menor intensidade. Diabetes. Ao contrário da primeira vez, quando bastou um tratamento para sarar, agora não havia cura. Tornara-se portador de diabetes tipo dois e deveria controlá-la para o resto da vida com dieta, atividade física e, se necessário, injeções de insulina. Descobrir a doença não doeu tanto quanto ter continuado na mesma, trabalhando sem receber. Além do mais, não estava tão mal. Não se tratava de uma crise, ele apenas havia manifestado os sintomas. Cuidando da forma correta, poderia levar uma vida tranquila. Acontece que as emoções tinham sobre ele um peso maior do que qualquer cuidado físico. E o segundo baque veio em maio daquele ano de 1996.

Marcinho decidira fazer um implante de cabelo. Não estava inteiramente careca, mas as falhas o incomodavam. Tanta gente recorria com sucesso a esse tipo de procedimento, por que não ele? Chegou à clínica de manhã — e foi a última vez que o viram consciente. Durante as aplicações, teve um aneurisma cerebral, que se rompeu. Durante cerca de uma semana ficou entre a vida e a morte, numa UTI. No dia 23 de maio não resistiu mais e morreu. Márcio Ferreira foi o grande responsável pela profissionalização da estrutura de Milton Nascimento, da entrada definitiva do artista no exterior, do processo de transformação de um ícone da música brasileira em astro pop internacional. Do dia em que Márcio viajou como fotógrafo na primeira turnê europeia, no Teatro De La Ville, em Paris, em 1980, até aquela manhã de 1996, colocou Bituca onde deveria estar, no topo do mundo. Lugar ao qual não chegaria sem o talento musical, mas que seria difícil alcançar sem um empresário forte por trás, organizando as turnês, os direitos, os contratos, a logística. Márcio fez isso por ele nos dezesseis anos de parceria. Mas sua atuação ia além do âmbito profissional.

O empresário organizava a vida pessoal também. Foi ele quem cuidou da compra e das obras da casa no Rio, das bodas de ouro de Zino e Lília, do pagamento dos empregados, das compras da casa, até dos dias livres. Determinava quem podia chegar até Bituca e por quanto tempo, mesmo não sendo de forma muito explícita. Em quase duas décadas, não foram

## ÚLTIMOS PASSOS?

poucas as pessoas que se afastaram dele, não por vontade própria, mas por causa do acesso difícil. Até as idas a Três Pontas eram controladas. Não que Márcio mandasse em Bituca e dissesse "agora você faz isso, agora pode ver fulano, agora não pode". Mas a vida profissional estava tão ligada à pessoal que a segunda acabava girando em torno da primeira, com raras exceções. Hoje, ao conversar com as pessoas envolvidas e analisar os fatos, é possível enxergar com maior clareza o grau da atuação de Márcio Ferreira no dia a dia do artista e do homem. O único ponto em que o empresário não interferia era na criação musical. Ele até tentou, mas Bituca foi firme. É difícil afirmar, mas talvez essa fronteira nebulosa entre a vida profissional e pessoal tenha sido uma das razões da falta de dinheiro vivo nas mãos do centro de tudo aquilo, o próprio Milton Nascimento.

Com a morte de Márcio, Bituca perdeu o chão. Ele não fazia a menor ideia dos seus bens, dos negócios, da situação da Quilombo, o que era seu, o que era do empresário, de ambos, quanto gastava, quanto recebia. Sem falar na perda do amigo. Apesar das divergências dos últimos tempos, eram amigos. Você convive com uma pessoa quase todos os dias durante anos e, de repente, ela não está mais ali. Foram duas perdas avassaladoras: do amigo e do rumo. O socorro veio por intermédio da amiga Marilene Gondim. Advogada especializada em direitos autorais, ela já havia trabalhado com figuras de peso, como Tom Jobim e Ivan Lins, e agora era sócia da agência de atores Link, no Rio. Foi chamada para tentar apagar o fogo e acabou ficando. Mas nem todas as chamas se apagaram. A situação não era bem como Bituca imaginava. Com a morte de Marcinho, Bituca surtou. Não sabia nem se a casa onde morava era dele. Durante uma semana ficou deitado, debaixo de um cobertor, delirando. Pediu para chamarem Marilene. Quando ela chegou, ele disse:

— Tenho uma viagem para os Estados Unidos e para a Europa em junho e preciso da sua ajuda.

— Mas e a Quilombo?

— Não, sem a Quilombo — respondeu Bituca.

Tudo bem, ela concordou em ajudar, mas precisava de capital para organizar a turnê.

— Bom, Bituca, primeiro eu preciso saber quanto você tem de dinheiro.

— Eu não faço a menor ideia.

Marilene então ligou para Aracy Duarte, a pessoa que cuidava da Quilombo na ausência de Márcio Ferreira, para as irmãs dele — suas herdeiras legais, uma vez que ele não tinha mulher ou filhos — e marcou uma reunião. Pediu para ver a contabilidade da empresa e pessoal de Milton Nascimento. A única coisa que apresentaram foram dois extratos bancários: um de uma conta corrente com 36 mil reais e outro de uma poupança com pouco mais de 10 mil reais. Era tudo o que Bituca tinha além da casa, outros imóveis de pequeno e médio valores e as terrinhas de Alfenas. Todo o resto pertencia à Quilombo, de Márcio Ferreira. Fora o dinheiro, o acervo inteiro com material sobre anos e anos da carreira e vida pessoal de Milton Nascimento estava na produtora. Marilene explicou a Bituca:

— Você tem duas opções: ou compra uma briga com as irmãs do Márcio e aciona a justiça ou esquece a Quilombo e parte para outra.

Bituca escolheu a segunda opção. Ela fez então um distrato entre ele e a produtora, desvinculando Milton Nascimento da Quilombo. Para não prejudicar os cerca de trinta funcionários de lá, o distrato previu um período intermediário de seis meses no qual a carreira de Bituca seria agenciada por Marilene e a Quilombo, em conjunto. Para assumir essa nova função, Marilene abriu mão da sociedade na agência de atores, que ia bem, e passou a empresariar Milton Nascimento, junto com Remo Brandalise, seu marido, que nos anos seguintes registrou visualmente todos os passos e projetos do artista.

Márcio morreu, Bituca estava triste e sem dinheiro, mas a vida continuava e havia projetos a serem finalizados. Um deles nem era de responsabilidade dele. Foi o livro *Os sonhos não envelhecem — histórias do Clube da Esquina*, escrito por Márcio Borges. Márcio Ferreira queria

## ÚLTIMOS PASSOS?

que a história do clube ficasse registrada em livro. O escritor e editor Luiz Fernando Emediato, sócio da Geração Editorial, pela qual o livro foi publicado, havia feito algumas entrevistas com Bituca para um trabalho futuro. Mas o empresário, amigo de Emediato, foi taxativo: "Essa história só pode ser contada por alguém de dentro!" Então chamou o letrista Márcio Borges para a empreitada. Durante onze meses ele se trancou em casa, com suas memórias e seu computador, transformando em palavras tudo o que ele e a turma do Clube viveram desde que conhecera Bituca no Edifício Levy até o álbum *Angelus*, em 1993. As únicas escapadas foram para relembrar com os companheiros as passagens, as emoções e as histórias. O livro, lançado um mês após a morte do empresário, foi dedicado à memória de Márcio Ferreira.

✳

Com a reviravolta dos últimos meses, Bituca ficou um pouco mais fraco, mas continuava trabalhando. Desde a descoberta do diabetes, começou a perder peso. Isso não o assustava, pelo contrário, gostava de ser esbelto. Como estava bem-disposto, sem reclamar, todos pensaram que a doença estivesse sob controle, inclusive ele. Em agosto ele foi a Nova York mixar o novo álbum. O produtor do disco contratado pela Warner era Russ Titelman, com quem Bituca havia trabalhado no disco *Angelus*. As gravações foram feitas no Estúdio Mega, no Rio de Janeiro, e em Nova York, no Unique Studios e no Room with a View. Eram doze músicas. As inéditas de Bituca, compostas em cima das batidas dos tambores mineiros, eram "Louva-a-deus", "Janela para o mundo", "O rouxinol", "O cavaleiro" e "Levantados do chão", outra parceria com Chico Buarque. Tal qual das vezes anteriores, Chico não teve escolha. Bituca apareceu e disse que ele era a única pessoa no mundo capaz de fazer aquela letra. Na mesma época, Chico estava escrevendo textos para um livro do fotógrafo Sebastião Salgado. Achou que a música e as fotos tinham tudo a ver. Não pensou duas vezes: decidiu fazer um poema que poderia ser letra de música e texto do livro.

329

— Eles que são mineiros que se entendam! — disse Chico.

O projeto do álbum já foi coordenado por Marilene Gondim, no Brasil, e por Russ Titelman, em Nova York. Enquanto a nova empresária organizava os negócios e a carreira de Bituca, tratou de atender a uma solicitação dele: acabar de montar a banda fixa. Lincoln Cheib continuaria como baterista. Bituca gostou dele como músico e como amigo. Ao contrário de Robertinho Silva, que seguia sua carreira solo, Lincoln era jovem e podia acompanhar um grande artista como Milton Nascimento por muitos anos; podia e queria. Marilene pediu a Lincoln para indicar alguém que pudesse assumir as cordas, guitarra e violão. O primeiro nome que lhe veio à cabeça foi o de Wilson Lopes. Bituca concordou na hora. Wilsinho era mais que de casa, um grande amigo, parceiro e excelente guitarrista. Faltavam o sopro, o baixo e os teclados para fechar o grupo. Mas era difícil encontrar as pessoas certas. Não conseguiram a tempo de ensaiar e gravar e apelou-se, outra vez, para amigos, além dos músicos contratados nos Estados Unidos. Bituca dedicou o trabalho aos pais. "Este disco é pro Zino e pra Lília", escreveu, e o álbum foi batizado de "Nascimento".

Em outubro de 1996, voltou a Nova York para a mixagem do disco. Quando ele entrou no estúdio, o produtor Russ Titelman perdeu a fala. "Aquele não pode ser o Milton!", pensou. Eles haviam se encontrado dois meses antes, durante as gravações, e aquela pessoa que entrava no estúdio não era a mesma que gravara em agosto. Bituca tinha emagrecido mais de dez quilos. No dia seguinte, 25 de outubro, um dia antes de Bituca completar 54 anos, Russ o levou ao consultório do endocrinologista Steven Lamm, na Rua 86. A taxa de glicose no sangue estava absurda, 600 miligramas por decilitro de sangue, quando o normal é de 90 miligramas por decilitro. Não era de se estranhar o emagrecimento, pois quanto maior a taxa de glicose, mais o corpo queima gorduras na tentativa de equilibrar o organismo. Além de medir a glicose, o dr. Lamm pediu vários exames para verificar se havia outro problema associado, e a única coisa que descobriu foi que ele estava com uma infecção dentária, tratada logo em seguida, ali

## ÚLTIMOS PASSOS?

mesmo em Nova York, pelo dentista de celebridades Ross Mandor. Sim, a bateria de exames incluiu o teste para HIV, e deu negativo, Bituca não tinha Aids. Mas isso sequer lhe chamou a atenção, já que ele sabia que não tinha a doença. Eram exames de rotina para um caso como o seu. Precavida, Marilene pediu ao dr. Steven Lamm um atestado afirmando que Milton Nascimento não tinha nenhuma doença infectocontagiosa, caso surgissem rumores dessa natureza no Brasil.

O estado de Bituca era delicado, precisava diminuir a glicose o quanto antes e reverter o quadro. Começou o tratamento com a medicação, um verdadeiro coquetel. Se antes se sentia bem, embora seu corpo estivesse mal, agora que começava a melhorar sentia-se péssimo. A medicação atacou o estômago e o paladar, e ele, que gostava tanto de comer, passou a recusar comida. A falta de apetite logo se transformou em repulsa. Em pouco tempo já não tolerava quase nada, e quando conseguia comer, vomitava. Ainda assim segurou as pontas, conseguiu terminar a mixagem e voltou para o Brasil. Tomava a medicação, fazia acompanhamento, mas sua aparência não era das melhores, com um peso muito abaixo do normal. De agosto a novembro havia emagrecido cerca de dezoito quilos. Como não parava de emagrecer, os médicos finalmente começaram a achar que não se tratava apenas de diabetes. Depois de dúvidas e investigações, diagnosticaram anorexia. Só então passaram a tratar o problema e ele começou a se recuperar. Até aí tinha segurado as pontas, por mais pesada que tivesse sido a barra. A morte de Márcio Ferreira, o diabetes, a anorexia, Bituca estava conseguindo superar cada uma delas. Tanto que não parou de trabalhar.

Em dezembro, mesmo ainda bastante magro e um pouco abatido, fez os últimos shows da turnê de *Amigo*, encerrando a série em Ribeirão Preto, onde brincou e dançou com um público de mil e quinhentas pessoas. Tanto estava bem, em processo de recuperação, que não hesitou em aceitar o convite para participar do episódio de fim de ano do programa humorístico *Sai de baixo*, da Rede Globo. Era uma oportunidade, mesmo que passageira, de explorar mais um pouco o seu lado de ator, deixado em segundo plano desde o salto para a carreira internacional. O especial foi gravado no dia 3 de dezembro, uma terça-feira, e o martírio começou ali mesmo. Como ainda estava frágil, em tratamento, e o ar-condicionado lhe fazia mal, a produção desligou o ar do Teatro Procópio Ferreira, onde era gravado o programa, o que, por si só, despertou a curiosidade da plateia, composta por pessoas comuns, artistas e gente da imprensa. A certa altura, Milton Nascimento entrou em cena vestido de Papai Noel e em seguida tirou o casaco vermelho. Seu corpo magro ficou coberto apenas por uma camisa larga, que deixava o público perceber: estava pele sobre osso. Ali mesmo começou o burburinho, que no dia seguinte se espalhou pela mídia. Saíram notícias comentando seu aspecto abatido, sua magreza. Mas o golpe veio três dias depois. Uma matéria do jornal *Folha de S. Paulo* abordando a magreza de Milton Nascimento não disse com todas as letras que ele estava ou podia estar com Aids, mas fez insinuações maliciosas. Na semana seguinte, os jornais estamparam a foto de Bituca com o elenco de *Sai de Baixo* e deram seu atestado de óbito: ele estava com o HIV. A primeira coisa que pensou ao ver as manchetes foi nos pais, em Três Pontas. Pegou o telefone e ligou para eles:

— Olha, vai aparecer um tanto de boato a meu respeito nos jornais e na televisão, mas podem ficar tranquilos, porque é tudo mentira.

Quando o episódio foi ao ar, no dia 22 de dezembro, a história já estava enrolada, e atingira proporções que nunca havia imaginado. Então, tudo o que ele havia conseguido recuperar, toda a força para superar as perdas, a doença, escoou pelo ralo. Não era a primeira vez que a imprensa dizia que ele era portador do HIV; já havia acontecido em outra ocasião, mas não com tamanha força. Ele podia simplesmente ignorar, continuar a sua vida, mas o medo do que os amigos e a família pudessem pensar, a injúria por ter sido execrado pela mídia sem ter feito nada, acabaram com ele. Foi passar um tempo em Salvador para descansar, mas continuou piorando. Perdeu ainda mais peso e o controle de si. Teve uma crise forte e precisou ser internado na Clínica São Vicente, no Rio de Janeiro. Foi um prato

## ÚLTIMOS PASSOS?

ainda mais cheio para a imprensa. Não só tinha Aids como estava por poucos dias, os jornais bradaram aos quatro ventos. Por meio da Warner, Marilene Gondim enviou para a imprensa o atestado do médico americano e os exames feitos nos Estados Unidos, mas de nada adiantou mostrar o diagnóstico de diabetes tipo dois associada à anorexia, tampouco liberar os boletins médicos mostrando a evolução do caso na São Vicente. Nenhum fato concreto parecia importar aos veículos de comunicação, sedentos de uma grande e espetacular história — segundo seus critérios do que é ou não uma grande e espetacular história. A imprensa chegou ao extremo de conseguir dois médicos que deram um diagnóstico do estado de saúde de Milton Nascimento, confirmando a desejada suspeita de HIV.

Bituca não suportou, começou a definhar, como apregoavam os jornais, evistas e emissoras de televisão. Quando começava a se recuperar vinha outra notícia e pronto, piorava outra vez. Depois de dias internado nesse vaivém, engordou cinco quilos, melhorou e pôde voltar para casa, desde que tivesse uma enfermeira vinte e quatro horas por dia. Além de cuidados especiais, ele estava muito fraco e precisava de ajuda permanente para fazer tudo. Estava começando mais uma vez a se recuperar quando veio outro golpe. Um jornalista telefonou para a casa dos seus pais em Três Pontas e perguntou qual era o horário do enterro. Por sorte, um empregado da casa atendeu e logo o despachou. "E se a dona Lília ou o seu Zino tivessem atendido? E se tivessem achado que eu morri? Podiam ter tido alguma coisa!", gritou Bituca aos prantos, indignado. Foi a gota d'água para a represa das suas emoções romper o limite do suportável e transbordar, devastando cada centímetro do seu corpo. Ficou mal, péssimo. Mesmo assim conseguiu se recuperar e foi a Diamantina para gravar trechos do especial *A sede do peixe*, sobre ele. Na volta ficou alguns dias em Belo Horizonte, na casa de Tavinho Moura. Certa noite passou mal. Mas era um mal-estar diferente do provocado pelo diabetes. No dia seguinte, fez vários exames e o diagnóstico foi uma embolia pulmonar. O quadro era muito grave e ele deveria ir imediatamente para o hospital. Bituca não queria ser internado outra vez e decidiu ir ao Rio e consultar outro médico, o cardiologista Carlos Scher. Sim, realmente era grave e ele precisava dos cuidados de um CTI, caso contrário, poderia morrer.

— Então pode preparar o meu caixão, porque pro hospital eu não volto.

Bituca estava falando sério. Preferia morrer a passar por tudo de novo. Marilene Gondim conversou com o médico sobre a possibilidade de ele se tratar em casa. A única hipótese de isso dar certo seria montando um CTI domiciliar. E foi o que fizeram. Durante vários dias Bituca ficou deitado num leito de CTI, internado em sua própria casa. Foram dias sombrios. "Os piores da minha vida", desabafou. Três longos meses de sofrimento, emocional e físico. Em alguns momentos a mídia se aproximou da verdade, pois o mineiro tímido ficou perto da morte. No final, entretanto, contrariando todo o agouro, em fins de março de 1997, já se encontrava fora de perigo. Estava vivo, e isto era o que importava naquele momento. Restava então um caminho longo e difícil até ficar pronto outra vez para o batente. Bituca, com 1,70 metro de altura, estava pesando trinta e oito quilos.

# Capítulo 17
# 1997 a 1998 | (Re)Nascimento

Quando Beth chegou na casa do irmão e o viu usando a camisa do seu filho João Victor, de 10 anos, sentiu um nó na garganta. Por estar dia após dia com ele desde a descoberta do diabetes, e depois durante a crise, os períodos na São Vicente, em casa não tinha se dado conta do quanto estava magro, mesmo com todo o falatório da imprensa. Ao vê-lo na roupa do filho, percebeu o tamanho do estrago, o quanto alguém podia chegar perto da morte. Bituca, no entanto, não corria mais risco de morrer e o prognóstico era de uma longa recuperação. Ainda assim, estava absurdamente debilitado. Os olhos grandes e fundos no rosto abatido, as pernas bambas, mal dando conta dos pouco menos de quarenta quilos, a voz, aquela que havia cantado pelos cantos e curvas do mundo, tinha se perdido dentro dos pulmões cansados. Era impossível vê-lo frágil como um boneco de papel e não se assustar, não sentir o coração apertado, não sentir medo. Medo da fragilidade humana, de tudo o que alguém pode se tornar durante anos e que pode se desfazer em segundos.

Ele passou grande parte dos primeiros dias da convalescença no andar térreo da casa, onde ficam os quartos e a sala. Se por algum motivo precisasse ir ao andar superior ou descer ao estúdio, a tarefa simples se transformava em missão impossível para o corpo esgotado. Bituca ia carregado, no colo. Algumas vezes, nos braços do funcionário Carlinhos ou do cunhado Gilbertinho. O homem cuja presença era tão forte, tão cheia de energia, capaz de contagiar uma multidão, mostrava-se em toda a sua debilidade, indefeso como um bebê. E foi assim, como alguém que acaba de nascer, que ele reaprendeu a se colocar por inteiro na vida, devagar, um dia após o outro. Coube a Beth Dourado ajudá-lo nessa missão. A professora agora trabalhava também como personal training. Ninguém melhor do que ela, então, para acompanhá-lo na nova caminhada. Durante quase todo o ano de 1997, Beth esteve com Bituca diariamente, de segunda a sexta, sábados, domingos e feriados, de manhã, à tarde, ou à noite, como fosse melhor para o paciente.

As primeiras semanas foram as mais difíceis, porque ele mal conseguia se mover. Nesse início complicado, Bituca ficou sabendo da história do ator Carlos Vereza. Ele havia se curado de um tumor na cabeça depois de frequentar o centro espírita kardecista Frei Luiz, em Jacarepaguá, no Rio de Janeiro. "Eu quero ir lá", foram algumas das poucas palavras que ele disse naqueles dias. Beth o acompanhou, empurrando-o em uma cadeira de rodas. Foram recebidos com carinho, só o fato de entrar ali deu-lhe ânimo para prosseguir. Ao entrar no centro espírita, pôde sentir as entidades que costumava perceber nesses lugares de fé, e isso deu-lhe alento. Ele e Beth voltaram algumas vezes, e Bituca até passou por cirurgias espirituais, que lhe deixaram marcas de sangue no peito. As idas ao centro intercaladas com a maratona diária foram recompondo as suas forças, e em pouco mais de um mês ele conseguiu ficar em pé e manter-se assim sem ajuda de ninguém. Não por muito tempo, quinze minutos, mas o suficiente para começar a exercitar-se, a movimentar o corpo. Beth passou a fazer a recuperação fora de casa, principalmente na praia. Os exercícios muitas vezes consistiam em brincadeiras, programas lúdicos, como rodar na areia, andar sobre os grãos molhados, deixar a espuma das ondas acariciar os pés. Sentir a brisa tocar o rosto e lavar a alma, encher de ar novo o corpo recomposto.

# (RE)NASCIMENTO

Certa manhã, o tempo estava nublado; não fazia frio, mas também não estava calor. Mesmo sem sol, foram até a praia da Barra da Tijuca para caminhar um pouco. Estavam andando quando avistaram um grupo de cerca de duzentos salva-vidas correndo na direção oposta. Pareciam estar em treinamento ou algo semelhante. Quando viram Bituca, começaram a cantar "Canção da América", marcando o ritmo da corrida pelo andamento da música. Não pararam, não mudaram de caminho nem deixaram de integrar a massa uniforme de pernas e braços para cima, para baixo, para a frente e para trás. Apenas cantaram. Demonstrações de carinho como essa, quando ele menos esperava, tocavam o seu coração e alimentavam a sua vontade de ir adiante. Assim, no início de abril de 1997, Milton Nascimento havia recuperado muito da sua saúde. Ainda estava magro e frágil, mas não era mais uma sombra de si mesmo. Não estava livre do tratamento, que incluía os remédios, o monitoramento e a reabilitação física. Mas já não precisava ser feito exclusivamente no Rio. Respirou fundo, fez as malas e seguiu para o único lugar do mundo onde poderia se recuperar de uma vez por todas. Partiu para Três Pontas com Beth Dourado.

Com a equipe de funcionários, instalou-se na casa dos pais, na Praça da Travessia. A rotina de exercícios, dieta, fisioterapia e controle de glicose manteve-se tal como no Rio, com a diferença de estar entre as pessoas mais queridas, dona Lília e seu Zino. As caminhadas diárias passaram da praia para as estradas de terra entre os cafezais das fazendas Zaroca e Santa Isabel, de onde se tem uma das melhores vistas da serra de Três Pontas. Os pés de café estavam carregados, mas a colheita ainda não havia começado, então tinha tranquilidade para andar, sem o tumulto de tratores, caminhões e trabalhadores rurais cobertos de panos para se proteger do sol e das cobras. Fazia tempo que não ficava tantos dias na cidade. Nos últimos anos ia sempre correndo, procurando brechas minúsculas entre os compromissos da agenda lotada. Com a doença, foi forçado a dar um tempo. Se ele não dava a si mesmo a oportunidade de parar, a vida tratou de lhe impor uma pausa.

Com a recuperação, pôde, aos poucos, dispensar os enfermeiros de plantão, os fisioterapeutas e a personal training, mas passou a fazer aula de natação quase todos os dias. Apesar de estar bem, não podia mais tomar conta de si sozinho, o controle da glicose e a alimentação precisavam de cuidados especiais que ele mesmo não daria conta de respeitar. Além dos funcionários da casa, sempre muitos, precisava agora de alguém para assumir a responsabilidade pelo monitoramento diário. Josefa Costa, a Zefa, cozinheira da casa no Rio, foi a escolhida e aceitou a função. Aprendeu a medir a glicose, a aplicar a insulina, controlar os horários dos remédios e da comida, e ela mesma preparava os pratos e lanches seguindo o cardápio preparado por uma nutricionista a cada dia. Tornou-se enfermeira-cozinheira, sempre seguindo as orientações dos médicos. Passou a acompanhá-lo nas viagens pelo Brasil e nas viagens ao exterior, cedia seu posto a quem estivesse acompanhando Bituca, alguém que também precisava conhecer e executar todos os cuidados especiais.

No Rio, em Três Pontas, Hong Kong ou Nova York, a rotina de Bituca é a mesma. É despertado às oito horas da manhã por Zefa ou por quem estiver no seu lugar, toma o café da manhã, mede a glicose, injeta a quantidade necessária de insulina e volta a dormir. Levanta-se por volta das onze horas, faz um lanche, mede a glicose, aplica insulina se for necessário e começa a trabalhar. Recebe dos secretários a programação do dia, diz o que quer ou não mudar, quando possível, faz algumas ligações para amigos, as irmãs, o pai ou para o escritório. Para isso utiliza os óculos de grau, o telefone em formato de trem (quando está no Rio), cuja campainha é o barulho de uma maria-fumaça, uma agenda preta, de quinze centímetros por vinte, cheia de pedaços de papel com telefones anotados às pressas, esperando para serem passados a limpo. Se está livre até o almoço, dá uma olhada nos livros, discos e convites recebidos diariamente. Tudo que chega à sua casa vai para cima da mesa da sala, depois da pré-seleção no escritório particular instalado ali mesmo, ao lado do anfiteatro. Ainda assim, quase tudo vai para a mesinha de centro. Bituca ouve e vê a grande maioria, numa

## (RE)NASCIMENTO

ordem que obedece unicamente à sorte. Como as coisas ficam espalhadas em grupos, umas sobre as outras, o fato de ele ouvir um disco no dia em que chegou ou meses depois depende de, por exemplo, estar por cima no momento em que ele se sentar no sofá e der de cara com o pacote ou perceber algum detalhe que, porventura, tenha chamado a atenção. Se a correspondência chega até a mesa, ela é verificada por ele. Faz questão de olhar tudo, mas no seu tempo. Então, depois de passar a vista em tantos papéis e CDs, escolhe um para ouvir.

Sempre em volume alto, a música preenche cada espaço da sala, ecoando pelas caixas de som. Aí pode lhe ocorrer algo, e ele faz anotações no papel solto por ali. A audição é interrompida pelo telefone, que toca quase vinte e quatro horas por dia, esteja ele onde estiver, e pelas pessoas que chegam e partem sempre, mais chegando que partindo. Quando são amigos, na maioria das vezes mostra a música ou desliga o som e escuta as novidades, os "causos" de que tanto gosta. Tudo regado a Coca-Cola light, de preferência com gelo. Em certos dias da semana faz natação nesse horário, e o almoço é servido entre treze e catorze horas, dependendo da hora em que ele levantou. Em todos os instantes do dia seus passos são acompanhados por alguém. Na casa, os funcionários são muitos, Zefa, o motorista, a arrumadeira, o jardineiro, a secretária, o secretário particular, Paulinho Lafayette, sem falar nos do escritório, que entram a todo momento, e na comitiva de amigos. Os que estiverem na hora do almoço ficam para almoçar. Sempre há lugar para mais um.

Zefa prepara a comida seguindo o cardápio diário enviado pela nutricionista via internet. Ao ver a mesa posta, muitas vezes ele para e fica olhando por alguns segundos, com sussurros tipo "essa coisa (referindo-se ao diabetes)...". Do menu rotineiro, o prato preferido é a típica combinação mineira: arroz, feijão, carne moída e salada. E não raros dias pede a Zefa para fritar um ovinho a fim de completar o cardápio. O almoço é demorado, em geral entre conversas e histórias. Depois, recolhe-se para fazer a sesta, costume cultivado desde os tempos de Belo Horizonte, quando já não precisava bater o ponto no escritório de Furnas. Às cinco da tarde, levanta-se para tomar o lanche, medir a glicose, aplicar insulina e retomar as atividades: entrevistas, ensaios, jantares, shows e, quando dá, um cineminha. Oito da noite é hora do jantar, que pode ser uma refeição completa ou um lanche, e a última vez do dia em que mede a glicose e libera a insulina. Depois, vai dormir, já de madrugada. Segue essa rotina sempre que possível. Quando não dá, faz como pode, mas sem deixar de lado o dueto medir glicose/aplicar insulina. Disso não se livrou jamais.

*

Com a doença, os projetos ficaram atrasados, e o disco que deveria sair às vésperas do Natal de 1996 acabou sendo lançado no fim de maio do ano seguinte. O lançamento do álbum coincidiu com a recuperação de Bituca. Depois de quase cinco meses de tratamento intenso, atividades diárias, cuidados especiais, havia finalmente se recuperado. Já não precisava de alguém ao lado o tempo todo e ganhara peso. De trinta e oito quilos passou para cinquenta e seis. Faltavam quatro para chegar ao peso mínimo ideal, sessenta quilos, que pretendia atingir aos poucos, nos meses seguintes. O nome do disco havia sido escolhido no ano anterior, antes do problema de saúde, mas não deixava de ser emblemático: *Nascimento*. Bituca não só tinha dado a volta por cima, como voltava com toda a força. O trabalho teve lançamento simultâneo no Brasil, nos Estados Unidos, na Europa e no Japão, e foi reverenciado pelos ritmos de Minas percorrendo todo o disco, ecoando pelo mundo, como ele queria. "Bate forte até sangrar a mão / E batendo pelos que se foram / Ou batendo pelos que voltaram / Os tambores de Minas soarão / Seus tambores nunca se calaram..."[9] Nessa época Marilene Gondim conseguiu levar Bituca da Warner Jazz, em Nova York, para a Warner Brasil. Ela achava um absurdo ele ter o contrato com a gravadora fora do país. Com isso começou um trabalho para reforçar o

9 Trecho de "Tambores de Minas", de Milton Nascimento e Márcio Borges.

artista no cenário nacional. Com as investidas no exterior, o Brasil tinha ficado um pouco de lado nas prioridades da carreira de Bituca.

Quando *Nascimento* foi lançado, ele já estava preparando o show da turnê para divulgar o disco. Mesmo debilitado, reaprendendo a dar um passo de cada vez, tinha começado a pensar no show. Deveria ser a afirmação do que diziam as músicas. Como nunca, os tambores não podiam se calar. O trabalho tornara-se algo tão fundamental, tão forte, que não bastava ser uma apresentação das músicas, precisava de mais. Tinha de ir além do soar dos tambores, era preciso mostrá-los, colocar diante dos olhos do mundo a força dos ritmos mineiros e da própria Minas Gerais. Havia tempo vinha acompanhando o trabalho do diretor de teatro Gabriel Vilela, bom mineiro como ele, de Carmo do Rio Claro, perto de Três Pontas. Os espetáculos de Gabriel eram bastante visuais, expressivos, com traços marcantes do barroco. Não havia pessoa melhor.

Conversou com ele e acertaram a parceria. Seria um espetáculo grandioso, dividido em dois atos: o primeiro apresentando antigos sucessos e o segundo com as músicas novas. Bituca fazia questão de cantar os sucessos, pois sabia que as pessoas iam ao show para ouvir músicas conhecidas. "É frustrante para o público ouvir apenas coisas novas", dizia, com razão. Por isso nunca deixou de cantar um dos seus maiores hits, "Maria Maria", em geral encerrando o show, com as pessoas de pé, dançando e cantando junto com ele, batendo palmas no refrão. O espetáculo seria uma superprodução, que envolvia duas frentes. De um lado, Marilene Gondim correu atrás de patrocínio para viabilizar o projeto. De outro, Milton Nascimento coordenava a criação, palpitando em tudo, dos arranjos das músicas ao figurino. E aceitando palpites dos outros.

A concepção e a execução do cenário e das roupas foram meticulosas. Para o protagonista do show, o diretor Gabriel Vilela mandou fazer um trono de cipó em Carmo do Rio Claro, e duas túnicas detalhadamente trabalhadas, uma para cada parte do show, ou melhor, para cada ato, como denominaram os dois momentos do espetáculo. No primeiro ato, uma túnica preta, no segundo, uma branca bordada, cada uma pesando cerca de oito quilos. Não era pouca coisa para quem havia acabado de sair de uma longa convalescença e que ainda precisava recuperar quatro quilos. Mas Bituca bancou a história. Aquele peso não era nada perto do que havia carregado nos últimos meses. Gabriel contou com o apoio da artesã e vizinha de Bituca, Mela Pflug, que o hospedou e a toda a equipe de costureiras e com a parceria da figurinista Teca Fichinski na criação dos cerca de trinta figurinos, feitos com mais de setecentos metros de tecidos escolhidos com extremo cuidado, fabricados em Minas Gerais, no Rio de Janeiro, no Tibete, na Índia, no México, e usaram até um pedaço da cortina do teatro de Pequim, arrematado em um leilão especialmente para o show. Tudo inspirado nas festas populares mineiras, como Folia de Reis e Congada, e no barroco do Aleijadinho, além do próprio imaginário de Bituca e das outras pessoas envolvidas na produção. O cenário seguiu a mesma linha, exalando as raízes profundas das Minas Gerais em cada centímetro. No centro do palco, um altar no estilo dos oratórios das casas do interior mineiro, pronto para receber seu personagem. No fundo, nove bonecos brancos com cerca de dois metros de altura, imitando os bonecos de ciranda recortados em tiras de papel. Diante de cada um, um ator. Bituca fez questão dos atores "polivalentes", como os chamou, mas que, na verdade, eram acrobatas. Isso, no entanto, não significava que não podiam fazer outras coisas, como, por exemplo, cantar. Pelo menos foi o que pensou.

Queria que eles fizessem acrobacias, dançassem, tocassem tambor e cantassem. Dançar era tranquilo, uma vez que a dança estava ligada à acrobacia. Tocar tambor, desde que não fosse um ritmo muito quebrado, era até fácil de aprender. Mas cantar? Ele sabia da dificuldade, mas a experiência de anos e anos lidando com todos os tipos de vozes lhe havia mostrado que em tudo, ou em quase tudo, dá-se um jeito. Nada, porém, sem peleja. Chamou a preparadora vocal e cantora Babaya, de Belo Horizonte, e o maestro Túlio Mourão para transformar os nove acrobatas em um coral. O primeiro ensaio foi feito na sala da sua casa, no Rio. Ele estava no quarto

## (RE)NASCIMENTO

ouvindo tudo, mas de longe, para deixar o negócio acontecer. Cantaram a primeira música do começo ao fim com garra. Foi tremendamente horrível. Bituca era dos mais otimistas, mas não viu muito futuro no grupo. "Isso não vai dar certo", pensou. E não foi só ele. Quando terminaram de cantar, os próprios acrobatas acharam que era melhor desistir e contratar cantores profissionais. Mas Babaya insistiu, havia de ter um jeito, com muitos ensaios e boa vontade de todos. Por sorte continuaram, pois o coral acabou cantando, sem fazer feio.

E no dia 16 de julho de 1997, depois de seis meses fora dos palcos, Milton Nascimento subiu ao altar preparado por Gabriel Vilela e cantou, tocou, dançou. Como ele próprio disse: deu seu salto-mortal para dentro de uma nova vida. A casa de shows Tom Brasil, em São Paulo, onde aconteceu a estreia nacional da turnê, vendeu todos os ingressos em poucos dias. Todos queriam vê-lo e ouvi-lo. Será que depois de toda a turbulência na saúde, de ter chegado tão perto da morte, Milton Nascimento seria o mesmo? Aquele espetáculo era um acerto de contas, e ninguém melhor que ele para ter consciência da responsabilidade. Bituca não só sabia desse "tira-teima", como era uma das intenções do show. Ao fazer soar os tambores de Minas, Milton Silva Campos do Nascimento se recolocava nesse mesmo mundo, fincava ainda mais fundo as suas raízes, ramificadas, crescidas, fortalecidas. Não bastava estar subentendida a ideia, precisava ser clara, para não deixar a menor dúvida. Pôs no papel cada palavra pronta para ser dita, transformou em frases a sua história recente, deixou seu coração falar. A fala, gravada em estúdio, abriu o espetáculo e mostrou por que estava ali:

> Valei-me, profetas! Minas Gerais: terá existido em outra parte além do meu arbitrário pensamento? Será que tudo o que está ligado à consciência, tocando de leve no real, sem penetrá-lo, está destinado ao fracasso e ao esquecimento? Será que este meu retorno a Minas não é apenas uma reconciliação com o intolerável? Eu quis colocar a minha voz a serviço de Deus, isto é, a serviço do homem. Eu tinha um projeto. Nascido do sangue, asfixiei-me no sangue.

As terras fartas de Três Pontas conservam meu rastro. O que restará na memória de meus amados, nos quais coabitam minha alma de criança e o caos dramático em que me meti? Dessa mistura de esquinas e perturbações políticas, fizeram de mim a voz de Minas, o cidadão do mundo. Depois, um atestado de óbito. Que restará na memória do meu povo? A violência dos ternos, traição dos fiéis, imprevidência dos sábios e minha própria cegueira de adivinho? Não. Restará a vitória, o meu salto-mortal para dentro de uma nova vida.

Deixo nas mãos das pessoas honestas e na ferocidade dos críticos minha própria cronologia e a geografia exata do meu coração — um lugar vivo de todos os contrários. Este show é um inventário, baseado no meu imaginário pessoal, e que transforma minha obra numa declarada reconciliação com a vida. Este show expõe sem qualquer piedade a minha verdadeira alma, perturbadora e desigual. Não tem intenção cultural, estética ou didática. Ele foi concebido para meu benefício próprio, com intenção de louvar a Deus e, neste ato, agradecer aos meus amigos e a vocês, que sei, não deixaram que eu prematuramente me transformasse num pasto para os vermes.

O público esperava tudo, mas ouvir aquilo não fazia bem parte desse "tudo". As pessoas não estavam — e não estão — acostumadas a se deparar com a sinceridade em carne viva. É desconcertante receber na cara palavras fortes porque sempre se espera receber o doce, ainda mais num show de música. Foi chocante para alguns, emocionante para outros, esquisito para outros mais. De uma forma ou de outra, ninguém ficou imune ao som daquelas palavras, ainda mais seguidas da voz de Elis Regina cantando "O que foi feito devera". Tudo nos shows de Bituca tinha razão de ser, e não à toa escolheu colocar a gravação de Elis abrindo alas para ele próprio entrar. Era uma força a mais. O espetáculo, que seria ainda gravado em VHS, em 1998, e em CD, teve momentos inusitados e emocionantes, como logo no início, quando Bituca cantou a pouco conhecida parceria com Chico Buarque "Leo", com ele próprio ao teclado, ou em "Ponta de areia", que tocou apenas na sanfona Hering, sentado na escada do palco com o instrumento no colo, o olhar perdido sobre as notas soltas, encantado, exposto, como o menino que sempre foi. Encerrando o primeiro ato, os atores encenaram uma procissão cantando a ladainha, representando a passagem dos sonhos de moleque para a vida adulta. Na volta, os tambores.

A turnê se estendeu até o fim do ano e avançou pelo ano seguinte. Estava programada para ir até o fim de 1998. Era uma maratona pesada porque não se tratava de um simples show, mas de um grandioso musical. Bituca estava contente, sabia que tinha voltado por cima, e isso foi reconhecido pelos fãs e pela mesma imprensa que o havia enterrado tão pouco tempo antes. Não era de graça que não gostava muito de jornalistas, não abria com facilidade a sua vida, preferia ficar quieto no seu canto sem fazer estardalhaço em torno de cada passo seu. A não ser naquele momento, naquela nova vida. E foi nova em vários sentidos. Com a morte de Márcio Ferreira seguida de tanta reviravolta, só então, passados os redemoinhos, percebia que a vida se mostrava outra. Marilene comandava com mão de ferro a sua carreira, mas não se metia na vida pessoal mesmo sendo sua amiga, e talvez por isso mesmo. Velhos amigos afastados pela barreira de compromissos ao redor dele agora voltavam a bater à sua porta.

Tudo ia bem, mas em 24 de setembro, durante as apresentações em Florianópolis, teve uma crise de hipoglicemia e decidiu interromper a turnê por trinta dias. Não era grave, mas todo cuidado era pouco depois do que havia passado. Preferiu não arriscar. No entanto, não parou de trabalhar, só deu um tempo nos shows, que lhe sugavam muita energia. Continuou, por exemplo, a gravar o documentário *A sede do peixe*, produzido pela Conspiração Filmes para o canal de TV a cabo HBO. Em novembro retomou a turnê, e no mês seguinte o documentário foi ao ar, com participação dos membros honorários do Clube da Esquina: Lô Borges, Fernando Brant, Márcio Borges e Ronaldo Bastos, além de Caetano Veloso, Gilberto Gil, Chico Buarque e Clementina de Jesus, entre outros.

Em 6 de janeiro, dia em que as Folias de Reis saem pelas ruas de Três Pontas tocando seus tambores e dançando de porta em porta, o disco *Nascimento* foi indicado ao Grammy, na categoria World Music. Era um bom sinal. Ficou feliz, mas já havia sido indicado outras cinco vezes e sabia que vencer dependia da qualidade do trabalho, mas também de outras coisas, como a época, os acontecimentos recentes da música. Sentiu-se lisonjeado, porém, por mais que desejasse ganhar, não contava muito com isso. Já tinha ido a outras cerimônias do Grammy e saído de mãos abanando. Quando um repórter de *O Estado de S. Paulo* perguntou se iria à entrega dos prêmios, respondeu: "Pretendo ir, e se tudo der certo, sair desta vez com o troféu." Mas acabou não indo. Na verdade, foi para Salvador, para a casa dos amigos Sue e Ricardo, no bairro Rio Vermelho. Quem sabe desta vez, longe da cerimônia, com a ajuda dos orixás...

As idas à Bahia nunca eram monótonas. Acontecia de tudo, histórias engraçadas, emocionantes, marcantes. Numa dessas ocasiões, Bituca foi à casa de Caetano Veloso, como ia quase sempre ao passar por Salvador. O baiano iria naqueles dias para sua terra natal, Santo Amaro, no Recôncavo da Bahia. Ia fazer um show em praça pública, como faz todos os anos, a pedido da mãe, com a finalidade de ceder o cachê para ajudar a igreja nas festas da purificação, em 2 de fevereiro. Bituca aceitou o convite. Adorou a cidade, a mãe de Caetano, a igreja, a ladainha da novena. No dia do show, pouco antes da hora marcada, Caetano perguntou:

— Você não quer cantar uma música comigo?

— Quero — respondeu o mineiro.

Então Caetano subiu ao palco e cantou, sem falar nada sobre o convidado. Perto do fim do show, anunciou ao público que um amigo seu iria cantar músicas com ele, mas sem dizer de quem se tratava, para não estragar a surpresa. Quando Milton Nascimento surgiu no palco a multidão inteira gritou. "Foi uma coisa impressionante, eu nunca vi uma reação

## (RE)NASCIMENTO

a ninguém, em lugar nenhum, imediatamente tão forte como aquilo", recordou Caetano, que presenciou outras situações semelhantes de reação das pessoas e de acontecimentos misteriosos com Bituca. Por tudo isso, Caetano Veloso chegou à seguinte conclusão sobre Milton Nascimento: "Ele é uma força profunda da expressão cultural brasileira, com raízes muito fortes na nossa história e com um talento na área da genialidade, uma coisa meio espiritual, e se há algo que a gente possa chamar de espiritual é exatamente isso, é quando alguém está ligado a tantas coisas tão importantes por fatores casuais, tantas vezes. Isso para mim é o caso de Milton, é o caso mais radical desse acontecimento no Brasil."

E passagens assim, envoltas por mistério, magia, casualidade, eram uma constante na vida de Bituca. Certa tarde, também em Salvador, foi com os amigos à praia de Guarajuba comer bolinhos de peixe na barraca do seu Toninho, e um vendedor ambulante, carregando duas grades cheias de óculos escuros, aproximou-se da mesa. Com medo de ser algum chato querendo aborrecer Bituca, Sue ficou de sentinela, pronta para despachar o sujeito. Mas não teve tempo nem coragem, porque ele disse a Bituca:

— Estive aqui no ano passado, o senhor estava aqui e minha mulher estava grávida. Jurei que seria o senhor quem colocaria o nome no meu filho. Ele nasceu há dois meses e eu sabia que iria encontrá-lo, por isso não lhe dei nome ainda. Que nome o senhor quer botar?

— Põe Francisco — respondeu Bituca, e o homem retomou o seu caminho pela praia, interrompendo os passos para enxugar as lágrimas, contente com o seu pequeno Francisco.

Nos dias seguintes, aproveitaram a folia do carnaval, que em Salvador dura todo o mês de fevereiro. Bituca chegou a fantasiar-se com perucas e capas e sair pelas ruas com Sue. Ali era sempre assim, divertido, alegre. Na noite da entrega do Grammy, cuja cerimônia seria realizada em Nova York, Bituca reuniu os amigos que estavam ou moravam em Salvador para assistirem à entrega dos prêmios pela televisão. Sue preparou tudo, comes, bebes e torcida, de acordo com a importância da ocasião. Se não iam ao Grammy, que o Grammy fosse até eles, pelo menos pela televisão. Se Bituca ficasse muito nervoso, poderia dar uma volta, ir ao banheiro, esfriar a cabeça. Por mais que não tivesse esperança de ganhar, estava ansioso. Como não estaria? Ele e toda a turma. Uma hora antes do início, sentaram-se todos na sala, espalhados pelo sofá e no chão, e ligaram a televisão. Sintonizaram no canal que iria transmitir o evento, mas estava passando um outro programa, e não havia sinal qualquer de que seria interrompido para a transmissão do Grammy. Tentaram outros canais, telefonaram para confirmar o horário, tentaram outra vez a sintonia, passaram por todos os canais — e nada. Tiveram de se conformar com a realidade: não daria para ver a premiação, pelo menos ali, ao vivo. Bituca ficou aflito, mas não podia fazer nada, ninguém podia. Então fizeram a única coisa ao alcance: aproveitaram a festa que estava armada.

Já era de madrugada quando o telefone tocou. Era alguém falando inglês, perguntando por Milton Nascimento. Bituca atendeu. Era Russ Titelman:

— Milton, *you won!*

Foi só o que disse, e não precisou dizer mais porque a festa, que já estava animadíssima, subiu pelos ares e foi até o amanhecer. Bituca tinha ganhado o Grammy, considerado o Oscar da música, na categoria World Music, batendo grupos como o Gipsy Kings. Era o dia 25 de fevereiro de 1998. Um ano antes passara por seus piores momentos, estava no fundo do poço, lutando para não afundar para sempre, e agora respirava aliviado. Era a confirmação de que havia voltado à superfície, ultrapassado novos obstáculos, chegado ao cume. Estava feliz e parecia que nada seria capaz de acabar com tamanha felicidade.

# Capítulo 18
## 1998 a 2001 | De volta aos bailes

Dona Lília tinha 77 anos bem vividos, dos quais havia dedicado cinquenta e seis a Bituca, seu primeiro filho desde o dia em que Maria do Carmo do Nascimento deu à luz o garotinho na casa de saúde em Laranjeiras. Entre tantas paixões, era ela, sem sombra de dúvida e sem concorrentes, a grande paixão da vida do filho. Era nela que pensava nos momentos felizes ou tristes, era ao seu amor que recorria para manter-se de pé quando acreditava estar sem forças. O amor recebido da mãe foi a sua bênção maior, maior que o dom, que a voz, que tudo. O pai, seu Zino, também foi figura central, amava-o e era amado por ele, aprendera muitos valores com aquele homem que o defendera e o acolhera, que não tinha medo de ser diferente, de lutar. Mas era a mãe que ocupava o lugar santo. Dona Lília era o tronco forte que mantinha erguida a lona sobre o picadeiro dos seus dias. Bituca não só a amava, mas era seu fã incondicional, admirava a mulher que lhe deu todo o carinho do mundo e lhe ensinou que sempre há pessoas boas com as quais se pode contar e pessoas a quem é possível ajudar. Era o seu rumo, a sua bússola. Mesmo perto dos oitenta, os olhos castanhos amendoados, escondidos por trás dos óculos e dos anos, conservavam o brilho da juventude. Dona Lília sorria para quem cruzasse o seu caminho, educada, gentil, cabelos brancos ondulados, curtos, corpo roliço, mas sem perder o porte. Ao longo dos anos, tornara-se uma mulher ainda mais forte. Seu único problema eram as veias, a circulação. Sofria com as varizes e havia passado por duas operações para implantar pontes de safena no coração. Problemas comuns da velhice, do desgaste do organismo com o caminhar dos ponteiros do relógio. Fora isso, não tinha nada, tudo sob controle. Ninguém esperava que as coisas fossem tomar outro rumo tão de repente. No domingo, dia 26 de abril de 1998, dona Lília começou a passar mal de uma hora para outra. As pernas doíam, formigavam, e o ar parecia não chegar aos pulmões, escapulindo pelas portas e janelas da casa, ganhando a Praça da Travessia e fugindo para longe. Chamaram o médico, mas ela foi só piorando. A primeira ordem foi interná-la o quanto antes, pois o quadro parecia ser de trombose.

A Santa Casa de Misericórdia São Francisco de Assis, em Três Pontas, não passava por sua melhor fase. Depois de algum tempo funcionando apenas como pronto-socorro, o hospital voltou à ativa, mas de forma precária. A UTI não estava suficientemente aparelhada, sobretudo para atender casos de maior risco, que necessitavam de aparelhos de alta tecnologia. Era melhor não arriscar. Jajá decidiu levá-la para Varginha, cujo hospital poderia atendê-la melhor. Dona Lília foi internada no Hospital Humanitas ainda na tarde daquele domingo. Os exames confirmaram a trombose, que evoluíra para embolia pulmonar. O estado da paciente não era dos melhores, mas havia chances. Bituca partiu no mesmo dia para Varginha e ficou ao lado da mãe, com o coração apertado, pedindo a todos os santos e entidades que o haviam acompanhado por toda a vida para protegerem dona Lília. Foram cinco dias de esperanças, sofrimento, despedidas. O quadro se agravou, não era fácil sobreviver a uma embolia naquela idade e já com um histórico de complicações circulatórias. Na madrugada de sexta para sábado, dia 2 de maio, Lília Silva Campos morreu, da doença que, um ano antes, quase matou seu filho. Deixou marido, filhos, netos e uma trajetória de amor em torno dos seus. Bituca havia passado por todo

## DE VOLTA AOS BAILES

tipo de sofrimento, preconceito, rejeição, perseguição, vício, separação, privação, doença, mas nada daquilo, nem tudo junto se comparava à dor pela perda da mãe, martelada pela iminência de uma longa e irremediável saudade. As memórias saltaram-lhe à mente, desde os primeiros anos no sobrado da Conde de Bonfim, no Rio de Janeiro, os duetos com ela nas quermesses, até a fama, sempre com o apoio incondicional dos pais.

Só de dois anos para cá as famílias de Três Pontas começaram a utilizar o velório municipal, ao lado do único cemitério, mesmo assim com certa resistência. Naquele ano de 1998, entretanto, a hipótese de velar uma pessoa querida fora de casa nem passava pela cabeça dos três-pontanos. Seguindo o costume, dona Lília foi velada em casa, na sala de entrada, entre os discos de ouro e platina dependurados nas quatro paredes, na sala onde haviam recebido tantas visitas e se divertido em frente à televisão durante os anos vividos ali. A casa de janelas verdes em frente à Praça da Travessia sempre cheia de gente, na maioria das vezes para festejar, estava mais uma vez repleta de amigos e conhecidos, mas para se despedirem da matriarca dos Silva Campos. Enquanto as pessoas entravam e saíam, a mesa estava posta na copa e na cozinha, com café e biscoitos, para que não faltasse de comer a todos. Além do movimento dos moradores da cidade, cujos velórios, sobretudo de pessoas conhecidas, são cheios, concorridos, havia as pessoas de fora, amigos de Bituca, vindos do Rio de Janeiro, de Belo Horizonte, São Paulo e outras cidades menores. Antes da partida do cortejo, a bênção final do padre, o canto do coral Rouxinóis, de Divinópolis, e a última homenagem do primogênito. Ao fundo, um aparelho de som tocou "Lília" sem palavras, somente os instrumentos e a voz de Bituca, pois, como ele próprio dissera, não havia palavra no mundo capaz de explicar aquela mulher, e muito menos de lhe dizer adeus. Então seguiram todos a pé até o cemitério, três ruas acima. Na volta, Zino virou-se para Bituca e perguntou: "Ué, o que aconteceu? Onde está a Lília?" A partir daquele dia, a cabeça do pai, tão ativa, mais lúcida do que qualquer outra ao seu lado, começou a falhar, a se confundir, alternando momentos de espantosa lucidez com extremo delírio, até se perder de uma vez por todas nos corredores da mente e desfazer os limites entre o passado e o presente, as lembranças e a atualidade, o real e a fantasia.

Ao chegar em casa, a primeira sensação foi de vazio. Os quatro quartos pequenos, a sala, a copa, a cozinha, o banheiro e o quintal pareceram um gigantesco castelo no meio de um campo cujo horizonte aumentava a sensação de impotência. Bituca se sentiu minúsculo sobre a cama, e o quarto tão pequeno parecia maior que um estádio de futebol, e ele lá, sozinho no centro, sem ter para onde ir. Foi duro perder a mãe, um baque pelo qual não queria passar. Talvez nunca tivesse imaginado o mundo sem a presença de dona Lília. Chorou calado, chorou com as mãos, os olhos, o coração e o estômago. Chorou de todas as formas que se pode imaginar quando a perda bate à porta e a noção da saudade que está por vir apavora. A partir daquele dia, afastou-se de Três Pontas. Preferia ficar longe, fugir das lembranças, que saltavam a cada esquina da sua terra natal. Pela primeira vez na vida decidiu colocar a amada Trespa em um plano menor, o mais distante possível dos seus dias dali em diante. Não fossem as justas reclamações de Zino, poderia ter ficado anos sem voltar. Mas o pai gritou: "Você só gostava da sua mãe; agora que ela não está mais aqui, não vem me ver!" Não podia fazer aquilo, abandonar seu Sinhô Dotô. Tanto quanto ele, seu Zino estava sofrendo; seria crueldade dar-lhe outro motivo para sofrer. Não deixou de visitá-lo, mas com menos frequência e, quando era possível, mandava o motorista buscá-lo para passar uns dias no Rio.

Uma das idas a Três Pontas, em dezembro de 1998, teve outro motivo além de visitar o pai, a irmã e os amigos: a inauguração do Fã-Clube Oficial Milton Nascimento. Já fazia alguns anos que a Eletrônica Zino não tinha muito trabalho. Josino passava a maior parte do seu tempo entre a leitura e as caminhadas pelo centro da cidade. O pouco serviço na oficina estava a cargo do único funcionário, Jacy, que trabalhava ali havia anos. Seu Zino concordou em ceder toda a parte da frente do cômodo, interligado à sua casa, para a instalação do fã-clube, e limitou os trabalhos à parte dos

## DE VOLTA AOS BAILES

fundos, onde ainda existe a oficina. Nenhum lugar melhor para o fã-clube do que a casa onde Milton Nascimento cresceu e onde ainda mantém o seu quarto, cuja janela dá exatamente para o cômodo ao lado, separado pelo toldo que serve de garagem. A iniciativa do fã-clube foi do primo e amigo Helson Romero, o Jacaré. Reuniu cinquenta amigos e fãs de Bituca e fez a carta de adesão e fundação do primeiro Fã-Clube Oficial Milton Nascimento do Brasil, com um acervo de bom tamanho para o começo. Uma das túnicas usadas pelo artista no show *Tambores de Minas*, o trono de cipó, também do espetáculo, prêmios e certificados pessoais, fotos, discos, encartes e jornais. Mas nada encantou mais as centenas de fãs de todas as partes do mundo que estiveram ali do que a principal atração: seu Zino, o pai de Milton Nascimento.

Durante o tempo em que o fã-clube funcionou, Zino assumiu o papel de anfitrião. Recebia os visitantes, embora houvesse uma secretária, além do presidente, Jacaré. Mostrava cada objeto, contava histórias e, quando se empolgava, levava o fã para conhecer a sua casa, mostrar o quarto do filho, os discos de ouro e os outros prêmios, guardados na cristaleira. Isto quando não inventava de apresentar as visitas ao próprio Milton Nascimento, ali de férias, descansando. Bituca às vezes estava saindo do banho ou acabando de acordar, medindo a glicose ou aplicando a insulina, escovando os dentes com a porta do banheiro aberta, quando Zino entrava com um, dois visitantes, ou um pequeno grupo de turistas brasileiros ou estrangeiros. Seria difícil dizer de quem era o espanto maior, se dos turistas que davam de cara com o ídolo, ou dele, pego de surpresa em uma das tarefas cotidianas, como qualquer mortal, e extremamente constrangido.

Por mais que gostasse de receber o carinho dos fãs e que isso lhe fizesse bem, havia momentos em que não estava disposto. Tinha dor de barriga, sono, mau humor, fome, tonturas por causa do diabetes, e geralmente era surpreendido pelo pai e suas visitas justamente nessas horas. Era preciso vigiar Zino quando Bituca estava na cidade e mantê-lo o maior tempo possível longe do fã-clube. Mas era por poucos dias. No resto do ano, ficava livre para fazer o tour completo. Dois livros de registro, nos quais os fãs deixavam suas assinaturas ou um recado para Bituca, mostram quantas pessoas, de lugares tão diversos do país e do planeta, passaram por ali. Do Brasil, os fãs eram de cidades como Campinas, Varginha, Niterói, Curitiba, Foz do Iguaçu, Goiânia, Brasília, Belo Horizonte, Salvador, Guaratinguetá, Recife, Maringá, Rio de Janeiro e Cuiabá, entre outras. Entre os recados de fãs de outros países, há muitos dos Estados Unidos, de lugares como Nova York, Arkansas, Denver, Flórida, além de Japão, Filipinas, Austrália, Venezuela e Polônia, sem falar nas mensagens em português, inglês e outras línguas que não indicavam a localidade de origem. A sensação dos fãs era de estarem num sonho, num momento mágico, como em uma das mensagens deixadas no livro marrom com árvores douradas entre losangos:

> Bituca, entre todas as emoções que eu já senti, estar dentro do seu lar foi como nascer de novo! — do seu fã número zero, Luiz.

Quando não são recados como este, que falam da emoção de estar ali ou do que a música de Milton Nascimento representa na vida da pessoa, as mensagens são poesias, histórias, desenhos e muitos, muitos convites, com telefones, endereços e e-mails, na esperança de que, quem sabe, um dia o ídolo apareça na porta da casa do fã e se sente para jantar com ele. O fã-clube funcionou ativamente apenas entre 1999 e 2001. Em 2002 já estava paralisado. As portas continuaram abertas e seu Zino permaneceu no seu papel de guia, mostrando o acervo e a casa, mas por sua conta, até que a cabeça ficou confusa demais para a função. Hoje é possível passar em frente ao local e encontrar a porta aberta. É que seu Zino gosta de se esquentar ao sol da tarde na poltrona colocada ali. Mas não há mais tour. A ideia era transformar o fã-clube em um espaço cultural ativo, ser a ligação entre o fã e Milton Nascimento, e promover outros eventos culturais em Três Pontas. Havia disposição e vontade, porém faltou o principal: recursos. Não conseguiram patrocínio e as anuidades dos sócios não foram suficientes para bancar as despesas fixas, como impostos e secretária, ou seja, o mínimo. O fã-clube, mesmo desativado, continua ali e promove ainda alguns eventos, como shows de outros artistas mineiros.

A prefeitura não enxergou no fã-clube o enorme potencial para a cidade. Há apenas uma festa em Três Pontas, a do padre Victor, que atrai gente de vários lugares, na verdade, milhares de romeiros que vão agradecer e fazer pedidos no aniversário de morte do religioso. A festa dura apenas um dia, embora a cidade se movimente por cerca de uma semana. Centenas de fãs de norte a sul do Brasil e do exterior foram a Três Pontas entre 1999 e 2001 — levando-se em conta apenas os dois livros de registro de seu Zino — única e exclusivamente para conhecer a terra de Milton Nascimento, ter a oportunidade de ver a sua casa e conhecer um pouco do seu mundo, sem propaganda maior que as próprias entrevistas e os discos do artista, sempre anunciando sua Trespa. Pessoas que levaram dinheiro para a cidade e poderiam levar muito mais se houvesse um mínimo de estrutura para receber os fãs do filho mais ilustre, como ocorre em Itabira, que explora o fato de ser a terra natal do poeta Carlos Drummond de Andrade, menos conhecido internacionalmente do que Milton. Mas os sucessivos governos municipais parecem não se importar muito com isso. Há uma certa brisa de despeito, de pouco caso, como se o fato de ele ter se tornado quem se tornou fosse uma pedrinha em alguns sapatos. Mesmo assim, sabendo que não é reconhecido como poderia ser pela própria cidade, Bituca não deixa de citar Três Pontas em suas entrevistas, nos shows. É o meio de propaganda mais fiel e duradouro que uma cidadezinha poderia ter.

*

Por maior que tenha sido o baque, cujas sequelas ainda persistem, a vida continuava e o trabalho esperava por ele. Estava na hora de gravar o trigésimo primeiro álbum de sua carreira, o quinto pela Warner. Havia algum tempo, namorava a ideia de montar um grupo paralelo, uma banda para tocar outras coisas. Com a morte da mãe, as lembranças dos primeiros anos da juventude afloraram. Sabia que o disco teria algo a ver com tudo aquilo, mas faltava descobrir como. Uma tarde de domingo, assistindo ao programa *Domingão do Faustão*, ouviu a música "Corazón partido", da trilha da novela *Torre de Babel*, e a atriz Karina Barum, cujo papel na trama era o de uma mulher manca, começou a dançar. Vê-la dançando deu-lhe vontade de fazer o mesmo, levar a sua música para as pessoas dançarem. "Que saudade dos tempos de crooner!", pensou. Pouco tempo depois ele próprio foi ao programa e o apresentador pediu para ele relembrar seus velhos tempos e cantar uma música de baile. De improviso cantou "Frenesi" e "Only You". Marilene reforçou que seria legal fazer um disco assim. Foi então que decidiu, num estalo, toda a concepção do novo trabalho: seria um álbum no estilo das orquestras de bailes, com músicas que as pessoas gostariam de ouvir e dançar, canções que embalaram casais nos salões e fizeram a alegria de muita gente, inclusive de Bituca.

O nome do disco não poderia ser outro: *Crooner*. Da mesma forma, não havia outro parceiro para o trabalho a não ser Wagner Tiso. Se ele topasse ajudá-lo a compor os arranjos e tocar, pronto, estava fechado. Wagner tinha seus compromissos, uma agenda apertada, com trabalhos no Brasil e no exterior, mas a ideia era tentadora. Também ele sentia saudade daqueles tempos. Concordou. Eles se reuniram na casa de Bituca para escolher o repertório, que deveria incluir hits antigos e músicas recentes. O indispensável era que fossem dançantes. Ah, e seria um disco de intérprete, o primeiro da carreira de Milton Nascimento só com músicas de outros compositores, mas com uma exceção. Ele e Wagner estavam na sala da casa escolhendo o repertório quando de repente Bituca começou a dedilhar no violão a harmonia de "Barulho de trem". Era uma de suas primeiras músicas, feita mais de 35 anos antes, quando ainda não se achava capaz de compor, só de cantar e tocar. Após *Jules et Jim* e as novas composições, abandonou "Barulho de trem". Achava a música boba, horrível. Não a tocava de jeito nenhum e jamais a gravara.

— Sabe, Wagner, até que eu não estou achando tão ruim assim.

## DE VOLTA AOS BAILES

E tocou mais um pouco. Ao final, havia decidido: seria sua única música no trabalho que, obviamente, não se restringia ao disco, mas incluía os shows. A essa altura da carreira podia se dar ao luxo de não fazer um trabalho com composições novas. Nada mais justo que homenagear a noite. Afinal, só estava ali porque havia passado por ela, cantando com orquestras de baile e em bancos de bares. Certas canções não podiam ficar de fora, como "Aqueles olhos verdes", de Nilo Menendez e Adolfo Utrera, na versão de João de Barro, "Only You", de Buck Ram e Ande Rand, e "Frenesi", de Alberto Domingues, hits indispensáveis em um bom baile. E a imaginação de Bituca vagou longe.

— Precisamos de uma orquestra mesmo, como as de bailes, com metais e backing vocals! Eu sempre tive inveja dos cantores que têm aquelas moças lindas cantando no fundo do palco!

O restante do repertório foi uma completa salada. Mais uma vez Milton Nascimento bancava o que costumava dizer: "Gosto de todo tipo de música." Despido dos preconceitos, misturou no mesmo caldeirão "Castigo", de Dolores Duran, "Lamento no morro", de Tom Jobim e Vinicius de Moraes, e "Beat it", do astro pop Michael Jackson. As outras escolhidas foram "Certas coisas", de Lulu Santos e Nelson Motta, "Mas que nada", de Jorge Ben Jor, "Não sei dançar", de Alvin L., "Resposta", de Samuel Rosa e Nando Reis, "Se alguém telefonar", de Jair Amorim e Alcyr Pires Vermelho, "Rosa Maria", de Aníbal Silva e Éden Silva, "Ooh child", de S. Vincent, e "Lágrima flor", de Billy Blanco, além da divertidíssima faixa bônus: um pot-pourri com "O gato da madame", de Armando Nunes e Carim Mussi, "Edmundo", de Joe Garland e Andy Razaf, em versão de Aloísio de Oliveira, e "Cumaná", de Barclay Allen, H. Espina e R. Hilman, também na versão de Aloísio de Oliveira.

O disco era um tributo aos músicos da noite, mas mesmo assim ele fez questão de dizer isso e dedicou o trabalho ao "Tamba Trio e também a Duílio Cougo e seu conjunto W's Boys, de Alfenas, Luar de Prata, Conjunto Holiday, Berimbau Trio, Pacífico Mascarenhas e conjunto Sambacana, Sue

Saphira e todos que a cercam, Carlos e Lúcia, e todos os músicos da noite". O CD foi lançado no início de abril, e a estreia da turnê de divulgação foi feita no Rio de Janeiro, em 10 de junho de 1999, transformando a casa de shows Canecão em um salão de baile. Como no disco, Bituca fez questão das backing vocals. Também não abriu mão de ter Wagner ao seu lado no palco dos metais e do figurino: smoking, como nos seus tempos de crooner. A única diferença: agora, o traje não era mais montado em partes, algumas emprestadas, e sim um legítimo Donna Karan.

Um ano após ganhar o Grammy, Milton Nascimento se apresentou como crooner, literalmente. E a ideia não era outra. Queria ver as pessoas dançando em pares, como nos velhos tempos. Não queria ser ele a estrela da noite, e sim o público embalado pela música. Para quem viveu os tempos dos bailes dos anos 1940 a 1960, aquela era uma oportunidade única. Dançar juntinho, com fundo musical do ilustre crooner e sua banda. Outras coisas tornaram o show especial. Durante toda a turnê os shows eram abertos por músicos da noite da cidade na qual o espetáculo se apresentava, que tinham ali um dos seus momentos mágicos. Houve ainda o quadro *Estrela da banda*, no qual um dos integrantes da banda se apresentava sozinho. Sem falar nas inúmeras participações especiais, com convidados como Jorge Ben Jor, Cauby Peixoto, Elza Soares, Simone, Os Cariocas, Bebeto, integrante do Tamba Trio, e de uma jovem cantora de Belo Horizonte, Marina Machado. Bituca se encantou por ela e a manteve ao seu lado nos anos seguintes, levando a mineira dos bares de BH para os palcos.

Recuperado de vez, Bituca engatou um trabalho no outro. Mal terminou a turnê de *Crooner* e voltou às estradas do Brasil e da Europa, a fim de divulgar o novo CD, uma parceria com Gilberto Gil. *Gil & Milton, Milton & Gil* foi lançado no fim de 2000, resultado de um encontro durante um voo em 1996, antes da turbulência pela qual Bituca passou. Estava indo de Salvador para o Rio de Janeiro, e no avião encontrou Gil e sua mulher, Flora. Desde aquele dia de 1966 na casa de Elis Regina, em São Paulo,

## DE VOLTA AOS BAILES

quando Gilberto Gil abriu a porta para ele, seu violão e Jacaré, voltaram a se cruzar diversas vezes pelos bastidores da música. Encontravam-se em festas, shows, casas de amigos comuns, como Sue, em Salvador, mas a relação entre os dois não ultrapassou esse primeiro passo. Em 1977, quando foi gravar seu disco *Refavela*, Gil fez uma música chamada "Sala do som" para Milton Nascimento, a quem muito admirava, mas que acabou ficando fora do álbum porque a gravação não saíra como ele queria. Gil acabou se esquecendo da música até aquele dia no avião. A ideia de juntar os dois foi de Flora, que trocou de lugar com Bituca para que ele se sentasse ao lado do marido e os dois pudessem conversar. Foi então que Gil lhe contou sobre a música e disse que vinha pensando neles nos últimos tempos, ou melhor, na lacuna que acreditava existir entre os dois.

— A gente podia fazer um trabalho juntos, Milton!

Bituca concordou, desde que Gil cantasse com ele "Bom dia", do baiano e de Nana Caymmi. Também admirava Gilberto Gil, e fazer um disco com ele só poderia trazer coisas boas, dar um belo fruto. As duas horas de voo foram suficientes para selarem a parceria. Começaram a pensar no disco, no repertório, nos convidados, composições novas, já sabendo que dali até colocar o projeto em prática haveria um bom pedaço de chão. Ambos tinham seus trabalhos individuais, compromissos assumidos, agendas marcadas. Além do tempo necessário para gravar, era preciso emendar o lançamento do CD com uma turnê. Enquanto amadureciam a ideia, em 1997, quando Bituca ainda estava debilitado, Gil o convidou para cantar com ele a faixa de abertura do seu novo disco, *Quanta*, que ganharia o Grammy de World Music no ano seguinte. Bituca aceitou o convite e cantou. O baiano gravou também "Sala do som" no álbum, ressurgida depois de vinte anos. Ao mesmo tempo que produzia e apresentava *Crooner*, Bituca trabalhava no projeto com Gil a passos lentos, como podia ser. Fizeram cinco músicas, as primeiras parcerias. Uma delas foi uma tremenda coincidência, ou destino.

Bituca estava em casa conversando com o amigo Euclides, de Três Pontas. Sentou-se diante do piano de cauda, no canto da sala, e começou a dedilhar. Uma harmonia daqui, frases de melodia dali, aos poucos a música surgiu. Enquanto compunha, pensava no seu amigo Capitão, da Dinamarca, que além de capitão era dono de um teatro em Copenhague. Sempre quis dedicar-lhe algo, talvez fosse aquela a hora. Depois, quando foi falar sobre a música e o personagem que a inspirara, Gil reconheceu no mesmo Capitão um amigo seu, também da Dinamarca, também louco por barcos e dono de teatro. Pouco depois tiveram certeza: era a mesma pessoa, mais um amigo comum. Gil trabalhou a música com Bituca e deram-lhe o nome de "Dinamarca". Bituca adorou o projeto. "Se eu soubesse que ia ser tão bom, não teria esperado tanto", disse ao colega. Para Gil, o melhor do trabalho, melhor que o disco, os shows, estar no palco junto com Milton Nascimento, fazerem a parceria, foi aproximar-se de Bituca, ou Milton, como se refere a ele. O baiano soube definir o mineiro como poucas pessoas já o fizeram. Certa vez, disse:

— A maior conquista pra mim foi essa coisa de eu conhecer mais a pessoa do Milton, me aproximar dele, conviver com aquela timidez, com aquele acanhamento, aquela reserva muito grande que ele tem, mas, ao mesmo tempo, ter sido apresentado a uma coisa imensa dele, sentimentos que se parecem com a figura própria dele, que ele tem internamente. É uma certa altivez, uma coisa de uma alma que sabe que tem estatura, que sabe que é grande, que sabe que tem o porte de uma pedra, dessas pedras que a gente encontra aqui na Serra do Mar, gigantes, altivas e caladas; silenciosas, mas muito imponentes. O Milton é uma pessoa assim para mim, muito calada, muito quieta, que é quase como se fosse uma dessas pedras: elas estão ali sempre, se impõem pela passividade e pelo silêncio, a gente acha que ele não está ali, mas ele está ali e, de repente, ele diz uma simples palavra, dá uma simples opinião, e aquilo diz muito sobre tudo, sobre ele, sobre a forte presença do mundo que vive dentro dele e vice-versa, dele no mundo.

## DE VOLTA AOS BAILES

A turnê começou pelo Brasil e se estendeu pela Europa ao longo de 2001, com a banda formada por músicos das bandas de cada um e com participações especiais, como a dupla Sandy & Júnior, que também participou da gravação da faixa "Duas sanfonas". O show de despedida foi na Argentina e deixou nos dois a vontade de continuar, de, quem sabe um dia, realizarem outro trabalho conjunto.

# Capítulo 19
# 2002 a 2004 | Acerto de contas

Segunda-feira, 22 de junho de 2002. São quatro e meia da tarde. O ônibus de Barbacena chega à praia da Barra da Tijuca, no Rio de Janeiro, perto do badalado quiosque do Pepê, onde jogadores de futebol se reúnem para jogar futevôlei. Chega com mais de uma hora de atraso, por causa da dificuldade do motorista em se localizar na cidade. A alguns quarteirões dali, no apartamento da empresária, está Bituca, exausto, pois acabara de voltar de Recife, onde fizera um show na noite anterior. Ainda não tinha ido em casa, mas preferiu cumprir a obrigação primeiro. Ao receber a notícia da chegada do ônibus à praia, Marilene Gondim leva o mineiro até lá. Tudo está armado. O fotógrafo do jornal *O Globo*, para o qual será a sessão fotográfica, deixou os flashes montados e a máquina no ponto. Como a luz já não está muito boa, precisa da ajuda de um flash com difusor sobre um tripé, erguido no meio da areia. Do ônibus descem os dez atores do grupo Ponto de Partida, os produtores do espetáculo, trinta e quatro crianças que integram os Meninos de Araçuaí, quatro monitoras e o motorista. Todos correm na direção de Bituca e o abraçam, beijam, seguram sua mão. Ele sabe o nome de cada uma. A atração maior, entretanto, não é o artista, com o qual já estão familiarizados, mas o mar.

Os pequenos correm até a beira da praia, deixam as ondas quebrarem nos seus pés. Nenhum deles, nenhum, tinha visto o mar antes. Na verdade, a maioria nunca tinha saído de Araçuaí, no norte de Minas, região pobre do Vale do Jequitinhonha, até a formação do grupo. Não há palavras para descrever o primeiro contato com aquela imensidão de água. Parece um sonho, parece não, é um sonho para as crianças. Milton, como o chamam, foi como uma fada-madrinha nas suas vidas, mostrou-lhes o mundo para além das fronteiras do Rio Jequitinhonha, da pobreza seca do norte das Gerais. E era apenas o início. Três anos depois, estariam onde as modestas aspirações de quem deseja pouco além de não passar fome sequer podia imaginar — no alto da Torre Eiffel, em Paris. Mas não há tempo para conversa, o dia está sumindo e a luz é cada vez menor. O fotógrafo organiza Milton Nascimento e as crianças na areia. Os flashes disparam por quase dez minutos e a sessão termina. Mas a programação, no entanto, ainda não acabou. Agora o ônibus segue com seus passageiros, a equipe do *Globo* e alguns amigos para a casa de Bituca. Lá ele vai conceder a entrevista, junto com a diretora do Ponto de Partida. Quer que as crianças conheçam sua casa. São seus principais convidados. Na quarta-feira haverá o espetáculo *Ser Minas tão Gerais*, com Milton Nascimento, o Ponto de Partida e os Meninos de Araçuaí, e é bom que a entrevista saia na manhã seguinte, para divulgar o show.

Enquanto Bituca conversa com os jornalistas e Regina no anfiteatro, que batizou de Wayne Shorter, os meninos e meninas se espalham pela sala. As perguntas são tranquilas, e ele responde sem pressa, satisfeito. Duram cerca de meia hora; depois ainda conversa um pouco com os jornalistas, que fazem um lanche rápido e correm para o jornal; precisam concluir a matéria em poucas horas, para estar impressa, circulando nas ruas de madrugada. Bituca vai até a sala, mostra os objetos em cima do piano de cauda, conta as histórias de alguns, responde a perguntas dos artistas mirins. Ele abre o harmônico, ao lado do piano, e toca alguns acordes, mostra que, para o som sair, é preciso pedalar num ritmo constante. Algumas crianças

## ACERTO DE CONTAS

arriscam uma nota ou outra. Bituca se distrai com um grupinho. Nesse momento, um dos meninos, com pouco mais de 6 anos, que, como seus colegas, jamais tinha visto o instrumento, começa a tocar uma harmonia semelhante, mas muito semelhante mesmo, à da introdução de "Canção da América". Bituca escuta, mesmo em meio à conversa, e olha o garoto. Sorri, espantado. Mas não interrompe o menino, deixa que ele desfrute o momento especial, mesmo que o pequeno ainda não tenha consciência disso, tal qual o garotinho Bituca quando se sentava na escada da varanda em Três Pontas com a gaita entre os joelhos e a sanfona nas mãos.

Bituca conheceu os Meninos de Araçuaí por insistência de Regina Bertola, diretora e integrante do Ponto de Partida. Ela queria montar um espetáculo, um misto de teatro e show de música, com as músicas de Milton Nascimento e os poemas de Carlos Drummond de Andrade. A possibilidade de uma participação mínima de Milton daria o toque final ao projeto. Foi difícil, mas ela conseguiu levar as crianças para apresentarem um pequeno número ao artista. Ao terminar a apresentação, ele já havia sido conquistado. Concordou em participar, mas não como um mísero coadjuvante, queria um papel de verdade, ainda mais ele, que tanto gostava de encenar e tinha tão poucas oportunidades. Era bom demais para ser verdade. Regina correu para organizar tudo. Quanto ao restante da equipe, Lincoln Cheib foi o único músico da banda de Bituca a participar da montagem. Os demais foram convidados por Regina, entre eles o maestro e violonista Gilvan de Oliveira, professor da Escola de Música da Universidade Federal de Minas Gerais, que ficou responsável pela direção musical e pelos arranjos.

A estreia no Rio de Janeiro foi em 24 de junho daquele ano de 2002, como parte do projeto cultural Circuito Telemig Celular de Cultura, que levou artistas mineiros para várias cidades do Brasil. O palco do show *Ser Minas tão Gerais* foi o do Teatro Municipal. Entre as escadas cobertas pelo tapete vermelho, as saletas de fumar, as chapelarias, as frisas e as pinturas de Mozart, Schubert, Wagner e Victor Hugo, ali, diante das

## TRAVESSIA: A VIDA DE MILTON NASCIMENTO

paredes seculares, onde os grandes nomes da cultura se apresentam desde o Império, estavam as trinta e seis crianças de Araçuaí, os atores do Ponto de Partida e Milton Nascimento. O público era eclético, formado por políticos e autoridades trajados com toda a pompa, nas frisas e nos camarotes, e pessoas comuns, que trocaram um quilo de alimento não perecível pelo ingresso, confortáveis nas suas calças jeans, tênis, vestidos e sandálias. Todo tipo de gente, todas as classes sociais unidas pela figura cativante de Milton Nascimento, carismático em seu silêncio. Quem foi atrás de um show do cantor e compositor surpreendeu-se. Bituca era mais um entre as várias pessoas no palco, contracenando com os atores e as crianças, com falas, cômicas em certos momentos. Cantou, mas as estrelas do espetáculo eram os meninos e meninas cantando, dançando, sapateando e tocando tambor. No fim, ele convidou o amigo Telo Borges para acompanhá-lo em um presente que gostaria de oferecer aos Meninos de Araçuaí e ao Ponto de Partida: uma música especialmente composta para eles. No dia seguinte, cada um voltou ao seu canto: o Ponto de Partida para Barbacena, os Meninos de Araçuaí para o Jequitinhonha e Bituca para casa, mas tornariam a se encontrar nas outras apresentações da temporada, ao longo do ano.

*

Bituca passava por uma ótima fase. Tinha controle sobre sua vida, seu tempo livre, seu dinheiro. Fazia cerca de sessenta shows *por* ano com a banda completa, além das participações, que não eram poucas. Chegara a um ponto da carreira em que podia escolher melhor os trabalhos, recusar alguns convites, aceitar outros, inclusive em situações em que não só abria mão do cachê como tirava do próprio bolso para poder participar. Era o que acontecia quando algum afilhado ou amigo o convidava para dar uma palhinha em seu show, cantar uma música, compor uma trilha, ou mesmo gravar em estúdio uma faixa do disco de estreia. Ele não fazia questão de ter um palco à sua altura, ou um estúdio, mas havia coisas a observar, como

## ACERTO DE CONTAS

a certeza de que a sua voz sairia de acordo. Assim, muitas vezes levava se *roadie* ou gravava a faixa em um estúdio de sua confiança, tudo bancado por ele. Outras vezes compunha músicas e gravava, também pagando do próprio bolso, para amigos atores e suas peças de teatro, sempre tão carentes de recursos. Fazia tudo com boa vontade, embora, uma vez ou outra, sentisse enorme preguiça de cumprir a promessa.

Mas a sua grande preguiça era para dar entrevistas. Quando começa a falar, adora, mas para marcar custa um pouco. Os pedidos eram — e são — diários. De grandes jornais e revistas a sites anotados, boletins de sindicatos, trabalhos de faculdade, livros sobre música, cultura, ditadura, negritude, religião. Tendo em vista o número de solicitações, até que ele dá entrevistas demais. Talvez pelo fato de as perguntas serem quase sempre as mesmas ou talvez pelos diversos tombos que levou da imprensa, com notícias erradas, palavras não ditas, especulações. Só fala quando é procurado e não aborda assuntos sobre os quais não tem nada a dizer. Não lhe interessa fazer um comentário sobre episódios polêmicos do momento, e menos ainda que essa opinião saia em jornais e revistas, ou na TV.

De vez em quando compõe trilhas para comerciais ou até mesmo aparece em alguns, mas para isso é preciso ser algo em que acredita e muito, geralmente alguma coisa relacionada ao seu universo particular. É tentador para ele, por exemplo, participar de uma campanha publicitária de Minas Gerais, seu estado querido. Mas nem sempre aceita os convites, ou melhor, raramente. Garoto-propaganda de produtos? Nem pensar! Nem mesmo de causas nobres. Bituca já ajuda muita gente, muitas entidades, mas não procura fazer disso um marketing de si próprio. Esforça-se para ter uma boa relação com a mídia, mas não tem um assessor de imprensa nem de imagem, desses que ficam dizendo o que ele deve fazer a cada minuto ou tentando inseri-lo em jornais e revistas. Em geral, quando Milton Nascimento aparece na imprensa, a notícia está relacionada a um novo disco, a um show ou a algum outro trabalho.

Mesmo com a agenda atribulada, Bituca é do tipo que topa qualquer programa. Tem pique para ir até as quatro da manhã — não costuma dormir antes das duas da manhã —, levantar cedo, viajar, chegar direto para um almoço ou reportagem, descansar e cantar. Desde a crise do diabetes, a empresária marca a chegada às cidades onde haverá shows com pelo menos um dia de antecedência, para poupá-lo de esforços excessivos. Ele gosta de festas, almoços, jantares, boates, cinema, ranchos, fazendas, botecos, mergulho (já ganhou até medalha), conversa fiada ao redor do fogão a lenha. O importante são as boas companhias, a boa música e a Coca-Cola light.

Dando mais um passo para controlar sua vida e seus negócios, Bituca criou o próprio selo. A empresa Nascimento já existia desde os tempos da Quilombo e de Márcio Ferreira. Uma de suas funções era administrar os direitos autorais de Milton Nascimento, como uma editora. Ao tornar-se um selo independente, ela podia lançar discos, dele e de outros artistas, como pretendia fazer nos anos seguintes. O primeiro título da Nascimento chegou às lojas do Brasil em novembro de 2002: as trilhas sonoras originais dos balés "Maria Maria" e "Último trem", em CD duplo. A ideia era lançar novos CDs, aos poucos, sem abandonar de uma vez a estrutura de uma grande gravadora como a Warner. Ensaiar os passos com calma, para conhecer bem o outro lado da produção de um disco, o funcionamento do mercado e, principalmente, da distribuição. Não há músico que venda disco ou autor que venda livro sem ter como distribuir, seja de quem for. Como vender se as pessoas não têm onde comprar? Por isso, desligar-se de uma multinacional para ser independente era um salto demasiado alto para ser dado sem as devidas precauções. O contrato com a Warner se encerraria no ano seguinte, depois do lançamento do novo álbum, também em novembro de 2002. Dali em diante, pretendia caminhar sozinho.

*Pietá* chegou às lojas com os lançamentos de Natal. O disco foi dedicado às mulheres, a uma em especial, dona Lília, e trazia na capa a imagem da *Mater Dolorosa*, do Santuário de Nossa Senhora da Piedade, em Felixlândia,

## ACERTO DE CONTAS

Minas Gerais, atribuída ao Aleijadinho. Bituca remexia, não de hoje, a ideia de dedicar um trabalho às mulheres da sua vida, mas o projeto, como outros, ficou por anos no terreno dos planos futuros. Em uma das viagens com o espetáculo *Ser Minas tão Gerais*, estava com Marina Machado quando resolveu:

— Marina, vou fazer um disco pras mulheres. E você vai cantar comigo.

Quatro anos depois da morte da mãe, sentia-se menos angustiado com a sua ausência, e mais à vontade para falar dela, e com ela, por intermédio da música. A saudade amadurecida acabou por trocar a tristeza e a dor pelas boas recordações. Lília foi a grande homenageada do disco, a rainha de todas as mulheres que habitaram — e habitam — a sua vida. O nome *Pietá* não foi obra do acaso, para conferir estética ou emoção ao trabalho. Bituca associava, desde rapazote, o momento em que Lília o pegou nos braços na calçada de Juiz de Fora com a imagem da *Pietá*: a Nossa Senhora carregando o filho morto no colo, a imagem da reconciliação, do reencontro envolto pela dor. Resolveu acertar as contas com a sua história, com a falta que sentia da mãe, com tudo o que devia às mulheres que estiveram ao seu redor, pessoalmente ou por meio das suas vozes. Às musas do rádio, que tanto ouviu em Três Pontas, Sarah Vaughan, Ella Fitzgerald, Billie Holiday, Yma Sumac, Doris Day, Julie London e à sua grande diva, Ângela Maria. A todas as mulheres que cruzaram o seu caminho e o ajudaram a se tornar quem se tornou. Às mulheres do presente e do passado, dos sonhos e da realidade, às vozes, ao perfume, à alma feminina, de onde viera ele próprio, a primeira a abraçar neste mundo, a sentir o seu calor e que, acreditava, o havia guiado pelos seus caminhos.

Não podia chamar todas as cantoras que admirava para gravar com ele, de modo que decidiu convidar três jovens intérpretes em início de carreira, uma promissora carreira, segundo acreditava. Além de Marina, chamou Simone Guimarães, que, como ele e Marina, começara cantando na noite de sua cidade, Santa Rosa de Viterbo, em São Paulo, e Maria Rita Mariano, a filha caçula de Elis Regina. Depois da morte de Elis, Bituca viu

369

Maria Rita apenas duas vezes, quando ela ainda era uma menina e, mais tarde, em Nova York, mas pouco se falaram. Sua ligação maior era com João Marcelo, seu afilhado, fruto do primeiro casamento da "Pimentinha", com o produtor Ronaldo Bôscoli. Nunca mais viu a menina, até a tarde em que ensaiava com Gilberto Gil para o disco *Gil & Milton*. De repente, Maria Rita entrou no estúdio, chamou-o num canto, entregou-lhe um CD e disse:

— Escuta e depois me diz o que eu devo fazer da minha vida.

O susto não poderia ter sido maior. Primeiro ao ver aquela garotinha transformada em mulher, a cara da mãe, os mesmos olhos, o mesmo sorriso. Depois por ter em mãos algo tão precioso, mais precioso que qualquer outra coisa: o destino de uma pessoa. Se ela o havia procurado era porque se importava, e muito, com a sua opinião. Ao chegar em casa depois do ensaio, sentou-se na sala ao lado do aparelho de som. Tinha o CD à sua frente, pronto para ser ouvido. Hesitou um pouco, ainda não havia conseguido digerir a novidade, aquela mulher que viera remoer nele coisas tão guardadas no coração, quietas, porém vivas. Elis foi o amor da sua vida, sua paixão não realizada. Era impossível não pensar nela tendo diante de si Maria Rita. Seriam a sua voz e o seu modo de cantar semelhantes aos da mãe? As comparações eram inevitáveis. Enfim, pôs o CD para tocar. Fechou os olhos e escutou, deixou a música entrar no seu corpo, invadir a sua alma. Foi tudo bastante confuso, a emoção era muito grande. Maria Rita era filha de Elis, mas era outra cantora, outra pessoa. Não sabia direito quais eram seus sentimentos, mas uma certeza ele tinha: a moça era uma excelente intérprete, com grande potencial. O que devia fazer da vida? Cantar, ora pois. Foi assim que ela fez uma participação no show de Gil & Milton em São Paulo, cantando "Roupa nova". E depois, recebeu o convite para gravar *Pietá*.

Como em todo trabalho, cada coisa tinha sua razão para acontecer. Para ajudá-lo na homenagem, Bituca convidou aquele que o ajudara no início, Eumir Deodato. Não só por isso, mas também por ser um dos grandes maestros e arranjadores brasileiros. Eumir veio dos Estados Unidos para

## ACERTO DE CONTAS

cumprir a missão, que contou ainda com os produtores Guto Graça Mello e Tom Capone. Bituca dividiu algumas faixas com Marina, Simone e Maria Rita, e resolveu incluir um coro de vozes masculinas em algumas músicas. Para gravar a faixa "Beira-mar novo", folclore do Vale do Jequitinhonha, fez questão de ter ao seu lado o Ponto de Partida e os Meninos de Araçuaí, que então haviam gravado um disco próprio. A primeira faixa do álbum, "A feminina voz do cantor", música inédita de Bituca com letra de Fernando Brant, era uma metalinguagem de si mesmo. No encarte, a letra da canção aparece sobre a foto de dona Lília sorrindo, com a dedicatória escrita por ela: "Ao meu querido Bituca, com um beijo de sua mãe, Lília." Entre as outras quatorze músicas escolhidas, havia composições suas inéditas, e de outros compositores. No álbum, aproveitou também para desenvolver mais seu lado de letrista.

Com o disco novo Bituca conseguiu, finalmente, concluir a formação de uma banda fixa. Ao lado de Lincoln Cheib e Wilson Lopes, entraram Marco Lobo na percussão e Kiko Continentino nos teclados, que haviam tocado em *Tambores de Minas*, Gastão Villeroy no baixo acústico e elétrico, Widor Santiago no sopro, Telo Borges, teclados, e também na percussão João Vitor, ou melhor, Vivito, seu sobrinho, filho de Beth, que ele apresentava assim: "sangue do meu sangue, embora não pareça." Após o lançamento de *Pietá*, faltava ensaiar para os shows. Mas isso era tarefa para depois do carnaval de 2003. Até lá, Bituca estava de férias.

Desde o primeiro dia em que foi mergulhar com Beth Dourado em Búzios, apaixonou-se pelo lugar. Tornou-se mergulhador e frequentador assíduo da região. Resolveu, depois de tantos anos escravo da sua própria autonomia, dar-se férias regulares em Búzios. Segue para lá depois do Natal, para passar o Ano-Novo. Fica durante os meses de janeiro e fevereiro, até depois do carnaval. Para tornar possível esse descanso, tudo é preparado com antecedência. Aluga uma casa na beira da praia e segue de mudança com a fiel Zefa, o motorista e outros funcionários contratados especificamente para a temporada. Na ida, faz uma parada no Quiosque do Alemão, na RJ-140, antes de chegar a Cabo Frio, para comer croquete e levar pacotes do salgado congelado para fritar durante a temporada. E não só nesses dias. Gostou tanto do croquete — segundo ele o melhor do mundo —, que faz encomendas ao longo do ano inteiro, para comer nos lanches da tarde, antes de medir a glicose.

Nos dois meses passados no litoral, sua rotina é bastante regular: almoços, jantares, passeios à noite e de dia, mergulhos, natação — da qual não pode se abster — e encontros com os amigos. Como tem muitos amigos e quer convidar vários deles para passar uns dias na casa, faz os convites de acordo com um cronograma, que é respeitado rigorosamente. A cada semana os hóspedes mudam. Além deles, há as visitas diárias, que são inúmeras. Todos os conhecidos, sejam artistas, amigos três-pontanos ou até amigos de amigos que vão à cidade passam para dar um alô, conversam até alta madrugada, ao som do violão. Mas são programas tranquilos, próprios de quem quer descansar. No entanto, mesmo sendo suas férias oficiais, Bituca trabalha. Não faz shows, a não ser em situações especiais, nem viagens ou trabalhos que exijam muito tempo, mas não fica parado. Há sempre um arranjo para uma nova música, uma letra, uma harmonia, uma trilha sobre a qual precisa pensar ou que deve ficar pronta antes de voltar ao Rio e à rotina normal de atividades.

No carnaval, gosta de ir ao Sambódromo um dia, para acompanhar os desfiles. E torce pela amada Mangueira. De acordo com a data, fica de uma vez no Rio ou retorna a Búzios. E assim vai, ano após ano. Em 2003, encerrada a temporada buziana, começaram os ensaios para o show de *Pietá*, no estúdio localizado no subsolo da sua casa. A cada semana a banda ensaiou com uma das cantoras. Hélder Canto, integrante do coro nas gravações, foi chamado para fazer o backing vocal junto com Wilson Lopes, Telo Borges e Gastão Villeroy. Fora as músicas do disco, o show apresentaria sucessos antigos, seguindo a regra de não frustrar o público. Os últimos ensaios aconteceram em maio e, em seguida, foi a estreia no Canecão. Somente naquele dia Marina Machado, Simone Guimarães e

## ACERTO DE CONTAS

Maria Rita subiram ao palco. A ideia era cada uma seguir o seu caminho, mas Marina bateu o pé. Disse que Bituca não se livraria dela tão facilmente. Ele adorou e acabou convidando a belo-horizontina para integrar a banda, pelo menos durante a turnê de *Pietá*. A previsão inicial era de que a turnê duraria quatro meses no Brasil, e depois outro mês na Europa, mas acabou se estendendo por três anos, percorrendo Estados Unidos, Japão, África, outra vez Europa, outra vez Estados Unidos, e de novo Brasil. Quando parecia ter terminado e que finalmente teria tempo para fazer o novo disco, sobre o qual vinha pensando, surgia outro convite para *Pietá*. Por se tratar de um show pronto, não tinha por que recusar. Marina se tornou um show à parte, com sua voz de camaleão. Os músicos também eram um sucesso, aplaudidos com fervor a cada apresentação. Estavam em sintonia, e eram para Bituca uma grande família, que ficaria ainda maior nos meses seguintes.

# Capítulo 20
## 2003 a 2004 | Onde tudo começou

Depois da morte de dona Lília, Bituca voltou poucas vezes a Três Pontas, e quando o fazia era por pouco tempo, para visitar a família. Nas últimas duas décadas, a relação com a cidade foi, de certa forma, distante, um período que coincide com a entrada de Márcio Ferreira e a progressão da carreira internacional. Nunca deixou de ir pelo menos duas ou três vezes por ano, mas eram passagens rápidas e os programas com os amigos se resumiam a idas aos mesmos ranchos, fazendas ou casas. As idas a bares e restaurantes eram mínimas, uma vez ou outra, geralmente em ocasiões especiais, como no show de Fernando Brant e Tavinho Moura no Centro Cultural, quando todos foram depois para o Pizza Dog, que, apesar do nome estranho, derivado do fato de ter começado vendendo apenas pizza e cachorro-quente, hoje é considerado um dos melhores restaurantes do sul de Minas. Fora tais exceções, seu universo três-pontano se restringia ao das casas e propriedades dos velhos amigos, os mesmos de sempre, porque era praticamente impossível se aproximar dele ali. Havia uma redoma ao redor de Milton Nascimento, embora ele, provavelmente, não percebesse isso. Como nunca é o próprio quem abre a porta ou atende ao telefone, tornava-se quase impossível alguém de fora entrar naquele mundo. Ele sempre estava cansado, dormindo, ocupado, indisposto, segundo quem atendia, por mais que estivesse a mil por hora. Isso acabou lhe dando certa fama de enjoado, antipático, na sua querida cidade. Fama que acabou desaparecendo a partir de 2003, quando Bituca redescobriu Três Pontas e voltou a ser mais um dos seus filhos, um filho ilustre, porém mais um entre tantos, como era nos anos 1970, mesmo com todo o sucesso que já o cercava.

O reencontro com a cidade não aconteceu da noite para o dia, nem em um evento isolado. Na verdade, vários acontecimentos foram despertando o desejo de voltar, ficar lá, conhecer gente nova, abrir-se para esse universo que estava meio esquecido. A principal razão foi a música. Como não saía muito de casa, ou das casas dos amigos, não tinha conhecimento do que estava acontecendo na música em Três Pontas, não podia imaginar que a tradição musical dos seus anos de juventude havia se perpetuado. Em duas ocasiões em Trespa conheceu, ao mesmo tempo e sem ter programado, alguns músicos jovens, talentosos, e a vontade de fazer parte daquele meio cresceu, acendeu nele novos sonhos.

Em uma dessas viagens, foi convidado, de supetão, para assistir à apresentação da banda Ark 2, de rock, mas que também tocava um pouco de pop, blues, reggae e MPB. Não se tratava de um show, mas música ao vivo no bar e restaurante Adega. O convite foi feito, mas já se esperava qualquer desculpa, ele poderia dizer não sem ficar constrangido: "Olha, os meninos vão tocar hoje na Adega, mas você deve estar cansado, então, se estiver animado, apareça por lá."

— A que horas começa? — perguntou.

— Às oito.

— Então reserve uma mesa pra mim perto da banda, mas não diga que eu vou.

Tanto o convite quanto a resposta saíram de uma vez, sem levar em conta questões do tipo "Ah, ele nunca vai aceitar" da parte de quem fez o convite, ou "Ark 2? O que é isso? Imagina se eu vou!" da parte de

## ONDE TUDO COMEÇOU

Bituca. Fizeram um convite e ele aceitou. Por que não aceitaria? As coisas funcionavam assim para ele, de modo simples. Muitas vezes as pessoas que estavam ao seu redor é que complicavam. Bituca só pediu para reservar uma mesa sem dizer que era para ele, porque não queria que fizessem algo de especial por causa da sua presença. No entanto, quando foram reservar a mesa, a notícia trágica: não haveria mais som ao vivo. Estava chuviscando e os proprietários do restaurante não queriam arriscar, achavam que não haveria público suficiente. Se dissessem que Milton Nascimento iria, eles certamente mudariam de ideia, ainda mais porque os donos eram seus amigos Marco Antônio e Regininha, mas Bituca havia pedido para não dizerem nada, e não se quebra assim a confiança de uma pessoa da qual se custa a conquistar. Um dos integrantes da banda, Felipe, ficou sabendo da plateia que havia acabado de perder, e frustrado, foi explicar ao próprio Bituca que, infelizmente, não haveria mais show. Dar uma satisfação era o mínimo que poderia fazer. Bastante nervoso, pois mal trocara duas palavras com o artista em toda a vida, conseguiu chegar até ele na casa de seu Zino. Contou a história, desculpou-se, lamentou e agradeceu.

— Não tem problema, vamos fazer o seguinte: chame os outros integrantes, peguem os instrumentos e vamos para uma venda aqui perto, na estrada para Campos Gerais. Lá a gente come um frango que é uma coisa, e vocês tocam; vai ser melhor ainda.

O quê? Parecia brincadeira, como assim? Ir para uma venda com Milton Nascimento, fazer um som informal como fazem com os amigos? Combinaram para dali a pouco e Felipe saiu em busca dos três colegas, mas só encontrou um, Jean. Em meia hora estavam na tal venda, com mais dois amigos de Bituca e a irmã dele, Beth, com o marido, Marquinhos. Para quebrar o nervosismo, Felipe e Jean tomaram logo de cara uma dose de pinga cada um. Na primeira hora os dois rapazes sequer abriram a boca, mesmo sob o alívio da aguardente, e o violão ficou no carro. Até Bituca dizer:

— Parece que alguém ia tocar um violão.

E os dois não tiveram opção senão buscar o instrumento, mais a gaita. Começaram tocando a sua especialidade, rock. Jethro Tull, Led Zeppelin, Focus, Pink Floyd, passando depois para o blues de Jimi Hendrix. Só no fim da noite, depois do frango e quase na hora de pagar a conta, quando Bituca se levantou para ir ao banheiro, é que eles criaram coragem para tocar algo de Milton Nascimento. Além do medo de tocar errado, não era fácil fazer isso tendo o próprio compositor, ao vivo e em cores, como espectador. Arriscaram "Cio da terra" e "Nos bailes da vida", quando foram ajudados pelo autor, que lhes soprou parte da letra. Por volta das três da manhã, cada um acertou sua parte da conta e foram embora. Felipe e Jean em estado de choque, sem acreditarem no que tinha acontecido, surpresos não só por terem tocado diante dele, mas por terem descoberto que era uma pessoa simples, sem nove-horas, como nunca imaginaram que pudesse ser. Bituca, por seu lado, também foi embora surpreso, contente, havia descoberto novos e bons músicos na cidade, amigos, como era no seu tempo do Ginásio São Luís, Luar de Prata e W's Boys.

Poucos dias depois, foi com amigos ao Hotel Fazenda Bela Vista, entre Três Pontas e Varginha, onde foi apresentado a um jovem pianista, Ademir Jr. O rapaz, por volta dos 18 anos, tocava muito, tinha potencial. Ficou encantado com o talento dele, convidou-o para ir ao Rio, ficaram amigos, e Ademir começou a tocar com ele em certas ocasiões. Mas não ficou por aí. Bituca continuou a frequentar a noite três-pontana e a descobrir a cada saída um novo músico, um pessoal cheio de energia, e isso foi o suficiente para voltar à cidade assim que pôde. Numa noite, na Fazenda da Zita, quando Marte estava mais perto da Terra, descobriu outros músicos. Uma feliz descoberta desde um mapa feito pela revista *Billboard*, que colocava Três Pontas como a capital da música no Brasil. Até então, Bituca conhecia apenas Marco Elizeo, da nova geração. Com essa moçada, ele agora respirava tranquilo, a *Billboard* estava certa. Seu interesse pelas bandas e pelos músicos jovens de Três Pontas aumentou. Queria saber quem eram eles, onde iam se apresentar. Ao saber da

## ONDE TUDO COMEÇOU

programação, mandava reservar uma mesa. Numa dessas noites, ouviu Ademir Jr., a quem apelidou de Fox, e Heitor Branquinho, dupla que o fazia lembrar dele e de Wagner Tiso. Conheceu a turma do rock'n'roll, do pop e da MPB, a rapaziada que embalava a noite na cidade e na região indo aonde o povo está, com equipamento precário, atuando como técnicos de som, roadies, músicos, empresários, tudo ao mesmo tempo. Todos entre 18 e 20 e poucos anos.

As viagens para Três Pontas não só se tornaram mais frequentes, como a estada passou de um fim de semana para dez e até quinze dias. De repente descobriu algo do seu passado, da sua história, bem diante de si, no presente daqueles jovens. Não queria ser apenas um espectador daquilo tudo, queria fazer parte, ser mais um. Então, no fim do ano de 2003, Bituca organizou um almoço na casa de sua irmã Jajá e mandou convidar todo o pessoal, muitos dos quais se tornariam seus amigos, mas ainda era cedo, e a timidez brotava de ambos os lados. A certa altura do almoço, pediu a atenção de todos e disse:

— Eu quero fazer um projeto com vocês, eu quero não, eu vou fazer, só não sei o quê, mas deve ser no ano que vem. O Marco Elizeo é quem vai me representar aqui em Três Pontas.

Parecia um sonho para aqueles jovens e, mais uma vez, Bituca era a fada-madrinha, transformando o sonho em realidade. Não se falou em outra coisa depois daquele dia; estavam excitados, em êxtase. Tocar, cantar, sei lá, qualquer coisa ao lado de Milton Nascimento era começar por cima, pelo topo, e mesmo que a experiência fosse única, seria o momento mágico de cada um. Se já estudavam antes, trataram de treinar ainda mais, aprimorar-se, ensaiar. Eram mais de vinte pessoas no almoço em Três Pontas, porque o tal projeto envolvia ainda jovens de Alfenas e Varginha. Bituca seguiu para suas férias em Búzios e deixou a turma de Trespa alvoroçada. O trabalho deveria começar em março ou abril mas acabou atrasando, e a ansiedade deu lugar à dúvida — se realmente algo iria acontecer.

Enquanto os músicos esperavam sem saber no que ia dar, Bituca esteve em Belo Horizonte para a fundação da Associação dos Amigos do Clube da Esquina, o primeiro passo para a criação do Museu Vivo Clube da Esquina. A ideia foi de Márcio Borges. Depois de ter escrito *Os sonhos não envelhecem*, em 1996, o letrista passou a fazer palestras sobre o livro em todo o país, sobretudo para o público universitário. As perguntas dos jovens despertaram-lhe uma preocupação: eles pouco ou nada sabiam sobre a história cultural recente do Brasil, a não ser o que havia sido mostrado pela mídia, que não representava nem um quinto do que realmente ocorrera nas últimas décadas. O Clube da Esquina era visto apenas como um grupo de amigos que fez algumas músicas, um estilo mineiro de compor, ou o inverso: um movimento artístico engajado, o que também não era verdade. Márcio sabia que a história ia muito além disso. Impôs-se o desafio: reviver essa história, torná-la não apenas disponível, mas levar parte dela aos jovens que, afinal, poderiam escrever novos capítulos dessa trajetória.

Com a ajuda da mulher, Cláudia, fez um projeto, conseguiu aprová-lo segundo as leis de incentivo à cultura, captou recursos e deu corpo ao que era antes uma simples ideia, um inconformismo, um desejo pessoal. A Associação permitiria o restante, primeiro um museu online, depois um museu itinerante, até a construção da sede, em Belo Horizonte, com projeto do mesmo casal que havia feito a reforma na casa de Bituca, Veveco e Marisa. A assinatura da ata de criação da Associação dos Amigos do Clube da Esquina aconteceu como devia ser, ao redor das mesas de um tradicional bar da capital mineira, o Bar Brasil, no bairro Funcionários. Pela primeira vez em muitos anos, Márcio conseguiu reunir, no mesmo lugar e ao mesmo tempo, os companheiros de estrada dos anos 1960 e 1970, a velha e a nova guarda do Clube.

*

Em agosto, depois da espera aflita, Marco Elizeo deu o sinal — estava na hora de ensaiar para o tão anunciado projeto com Milton Nascimento. Seria

## ONDE TUDO COMEÇOU

o clipe de uma música, "Paciência", de Lenine, para entrar como faixa bônus no DVD *Pietá ao vivo*, que seria gravado só em setembro de 2005. Não estava prevista no orçamento do DVD a música extra, mas isso não era um obstáculo. Bituca bancou tudo do próprio bolso, as horas de estúdio, a hospedagem dos músicos, a filmagem do clipe etc. Ouvira Lenine cantar "Paciência" num show em Roma. Ao saber da presença de Milton Nascimento na plateia, Lenine dedicou-lhe a canção. Era a primeira vez que Bituca a ouvia, e ficou extremamente comovido. Resolveu retribuir de alguma maneira, e a maneira era aquela: gravar o clipe, com ele, Lenine e a garotada de Três Pontas. Era uma noite de quarta-feira quando tocou o celular de Bruno, que ensaiava com Felipe, Fernando Marchetti, Eduardo e outros para o Ummagumma, banda três-pontana que faz cover do Pink Floyd.

— Vem aqui agora pra gente combinar o projeto.

Havia mais gente no ensaio, e embora Bituca quisesse incluir toda a moçada, não dava para ser todo mundo, de modo que alguns músicos ficaram de fora. Além dos dezessete rapazes, convidou duas meninas. Fora da turma de Três Pontas, havia ainda o pessoal de Alfenas e Varginha, que não pôde participar dos ensaios quase diários, só de alguns. O time estava formado e os integrantes eram Felipe, Paulo, Bruno, David, Ademir, André, Clayton, Eduardo, Ismael, Fernando, Gleisinho, Heitor, Hugo, Maurinho, Zé Guela, Paulo Francisco, Clarissa, Natasha, Adriano, seu sobrinho João Victor, além de Marco Elizeo e Jacques Mathias, responsáveis pelos arranjos juntamente com Bituca.

Depois de terem ensaiado inúmeras vezes, porque alguns, além de cantar, iriam tocar violão, fizeram a última reunião na véspera da partida para o Rio de Janeiro. As recomendações eram práticas: "Este é um trabalho sério, o estúdio é dos melhores do Brasil, então sejam profissionais, sem brincadeiras fora de hora, tranquilos, vamos dar o melhor de nós, com seriedade", recomendou Marco Elizeo. Recomendações seguidas na medida do possível, considerando-se que seriedade, ao pé da letra, era algo quase impossível para aquela turma. Alguns nunca tinham ido ao Rio e muito menos visto o mar, nem se hospedado num hotel em frente à praia, onde estavam hospedados também atores da novela juvenil *Malhação*. Aquele mundo no qual estavam prestes a entrar era em tudo distante das suas vidas até ali, e não tinham como ficar sérios diante de tanta novidade. A farra teve início quando entraram nas duas vans que os levaram para o Rio e só terminou na volta.

Foram direto para a casa de Bituca, onde almoçaram. Passaram a tarde conversando, entregando os presentes levados por alguns e tirando fotografias; aliás, fotografia foi o que não faltou. Depois foram para o hotel no Leblon, a fim de se arrumar para o ensaio geral, na presença de Bituca. Foi apenas um dia de gravação no estúdio Biscoito Fino, de Olívia Hime e Kati de Almeida Braga. Acostumados com os equipamentos improvisados, precários, os jovens músicos se deslumbraram quando entraram no estúdio. Ficaram como crianças diante de um brinquedo novo, olhando a aparelhagem de som, os recursos de acústica, as cabines de gravação, o piano. Era tudo muito além das suas expectativas. Foi uma maratona que durou até de madrugada. Além de gravar como profissionais, conheceram Lenine, Olívia e Francis Hime, Marilene Gondim, Baster, além dos técnicos de som, alguns dos melhores do país. Estavam entre a nata da música brasileira, como se fossem parte dela, e, pelo menos naquele momento, eram.

No dia seguinte foram gravar as imagens para o clipe, na sala da casa de Bituca, devidamente esvaziada e rearranjada para a ocasião. Marilene Gondim, sempre atenta às horas, tanto de gravação como de filmagem, para não extrapolar o custo, também controlou o figurino, que devia ser calça e blusa básica de malha, sem estampas ou cores berrantes, e nada branco, nada. A turma se dividiu entre os que tocavam violão na escada, o coro em pé, a bateria, tocada por Vivito, o piano, por Ademir, o baixo, por Jacques Mathias, o violão solo, por Marco Elizeo, Lenine e Bituca com sua sanfona ao centro. Outra vez, a gravação avançou pela noite, e depois que terminou, ficaram todos conversando, tocando violão e cantando até o dia amanhecer. Na despedida, os agradecimentos, a sensação de terem feito algo importante, de terem seu trabalho valorizado. As vans, no entanto, voltaram com três lugares vagos. Felipe, Paulo e Bruno ficaram no Rio, na casa de Bituca, onde entraram em estado de estupefação ao ouvirem duas trilhas inéditas que ele havia composto para balé. Segundo o trio, fã de rock'n'roll, "foi o som mais psicodélico que ouvimos, deixa o Pink Floyd no chinelo".

Assim como os rapazes, Bituca ficou encantado, contentíssimo com a gravação, que havia superado as suas expectativas. Estava tão satisfeito que fez algo raro, escreveu ele próprio um texto a pedido do jornal da sua cidade, *Correio Três-pontano*, falando sobre o projeto. Texto que intitulou de "Um alinhamento de planetas musicais" e dizia o quanto o havia feito feliz ter encontrado aquela turma e que isso indicara um novo rumo para a sua vida. O texto terminava assim: "Eu queria dar um presente para o Lenine, mas também ganhei, pois foi de arrepiar, quando nos reunimos em minha casa, no estúdio e tudo mais. Maravilhosa experiência que encheu minha alma de felicidade e vontade de trabalhar na música por mais uns duzentos anos."

*

A história da gravação ainda estava fresca quando a cidade foi palco de um acontecimento que não esperava, não daquela maneira. As idas de Bituca a Três Pontas haviam se tornado frequentes. Nas primeiras saídas causava tumulto, com os pedidos de fotos, autógrafos, pessoas rodeando a mesa só para passar perto dele, alguns olhando descaradamente, outros fingindo que não o viam ou não estavam nem aí. Mas a cada temporada em terras três-pontanas, sua presença se tornava parte da vida cotidiana, como se sempre tivesse estado ali. Nas ruas de Três Pontas era mais Bituca do que em qualquer outro lugar do mundo. Era como se Milton Nascimento fosse apenas um título que ele recebera por ter se tornado um músico importante. Seu nome era Bituca. As pessoas o viam na rua e gritavam: "E aí, Bituca?" Já não o importunavam tanto, e ele pôde estender suas saídas de restaurantes tranquilos para movimentados e até para a boate Amnésia, na Buxarela, onde havia passado vários fins de noite da sua juventude. Por isso ninguém se espantou muito com a notícia de que ele estaria na cidade. Haveria um show no Centro Cultural Milton Nascimento, do qual ele talvez participasse, diziam as vozes. Mas já haviam sido tantos os boatos dessa natureza que dessa vez as pessoas não deram muita atenção. De toda maneira, uma coisa foi confirmada depois da propaganda no jornal: no dia 12 de novembro haveria um show com alguns músicos mineiros, como parte do Museu Vivo Clube da Esquina.

Logo após a criação da Associação dos Amigos do Clube da Esquina, Márcio Borges pôs em andamento o Museu Vivo. Eram apresentações musicais, geralmente em escolas, com membros do Clube da Esquina e músicos da nova geração, mas ligados de certa forma ao Clube, que contavam também um pouco da sua história. A primeira apresentação foi feita no Colégio Estadual Milton Campos, em 16 de abril de 2004. Nos meses seguintes houve mais quatro apresentações em Belo Horizonte, com a participação de membros do Clube, mas nunca com Bituca. Até que em outubro daquele ano Márcio Borges recebeu uma carta da Câmara Municipal de Três Pontas informando que ele seria agraciado com o título de Cidadão Honorário e convidando-o para a cerimônia de entrega do título, no fim de novembro. Márcio ficou emocionado, pois se considerava um três-pontano. Começou a pensar em aproveitar a sua ida à cidade para levar o Museu Vivo. Conversou com Helson Romero, o Jacaré, que se encarregou de verificar a viabilidade, pois era preciso um lugar para a apresentação, hospedagem para os músicos, aparelhagem de som, entre tantas outras coisas envolvidas na realização de um show, por mais informal que fosse. Depois de correr de um lado para outro, entre prefeitura e Câmara, e conseguir o apoio do vereador Gilmar Vilela e da Secretaria de Cultura, Jacaré telefonou para Márcio:

— Pode vir, que aqui está tudo acertado!

## ONDE TUDO COMEÇOU

Se Bituca pudesse participar, uma participação mínima, seria ideal; afinal, ele era o ponto de partida daquilo tudo, o grande motivo por Três Pontas fazer parte dessa história. Ele concordou sem vacilar, ainda mais naquele período em que estava tão envolvido com a cidade. O único problema era a data. Estava com a agenda lotada em novembro. Os poucos dias livres eram entre 9 e 12; mesmo assim, deveria partir logo após a apresentação, pois tinha de estar dia 13 em Maceió, para um show em praça pública. Jacaré recorreu aos vereadores, explicou a situação e só faltou implorar para que antecipassem a entrega do título a Márcio Borges. O vereador Gilmar Vilela, que havia indicado o nome do belo-horizontino para receber a honraria, fez coro com Jacaré na peleja, e, apesar de certa resistência, conseguiram.

Desde o show no campo do TAC, em 1986, a cidade clamava por ouvir outra vez Milton Nascimento, e agora tinha a oportunidade. Não era bem um show dele, com a sua banda, mas acabou sendo melhor que isso. Outro convidado que topou na hora foi Toninho Horta. A história de Toninho com Três Pontas ia além da música e de Bituca. Em uma das suas idas à cidade, conheceu uma jovem chamada Anginha e se apaixonou por ela. Os dois se casaram e tiveram dois filhos, chegaram até a morar uma época ali, onde Toninho ficava quando não estava viajando para o Japão, Europa ou Estados Unidos. Acabaram se separando, mas as lembranças da paixão e da cidade o acompanharam pelo resto dos seus dias. Em 2003, Toninho fez um show no mesmo Centro Cultural, lotado, e se emocionou ao ouvir as pessoas cantando suas músicas, aplaudindo-o de pé. Voltar àquele palco seria um prazer.

De Belo Horizonte foram ainda Telo Borges e seu filho Fred, Paulinho Carvalho, Mário Castelo, além de Márcio Borges e o Élder Costa Trio. Convidou a turma do DVD para cantar com ele duas músicas: "Benke" e "Vera Cruz". Marco Elizeo ficou novamente encarregado de ensaiar a moçada nos poucos dias que tiveram para isso. Bituca chegou na terça-feira, dia 9 de novembro. À noite estava combinado um aperitivo num salão de festas na casa de Bruno Morais, onde passariam as duas músicas. Bituca não se atrasou muito, e, ao chegar, já estavam todos à sua espera, com bateria, guitarras, microfones, baixo e violões montados. Antes de ensaiar, cada um tocou um pouco, cantou, com a timidez natural por se apresentar diante de um ídolo, mesmo tendo se tornado amigo dele. Por volta da meia-noite, Bituca chamou a turma para o ensaio geral, o único com ele. Fizeram um círculo com as cadeiras e começaram a ensaiar. Bituca ouviu a versão já ensaiada e tratou de fazer algumas mudanças. Em menos de uma hora estava tudo pronto, do jeito que ele queria. Bastava dizer uma palavra, dar um sinal, para a música ficar de acordo com o que havia pensado para ela, como se fosse um passe de mágica. Eles haviam ensaiado com tanto custo, tantas horas, para ele chegar e mudar tudo em alguns minutos. E havia mais, porém eles só saberiam na hora, em cima do palco.

Na quarta-feira não houve mais ensaio, Bituca foi à entrega do título a Márcio Borges, no fim da tarde, na sessão ordinária da Câmara Municipal. Depois eles seguiram para o bar do Raul, a fim de comer peixe frito e comemorar. Havia quanto tempo não se encontravam em Três Pontas? Era como se revivessem aquela primeira viagem em meados dos anos 1960, quando Bituca levou Márcio para conhecer seus pais, sua cidade, e se divertiram no fusca de seu Zino. Quantos anos haviam se passado desde então? Que rumos tão diferentes haviam tomado as suas vidas? Em que momento os sonhos da juventude haviam se perdido? O filme de Santiago? Os planos de serem inseparáveis? Quantos capítulos das suas histórias se passaram sem que tivessem percebido? Quantas páginas gostariam de ter escrito mas permaneceram em branco, carregando a ausência de cada um? No entanto, havia mais alegrias que tristezas, mais conquistas que perdas, e muitas páginas para serem escritas a partir daquele novo dia. Em 2002 haviam se reunido na cidade para a "Festa dos amigos de Milton Nascimento e Wagner Tiso", realizada com a finalidade única de promover o encontro da dupla e seus amigos. A festa alcançou o objetivo, mas havia muita gente e faltou o clima "mesa de bar" como havia ali agora,

## ONDE TUDO COMEÇOU

literalmente ao redor de mesinhas de bar, contando casos, comendo e bebendo, com uma diferença crucial — Bituca trocara as batidas de limão pela Coca-Cola light.

O dia seguinte foi de passagem de som, testes, um último ensaio, sem Bituca. Os outros músicos chegaram de Belo Horizonte e foram fazer os ajustes durante a tarde. Toninho Horta chegou a pé ao Centro Cultural. Decidiu ir caminhando do hotel até lá a fim de rever as ruas, comprar um sorvete no Petite e sentar no banquinho da Praça da Fonte, respirando tranquilo os ares da nostalgia. O show não foi divulgado, seria um atestado de loucura se o fizessem, pois, mesmo sem divulgação, os ingressos a dez reais se esgotaram na terça-feira. Ainda assim vieram pessoas de fora, na esperança de conseguir comprar um bilhete de alguém que porventura tivesse desistido. Entre os felizardos com ingressos estavam três-pontanos, mas muitas pessoas de cidades vizinhas e de Belo Horizonte, São Paulo, Rio de Janeiro e Paraná. Houve quem telefonasse da Argentina querendo comprar uma entrada a qualquer preço. Mas o teatro, que um dia fora cinema, tinha apenas 450 lugares e, ainda assim, havia gente espalhada pelo chão dos dois corredores entre as poltronas.

O show começou sem grandes atrasos, pois Bituca partiria direto dali para Belo Horizonte, onde pegaria o avião para Maceió. Márcio Borges fez uma rápida abertura e logo Élder Costa entrou no palco com seu trio. Tocou músicas suas e do disco *Pietá*. Bem no meio de uma delas, a energia no teatro caiu. As luzes se apagaram, silenciou-se o som. Élder, no entanto, continuou a cantar sem microfone, sem nada, só com o coro do público ajudando para que ele não parasse. Alguns minutos depois a força voltou. Em seguida foi a vez de Telo Borges, Paulinho Carvalho, Mário Castelo, Fred Borges e Marco Elizeo, que também tocou uma música com Élder. Fred emocionou o público cantando "Tristesse", de Bituca e Telo, que recebera o Grammy latino de melhor música em português de 2003. Na sequência, outras músicas de sucesso, como "Vento de maio", imortalizada na voz de Elis Regina. O tom de informalidade e improviso do evento continuou por toda a noite. Toninho Horta, que iria se apresentar em seguida, subiu ao palco ainda durante a apresentação de Telo Borges e acompanhou a banda com a guitarra emprestada de Élder Costa, e só algumas músicas depois sentou no banquinho com o violão e deu um verdadeiro show de criatividade e apuro técnico. Emocionado, Toninho convocou a plateia, que cantou com ele "Manuel, o audaz".

Então, a estrela da noite subiu ao palco. Milton Nascimento, o Bituca, prestes a fazer ecoar sua voz tão valiosa pelos cantos do Centro Cultural, para um público de pouco mais de quatrocentas e cinquenta pessoas, sem a sua banda, sem o aparato ao qual estava acostumado. A única semelhança com seus shows, além dele próprio e do seu violão, era o roadie, Baster. Deveria ser apenas uma participação especial, mas foi muito mais do que isso. A primeira música não podia ter sido mais emblemática, "Coração de estudante", parceria com outro filho da terra, Wagner Tiso. Enquanto os instrumentos faziam a introdução, Bituca começou a cantar em falsete, sem palavras, apenas a sua voz. Foi o que bastou para o público que estava ali; não era preciso mais nada, a noite estava ganha. Antes da primeira frase, as lágrimas escorriam dos olhos fascinados que viam de perto, tão próximo, o Milton Nascimento, agora sim, aquele que Bituca havia se tornado. Depois cantou "Tarde" e "Voa bicho". Entre uma música e outra, contou casos, histórias, falou da alegria de ter descoberto tanta gente boa na música em Três Pontas, da alegria de ter redescoberto sua eterna amada Três Pontas. As falhas de som não pouparam o astro, o cabo do violão falhou, o microfone falhou, mas nada o atrapalhou, porque estava em seu máximo, plenamente realizado, diante dos seus. Então chamou ao palco a moçada que havia conhecido, para cantar com ele. Foi lindo, emocionante. Um coro tão afinado e em sintonia como se estivessem juntos toda a vida. "Vera Cruz", "Benke", aplausos, e os rapazes e as garotas começaram a sair do palco. Bituca perguntou:

— Aonde é que vocês pensam que vão?

## ONDE TUDO COMEÇOU

E fez todos voltarem aos seus lugares para cantar com ele, sem qualquer ensaio prévio, "Nos bailes da vida" e "Maria Maria", quando foram acompanhados por todo o público, que se levantou e cantou, com toda a força do seu coração. Bituca saiu rapidamente do palco, antes que as palmas terminassem. Não teve tempo de se despedir, de dizer palavra. Baster estava encarregado de desobedecer a qualquer ordem nova, mesmo do próprio Milton, e levá-lo para o carro, no qual partiriam para Belo Horizonte, a fim de pegar o avião para Maceió. Ele não queria ir, e sofreu como uma criança que não quer deixar a festa, triste por ter de partir, mas feliz com o que acabara de passar. Toninho Horta e os demais voltaram ao palco e atenderam aos pedidos de bis. Ao saírem, a plateia cantou "Canção da América", numa grande massa de vozes e sentimento. Bituca não ouviu, já estava no carro; Baster havia cumprido com eficiência a sua missão. Olhou pela janela e suspirou, do fundo da sua alma:

— Este foi o melhor show da minha vida.

# Fim
## E a vida continua...

Depois do show em Três Pontas, Bituca resolveu fazer seu novo disco com a garotada de Trespa. No entanto, todo mês surgiam novos convites para a apresentação de *Pietá*, e a turnê se prolongou. Enquanto não fosse encerrada, não dava para começar o novo projeto. Precisava ainda concluir o disco de Marina Machado, produzido pelo seu selo, Nascimento. Além de *Pietá*, em 2005 ele compôs a trilha sonora do filme *O coronel e o lobisomem*, com Caetano Veloso, parceria que gerou um show. Pela primeira vez os dois dividiram um espetáculo, no qual apresentaram as três novas composições, feitas para o filme, algumas antigas, além de músicas relacionadas ao cinema, tema do espetáculo. No mesmo ano, Bituca novamente encarnou a fada-madrinha e levou os Meninos de Araçuaí para Paris, no Ano do Brasil na França. Aos 63 anos, estava com a vitalidade de um menino. Recuperado da doença e das tristezas que a vida lhe havia imposto ao longo dos anos, queria trabalhar até o fim dos seus dias, sentia-se um garoto de 18 anos, com muitos planos e sonhos para o futuro.

# Posfácio

Antes de pegar a estrada, o ônibus estacionou na orla da Barra da Tijuca. Era sábado, nove horas da manhã. Tempo disponível: uma hora. O máximo que o motorista poderia esperar para seguir viagem. Tudo bem, uma hora bastava. O importante era colocar os pés na areia, receber a brisa no rosto e entrar na água, mesmo com as oito horas de viagem pela frente com o corpo coberto de sal. Era a primeira vez que uma parte do grupo via o mar. Era também a primeira vez que iam ao Rio de Janeiro, que a maioria andava de avião, participava de um programa de televisão, a primeira vez que todos eles se apresentavam no palco de uma grande casa de show lotada, ao lado de um dos ícones da música brasileira.

Bituca realizara o sonho alimentado desde o show informal no Centro Cultural de Três Pontas, em 2004, e não só gravou um disco com a turma de Trespa, como saiu em turnê com a trupe. O álbum *...E a gente sonhando*, lançado em 2010, foi o primeiro solo — e o último até aqui — desde *Pietá*. Antes, Milton lançara dois álbuns em conjunto com outros artistas, ambos em 2008: *Novas Bossas*, com o Jobim Trio, e *Milton Nascimento & Belmondo*, gravado ao vivo na Europa com os irmãos Lionel Belmondo e Stéphane Belmondo e a Orchestre National d'Ile-de-France.

A menina dos olhos nessa época, no entanto, foi *...E a gente sonhando*, cuja gravação teve início em junho de 2009 no estúdio da sua casa no alto do

Itanhangá, no Rio de Janeiro. Gravações que não foram apenas uma rotina de trabalho e inspiração. Tornaram-se um grande encontro, uma eterna confraternização, uma partilha de histórias, canções e sonhos. Sonhos daqueles jovens que pouco conheciam além dos limites do município da pequena cidade no sul de Minas Gerais. E sonhos daquele que, agora, retornava à terra, embora nunca tivesse deixado de levá-la consigo.

Em ...*E a gente sonhando*, Bituca incluiu músicas de própria autoria e dos novos amigos compositores conterrâneos, com direção musical do companheiro de causos e melodias, o compositor e violonista três-pontano Marco Elizeo. Encerrado o período de gravação e mixagem, Bituca bateu o pé, enlouquecendo o empresário e os produtores. Faria a turnê de lançamento com todos os músicos integrantes do álbum. "Mas você vai levar os 24 de Três Pontas?", perguntaram incrédulos. "Vou", respondeu, no estilo Bituca de ser.

Os obstáculos eram muitos. Muita gente, muita passagem aérea, muita hospedagem, muita confusão, muito custo. Outro artista poderia ter desistido, ter se convencido pelas dificuldades e viajado em formato reduzido. Bituca, entretanto, não é como os outros artistas. Ganhar menos ou não ganhar nada não era uma preocupação. O resultado financeiro era a última das suas inquietações. O importante era fazer o que o seu coração mandava e, naquele momento, a ordem era colocar os pés na estrada com a turma de Trespa. E assim foi.

Um show ao vivo, no entanto, é diferente de um disco gravado em estúdio. Não dava apenas para ensaiar as músicas e colocar a banda e mais os 24 três-pontanos no palco. A empreitada demandava unidade artística. Como sugestão do amigo Kéller Veiga, responsável pelo cenário do espetáculo, procuraram Luiz Antônio Pilar, então diretor de novelas e programas na Rede Globo. Pilar viajou para Três Pontas a convite de Bituca para conhecer o grupo em um churrasco na Fazenda Santa Isabel. Durante uma tarde e uma noite, o diretor conversou com os meninos e meninas, ouviu-os cantar, tocar e contar histórias.

## POSFÁCIO

Riu, se emocionou e se divertiu, mas ficou apavorado. A unidade do grupo era apenas o Milton Nascimento. De resto, eram pessoas e artistas de estilos totalmente diferentes. Havia os do rock, os da MPB, samba, axé, pop, do jazz e do sertanejo. Havia os que dançavam, os que mal se mexiam, os que soltavam a voz e os que sussurravam. Havia os discretos e os desinibidos. A esposa de Pilar o aconselhou a desistir, não tinha como aquilo dar certo. Mas ele resolveu aceitar o desafio. Era fã de Milton Nascimento e, se um artista como ele estava dizendo que daria certo, só poderia acreditar.

Durante um mês e meio de folga na televisão, Pilar se mudou para Três Pontas e passou todas as tardes e parte da noite com os jovens no palco do Centro Cultural, realizando oficinas e laboratório de teatro, ensinando a se portar em cena, criando harmonia. Precisava soltar os mais tímidos e segurar os mais desenvoltos. Precisava acertar passos tão diferentes em um mesmo ritmo. Quando considerou estarem prontos, chamou Bituca, que, radiante, integrou os ensaios. Mais uma vez ele havia conseguido. Contra todos os prognósticos, Bituca realizava o que queria, o que acreditava.

Ao todo foram cinco shows ao longo de 2011. No Rio de Janeiro, em São Paulo, Belo Horizonte, Porto Alegre e Três Pontas. Aos 69 anos, Bituca voltava a ser o menino do interior que tocava sanfona na escada do alpendre da casa do seu Zino e da dona Lília, que ouvia encantado as músicas no rádio, que se apresentava nas garagens e nos bailes com seu vizinho e amigo Wagner Tiso. Depois de ganhar o mundo, Bituca retornava. A jornada pelos bailes da vida proporcionara uma travessia fascinante não só para o artista, mas para o homem que à casa torna.

No ano seguinte, Milton Nascimento saiu em turnê para a comemoração dos 70 anos de vida e cinquenta de carreira desde a mudança para Belo Horizonte e a decisão de viver da música. Com direção de Regis Faria, o show, que depois virou DVD, contou com convidados especiais como Lô Borges, Sandy, Vitor Ramil, Tunai e Carlinhos Brown. O último disco até aqui foi lançado em 2014, em conjunto com Dudu Lima, *Tamarear*.

Em 2016, o menino que um dia sonhou ser maquinista e astrônomo ganhou mais um título de doutor *honoris causa*, dessa vez de uma das mais importantes universidades de música do mundo, a Berklee College of Music, nos Estados Unidos. Era o pequeno Bituca transformando o mundo nas suas Minas Gerais.

Depois de Três Pontas, foi a vez de regressar à terra da sua família biológica, Juiz de Fora, onde ficara sentado na calçada aos 2 anos, esperando Lília, porque tinha certeza de que ela iria buscá-lo. Após décadas no Rio de Janeiro, passou temporadas cada vez maiores em Juiz de Fora até se mudar para lá. Com o regresso à cidade de origem da mãe biológica, conheceu e se aproximou de Augusto, enquanto este cursava a faculdade na cidade mineira. O retorno à origem coincidiu com a retomada dos palcos. Passados alguns anos realizando shows esporádicos, em 2017, Milton Nascimento saiu em turnê com *Semente da Terra*, com direção artística de Danilo Nuha e musical de Wilson Lopes. Em 2018, Milton adotou Augusto, que também se tornou seu empresário. Em 2019, viajou pelo país com o emocionante show *Clube da Esquina*, produzido e dirigido por Augusto. Com ingressos esgotados em todas as cidades por onde passou, desde grandes casas de espetáculos até estádios, a turnê foi interrompida pela pandemia da Covid-19. Em 2021, Milton voltou ao Rio de Janeiro, para a casa onde vivera por tantos anos e que unia o mar do Rio de Janeiro, onde nasceu, às montanhas de Três Pontas, onde cresceu.

Em 26 de outubro de 2022, Bituca completa 80 anos. Oito décadas desde o seu nascimento na Casa de Saúde Laranjeiras, quando ninguém tinha ideia de que aquele bebê seria um dos maiores nomes da música brasileira e mundial. Décadas de palcos e estradas, histórias e partilhas, sonhos e amizades, cantos e canções. Oito décadas de uma longa e fértil travessia, da qual Bituca se despede com a turnê *A última sessão de música* — que promete ser o encerramento dos palcos, mas não da música. Esteja onde estiver, a sua voz continuará a ecoar nas estradas, mesmo que o caminho, às vezes, seja de pedra, porque, sendo ou não de brisa, sempre é possível sonhar.

# Agradecimentos

Eu ia contar a história deste livro. Mas depois que li o prefácio, achei que não havia melhor narração — nem melhor narrador. Então aproveito este espaço apenas para agradecer às inúmeras pessoas que me ajudaram e sem as quais este livro não teria sido possível. Sem a contribuição de cada uma delas eu não teria conseguido colocar em prática um projeto tão complexo, que envolveu diversas viagens para coletar depoimentos, pesquisa em arquivos de jornais, revistas e bibliotecas (num total de dois mil recortes de imprensa escrita), sessões de audição de todos os discos do biografado e ainda o trabalho de transcrição das entrevistas de sessenta e seis pessoas (sendo que algumas foram entrevistadas várias vezes), checagem das informações e cruzamento de dados, até obter o material suficiente para contar esta história que, agora, está aqui. Não se trata da história completa e fiel de uma vida, o que seria impossível, mas um retrato a partir de uma pesquisa detalhada e uma vontade sincera de passar para o papel uma história incrível, de um personagem incrível. Vamos lá:

Em primeiro lugar, quero agradecer a Milton Nascimento, ou melhor, a Bituca, por sua história fascinante, pelas entrevistas ao longo desses quatro anos, e por ter me aberto sua casa e sua vida, sem fazer qualquer objeção. Foi a primeira pessoa a confiar e acreditar em mim para fazer este trabalho, mesmo com a minha completa e visível inexperiência na época em que iniciei o projeto.

À minha mãe, Cíntia, que é fotógrafa, pela reprodução de várias imagens, e a Diego, que traduziu para o português os depoimentos colhidos em inglês. Agradeço a eles principalmente por terem me apoiado em todos os meus sonhos, entre eles esta biografia, jamais duvidando de que eu daria conta, ou fazendo qualquer cobrança. E por todas as viagens que bancaram para as entrevistas, quando meu trabalho ainda não dava para tanto, uma vez que não contei com qualquer tipo de patrocínio.

A Felipe, por quem me apaixonei um dia ao ouvir seu violão, e que se casou comigo apesar de toda a confusão em torno deste projeto e da minha eterna mania de inventar moda. Segurou a barra com nosso filho, Daniel, que hoje tem nove anos, e fez a segunda leitura do original, com observações pontuais para a compreensão do texto, puxando a narração para a Terra quando eu me distanciava dela.

A meu pai, Rodrigo, médico e escritor, que me apoiou desde o início do livro, com conselhos sobre os caminhos a seguir, acompanhando cada avanço com entusiasmo. À tia Licínia, pelo carinho. A minhas irmãs Laura e Júnia, queridas leitoras...

A Marilene Gondim, empresária de Milton Nascimento, por ter permitido que eu pesquisasse parte do acervo da Tribo Produções, por agendar as entrevistas com o Milton, pelos contatos de alguns entrevistados e pela boa vontade em colaborar ao longo do trabalho. Pelos mesmos motivos, agradeço a Remo Brandalise e a Paulo Lafayette.

Com muito carinho, a seu Zino — a primeira pessoa que entrevistei —, por ter me recebido em sua casa quase todos os dias durante um mês, e depois em todas as vezes que o procurei, recordando histórias, mostrando fotos, livros e objetos que permitiram reconstituir os primeiros anos da vida de Milton Nascimento. Obrigada também a Elizete, Sílvio e Jaci, pela disponibilidade em me atender.

Quero agradecer a duas pessoas em especial: ao jornalista Thomaz Souto Corrêa, por ter acreditado nesta biografia e na minha capacidade para realizá-la quando eu era apenas uma estudante sonhadora e este projeto

## AGRADECIMENTOS

não passava de um esboço. Obrigada pela confiança, pelos conselhos essenciais, pela paciência com minhas aflições e pela leitura preciosa do original, com sugestões que ajudaram a recuperar o fôlego quando já estava tão envolvida que não sabia para onde ir. E muito especialmente também ao jornalista e escritor Jorge Caldeira, pelas diversas ocasiões em que me recebeu e me orientou sobre etapas da pesquisa, apontando soluções práticas e tecnológicas para a organização das informações — algo que eu sequer imaginava existir —, por responder minhas dúvidas, pelas sugestões e orientações fundamentais para que eu conseguisse viabilizar e concluir o projeto.

À professora Carmen Dulce Diniz, do curso de Comunicação Social da UFMG, que aceitou ser a coordenadora do meu trabalho de conclusão de curso sobre Milton Nascimento e me incentivou a dar continuidade ao projeto.

Às minhas avós, Norma e Maria Lúcia, pela preocupação, carinho e pelas intermináveis palavras de incentivo, desde sempre. A meu avô Rodrigo, primeiro leitor, pelas correções no texto e por ter me dado um voto de confiança, apesar de toda a sua exigência. A meu avô Ismael, onde quer que esteja.

Agradeço a meus tios, tias e primos, que me ajudaram em tudo que eu precisei, do simples e fundamental apoio moral a abacaxis que só eles sabem... Por isso obrigada a todos: Suzana, Betina, Flávio, Joyce, José Carlos, Márcio, Débora, João, Thaíse, Celina, Marina, Luísa, Pedro, Paula, Júlia, Gabriel, Flávia, Clara, Priscila, Juninho, Rafael e Ana.

A Zita, minha sogra, por ter nos recebido em sua casa, nos socorrendo sempre, e ajudado com o Daniel tantas e tantas vezes. A Mariana Mariano, Paula Terra, Dolores Resende e Tânia Resende, pela ajuda com a transcrição das fitas.

Às pessoas que me hospedaram nas diversas viagens para o Rio de Janeiro e São Paulo: Danilo, Teresa, Daniela, Carolina e Rafael; Kéller, Denise e Guilherme; Beth, Marquinhos, Maria Isabel, João Vitor e Cecília; Thomaz e Guida.

A Tavinho Bretas e a Helson Romero, por terem me fornecido os contatos de várias pessoas, além de disponibilizarem para pesquisa o material que possuíam sobre Milton Nascimento, sempre com boa vontade. A Jaceline, irmã de Milton, e seu marido Gilberto Basílio, pela atenção durante esses quatro anos.

À escritora Guiomar de Grammont, que me passou o contato de Luciana Villas-Boas, da editora Record. E a Luciana e à equipe da Record, pelo tratamento atencioso comigo e com o livro.

Às várias pessoas que, de alguma maneira, me apoiaram ou contribuíram para que esta biografia chegasse até o fim: Marden e Nina, Alice Cruz, Michele Mercer, James e Kiko, Márcia e Luís Cláudio, Jane e Klauser, Regina, Élen, tia Lenice e Rúbio, seu Antônio e dona Carmitinha. À Prefeitura de Três Pontas, ao prefeito Paulo Luís e ao grupo musical Änïmä Minas. Queria agradecer ainda a Antônio de Figueiredo Machado Júnior por ter intermediado o contato com Miguel Cui e a DEDIC, e ao Sr. Miguel Cui e à empresa DEDIC pelo apoio nos lançamentos e pelo patrocínio do grupo Änïmä Minas.

A todos os entrevistados, pela gentileza em conceder os depoimentos, lembrando histórias e passagens importantes da vida do biografado e das suas próprias vidas. Em ordem alfabética:

Amilton Godoy; André Midani; Bebeto; Antônio; Beth Dourado; Beto Guedes; Caetano Veloso; Célio Balona; Chico Buarque; Conceição Brito; Havany Brito; Danilo Caymmi; Denise Stutz; Dida; Elizabeth Campos; Euclides; Felipe Duarte; Fernando Brant; Francisco Veiga; Gilberto Basílio; Gilberto Gil; Gileno Tiso; Helson Romero (Jacaré); Herbie Hancock; Ildeo Lino Soares; Joãozinho Veiga (Brexó); Josino de Brito; Josefa Costa; Juan; Juvenal Pereira; Kéller Veiga; Lincoln Cheib; Lô Borges; Luís Alves; Luís Fernando; Manezinho Buxa; Márcio Borges; Marco Elizeo; Maria Amélia Boechat; Maricota Borges; Marilene Gondim; Marilton Borges; Mariza; Milton Nascimento; Nana Caymmi; Nelson Ângelo; Nivaldo

## AGRADECIMENTOS

Ornelas; Pacífico Mascarenhas; Paulo Henrique Miranda (Cabritinho); Paula Miranda; Paulo Lafayette; Reginaldo Junqueira; Robertinho Silva; Ronaldo Bastos; Ruy Guerra; Salomão Borges; Sue Saphira; Sica; Tavinho Bretas; Tavinho Moura; Teresa Sacho; Toninho Horta; Veveco; Wagner Tiso; Wayne Shorter; Wilson Lopes.

# Discografia

*Barulho de trem* — Conjunto Holiday — 1964 (Dex Discos do Brasil)

*Milton Nascimento* — 1967 (Codil)

*Courage* — 1969 (CTI)

*Milton Nascimento* — 1969 (Odeon)

*Milton* — 1970 (Odeon)

*Clube da Esquina* — 1972 (EMI/Odeon)

*Milagre dos peixes* — 1973 (EMI/Odeon)

*Milagre dos peixes ao vivo* — 1974 (EMI/Odeon)

*Minas* — 1975 (EMI/Odeon)

*Native Dancer* — *Wayne Shorter Featuring Milton Nascimento* — 1975 (EMI cedido pela CBS)

*Milton* — 1976 (EMI/Odeon)

*Geraes* — 1976 (EMI/Odeon)

*Clube da Esquina dois* — 1978 (EMI/Odeon)

*Journey to Dawn* — 1979 (A&M Records)

*Sentinela* — 1980 (Ariola)

*Caçador de mim* — 1981 (Ariola)

*Änïmä* — 1982 (Ariola)

*Missa dos quilombos* — 1982 (Ariola)

*Milton Nascimento ao vivo* — 1983 (Barclay)

## TRAVESSIA: A VIDA DE MILTON NASCIMENTO

*Encontros e despedidas* — 1985 (Barclay/Polygram)

*Corazón americano* — Milton Nascimento, Mercedes Sosa y Leo Griecco — 1986 (Polygram)

*A barca dos amantes* — 1986 (Barclay/Polygram)

*Milton Nascimento e RPM* — 1987 (EPIC/CBS)

*Yauaretê* — 1987 (CBS)

*Miltons* — 1988 (CBS)

*Txai* — 1990 (CBS)

*O Planeta Blue na estrada do sol* — 1991 (CBS/Sony)

*Angelus* — 1993 (Warner)

*Amigo* — 1995 (Warner)

*Nascimento* — 1997 (Warner)

*Os tambores de Minas* — 1998 (Warner)

*Crooner* — 1999 (Warner)

*Gil & Milton* — 2000 (Warner)

*Trilhas de balé — Maria, Maria e Último Trem* — 2002 (Nascimento)

*Pietá* — 2002 (Warner)

# Bibliografia

BAHIANA, Ana Maria. *Almanaque anos 70*. Rio de Janeiro: Ediouro, 2006.

BORGES, Márcio. *Os sonhos não envelhecem — histórias do Clube da Esquina*. 4ª ed. São Paulo: Geração Editorial, 2002.

CABRAL, Sérgio. *Antônio Carlos Jobim — uma biografia*. Rio de Janeiro: Lumiar Editora, 1997.

CABRAL, Sérgio. *Pixinguinha*: vida e obra. Rio de Janeiro: Lumiar Editora, 1997.

CALDEIRA, Jorge. *Mauá, empresário do Império*. São Paulo: Companhia das Letras, 1995.

CASTRO, Ruy. *O Anjo Pornográfico*: a vida de Nelson Rodrigues. São Paulo: Companhia das Letras, 1992.

CAYMMI, Stella. *Dorival Caymmi — o mar e o tempo*. São Paulo: Editora 34, 2001.

FERRARI, Maria Helena; SODRÉ, Muniz. *Técnica de reportagem*: notas sobre a narrativa jornalística. São Paulo: Summus, 1968.

GARCIA, Luiz Henrique Assis. *Coisas que ficaram muito tempo por dizer*: o Clube da Esquina como formação cultural. Mestrado. História, Fafich-UFMG, 2000.

LIMA, Edvaldo Pereira. *Páginas ampliadas*: o livro-reportagem como extensão do jornalismo e da literatura. 2ª ed. Campinas, SP: Editora da Unicamp, 1995.

MÁRQUEZ, Gabriel García. *A aventura de Miguel Littín clandestino no Chile*. Rio de Janeiro: Record, 1988.

MELLO, Zuza Homem de. *A era dos festivais — uma parábola*. São Paulo: Editora 34, 2003.

MERCER, Michelle. *Footprints — the Life and Work of Wayne Shorter*. Nova York: Tarcher Penguin, 2004.

RIBEIRO, Marília Andrés. *Neovanguardas*: Belo Horizonte — anos 60. Belo Horizonte: C/Arte, 1997.

RODRIGUES, Mauro. *O modal na música de Milton Nascimento*. Dissertação de Mestrado. Escola de Música — UMFG, 2000.

SEVERIANO, Jairo; MELLO, Zuza Homem de. *A canção no tempo*: 85 anos de música brasileira, vol. II. São Paulo: Editora 34, 1997.

TINHORÃO, José Ramos. *História social da música popular brasileira*. São Paulo: Editora 34, 1998.

VELOSO, Caetano. *O mundo não é chato*. São Paulo: Companhia das Letras, 2005.

### *Jornais e Revistas*

### Jornais

*Correio Braziliense*
*Correio da Manhã*
*Correio Três-pontano*
*Estado de Minas*
*Folha de S. Paulo*
*Hoje em Dia*
*Jornal da Tarde*
*Jornal do Brasil*
*O Estado de S. Paulo*
*O Globo*

# BIBLIOGRAFIA

*Pombo Correio*
*The New York Times*
*Tribuna da Imprensa*
*Última Hora*

**Revistas**

*Bravo*
*IstoÉ*
*Manchete*
*O Cruzeiro*
*Veja*

# Índice onomástico

**#**

14 Bis, 243, 269

**A**

Ademir Jr., 378, 379, 381, 382
Adolfo, Antônio, 110
Affonso, Sérgio, 208
Afonso, Luiz, 152
Aleijadinho, 342, 369
Allen, Barclay, 357
Alpert, Herb, 147
Alves, Luiz, 155, 156, 154, 167, 185
Americano, Zé, 43, 57
Amorim, Jair, 357
Amorim, Ayrton, 170
Anderson, Jon, 302, 307
Andrade, Carlos Drummond de, 80, 223, 355, 365
Andrade, Joaquim Pedro de, 206
Andrews, Dana, 41
Ângelo, Nelson, 88, 100, 104, 110, 113, 137, 149, 184, 197, 224, 225
Anjo, 62
Aparecida, Elizabeth, 71
Aquino, Márcio, 117
Aragão, Diana, 280

Araiz, Oscar, 202, 203, 207, 228
Araújo, João, 103
Ark 2, 376
Assunção, Nico, 257
Atílio, 83
Ayres, Nelson, 271, 312
Azevedo, Azarias de, 36
Azimuth, 216, 217

**B**

Babaya, 253, 342, 343
Balona, Célio, 82, 83, 85, 90
Bar do Tadeu, 204
Barbosa, Haroldo, 243
Bardhal, 144
Barro, João de, 357
Barros, Théo de, 130
Barsotti, Rubens, 108, 109
Barum, Karina, 356
Basílio, Gilberto (Gilbertinho), 282, 322
Basílio, Jaceline Campos (Jajá), 84, 130, 147, 282, 320-322, 350, 379
Baster, 276, 382, 388, 389
Bastos, Justino Alves, 89
Bastos, Ronaldo, 68, 138, 140, 147, 149, 152, 158, 166, 167, 170, 173, 185, 197, 208, 229, 345

Beach Boys, 210
Bebel, 207
Bebeto, 192-195, 197, 200, 242, 312, 358
Beck, Jeff, 211
Belém, Fafá de, 191, 195, 203, 204, 216, 217, 256
Bengell, Norma, 108, 154
Benke, 286, 287, 385, 388
Berimbau Trio, 89, 357
Berlinck, Horácio, 109
Bernardino, Genésio, 262
Bertola, Regina, 364, 365
Bethânia, Maria, 191, 198, 256
Blanco, Billy, 357
Bloch, Débora, 256
Boca Livre, 237
Boechat, Maria Amélia, 42, 46, 63, 64, 70, 116, 171, 237
Boechat, Waltinho, 47, 63
Bonfá, Luiz, 126, 129
Boni, 126
Borba, Emilinha, 62, 70
Borges, 12
Borges, Fred, 385, 387
Borges, Lô, 86, 88, 92, 117, 149, 158, 162-164, 166, 168, 169, 170, 171, 174, 179, 221, 222, 345
Borges, Márcio (Marcinho), 85, 86, 89, 91-93, 95, 97, 103-105, 113, 119, 122, 126, 138, 140, 146-150, 158, 162-164, 167, 169, 183, 184, 194, 208, 223, 232, 233, 234, 271, 287, 300, 302, 328, 329, 340, 345, 380, 384-387
Borges, Maria (dona Maricota), 85, 86, 94, 103, 117, 142, 147, 158, 167
Borges, Marilton, 85-88, 91, 93, 117
Borges, Salomão (Salim), 85, 89, 94, 142, 147, 158, 167
Borges, Telo, 366, 371, 385, 387, 388
Borges, Yê, 117, 197

Bóris, 113, 116
Bosco, 104
Bosco, João, 55, 56, 66, 144, 253
Bôscoli, Ronaldo, 370
Botas, Paulo César, 235, 323
Boys, Golden, 195
Braga, Kati de Almeida, 382
Braga, Paulinho, 89, 90
Braga, Sonia, 273
Braguinha, 264
Branca, Pena, 225
Branco, Castelo, 89
Branquinho, Heitor, 379, 381
Brant, Fernando, 59, 90, 100, 104, 111, 118, 120, 126, 127, 132, 134, 149, 158, 162, 167, 170, 184, 202, 223, 225, 228, 229, 234, 243, 271, 272, 287, 304, 312, 345, 375
Brant, Leise, 158, 230, 231
Bravo, Lizzie, 195, 207, 301
Bretas, Tavinho, 244, 294
Brito, Alzira, 46, 69
Brito, Conceição, 49, 51
Brito, coronel Azarias de, 19
Brito, Havany, 40, 70
Brito, José de Paula, 21-23, 27, 37
Brito, Purcina de Paula (dona Pichu), 19, 30, 37, 40, 44, 50
Brizola, Leonel, 245
Buxa, Manezinho, 192

**C**

Cafi, 138, 167, 207, 209
Calazans, Teca, 237
Callas, Maria, 144
Câmara, dom Hélder, 240, 246, 247
Cambará, Isa, 281
Campos, Elisabeth (Beth), 84, 130, 147
Campos, Francisco Vieira, 19, 30, 40
Campos, Josino de Brito (Zino), 13, 19, 20-24, 26-33, 37, 38, 40, 43-51, 53-55,

## ÍNDICE ONOMÁSTICO

60-62, 64, 66, 69, 70, 71, 84, 95, 103, 113, 118, 130, 134, 164, 213, 218, 285, 290, 319, 321, 322, 326, 330, 333, 337, 349, 351-355, 377, 386, 395, 398

Campos, Lília Silva, 23-32, 35, 37, 39, 40, 43-46, 49, 53, 54, 60, 62, 66, 69-71, 84, 95, 118, 130, 134, 135, 144, 164, 165, 167, 171, 190, 213, 218, 278, 290, 319-322, 326, 330, 333, 337, 349-352, 368, 369, 371, 375, 395, 396

Canto, Hélder, 372

Capitão César, 81

Capone, Tom, 371

Cardinale, Cláudia, 244

Careca, Milton, 269

Carlinhos, 57, 59

Carlos, 358

Carlos, Manoel, 109, 161

Carlos, Roberto, 257

Carneiro, Rui, 83

Carrero, Tônia, 199

Carter, Ron, 189, 303

Carvalho, Dênis, 269

Carvalho, Edgard Silva de, 23, 25, 28, 29, 54, 67, 117

Carvalho, Paulinho, 385, 387

Casaldáliga, dom Pedro, 240, 242, 246, 247, 323

Castelo, Mário, 385, 387

Castilho, Bebeto, 75

Caymmi, Danilo, 113, 138, 147, 172, 196, 212, 223

Caymmi, Dorival (Dori), 126, 139, 149, 157, 158, 171, 183, 264

Caymmi, Nana, 179, 195, 196, 203, 204, 235, 359

Cazuza, 103

Célia, Maria, 121, 122

Celinho, 83

Chapman, Tracy, 282

Charles, Ray, 161

Chaves, Erlon, 129, 131

Chaves, Luiz, 108, 109

Cheib, Dirceu, 101, 315

Cheib, Lincoln, 315, 319, 330, 365, 371

Chene, Darlene, 175

Chevi, Humberto, 79

Cícero, J., 97

Clark, Walter, 125

Cláudia, 380

Clay, Luís Carlos, 131

Coleman, Ornette, 88

Coltrane, John, 88

Continentino, Kiko, 371

Coplas, Martin, 240

Cordeiro, Nazário, 83

Corrêa, Carlos Alberto Prates, 90, 256

Corrêa, Iracema, 50

Costa, Alaíde, 109, 170

Costa, Armando, 100

Costa, Élder, 16, 385, 387, 388

Costa, Gal, 170, 176, 254, 256

Costa, Josefa (Zefa), 338, 339, 371

Cougo, Duílio, 357

Cuccurullo, Warren, 288

### D

Daguerre, Delia Maria, 21, 22, 23

Daguerre, Louis-Jacques Mandé, 22

David, 381

Davis, Miles, 88, 176, 189

Day, Doris, 369

Dean, James, 42

Debussy, Claude, 116, 182

Dedé, 141, 285

DeJohnette, Jack, 303

Delmiro, Hélio, 236

Deodato, Eumir, 128, 139, 140, 142, 147, 149, 370

Diana, princesa (Lady Di), 317, 318

## TRAVESSIA: A VIDA DE MILTON NASCIMENTO

Dias, Erasmo, 190
Diegues, Cacá, 152, 199
Dilamarca, Luís, 79
Diniz, João Vicente, 214
Diniz, Leila, 172, 177, 186, 237
Disney, Walt, 43
Djair, 207
Djalma, 62
Doce, Zé, 62
Dolarino, 83
Domingues, Alberto, 357
Dominguinhos, 206
Dona Benvinda, 78, 89, 94, 104, 110, 252
Dona Maria, 20, 21
Dourado, Beth, 274, 336, 337, 371, 377
Dr. Oscar, 118
Dr. Veiga, 133
Duarte, André, 381
Duarte, Aracy, 328
Duarte, Cíntia, 269, 320
Duarte, Felipe, 377, 378, 381, 383
Duarte, João, 50
Duran Duran, 288
Duran, Dolores, 289, 357
Dutra, Eurico Gaspar, 36
Dylan, Bob, 209

### E

Eça, Luís, 75, 139, 149
Eduardo, 381
Elaine, 207
Eli, 90
Elis, Justo, 249
Emediato, Luiz Fernando, 329
Espina, H., 357
Euclides, 360

### F

Fabriani, Eunice, 165
Fabroni, Rob, 210

Faro, Fernando, 249
Fataar, Ricky, 210, 211, 225, 267
Fattoruso, Hugo, 209, 224, 289, 314
Fernando, Luiz, 149
Ferraciu, Cristiane, 295
Ferrari, Marcelo, 85
Ferreira, Antônio Silvério, 41, 42
Ferreira, Márcio (Marcinho), 230, 236, 240,
 242, 244, 245, 252, 253, 255, 259, 261,
 267, 268, 270, 271, 287, 297, 300, 301,
 302, 309, 310, 311, 314, 316, 317, 320,
 325-329, 331, 345, 368, 375
Fichinski, Teca, 342
Filho, Oduvaldo Vianna, 100
Filho, Olímpio Mourão, 89
Filho, Rodrigo Pires do Rio, 323
Fiorini, Luvercy, 109
Fitzgerald, Ella, 369
Flávio, Aécio, 98, 126
Focus, 378
Fonda, Henry, 41
Fonseca, Ademilde, 131
Ford, Harrison, 290
Frã, Chico, 195
Francisco, Paulo, 381
Franco, Tadeu, 251
Frank, César, 312
Frederico ou Fredera, 158, 168, 169
Freire, Nelson, 108

### G

Gable, Clark, 41
Gabriel, Peter, 282, 304
García, Charly, 258
Garland, Joe, 357
Gaya, 149, 184
Gege, 207
Georgiana, 207
Getz, Stan, 62
Gieco, León, 258

# ÍNDICE ONOMÁSTICO

Gil, Gilberto, 111, 114, 125, 151, 345, 358, 359, 370
Gilberto, Astrud, 129
Gilma, 300
Gleisinho, 381
Gnatalli, Radamés, 184
Godoy, Adilson, 108, 109, 116, 123
Godoy, Amilton, 107, 108, 115, 116, 122, 123, 252, 253
Golden Boys, 195
Goldstein, Gil, 303
Gondim, Marilene, 268, 294, 316, 327, 330, 333, 334, 340, 341, 363, 382, 398
Gonzaga, Luiz, 157, 264
Gonzaguinha, 216, 217, 256
Gouvêa, César Alvarenga, 28
Guedes, Beto, 88, 92, 117, 150, 162, 163, 167, 170, 174, 175, 179, 203, 302
Guedes, Carlos Luiz, 89
Guela, Zé, 381
Guerra, Janaína, 172, 177
Guerra, Ruy, 152, 153, 157, 158, 172, 174
Guevara, Che, 223
Gugelmim, Maurício, 267
Guimarães, Marco Antônio, 272, 377
Guimarães, Paulo, 152, 196
Guimarães, Simone, 369, 372
Guimarães, Ulysses, 264
Gullar, Ferreira, 244

## H

Hancock, Herbie, 140, 147, 188, 189, 209, 271, 281, 303
Harrison, George, 180
Hayworth, Rita, 41
Hendrix, Jimi, 378
Henrique, 251
Herzog, Werner, 244
Hilman, R., 357
Hime, Francis, 191, 200, 207, 216, 217, 382

Hime, Olívia, 191, 382
Holiday, Billie, 75, 85, 97, 313, 357, 369
Hollanda, Chico Buarque de, 111, 116, 126, 165, 191, 196, 198-200, 207, 208, 214, 216, 217, 223, 225, 231, 237, 248, 256, 289, 329, 344, 345
Horta, Júnia, 126
Horta, Paulo, 81, 83, 88
Horta, Toninho, 16, 88, 104, 126, 131, 149, 167, 185, 197, 207, 209, 210· 230, 233, 299, 347, 385, 387-389
Hudson, 83
Hugo, 381
Hugo, Victor, 365

## I

Ido, 79
Ingram, Jonas Howard, 27
Irmão Jorge, 66
Ismael Jr., 381

## J

Jackson, Michael, 357
Jagger, Mick, 267
Jango, 87, 254
Jardim, Gil, 312
Jean, 377, 378
Jesus, Clementina de, 203, 204, 207, 212, 216, 217, 345
Jethro Tull, 378
João, 78
Jobim, Antônio Carlos (Tom), 23, 85, 109, 110, 128, 129, 143, 144, 149, 157, 201, 270, 289, 305, 327, 357
Jobim, Paulo (Paulinho), 196, 212, 223
Jones, Indiana, 290
Jones, Quincy, 130, 270, 278
Jones, Stan, 56
Jor, Jorge Ben, 75, 357, 358
Joyce, 137, 195, 223

Junqueira, Reginaldo, 214, 215, 218, 219
Juquinha, saxofonista, 83

**K**

Karan, Donna, 358
Káritas, 162, 164, 168, 177, 186, 187, 190, 263
Kawalerowicz, Jerzy, 234
Kéti, Zé, 100
Kinski, Klaus, 244
Kruel, Amaury, 89
Kubitschek, Juscelino, 80, 169
Kubrick, Stanley, 129
Kubrusly, Maurício, 221, 227

**L**

L., Alvin, 357
Lacerda, Luiz Carlos, 177
Lacerda, Rogério, 77, 78
Laender, Paulo, 152
Laet, Carlos de, 126
Lafayette, Paulinho, 275, 325, 339, 398
Lamm, Steven, 330, 331
Laranjeira, Artur, 186
Larrea, Carmelo, 170
Leão, Danuza, 199
Leão, Nara, 100, 116
Led Zeppelin, 378
Legrand, Michel, 62, 145
Leite, Ricardo Gomes, 151
Lemos, Sônia, 110
Lenine, 380-383
Lennon, John, 158, 200, 255, 289, 303
Lessa, Adail, 166
Lima, Adriano, 381
Lins, Ivan, 137, 201, 327
Lispector, Clarice, 12, 165
Lobato, Antônio Vovaz (Mazola), 234, 235, 247, 263, 270, 304
Lobo, Edu, 107, 140, 191, 248, 289
Lobo, Marco, 371

Lona, Fernando, 111
London, Julie, 369
Lopes, Wilson (Wilsinho), 299, 300, 330, 371, 372, 396
Lourdes, Paulo, 381
Loures, Paulo de Paiva, 65
Luar de Prata, 59, 60, 61-64, 68, 71, 357, 378
Lúcia, 358
Luís, Edson, 208
Luiz, 207
Luiz, André, 195
Luiz, Edison, 207
Luiz, Frei, 336
Luiza (cantora), 102, 112
Lyra, Carlos, 99, 157, 185

**M**

Macalé, 206
Macedo (seringueiro), 283, 284
Macedo, Mauro Moura, 83
Machado, Marina, 358, 369, 371-373, 391
Madi, Tito, 185
Maestro, Maurício, 223
Magalhães, Schubert, 184, 365
Magrão, Sérgio, 243, 269
Maluf, Afonso, 83
Mancini, Henry, 62, 130, 145
Mandor, Ross, 331
Mané gato, 174, 175
Mantuano, Anita, 257
Marcelo, João, 370
Marchetti, Fernando, 381
Marco, Elizeo, 240, 320, 321, 378-382, 385, 387, 394
Marcondes, Geny, 128, 140
Maria, Ana, 175, 187-189
Maria, Ângela, 62, 120, 369
Mariano, César Camargo, 108
Mariano, Maria Rita, 213, 263, 269, 370, 373
Mariinha, 71

## ÍNDICE ONOMÁSTICO

Marina, 371
Marinho, Paulinho, 120
Marisa, 230, 233, 305, 380
Marlene, 62
Marley, Bob, 282, 288
Marques, Lourenço, 152
Marques, Mauro (Maurinho), 381
Marques, Roberto, 300
Marzagão, Augusto, 125, 126, 128
Mascarenhas, Pacífico, 82, 101-103, 107, 112, 119, 148, 357
Mascarenhas, Raul, 196
Mathias, Jacques, 381, 382
Mathias, Lourdes, 141
Matogrosso, Ney, 243, 256
Mauro, 54
Mazzaropi, 41
McCartney, Paul, 158, 200, 209, 210, 250, 255, 289, 303
McDowell, Samuel, 248
Médici, Catarina de, 318
Médici, general, 151
Meireles, Pascoal, 81, 83, 88
Mellac, Régine, 232
Mello, Guto Graça, 371
Melo, João, 103
Mendes, Sérgio, 147, 156
Mendonça, Antônio Aureliano Chaves de, 67
Mendonça, José Vieira de, 67
Mendonça, Maurício, 149
Menendez, Nilo, 357
Menescal, Roberto, 126
Metheny, Pat, 263, 293, 294, 303
Miari, Júlio, 130
Mickey, 43
Midani, André, 296
Miguel, 207
Milanés, Pablo, 223, 232
Milito, Hélcio, 75
Millions, Cecilia, 212

Miranda, Milton, 149, 183, 184
Misah, 207
Miúcha, 191, 207
Moisés, 283, 286
Monsueto, 170
Montenegro, Fernanda, 199
Moraes, Antônio, 88
Moraes, Vinicius de, 85, 98, 99, 107, 109, 110, 126-128, 157, 165, 185, 205, 217, 312, 357
Morais, Bruno, 381, 383, 386
Moreau, Jeanne, 95
Moreira, Airto, 111, 146, 189, 209
Moreira, Juarez, 251, 253
Motta, Nelson, 149, 357
Motta, Zezé, 229
Moura, Paulo, 134, 149, 184, 186
Moura, Tavinho, 202, 236, 241, 253, 256, 307, 319, 333, 375
Mourão, Túlio, 250, 314, 342
Mozart, Wolfgang Amadeus, 365
MPB-4, 195
Murilo, Sérgio, 102
Mussi, Carim, 357
Mynssen, José (Zé), 155-157, 172
Mynssen, Maria, 155, 172

## N

N'Dour, Yousson, 282
Nandi, Ítala, 153
Napoleão, 231
Nascimento, Maria do Carmo do, 24, 25, 29, 30-32, 278, 349
Nascimento, Vilma, 30
Natasha, 381
Nelsinho, 207
Nenê, 78
Neves, Oscar Castro, 109, 120
Neves, Tancredo, 245, 264
Nicholson, Jack, 210

Niemeyer, Oscar, 80, 257
Noguchi, 207, 209
Novak, Kim, 130, 133
Novelli, 133, 137, 138, 149, 179, 224
Nunes, Armando, 357
Nunes, Clara, 249

**O**

Oliveira, Aloísio de, 357
Oliveira, Aloysio, 108
Oliveira, Cláudio, 252
Oliveira, Dante de, 245, 264
Oliveira, Gilvan de, 253, 365
Oliveira, Ísis de, 277, 294-296
Oliveira, Laudir, 156, 158
Oliveira, Mauro, 97
Oliveira, Roberto, 213, 215
Orchestra, Gil Evans, 303
Ornelas, Nivaldo, 83, 88, 185, 186
Oscar, 207

**P**

Pablo, 177, 186, 187, 189, 190
Padre João, 28, 49, 64
Padre Victor, 45, 355
Paez, Fito, 259
Palma, João, 146
Palmer, Robert, 261
Panicali, Lyrio, 149
Parra, Violeta, 144, 206
Parrela, Ney, 83
Pascoal, Hermeto, 108, 130, 253
Paula, 193, 194, 200, 242, 312
Paulo, 57, 59
Paulo, Pedro, 323
Pederneiras, Paulo, 202, 228
Pederneiras, Rodrigo, 202, 228
Peixoto, Cauby, 62, 358
Pêra, Marília, 199
Pereira, Cyro, 312
Perlingeiro, Aérton, 170

Pflug, Mela, 342
Phoenix, Heart, 290
Phoenix, River, 277-279, 281, 287, 290, 291
Pierson, Matt, 301
Pii, 207
Pila, Paulo, 213-215, 218
Pink Floyd, 378, 381, 383
Pinto, Magalhães, 89
Pirandello, Luigi, 232
Pires, Alcyr, 357
Pires, dom José Maria, 246
Pitta, Augusta de Jesus, 24, 25, 28, 29, 30, 39, 53, 54, 60, 67, 69
Pitta, Cacilda, 39, 53
Pitta, Luís Fernando, 39-43, 45, 46, 49, 53, 54, 69, 70, 71, 84, 131, 132, 149
Pixinguinha, 126, 131, 264
Plínio, 83
Pompeia, Raul, 272
Pontes, Hildebrando, 207, 268
Pontes, Paulo, 100
Porenga, 31, 38
Portinari, Maribel, 229
Powell, Baden, 107, 108
Priolli, Mário, 199
Prósperi, Clayton, 381
Purim, Flora, 189, 358

**Q**

Quintão, Ruy, 213, 218
Quitéria, Teresa da, 57, 269

**R**

Rain, 278
Ramos, Tony, 256
Razaf, Andy, 357
Regina, Elis, 102, 103, 107, 109, 112-115, 124, 130, 138, 161, 171, 213, 223, 235, 248, 249, 263, 344, 358, 369, 370
Regininha, 377
Reiner, Rob, 281

# ÍNDICE ONOMÁSTICO

Reis, Aarão, 80
Reis, Nando, 357
Renato, Zé, 250, 289
Resende, Otto Lara, 80
Ribeiro, Darcy, 257
Ricardo, 346
Ricardo, Paulo, 270
Rocha, Glauber, 152, 206
Rodrigues, Jair, 109
Rodrix, Zé, 155, 156
Rojão, 41, 42, 92
Rolling Stones, 267
Romero, Helson (Jacaré), 113, 114, 116, 130, 162, 164-166, 168, 179, 353, 359, 384, 385
Ronaldo, 207
Rosa, Guimarães, 122, 256
Rosa, Samuel, 357
Rosalba, 79
Roupa Nova, 229, 243, 370
RPM, 269
Rubinho, 167

## S

Sá, Joel de, 36
Sá, Luís Carlos, 243
Sacho, Teresa, 59, 61, 71
Sales, Sérgio, 101
Salgado, Sebastião, 329
Sambacana, 101, 357
Sampaio, 83
Sandy & Junior, 361
Sant'Anna, Sérgio, 203
Santiago, Tiago, 232, 233
Santiago, Widor, 371
Santos, Agostinho dos, 109, 111, 119, 120, 124, 127, 128, 130, 131, 139, 186
Santos, Lulu, 357
Santos, Nelson Pereira dos, 152
Santos, Sebastião Gonçalves, o Dida, 56-60, 68, 71

Santos, Turíbio, 253
São Cosme e Damião, 123
Saphira, Sue, 110, 111, 346, 347, 358, 359
Sarney, José, 264
Sartore, 79
Sartre, Jean-Paul, 231
Scher, Carlos, 334
Schiavon, Luís, 270
Schubert, Franz Peter, 365
Senhor Guillermo, 20
Senise, Mauro, 196
Senna, Viviane, 313
Serre, Henri, 95
Sérvulo, 104
Severo, Marieta, 191
Sfat, Dina, 172, 232
Shorter, Ana Maria, 188,189, 224
Shorter, Wayne, 175, 176, 187-189, 202, 209, 253, 265, 289, 304, 364
Sian, 284, 285
Silva, Aníbal, 357
Silva, Ayrton Senna da, 226,267, 268, 294-296, 310, 313
Silva, Costa e, 151
Silva, Dulce, 23, 24, 29, 165
Silva, Éden, 357
Silva, Robertinho, 137, 138 149, 154-156, 167, 168, 174, 185, 188, 189, 224, 230, 232, 257, 261, 297, 314, 330
Silva, Walter, 109
Silveira, Orlando, 149
Silveira, Ricardo, 257
Simon, Paul, 271
Simonal, Wilson, 129
Simone, 191, 251, 277, 278, 307, 358, 371
Sinatra, Frank, 41, 129, 143, 260,
Sirlan, 167
Soares, Ildeu Lino, 83, 88-90, 134
Sônia, 54
Sosa, Mercedes, 205, 206, 237, 258, 259
Sousa, Alexandre, 195

Sousa, Cipriano de, 195
Souza, Ávio de, 70
Souza, Herbert de (Betinho), 306
Souza, Mardey, 317
Spielberg, Steven, 290
Springsteen, Bruce, 282
Starr, Ringo, 210
Stevens, Cat, 271
Sting, 267, 282
Strauss, Johann, 51
Strauss, Richard, 129
Stutz, Denise, 204, 239
Sumac, Yma, 62, 130, 369
Suzane, 290

**T**

Tapajós, Maurício, 191, 197-199
Tavito, 155, 156, 167, 174
Taylor, Creed, 130, 133, 142, 147
Taylor, James, 301, 303, 307
Tendler, Sílvio, 254
Tenório Jr., 196
Teresa (esposa do Tom Jobim), 129, 145
Terra, Ana, 223
Tierra, Pedro, 240, 242, 246
Tiso, Cléver, 321
Tiso, Duílio, 62
Tiso, Gileno, 47, 58, 77, 82, 101
Tiso, Irene, 77, 78
Tiso, Mário, 60
Tiso, Orlanda, 45
Tiso, Wagner, 43, 57-62, 68, 71, 74, 75, 77,
    78, 82, 85, 86, 89, 90, 92, 97, 100, 102,
    133, 137, 138, 145, 149, 154-156, 165,
    185, 189, 195, 196, 208, 230, 237, 243,
    244, 252-257, 261, 262, 318, 356, 358,
    365, 379, 386, 388
Tiso, Walda, 43, 47, 57, 58, 60, 61, 75, 77
Tiso, Wavau, 50
Titelman, Russ, 301, 329, 330, 348
Torres, Fernando, 199

Truffaut, François, 95, 231
Tuca, 111
Tunai, 243, 395

**U**

Uakti, 237, 243, 272
Ummagumma, 381
Utrera, Adolfo, 357

**V**

Valadares, Benedito, 36
Vale, João do, 100
Valença, Alceu, 253
Valle, Ana Maria, 163
Valle, André, 267
Valle, Marcos, 129, 140, 147
Valle, Paulo Sergio, 140
Vandré, Geraldo, 111, 126, 130, 131
Vargas, Danilo, 83, 87
Vargas, Getúlio, 21, 26, 36, 62, 120
Vasconcellos, Naná, 147, 149, 154, 158, 172,
    303, 318
Vaughan, Sarah, 197, 270, 369
Veiga, Alexandrina (dona Neta), 133
Veiga, Berto, 86
Veiga, Chico Corrêa, 74
Veiga, Clarissa, 381
Veiga, Isaurinha, 61, 195
Veiga, Joãozinho, (Brechó), 77, 78, 86
Veiga, Kéller, 191, 192, 195, 204, 236, 239,
    244, 246, 394
Veiga, Lenice, 193
Veiga, Marco Valério, 195
Veiga, Rúbio, 195
Veloso, Caetano, 114, 119, 141, 151, 157, 165,
    176, 191, 193, 194, 198, 199, 200, 205,
    250, 251, 287, 345-347, 391
Veloso, Pedro, 218
Venturini, Flávio, 223, 243, 321
Vera, 59
Vereza, Carlos, 336

# ÍNDICE ONOMÁSTICO

Verônica, 48, 49, 51
Veveco, 79, 230, 233, 305, 380
Viana, Marcus, 251
Vicente, José, 155
Victor, João, 335
Vilas, Ricardo, 237
Vilela, Gabriel, 341, 343
Vilela, Gilmar, 384, 385
Vilela, Hélvius, 81, 82, 88, 98, 149
Vilela, Teotônio, 245
Villa-Lobos, Heitor, 26, 37, 63, 157, 182, 237
Villeroy, Gastão, 371, 372
Vincent, S., 357
Vitasso, Marcos, 101
Vitor, João (Vivito), 371, 382
Vitória, 207

## W

W's Boys, 74, 77, 357, 378
Wagner, Wilhelm Richard, 366

Waine, 74
Wakeman, Rick, 212
Wanderley, 74
Werner, Oskar, 95
Wesley, 74
Williams, Paul, 147
Williams, Tony, 189
Winter, Paul, 297
Wonder, Stevie, 250

## X

Xavantinho, 225
Xuxa, 277

## Z

Zanini, 174, 304
Ziraldo, 140
Zote, Joaquim do, 28
Zumbi, 245, 246

Este livro foi composto na tipografia Minion Pro,
em corpo 11/15,75, e impresso em papel off-white
no Sistema Cameron da Divisão Gráfica
da Distribuidora Record.